ISBN 978-0-364-58616-7
PIBN 11040091

BIBLIOTHEK

DES

LTTERARISCHEN VEREINS

IN STUTTGART.

CXL.

TÜBINGEN

GEDRUCKT AUF KOSTEN DES LITTERARISCHEN VEREINS

1879.

HANS SACHS

HERAUSGEGEBEN

VON

ADELBERT VON KELLER.

ZWÖLFTER BAND.

FÜR DEN LITTERARISCHEN VEREIN IN STUTTGART
NACH BESCHLUSS DES AUSSCHUSSES VOM JULI 1867
GEDRUCKT VON H. LAUPP IN TÜBINGEN
1879.

[A 3, 2, 1. K 3, 2, 1] In diesem andern theil dies buchs sind verfast ernstliche tragedien, liebliche artliche spiel, auß den historiographis und poete die melancolischen betrübten hertzen ihrer sch gedancken eins theils damit zu entladen, welcher

37.

1 K Der ander Theyl, Weltlich und Poetisch Histori. In u.

Hans Sachs. XII.   1

ia von der Lucretia, auß der beschreybung
Livii, hat 1 actus und 10 person.

r ehrnholdt tritt ein, neigt sich annd spricht:

Heil und gnad, ihr ersamen herrn!
5 Wir wöllen euch allhie zu ehrn
Ein kurtz tragedi recedirn
Und war histori allegirn,
Die Valerius Maximus
Schreibt, der-gleich Titas Livius,
10 Die zwen römischen geschichtschreyber,
Ein spiegel der züchtigen weyber.
Lucretia, der frawen (hör!),
Der Sextus zwang ihr weyblich ehr,
Darinn sich die keusch fraw erstach,
15 Als ihr vernemen werd hernach.

Der bot:

Gott grüß euch, ihr ersamen herrn!
Ich bin geloffen her von ferrn.
Wont nicht ein Römerin alda,
20 Die heist mit nam Lucretia?
Ist ein haußfraw Colatini.
Der gab mir disen brieff an sie,
Das ich ihr den gantz eylend brecht.

Ehrnholdt:

25 Ja, bötlein, du gehst eben recht.
Diß ist das hauß Lucretie.
Sich, dort sie auß ihr kamer geh!
Secht, fraw! diß bötlein zu euch wolt.

Hab immer danck, du eu.........
Mein bötlein, bringst du mir ein brieff?

Bötlein:

5 Von ewrem herren ich necht lieff,
Bracht euch den brieff durch berg und thal.

Lucretia:

Des hab er danck zu tausent mal,
Der aller-liebst gemahel mein!
10 Wie lang wil er nur von mir sein?
Hab dir dein lon zum nechsten mer!

Haußknecht:

Hört, fraw! es ist geritten her
Sextus, des königs eltster son;
[K 3, 2, 2] Wolt geren herberg bey uns hon
Diese einige nacht allein.

Lucretia:

So geh! thu auff! laß in herein!
Eyl! verschaff alle ding gar recht!

20 ### Haußknecht:

Fraw, schaut, das ihr euch nit vergecht
An diesem gast als Helena,
Die Pariß auch herbergt alda,
Der sie füret auß Griechenlandt
25 Hin gehn Troya in laster, schandt!
Darauß entstund gar groß unrat.

Lucretia:

Es hat mit diesem gast kein not,
Dem ich fürwar kein arges traw.

30 ### Sextus:

Ach, edle wolgeborne fraw,
Die götter wöllen mit euch sein!
Auff gut vertraw kum ich herein.

Bit, wölt mich herbergen die nacht,
Wann ich nit weiter reiten mocht.
Ich wils verdienen umb ewren herrn.

Lucretia:

5 Gnediger herr, von hertzen gern.
Seid mir wilkumb! ich frew mich fas,
Das so ein ehrentreicher gast
Sol herbergen in meinem hauß.
Ancilla, eil und geh hinauß!
10 Bereit eilend das essen zu!
Setzt euch ein weyl und habet rhu,
Biß die malzeyt wei

Se

Essen und trincken
15 Von schnellem reitt
Ich bit: last mich i
Weisen, das ich rul
Dann morgen vor d
Muß ich von hinnen

20 ### Luc

So geh hin, baußkn   der
In die geteffelten kemmat
An die wolgezirten bettstat!
Geh hin mit fleiß! hab gute acht!

25 ### Sextus:

Alde, alde, zu guter nacht!
Habt danck ewer weiblichen güte!

Lucretia:

Die götter wöllen ewr hütte!
30 Fraw Zithera wöl euch versorgen
Mit süssen schlaff biß an den morgen,
Biß die glantzende sunn auffbrech!

Sextus:

Bereyt alsbald das e.

Fraw, der geleich auch euch geschech!
Nun geh voran, du guter knecht!

Lucretia:

[A 3, 2, 2] Ancilla, lesch das fewer recht
5 Und sperr all thür gewarsam zu!
Schaw, das du auffstehst morgen fru!
Ich geh dahin, leg mich auch nider.

Ancilla:

Gnediger herr, kumpt ihr herwider?
10 Mein fraw die ist hingangen schlaffn.

Sextus:

Ich hab ein wenig bey dir zu schaffn
Und bitt dich also fleyssigklich,
[K 3, 2, 3] Das du mich wöllest heimelich
15 Führen in deiner frawen kamer.

Ancilla:

Awe, botz jammer uber jammer!
Solt ich solchs thun an meiner frawen,
Die mir so hertzlich thut vertrawen,
20 Gleich wie fraw Isald ihrer Brangl?

Sextus:

Ancilla, es bringt dir kein mangl.
Dein fraw mir das vergünnet hat.
Seh! hab dir die fünftzig ducat
25 Und schweig still und führ mich mit dir!

Ancilla:

Gnediger herr, so geht mit mir!
Da innen zu der rechten handt
Da steht ihr bettstat an der wandt.
30 Ich bitt euch drumb: melt mich nit da!

Sextus:

Aller-schönste Lucretia,
Wach auff! nimb mich an deinen arm!
Durch grosse lieb dich mein erbarm,

Die ich lang hab tragen zu dir!

Da bhüten mich die götter für!
Wolt ihr das ubel an mir thon?

Sextus:

Sehin! ich schenck dir tausent kron.
Kehr dich zu mir, mein höchster hort!

Lucretia:

Geht auß von mir! ich schrey das mort,
Wölt ihr mich an mein ehren schwechn.

Sextus:

Schweig oder ich will dich erstechn.
Mach wenig wort und mich geweer!

Lucretia:

Ich will bhalten mein weiblich ehr
Und eh verlieren hie mein lebn.

Sextus:

-Lucretia, so merck darnebn!
Dein knecht wirt auch von mir getödt,
Zu dir geleget an dein bett,
Samb hast dein ehe mit im gebrochn
Und ich hab euch beide erstochn,
Und sag, ich habs gemercket langst.

Lucretia:

Ach Gott Apollo, mir ist angst.
Soll ich leiden den bittern tod
Und zu ewiger zeit den spot,
Samb sey ich ein ehbrecherin?
Ach, wo sol ich mich kehren hin?
Ich wil eh thun nach deinem sagn,
Mich nachmals der unschuld beklagn,
Mir darumb setzen strenge buß.

Ancilla:

Erst mich ewigklich rewen muß,
Das ich die untrew an ir thet,
Seit sie an ehren ist so stät.
Ich scheid dahin mit rew und klag.

5 **Haußknecht:**

Ancilla, einen guten tag!
Wo wilt du also frü hinnauß?

Ancilla:

Frag nit weiter! bleib du beim hauß!

10 **Lucretia:**

Ach weh meiner weiblichen ehrn!
Schickt bald ein boten zu meim herrn
Und bring du meinen vatter frumb,
Mein freund Publium Varium
15 Und der-gleich Junium Brutum   ·
Und sprich zu iedem, das er kumb,
Wann ich sey in der letzten not!
[K 3, 2, 4] O wie hat mich verlassen Got!
O Vesta, wie hast mich verlan,
20 Das ich ward Venus unterthan?
Nun verdreust mich auff erd zu lebn.

Vatter:

Tochter, was hat sich da begebn?
Was unfals ist dir zu gestanden?

25 **Lucretia:**

O weh, o weh der grossen schanden!
Des köngs son mich umb herberg bat.
Derselbig mich not-zwungen hat.
Mein zeug sey Jovis, der gerecht!
30 Wiewol mein leib hie ist geschmecht,
Ist hertz, gemüth doch blieben rein.
Der arg betroet mich allein,
Wolt mich und den haußknecht erstechn,
In zu mir legen und dann sprechn,
35 Er hab mich an dem ehbruch funden.
Das böß geschrey forcht ich zu stunden

Und verhenget dem argen man.
Seit ich aber kein zeugnuß han,
Die mir die warheit thut vergwisn,
So will ich durch mein blutvergisn
5   Anzeigen, das ich schand und spot
Geflohen hab und nicht den tod,
Den mir troet der arge man.

Vatter:

Nein, nein, tochter, das solt nicht than.
10   Des köngs son hat das zugericht
Von neid wegen und anderst nicht,
Umb das er dir der ehr nit gan,
So dir nachsaget iederman
Von anfang deiner zarten jugent,
15   Zucht, scham, demut und alle tugent
Für all frawen in Rohm, der stat.

Bublius Varius:

Das weis auch wol der gantz senat
Und alles volck, dein keusche zir.
20   Ey thu so ubel nicht an dir!
Werst du schuldig an der geschicht,
Du hest es offenbaret nicht.
Junius Brutus, ists nicht war?

Junius Brutus:

25   Ja, laß ab von solcher gefar
Und trag die schmach nur mit geduld!
Wir all wissen wol dein unschuld.
Und laß es nur gut sein alda!

Colatinus:

30   Aller-liebste Lucretia,
Laß ab von dem fürnemen dein!
Du solt mir nicht unehrer sein.
Das dich der bößwicht hat bzwungen,
Ich glaub deiner warhaftn zungen.
35   Uns allen ist sein groß untrew
, 2, 3] Aller-erst itzt nicht worden new.
–   Ich weiß: dein hertz, sin und gemüt,

Scham, zucht, ehr, trew und weiblich güt
An mir blieb stät als herter stahl.

Lucretia:

Colatine, lieber gemahel,
5 Wie möchst du willen zu mir han,
Wann du denckst, das ein frembder man
Dein schlaffbett vermackelt schmelich?
Und, mein vatter, wie möchst du mich
Doch immermehr frölig ansehen,
10 Wann du denckest, an mir geschehen
Ein solche lesterliche that?
Und ihr, mein freund, wiewol ihr hat
Ein glauben hie an meinen worten,
Wer entschuldigt mich ander orten
15 Bey den Römern und Römerin,
Bey den ich nun gantz ruchbar bin?
Ihr wolt mein leben mir erlengen,
Noch in mer schmach und nachred brengen.
[K 3, 2, 5] Nimmer soll kein ehbrecherin
20 Lucretiam haben forthin
Zu einem exempel und spot.
Ich will weisen mit meinem tod,
Was mich zu dieser schmehen that
Genötet und bezwungen hat.

Colatinus:

25 Mord uber mord! dir, Gott, ich klag,
Das ich erleb so traurig tag
An meinem tugenthafften weyb,
Dás itzt ihr ehren-keuscher leyb
30 Sein trewes leben hat geend.
Verfluchet sey das regiment
Des tyrannen Tarquinium
Und seins verfluchten sons Sextum,
Der diesen mord hat zugericht!

Vatter:

35 Weh mir, das ich zu angesicht
Soll sehen tod mein fleisch und blut!
Des bleib ich traurig, ungemut.

Weh, weh, itzt ach und immermehr!

Publius:

Ach du höchster Gott Jupiter,
Wie magst das kleglich mord anschauen
5 An dieser aller-keuschten frawen
Von dem jungen mörder Sexto?
Ihr tod erbarmet mich also,
Das mein hertz möcht vor leid zerspringen.

Junius Brutus:

10 Nun, zu diesen ernstlichen dingen
Dürff wir nit wein und seuftzen sencken
Als die weyber, sonder bedencken,
Wie wir ernstlichen rechen dort
Die schmach und das erbermlich mord
15 An dem könig und seinem suhn,
Das wir auß Rohm sie treiben thun
Und alle, die ihn hangen an.
Uns wird nachfolgen iederman,
Seit das nicht besser ist Sextus,
20 Dann sein vatter Tarquinius.
Uns mannen ists ein grosse schand,
Das diß weiblich bildt ist ermant.
Die ist empflohen durch ihr end
Dem tyrannischem regiment
25 Und wir sind doch geheissen man,
Lasn die tyrann mit uns umbgan
Nach ihrm mutwillen, wie sie wöllen,
Und unser keiner darff sich stellen,
Als ob ihr tyranney in schmertz.
30 Ich glaub, das die mennlichen hertz
Sind in der weiber brüst gefarn.
Ey, last uns auch der gleich gebarn,
Als sey unehr, schand, boßheit, spot
Auch mehr zu fürchten, dann der tod,
35 Als diese edle Römerin!

Bublius:

Es dűncket mich ein guter sin.
Dieser gut rath docht ie nit besser.

Ich schwer hie auff das blutig messer,
Darmit die keusch sich hat erstochn,
Das wir nit lassen ungerochn
Die schmach und lesterlichen that
5 An königlicher mayestat
Und auch an Sexto, seinem suhn.

Colatinus:

Bey den göttern, das wöln wir thun.
Das schwer ich bey Martem, dem got,
10 Das ich will leyden auch den tod
Oder rechen die groß schmachheyt.

Lucretius:

Bey Mars, dem gott, schwer ich ein eid
[K 3, 2, 6] Und mich gentzlich zu euch verbind,
15 Auff das gerochen werd mein kind
An diesen lesterlichen mannen.
Meins alten leibs will ich nit schonen,
Will tragen mit euch all gefehr.

Brutus:

20 Deßgleichen ich auch zu euch schwer,
Zu rechen diese ubelthat.

Colatinus:

Ihr trewen freund, nun gebet rath,
Wie man den handel fürbaß treib!

25 ### Brutus:

Ich rath, das wir den toden leib
Für als volck tragen auff den marck
Und erzelen die untrew arck,
Welche Tarquinius vorab
30 An seim schweher begangen hab,
Mördischer weiß sey könig worden,
Nachmals wie er hat lasen morden
In Rohm so manchen thewern man
On urteil, der nie böß hat than,
35 Allein das sie mißfallen hatten
An seinen tyrannischen thaten,

Als meim bruder geschehen ist
Und vil seiner untrew und list!
Will darnach dem volck zeigen an,
Was Sextus itzt auch hat gethan
5 Für schendtlich that an dieser frawen.
Wann alles volck das wird anschawen,
So will ich dann mit in rathschlagen,
Das sie das königlich gschlecht verjagen
Und auß ihn selb weeln an dem end
10 Ein erber löblich regiment
Und sich setzen in freyen stand;
Es zimb sich nit, das sunst iemand
Unrechten gwalt mit ihn thu ieben.
Solch mein rat wird dem volck dann lieben,
15 Das auch ein gros mißfallen hat
Der untrew, tück und ubelthat
An dem könig und seinem suhn.

Colatinus:

Wolauff, so wöllen wir es thun,
20 Ob wir möchten die untrew wehrn.

Ehrnholdt:

Nun secht an, ihr ersamen herrn!
Durch diese lesterliche that
Das römisch volck und der senat
25 Vertrieben köng Tarquinium
Mit seinem eltsten sohn Sextum,
Der zu Gabia ward erschlagen,
Als die historien thut sagen.
Also das königlich regiment
30 Zu Rohm nam also geling end.
Das von Romulo gstanden war
Zweyhundert vier und viertzig jar,
2, 4] Also noch heut zu diesem tag
35 Unrechter gwalt nicht bleiben mag.
Wo er tyrannisiret nur,
Richt er an zwitracht und auffrur
Und geht zu drümmern an dem end.
Aber ein löblich regiment,
Gerecht, barmhertzig, milt, sanftmütig,

Ihrn unterthan trew, lind und gütig,
Fürsichtig, weiß, warhaft allzeit,
Da bleibt in frid land unde leut
Und bleibt gehorsam iederman,
5 Da handtieret, was ieder kan,
Das land nimbt zu an ehr und gut,
Wann Gott hat sie in seiner hut
Und verleicht ihn kraft, macht und sterck.
So spricht Hans Sachs von Nürembergk.

[K 3, 2, 7]   Die personen in dieser tragedi:

    1. Ehrnholdt.
    2. Sextus.
    3. Colatinus.
    4. Lucretia, sein haußfraw.
15   5. Lucretius, ihr vatter.
    6. Bublius Varius,
    7. Junius Brutus, die zwen freund.
    8. Bott.
    9. Haußknecht.
20 10. Ancilla, die magd.

Anno salutis 1527, am ersten tag Januarii.

mit 15 personen, Thitus unnd Gisippus,
zwen getrewen freund, und hat fünff actus.

er ehrnholdt trit ein, neigt sich unnd spricht:

Heyl und glück sey euch zumal
5 Hie in dem athenischen sal!
Hie werd ihr sehen zu Athen
Die aller-trewsten freunde zwen.
Der erste, Gisippus genand,
Ein Athener auß Griechenland,
10 Der ander heist Thitus mit nam,
Eins edlen burgers sohn von Rom;
Derselb studirt zu Athena
In der kunst philosophia.
Der ward Gisippe zu geselt,
15 Der ihn zum freunde außerwelt,
Dergleichen er ihn widerumb
In hoher freundschaft, die zunumb
Von tag zu tag, das ihr allein
Keiner mocht an den andern sein.
20 Doch werd ir sehen: an den orten
Ihr freundschaft nicht allein in worten,
Sonder in wercken und der that,
Wunderbarlich gewürcket hat.
Nun hört und schweiget dem spil zu
25 Auff wort und werck, wie, wo und wu
Sich alle sach verlauffen thu!

er Römer, tritt ein, redt mit ihm selber und spricht:

Ach, wo ist mein freund auff den tag?
An den ich mich nit frewen mag.

Was hat er nur zu schaffen schir?
Wie mag er sein so lang von mir?
Das im nur nichts wer widerfarn!
Nun sind wir ie in dreyen jarn
5 So lang nit von einander gwesn.
Er sitzt so lang nit ob dem lesn.
Ich muß gehn schawen, wo er sey,
Auff das ich werd der sorgen frey.

Gisippus kumbt und spricht:

10 Thite, mein freund, wo wilt du hin?

Thitus, der Römer:

O Gisippe, mein freund, ich bin
Zu suchen dich gleich in dem gang.
Ach, wo bist du gewest so lang?
15 Hab in vier stunden dich nit gesehen.

[K 3, 2, 8]   ### Gisippus spricht:

Es ist mir gleich als weh geschehen,
Das ich so lang von dir must sein.

Thitus, der Römer:

20 Was waren die geschefte dein,
Gisippe, hertzen-liebster freund?

Gisippus spricht:

Thite, du weist: heut ists die neund
Woch, das mein vatter ist gestorbn.
25 Nun haben mir mein freund erworbn
Ein zarte junckfraw adelich.
Mit der selbigen hab ich mich
In den ehlichen stand vertreut.
Das ist mein gscheft gewesen heut,
30 Das ich von dir war also lang.

Thitus beut ihm die hand:

Gott geb dir glück zu dem anfang
Zu der, die dir heut ist vertrant!

Gisippus, der Athener:

bald kumen wird mein braut
rer freundschaft her zu mir.
aaw, wie sie gefalle dir
hön, gestalt und zarter jugent,
:en, geberden und tugent,
ı ein rechte hab erwelt!
eiß: was mir, dir auch gefelt.
ımbts gleich; sitz du nur still!
ıer sie entpfahen will.

ıff, beut in allen die hend, umbfecht die braut
unnd spricht:

ıir gotwill-kumb, lieber schweher
ieber schwager! trett doch neher
ir, mein hertzen-liebe braut!
euch zu meinem freund vertraut!

raut, sitzt zu Thito. Arisippus, der schweher,
spricht:

ıe, lieber ayden mein,
ıns! ist es der wille dein,
wir doch hochzeyt wöllen halten,
mit jungen und mit alten,
r freundschaft mit frölichem mut,
ıan hie zu Athena thut?

·Gisippus:

schweher! ir dörft gar nit fregen.
ı es euch am bestn ist gelegen,
ıh almal darzu gutwillig.

Arisippus, der schweher:

ayden, ich frag nicht unbillig,
wir die hochzeit gar durchauß
ein zu halten in deim hauß,
es ist weiter, dann das mein.

Gisippus spricht:

uff und schawt das hauß, wie fein
ın und kammer uberal,
zu dem dantz ein schöner sahl

Kuchen, stell, keler, bad und brunnen,
Als meisterlich und wol besunnen,
Fein liecht und gmachsam, hoch und weit
Und füglig gut zu der hochzeit!
5 Wolauff und alle gmach durchschaut!
Kumbt auch mit, hertzenliebe braut!

Sophronia, die braut:

Hertzlieber gspons, von hertzen gern·
Thu ich euch dieser bitt gewern.

Die hoff-junckfraw:

Sophronia, soll ich in garten
Und von den edlen schönen zarten
Blümlein, grün, gelb, braun, blab und weis
Ein krentzlein machen mit allem fleiß,
5 Auff gülden-schin mit seiden binden,
Mit einer gülden schnur umbwinden,
Das ihr heint an dem abendtantz
Schenckt ewrem breutgam disen krantz?

Sophronia, die brawt:

o Ja, geh! saumb dich in keinem ding
Und mir darnach das krentzlein bring!

ṛehn alle auß. Thitus bleibt sitzen und spri

Ach Gott, wie höflich und gantz adelich,
Wie schön und zart und gar undadelich,
5 Wie sitlich, tugentsam und mild
Ist diß aller-schönst frawen-bild!
Schöners auff erd ward nie geborn.
O das·die junckfraw außerkorn
Wer mein und mir zum gmahel gebn!
o O du elendes menschlichs lebn!
O Thite, wo setzt du dein sin
Gemüt, hertz und dein hoffnung hin?
Weist du nit, das es nit kan sein?
Sie ist des besten freundes dein.
5 Was thust dich denn umb sie bekümmern,
Dich mit solcher unruh zu-drümmern?
Wie lest dich die blind lieb verblenden?

O Thite, thu dich wider wenden
Zu deiner weißheit und vernunft
Und schick dein begird in zukunft
Zu künsten und dich uberwind,
5 Eh dich die blind lieb fah und bind
Zu laster, schand! wolst du denn an
Deim besten freundt so ubel than?
Ach Gott, aber wie ist so starck
Die lieb! durchdringt hertz, bein und marck
10 Sie ist vil stercker, wenn der todt.
Für die hilft kein gsetz noch gebot.
Es warn vil töchter und ihr väter,
Schwester und brüder solche thäter.
Vil tausent mal geschicht die that,
15 Das einer eins freunds weib lieb hat.
Ich bin noch jung, es bleibt fein still.
Drumb will ich gleich, was die lieb will,
Mich in der junckfraw lieb ergeben,
Zu dinst ihr sterben oder leben,
20 Biß ich ihr thu mein lieb bekand.
O nein, das wer ein grosse schand,
Solt das Gisippus werden innen.
Auch möcht bey ir kein gnad ich finnen.
Kan ich der lieb ye nit außschlagen,
25 Sol ichs also verborgen tragen,
So wirds kosten das leben mein.
Nun, kan es ye nicht andes sein,
So gib ich mich gleich willig drein.

Thitus geht traurig auß.

30 ## Actus 2.

der **Römer**, geht ein traurig, setzt sich
spricht:

O Venus, wie mit gschwinder eyl
Hast du mit Cupidinis pfeyl
35 Also anzünd mein hertz verwund,
Das es wird nimmermehr gesund!

*

nit anders.

Gisippus, der Athener, geht ein unnd spricht

10] Thite, mein freundt, ansage mir!
Was ist doch angelegen dir,
Das du sitzt also traurigkleich,
5 Zittrent, seuftzent, gelb und bleich?
Was felt dir doch? zeyg mir das an!

Thitus, der Römer, spricht:

Ach Gott, ach Gott, was soll ich than?
Mir wer in dieser trübsal eben
10 Der tod vil nützer, denn das leben,
Darmit der qual und das ellendt
Meins hertzen also nemb ein endt.

Gisippus spricht:

Was felt dir denn? anzeig es mir!

15 **Thitus, der Römer:**

Ach Gott, ich darfs nicht sagen dir.

Gisippus spricht:

O Thite, öffne mir dein hertz,
Anfechtung, trübsal, augst und schmertz,
20 Durch all dein lieb und trew freuntschaft,
Darmit mir ye waren behaft!

Thitus spricht:

Gisippe, dieser meiner peyn
Ein ursach ist die gsponse dein,
25 Die mir mein hertz im augenblick
Fing und bund mit der liebe strick
Und mich darmit so gwaltig bund.
Des ist mein hertz in tod verwund.

Gisippus gesegnet sich, spricht:

30 O Thite, wie bist du behaft
Gehn mir so mit ringer freundschaft,
Das du mir der lieb schweren last

So eim freundt gar nichts verbergen sol,
Ob die sach gleich nit ehrlich sey,
Das er von im ein gut artzney
Empfahen müg, durch hilff und trost,
Auff das er endtlich werd erlost,
Gesetzet in fride und ruh.
Weil nun in liebe brinnest du,
Darfst du schuld geben nit dem glück
Und sonderlich in diesem stück,
Dieweil natürlich ist die lieb
Und hinderschleicht ein, wie ein dieb.
Drumb ich dirs gar in arg nit hab,
Weil mein braut ist der schön ein gab,
Welche die augen an sich zeucht,
Dar-durch das hertz unnd gmüt durchkreucht.
Doch weil du weist, das wir biß her
Freundtlicher gwest sind denn brüder,
Alle ding haben ghabt gemein,
Soll es auch da nit anderst sein,
Wiewol ich mir Sophroniam
Zu eim ehlichen gmahel nam
Und mich der in meim hertzen frew.
So ich aber bedenck der trew,
Das du in solcher liebe prinest,
An sie kein ruh nit mehr gewinnest,
Sol Sophronia nimmer mein,
Sonder, Thite, dein eigen sein.
Drumb laß dein schwermütigkeit falln!
Sey getröst! leb frölig in alln
Und schweig nur zu den sachen still!

Thitus, der Römer:

Gisippe, höchster freundt, ich will
Und beger nit in diesem lebn
Zu nemen, was dir Gott hat gebn,
Des du wirdiger bist, denn ich.
Gebrauch dich deiner gab frölich
Als eines schatz ob allen weiben
Und laß mich also einsam bleiben!
Ich wil die liebe uberwinden
Oder sie sol mich gar entbinden

Mit dem todt all meiner trübsal.

Gisippus:

O Thite, gar nichts uberal.
Ich sich mit lieb dich sein gebunden
₅ Und darinn also uberwunden,
Das es dir kosten wird dein leben.
Solch end manchem die lieb hat geben.
Dardurch unser freundtschafft zerging.
Drumb ist es mir gar leicht und ring,
₁₀ Ein andren gmahel zu bekumen.
Aber ein solchen trewen frumen
Freund bekumb ich leicht nimmermehr.
Drumb bit ich, Thite, durch dein ehr,
Dich frölig lab, tröst und erquick
₁₅ Von der wütigen liebe strick!
So magst mit dein ghorsamen trewen
Uns all zwen auff ein mal erfrewen,
Hast anderst lieb und trew zu mir.

Thitus, der Römer:

₂₀ O Gisippe, ich weiß bey dir:
Du bist ein trost in meiner quel,
Du bist ein halbtheil meiner sel.
Iedoch ich noch im zweiffel steh:
Auff baiden theilen ist mir weh.
₂₅ Doch weil dein güt und miltigkeyt
So uberflüssig ist bereyt,
So wil ich thun nach deim gefallen.

Gisippus:

Thite, noch eins merck vor allen!
₃₀ Dein lieb trag in verborgenheyt
Biß morgen, so wird die hochzeyt!
Wenn denn zu' abent auß dem hauß
Die gest all gangen sind hinauß
Und wenn ich mich zulegen will,
₃₅ Ich in der finster dich fein still
Zu ihr hin an mein beth hinfüren.
Da thu denn, wie sich thut gebüren!
Vermehel sie mit einem ring!

Red mit ihr still heimlicher ding
Und meld dich gar nit! wohn ihr bey
In aller maß, als ob ichs sey!
Also magst du in lieb verborgen
Vil necht bey ir schlaffen ohn sorgen.
Doch thu beim tag nit dergeleichen!
Mein freund, also will ich dir weichen,
Dir ubergeben mein fleisch und blut.
Darumb steh auff! sey wolgemut!

Thitus steht auff und spricht:

Gisippe, nicht allein wirdt mir
Dein liebhabende braut von dir,
Sonder mir wird von dir auch gebn
Wider mein halb verloren lebn.
Bist trewer mir, denn ich selb, was.
Nun geh ich frölich hin mein straß.
Vor war mir weh, nun ist mir baß.

Sie gehn beyde ab.

Actus 3.

**Barthel, swen knecht, gehn ein, haben krentz auff.
Barthel spricht:**

Gsel Marx, wie gfelt dir diese weiß?

Marx, der ander knecht:

Mich dünckt, ich sey im paradeiß.
Wolt Gott, die hochzeyt wert ein jar.
Die acht tag ich nie nüchtern war.
Wurdt offt ein tag wol zwey mal vol.
Nechten aber gieng es nicht wol.
Da fiel ich die lang stiegen ab,
Ein rip im bauch zerfallen hab
Und auch darzu ein loch in kopff.

Barthel, der knecht:

Mir ligt der wein auch noch im kropff.
Mich stieß nechtn an das keller-gschoß.

Zwen löwen nacheinander goß.
Das pulffer stieß mir auß zwen zehn.
Kumb! laß uns in den roßstal gehn!
Mich dünckt: die gewl schlagen einander.

5   **Marx, der knecht:**

Es kumbt gleich ein unglück auffs ander.
Morgen hat die hochzeyt ein endt.
Das dich roßboden schendt und blendt!

Die knecht gehn ab. Gisippus geht ein mit Thito un̄ ~~und~~

10 O Thite, lieber freundt, sag mir!
Wie stet noch all sach zwischen dir
Und Sophronia im ehstandt?
Bist ihr noch blieben unbekandt?
Vermeint sie noch, ich sey ihr man?

15   **Thitus, der Römer:**

Gar nichts ich an ihr mercken khan.
Doch nichts nit lang still bleiben mag,
Es kumbt zu seiner zeyt an tag.
O, doch so gilt es nicht den todt.
20 Schaw! dort kumbt ein römischer bot.

Der bot kumbt und spricht:

Wohnt nicht in diesem hauß Thitus,
Der Römer, Quintus Fulvius?

Thitus entpfecht den brieff:

25 Sich, menlein! bringstu mir den brieff?.

Gisippus spricht:

Sag, bötlein, was sich da verlieff!
Hat Rohm, die stat, ietzt guten friedt?

Der bot spricht:

30 Weiß anders nicht; als ich abschiedt,
Da war ye Rhom in guter ruh,
Nam an ehr, gwalt und reichthumb zu.
Nicht weiß ich, was seidt ist geschehen.

Der bot geht ab. Thitus hat den brieff gelesen:

Wer mag den unglücks-fal ansehen!
O mein Gisippe, weh der not!
Mein lieber vatter der ist todt.
Ich khan nicht bleyben, muß darvon.
Wie sol die sach ich greiffen an,
Mein weyb heimlich darvon zu bringen?

Gisippus:

Das kan geschehen in kein dingen.
Der frawen müssn wirs offenbaren,
Gut-willigklich mit dir zu faren.
Wöllen gütlich reden mit ihr.
Sophronia, kumb rein zu mir!

Sophronia geht ein, spricht:

Gisippe, lieber gmahel mein,
Was wilt, das du mich heist herein?

Gisippus:

Sophronia, wir haben bed
Mit dir zu thun ein heimlich red,
Ein gheimnus offenbarn wern.
Bitt dich, du wölst dichs nit beschwern.

Sophronia spricht:

Gisippe, sag, hertzlieber man,
Wie künd ich dir für übel han?
Du bist mein, so bin ich dein.
Dein red soll mir kein bschwernus sein.

Gisippus spricht:

Wiewol ich dich genommen han,
Doch ist Thitus dein ehlich man,
Der in lieb ward zu dir beweget.
Die erst nacht ich ihn zu dir leget,
Hat seit all nächt bey dir geschlaffen.

Sophronia schreit:

O zetter, waffen uber waffen!

... in meinem blick!
Bist so ... und entwicht
... hast so ... mich betrogen,
Mein ... und ... entzogen?
 Das ... ich meiner freundschaft klagen.

    Sie geht elend ab. Gisippus schreit ihr:

Ey, Sophronia! laß dir sagen!
O Thite, wie wirt es uns gehn?
Wie werd wir mit ihrn geschlecht bestehn?
 Es ist ein hefftig zornig art.
Schaw! sie kummen gleich auff der fart.

Schweher, schwager, Sophronia kommen mit zwaien kne...
        Der schweher spricht:

Gisippe, du ehrloser man,
 Warumb nimbst du mein tochter an
Und lest ein andern sie beschlaffen?
Darumb muß das streng recht dich straffen.
Wer het dir vertraut solche stück?
Das ist ein rechtes bubenstück.

20   **Gisippus:**

Ey, mein herr schwehr, fart seuberlich!
Ich gab sie eim bessern, wann ich,
Reicher, mechtiger, edler, gweltiger,
In tugent und kunst auch vilfeltiger,
25 Thite, diesen römischen man.

    Polippus, der schwager, spricht:

Wir wöllens am ghricht zeigen an.
Bist meinaidig an trew und ehrn.

    Thitus, der Römer, spricht:

30 Ihr herrn, was dürft ir euch lang wehrn?
Wist ir nicht? was auff erd geschicht,
Ist an der götter willen nicht.
Drumb strebt nicht wider diese that!
Gisippus trewlich ghandelt hat.
35 Mit ihr ehret er meinen leib.
Er hat versehen wol das weib,

Wann ich habs vil lieber wann er.
Wolt man also anklagen aber,
Samb wers heimlich und dückisch gsche
So mag ich wol mit warheit jehen,
Das es auffrichtig ist zugangen.
Hab ihr mit armen nie umbfangen,
Biß ich sie fragt, ob sie wolt mein
Lieber ehlicher gmahel sein.
Darauff so sprach sie willig: Ja.
Nach dem vermählet ich sie da
Mit diesem schönen gülden ring.
Wie kans denn sein unehrlich ding?
Hab sie ie nit betrogn noch zwungen,
Noch uberredt mit schmeichel-zungen.
Derhalb ist sie ie ehlich mein,
Kan und mag nun nit anderst sein.
Wölt ihr mich haben in gutem mut
Zu einem aiden, ist wol und gut,
Mir lassen mein Sophroniam;
Wo nit, so zeuch ich hin gen Rom
Und nimb mein Gisippum mit mir.
Das werd den wol beklagen ir.
Nun, was ihr wölt, das zeiget an!
Lenger ich nit zu warten han.

Polippus, der schwager:

Herr vatter, euch der ding nit bschwer
Thitus ist meiner schwester wert,
Ein Römer von edlem geschlecht.
Weil Rom uber Athen hat recht,
Last ims mit lieb und guter gunst.
Athen, die gantz stat, möcht sein sunst
Entgelten uber etlich jar.

Arisippus, der schweher:

Polippe, du sagst gleich wol war.
Ich will auch dem ding folgen dir.
Thite, mein freund, trit her zu mir!
Hab dir mein tochter an dein band!
Für sie heim in dein vaterland!
Doch halt sie wol, als ich dir traw,

Als dein liebe gmahel und fraw!
Nun wöln mir dir geben das glaid.
Ich merck: dein schiffart ist bereit.

Thitus spricht:

5 Ich danck euch gutes willens sehr.
Nun wöln wir auff das hohe mehr.
Sophronia, wiltu auch mit?

Sophronia:

Mein lieber Thite, warumb nit?
10 All mein lieb ist auff dich gewendt
Und von Gisippo abgetrent.
Nun bleib ich dein biß an mein end.

Sie gehen alle ab.

Actus 4.

Arisippus, Polippus gehn ein mit zweyen knechten.
spricht:

Wo ist Gisippus, der loß man?
Ich wolt in gleich einlegen lan.
Er hat gemacht ein böses stück.
20 Derhalb hat end sein heil und glück.
Die schuldiger sind ihm eingfallen,
Haben ihn vertrieben von allen.
Ist in schlechter kleidung entrunnen.
Hetten die schuldiger ihn gfunnen,
25 Sie hetn ihn auff ein schiff geschmitt.
Wo er hin ist, das weiß ich nit.

Polippus, sein schwager:

Herr vatter, er sey, wo er wöll,
Ghen Athena er nit mer söll.
30 Drumb laß uns heim zu hause gan!
Was geht der heiloß man uns an?

Sie gehen beide ab. Barthel, der knecht, spri

1 3, 2, 8] Schaw, wie bald sich das glück verkehrt!

Ward nit Gisippus hoch geehrt
Hie zu Athen von iedermon,
War mechtig, reich in all seim thon.
Nun hat sich aber ietzt erfunnen,
Das er in schuld ist eingerunnen,
Das die katz ist sein bestes viech,
Und ist entrunnen heimelich
Und hats als dahinden gelassen.

Marx, der ander knecht:

Er ist mir newlich auff der strassen
Bekummen in zerrißnem gwand.
Het einen stecken in der hand
Und einen sack an seinem hals.
Er hunck daher, stelt sich nachmals
Gleich einem betler, gar eim armen.
Er thet im hertzen mich erbarmen.
Er ist ie gwesn ein frummer man,
Der ie niemand kein leid hat than,
Denn was mit der heirat ist gschehen.

Barthel, der knecht:

Da hat er sich grob ubersehen.
Iderman schild in ein narrn darumben.

Marx, der ander knecht:

Ist er ie durch trew darzu kummen,
Wiewol man ims hoch verargn thut,
Ich heis es weder böß noch gut.

knecht gehn ab. Gisippus geht ein erbermlich wie
n betler, redt mit ihm selber unnd spricht:

Ach Gott, wie ellend ich ietzt bin!
Mein heyl und glück ist gar dahin.
Hin ist mein reichthumb, gwalt und ehr.
Nun hab ich ie nun nichtsen mehr.
Nun bin ich ietzt in der stat Rom,
Such nun mein freund Thitum mit nam,
Ob er ein monat mich hielt auß.
Freund, sag! wo ist herr Thiti hauß?

Bublius Ambustus, der mörder:

Schaw! er sitzt gleich an dieser stat,
Wird ietzt kummen auß dem senat.
Setz dich nur vor der haußthür nider!
5 Schaw! ietzund kumbt er dort herwider.

Der mörder geht ab. Thitus geht hin unnd wider,
pum wol, kert umb unnd spricht:

Muß gebn wider in senat gan.
Ein brieff ich drinn vergessen han.

Thitus geht wider ab. Gisippus sicht ihm nach un *
kleglich:

Ach Got, erst hat mein glück außdroschen.
Ist mein freundschaft ietzt gar erloschen,
Das er mich ietzt gar nit mehr kend?
15 Mich wol sach, sich doch von mir wend,
Dem ich mitheilt leib, ehr und gut,
Der mich bracht in unfal, armut,
Dem ich mein eigne braut hab gebn.
Erst verdreust mich, auff erd zu lebn.
20 Ich will mir selb anthun den tod,
Das nur end nemb trübsal und not.
Nun ich will gleich gehn, wo ich kumb.
Etwan bringt mich ein ander umb.

Gisippus geht ab. [K 3, 2, 16] Der mörder kumbt mit
und spitzbarten, redt mit ihm selber unnd spric

Ich hab mich gerüst auff die nacht,
Gleich wie ein jäger auff die jacht,
Mit creutzhacken, dollich und schwerdt.
Wo mir einer auff der gassen werdt,
30 Den erschlag ich und zeuch ihn ab
Und nem ihm alles, das er hab,
Schlepp ihn denn in das öd gemewr.
Lang hab ich braucht die abentewr.

Der mörder geht ab. Fabius und Marius, die zwen s
35 gehen ein unnd Fabius spricht:

Hör zu, Marius! weist du nicht,

Das heut wird werden halßgericht?

Marius, der ander schöpff:

Mein Fabi, ich weiß nichts darvon.

Fabius:

Man hat ergriffen heut ein man
Sehr armutselig und ellend,
Der hat ermört mit eigner hend
Ein man und den beraubet hat.
Den hat man gfangen an warer that
Und in den thuren ihn gelegt.
Der hat bekennet ungestreckt,
Das er solchen mord hab verbracht.

Marius:

Ist das geschehen heint die nacht?
An welcher gaß ist das geschehen?

Fabius:

Dem richter hat man klar verjehen,
Es sey geschehen bey dem ödem gmewr,
Deß hauß den ist abbrunnen hewer.

Marius:

Wer ist der, den er hat erschlagen?

Fabius:

Sertensium, so hör ich sagen.

Marius:

Und hat solliches ein betler than,
Ein armselig hinckender man,
Wie du denn sagst, ich weiß von nichten,
Soll man denselben man heut richten.

Fabius:

Ja, schaw! da kumbt der richter schon,
Will das blutgricht uber ihn hon.

Do der richter, kumbt, setzt sich unnd spricht:

Ihr herrn, setzt euch zu gericht!
Nachrichter, geh! bring den bößwicht,
Der heint hat diesen man erstochen,
Auff das solchs nit bleib ungerochen!

5   **Der hencker (bringt Gisippum):**

Herr richter, hie bring ich den man,
Wie ir mir habt gezeiget an,
Den ich fand in dem alten gmewer,
Darinnen er gar ungehewer
10 Hat heint diese vergangne nacht
Mit eigner hand ein man umbbracht,
Das ich bey eid dem ghricht ansag.

Varro, der richter:

Was antworts du zu der anklag?

[A 3, 2, 9. K 3, 2, 17]   **Gisippus spricht:**

Ach, was soll ich laugnen daron?
Töd mich! so kumb ich bald darvon.

Varro:

Ihr schöpffen, urteilt bey der pflicht
20 Hie auff des armen manns urgicht!

Fabius:

So urteil ich, und das er werd·
Gehangen zwischn himel und erd,
An eim creutz sterb eim mörder gleich.

25   **Marius:**

So urteil ich auch der-geleich,
Weil er hat bey nechtlicher zeit
Das mord verbracht mit trutzigkeit
An Sertensio, dem frummen man,
30 Der ihm doch hat kein leid gethan.

Der richter spricht:

So führet ihn hinauß an scheutz
Und schlag den mörder an ein creutz!

ehter bricht den stab, man fürt ihn hin. Thitus kumpt,
sicht ihn fleissig an unnd spricht:

Ich glaub bey Jove, das der frey
Mein bester freund Gisippus sey.
5 Er ists. Kan ich kein gnad erwerben,
So will ich willig für ihn sterben.

Thitus tritt zum richter unnd spricht:

Herr richter, ihr habt unrecht than
Diesem armen unschulding man.
10 Last ihn herfüren! hört mein wort!
Wann ich hab selb gethan den mord.
Löst in auff sein b   !
Last ledig ihn und

Gisipp

15 O richter, du weis
Ist von solch grob
Ich aber als ein ve
War mein noch de
Hab ihn in meinem
20 Drumb will ich sei
Last nur fort gehn   ;!

Thitus op...

Richter, gar nit vil oder weng!
Creutzige mich und laß ihn frey!
25 Sein unschuld merckst du wol darbey:
Er ist ein gast und hat kein wehr
Und bekent auß verzweiflung mehr,
Das er diß mord gestifftet hab,
Das er nur kumb seins lebens ab.

30   Der mörder kumbt:

O herr richter, merck! diese zwen
Sind beid unschuldig; laß sie gehn!
Mit dem schwerd hab ich den mord than.
Drumb nimb mich zu creutzigen an!

*

K jhm.
a Sachs. XI.

Ihr beider unschuld mich hart dringt,
Das mord mich zu bekennen zwingt.
Das ich das mord thet ungehewr,
Sach ich wol sitzen im gemowr
5 Diesen armen betrübten man;
Das mord gieng aber ihn nit an.
Derhalb ist ie unschuldig er
Und dergleich ist unschuldig der
Herr, weiß darumb kein weiß noch wort.
10 Das nimb ich auff mein hinfart dort.

[K 3, 2, 18]   **Varro, der richter :**

Weil Rom, die mechtig stat, ist gstanden,
Kam dergleich handlung nie zu handen,
Das ihr drey kummen auff ein zil,
15 Der ein iedlicher sterben wil,
Das man die andern ledig laß.
Der sach müß wir nachforschen baß.
Warumb bekenst den mord vergebens?

Gisippus :

20 Herr richter, mich verdroß meins lebens,
Weil sich als glück von mir het gwent.

Der richter :

Mein Thite, warumb hast du bekent?

Thitus spricht :

25 Ich west kein nehern weg und ban,
Meim freund in nöten bey-zustan,
Denn das ich selb für ihn wolt sterben,
Das ich sein leben möcht erwerben.

Varro, der richter :

30 Nun, weil den dingen also sey,
Sprich ich euch ledig alle drey,
Die zwen umb ihr blose unschuld;
Und weil der dritte mit geduld
Seit hat bekent die schulde sein,

*

Das er erlösen möcht allein
Vom tod diese unschuldig zwen,
Soll er frey ledig mit außgen.

Sich alle drey. Thitus felt Gisippo umb den hals
unnd spricht:

Gisippe, o mein frund in not,
Sey mir gotwil-kumb von dem tod!
Kumb nur heim mit mir in mein hauß!
Zeuch die ellenden kleider auß!
Besser kleider solt du verhoffen.
Des glückes pforten steht dir offen.
Kumb! sag, wie all ding sind verloffen!

Sie gehn alle auß.

Actus 5.

Gisippus gehen ein wolgekleidt und Thitus spricht:

O Gisippe, laß mich verstehn!
Wie ist es gangen zu Athen,
Das du bist kommen in armut?
Nun hetst du ie ein grosses gut,
Da ich zu Athen von dir fuhr.

Gisippus spricht:

Ie lenger ich ie ermer wur.
Von freund und feinden mir zu letzt
Sehr neidigklich ward zu gesetzt
Und kam in ein sölch ungelück,
Was ich anfieng, gieng als zu rück.
Ein schad kam, bracht den andern schaden,
Mit unfal so gar uberladen,
Das ich in solche armut kam,
Mit dem almusen ich fuhr gehn Rom
Zu dir, als mein höchste zuflucht.
Und als ich dich in not heimsucht,
Da sachst mich und thetst mich nit kennen.
Erst thet mein hertz das ellend brennen,
Bekent unschuldigklich den mord,

3 *

Das nur mein leben het ein ort.
Aber ietzt in der höchsten not,
Da du für mich wolst sterben tod,
Da merckt ich, das du mich noch kenn̄est,
5 In rechter trew und lieb noch brennest.
[K 3, 2, 19] Nun bitt ich dich, mag es gesein:
Laß mich in deinem hauß allein
In deim kosten auff zwey monet!

[A 3, 2, 10]   **Thitus spricht:**

10 Gisippe, dir wird baß gelonet.
Drumb sey frölich und wolgemut!
Ich will gleich teilen all mein gut.
Der halbteil soll dein eigen sein.
Hab dir darzu die schwester mein
15 Zu eim gemahel dir zu eigen!
Will alle freundschaft dir erzeigen.
Wilt du mit faren gehn Athen,
Das soll in deiner wilkör stehn.
Wilt aber bleiben hie zu Rom, .
20 So will ich auch gar tugentsam
Ein römischen burger machn auß dir.

Gisippus spricht:

Hertz-lieber freund, du thust an mir
In meiner trübseligen zeit
25 So überflüssig miltigkeit,
Der ich doch gar nit het begert.
Wo wolt ich mein leben auff erd
Forthin doch billiger verzern
Denn hie? Weil du mich so thust ehrn,
30 Will ein römischer burger bleiben,
Dieweil mich ellend thet außtreiben
Athen, mein eigen vaterland,
In solche armut, spot und schand,
Das ich nicht kund ellender sein
35 Auff erd. Wer nicht die trewe dein,
So wer ich blieben in dem tod.
Der trew wöll dir vergelten Gott!

Thitus:

O Gisippe, aller gutat
Mit reichtumb, trost, hilff und rhat
Thu ich dir von hertzen gutwillig
Und thu dirs auch schuldig und billig,
Wann da ich lag in lieb verwund,
Da mir kein mensch nit helffen kund,
Der mir doch einen trost het geben
In meinem hartseligen leben,
Da tröst du mich mit trewen mut.
Du theilest mit mir ehr und gut,
Gabst mir den hertzenliebe braut,
Die dir selb ehlich war vertraut,
Auff das errettet würd mein leben.
Und auß derselben ursach eben,
Das du dich mein so starck annamest,
Du in all dein hartsel kamest,
Hast freund und feind auff dich geladen
Und bracht ein schad den andern schaden,
Das du abnambst an gut und ehr.
Billich thu ich dir wider kher,
Als denn ein guter freunde sol.
Drumb sey getrost! gebab dich wol!
Wolauff! kumb mit mir auff den sal!
Da wöll wir halten das frümal
Und wöllen haben alle bed
Der heyrat haben ein abred
Zwischen der liebsten schwester mein,
Fulvia, und, Gisippe, dein.
Wolauff, der sal ist in der nech.

Gisippus spricht:

O Thite, was du wilt, das gschech!
Ich gib mich in den willen dein,
Dieweil ich leb, dein freund zu sein.
Und Gott, der Herre, wöll uns geben,
Das wir hernach in jenem leben
Auch bleiben ungeschiden eben!

Alle in ordnung ab. [K 3, 2, 20] Der ehrnholdt kumbt,
beschleust unnd spricht:

*

Gutthat.   2 K vnde.   9 K trewem.   11 K dein.   16 K
halben.

Also habt ihr diese comedi
Doch schir geleich einer tragedi
Von warer freundschaft, trew und lieb,
Welche uns zu geleich beschrieb
5 Herr Johannes Bocatius
Und Philippus Berebaldus,
Daraus man nemen soll drey lehr:
Die erst: ein man soll fliehen sehr
Frawen und junckfrawen beywonung.
10 Sie geben erst ein böß belonung,
Anzünden das hertz und gemüt,
Das es in lieb brinnet und wüt
Biß in den tod on rast und ruh.
Auch schlecht sunst vil unglücks darzu,
15 So auß der brunst entspringen thut.
Derhab ein man halt sich in hut,
Von den weibsbilden sich abzieh
Und sie geleich dem fewr flieh,
Weil das alt sprichwort gilt noch hewr:
20 Stro wird bald brinnet bey dem fewr.
Zum andern lehr man hie allwegen,
Wo eim freund etwas sey anglegen,
Es sey geleich nun, was es wöll,
Das er in nicht verlassen söll
25 Mit helffen, rathen oder leyen,
Wo es zu gut ihm mag gedeyen,
Auch für ihn setzn leib, gut und ehr,
Acht für das als sein freund noch mehr,
Darmit er dem helff auß gefert,
30 Weil man ie spricht: es wirt bewert
Der ware freund in angst und not,
In kranckheit, armut, trübsal, spot.
Zum dritten lert man darauß weit,
Das man üb milt barmhertzigkeit
35 An einem freunde frü und spat,
Der guts von ihm entpfangen hat,
Vergelt im wider trew und ehr

*

5 Decameron 10, 8. Vgl. die französische und die deutsche dichtun
Athis und Prophilias. Dunlop-Liebrecht s. 251 f. Gödekes grundriss
der deutschen dichtung 1, 27. 348. 378.

Mit gleicher maß und dennoch mehr,
Wie man denn spricht: ein gfatter uber
Den zaun und gfatter wider rüber.
Also denn ein freundschaft gebirt
5 Die ander, das sie grösser wird,
Auff das freundschaft auß freundschaft wachs,
Wünscht uns zu guter nacht Hans Sachs.

Die person in die comedi:

1. Ehrnholdt.
10 2. Thitus, der Römer.
3. Gisippus, der Athener.
4. Arisippus, der schweher.
5. Polippus, der schwager.
6. Sophronia, die braut.
15 7. Die hoffjunckfraw.
8. Barthel,
9. Marx, die zwen knecht.
10. Varro, der richter.
11. Fabius,
20 12. Marcus, die zwen schöpffen.
13. Bostbot.
14. Bublius Ambustus, der mörder.
15. Der hencker.

Anno salutis 1546, am 9 Decembris.

[A 3, 2, 11. K 3, 2, 21] Comedi mit 9 personen, die
dultig fraw Genura, unnd hat fünff actus.

Der ehrnholdt trit ein, neigt sich unnd spricht.

Glück und heil wünsch ich euch zumal,
5 Versamlet hie in diesem sal,
Er sey was standes oder wird,
Die zu hören haben begird,
Ein comedi zu recedirn,
In gmeinen teutsch zu eloquirn,
10 Die Johannes Bocatius,
Der hoch poet, schreibt on verdruß,
Wie Barnabs von Genua
Ein weib het, die· hieß Genura,
Die sie so ehrlich halten thet,
15 Das er auff sie thet ein gewet
Mit Amprogilo von Florentz,
Ein junger man, der sie eylentz
Mit bulerey sie meint zu feln.
Als der ihr aber nach thet steln,
20 Fand er verloren all ihr gunst.
Da brauchet er der schalckheit kunst
Und volgt eins alten weibes rat.
Dieselb in eines abends spat
Spert ihn ein kasten und in trug
25 In dieser frawen kamer klug,
Als solts ihr bhalten diesen kasten.
Als Genura schlieff und thet rasten,
Da stig zu nacht der bößwicht rauß,

*

10 Decameron 2, 9. Bei Steinhöwel (bibliothek des litterarischen
b. 51) s. 141 ff. Grimm, altdeutsche wälder 1, 35. 2, 181. Gräße, die
sagenkreise s. 374 f. Liebrechts Dunlop s. 224 f. 12 K Barnabas.
Die sich. 18 K b. meinet.

Streunt all ding in der kamer auß,
Und ihr ein schönes kleinot numb,
Spert sich in kasten widerumb.
Frü holt die alt den kasten wider.
Nach dem reist er gen Pariß nider,
Bracht mit ihm die warzeichen dar,
Da ihm fünff tausend gülden bar
Barnaba gab, der frawen man,
Und hieß darnach sein weyb abthan,
ɔ Die doch darvon kam mit dem leben
In die Türkey, da sie denn eben
Fund den ungetrewen boßwicht,
Der von dem Soldan ward gericht,
Als ihr unschuld kam an den tag.
15 Durch Gott, der alle ding vermag,
Ihr wider ward ihr zucht und ehr.
Nun schweigt! so werd ihr hören mehr,
Wie sich unglück in glück verkehr.

nholdt geht ab. Die drey kauffmender, Marco, Bar-
ᵃ und Amprogilo, gehen ein und Marco spricht:

Ihr herrn, wir ligen lang zu Pariß.
Ich halt fürwar gantz und gewiß:
Wir wöllen burger werden hie.

Barnaba spricht:

25 Mein sach hat sich geschicket nie,
Das ich vertriben het mein war.
Lieg nun hie vast ein viertel-jar,
Weis nicht, wie es daheimen gebt.

Amprogilo spricht:

ɪo Mein Barnaba, daheim es steht
Bey dir, geleich wie bey den andern.
Wenn wir die meß bawen und wandern,
So halt wir uns auch, wie wir mügen.
| Wo eim glück etwan zu ist fügen,
5 Ein bulschaft in einem abrit,
So nimbt ers an, er lest sein nit.
Ich selber schlag es auch nit auß.
Gleich also helt mein weib auch hauß,

Dergleich dein und eins andern fraw.

Barnaba spricht:

Das wer schad, und ich hoff und traw,
Genura, mein hertz-lieber gmahel,
5 In ehren vest bleib wie der stabel,
Ob ich gleich auß wer zehen jar.

Amprogilo spricht:

So muß sie sein ungschaffen gar
Oder alt, sie blieb sunst nicht frumb.

10 **Barnaba spricht:**

Mein weib in summa summarum
Mit leibs gestalt ist uberschönt,
Das sie für alle weib wird krönt
In Genua, auch zarter jugent,
15 Doch guter sitten, wandl und tugent,
Doch almal keusch, erbar erfunnen.

Amprogilo spricht:

Ey, lieber, mach auß ihr kein nunnen!
Sie hat freylich kein eisers hertz,
20 Das sie nit brenn der liebe schmertz,
Weil der lieb sterck ein dapfer man
In die leng nit kan widerstan.
Möcht denn ein weib, welliches nur
Ist wanckelmütig von natur,
25 Gantz weicher art, fürwitz, senftmütig,
Widerstehn dieser liebe wütig,
Wo sie darzu hat stat und fug?
Wiewol sie darmit listig, klug
Umbgehn, das es verborgen bleibt,
30 Darzu ihr weiblich scham sie treibt,
Ihr weiblich ehr mit zu bewarn,
Wie du die warheit solt erfarn,
Wenn ich zu Genua solt sein,
Das ich in kurtz die frawen dein
35 Zu meinem willen bringen wolt.

Barnaba spricht:

volt, das es mir gelten solt,
abzuschlagen frey das haubt,
mein fraw wird ihr ehr beraubt
ihrem wiln von einem man.

Amprogilo spricht:

aba, wilt du setzen an
tausent gülden also bar,
fünff tausent gülden, so dar
ie mit dir wetten, und eh
  gantzer monat lang vergeh,
ich dein weib von freien dingen
eb und meinem willen bringen,
ringen von dem weibe dein
eichen, die genugsam sein
biderleuten, doch das du
  weib dieweil nit schreibest zu,
arnen sie, und bleib du hie!
ill ich auff das baldest ie
  schicken hin gehn Genua,
  gelück zu versuchen da.
g mirs her! wilt du das than?

hlegt ihm die hand auß unnd spricht:

icht; was wolt ihr fangen an?
bleiben uns bey gutem muth!
einer dem andern ein red vergut!
wölt ihr zancken von den weiben?
sie ehrlich haußmüter bleiben!
ol sie sind gar ungeleich;
ist keusch und tugentreich,
nder fürwitz und verwegen.
wöln ihn so gnaw nit nachfregen,
r ein freundlich colatzn han,
vir morgen können auffstan,
es ist in die nacht gar spat.

Barnaba spricht:

er mich angemutet hat,
un ein so frevel gewett,
lt es, wie er hat gerett,

So will ich hie zu Pariß bleibn,
Meim weib nichts entbieten noch schreibn
Drey monat bey meinem ayd.

Marco spricht:

5 Ihr seit fürwar zu gäch all beid.
Thuts nicht! es wird euch beid gerewen.
Ewr keinen mag diß gut erfrewen.

Amprogilo schlecht ims dar unnd sprich

Nun, es hat golten und soll sein!
10 Kumbt mit mir in die herberg mein!
Da wöllen wir uns beide sand
Verschreiben mit eigener hand,
Auftrucken unser baid betschir.
Die handschrift bed behalet ihr,
15 Herr Marco, biß zu dem außtrag.
Morgen mach ich mich auff vor tag
Gehn Genua hin auff mein reiß,
Zu richten auß nach mein verheiß,
Das ich auch wol zu gwinnem weiß.

20   **Sie gehen alle drey ab.**

Actus 2.

Amprogilo trit ein unnd spricht:

Nun bin ich hie zu Genua.
Wo find ich die schön Genura,
25 Barnab Lamelius ehweib?
Die soll die schönest sein von leib
Der gantzen stat. O sagt mir! wer
Geht dort so wol gezieret her?
Ich will da in den winckel stehn
30 Und sie sehen fürüber gehn.

Genura geht mit dem alten weib unnd spr

O wo ist itzt mein lieber herr,
In dem ellend, von mir so ferr?
Etwan zu Pariß in Franckreich?

Gott ihm auch kraft und macht verleich,
Das er wider zu lande kumb!
Er ist warhaft, gerecht und frumb.
Ach thu für ihn auch dein gebet!

Das alt weib:

Mein liebe fraw, ich bet doch stät,
Das er kumb mit frewden herwider.

Genura spricht:

Ich will heim und mich legen nider,
Ob Gott will, morgen frü aufstehn,
Zu der frümeß und predig gehn.
Im gebät du meins herrn nicht vergiß!
Kumb zu mittag zu mir und iß!

Sie geht auß, die alt bleibt da. Amprogilo tritt zu ihr und spricht:

Alte, ich het an dich ein bit.
Sag an! ist das Genura nit,
Barnaba weib dort zu Pariß?

Die alt spricht:

Ja, ihr habt war, sie ists gewiß.

Amprogilo spricht:

Ja, wenn du mich lernest die kunst,
Zu erwerben der frawen gunst,
Wie wolt ich dir deß so wol lonen!
Ich wolt dir schencken fünftzig kronen.
Was ligt dir dran? wend für dein fleiß!

Die alt:

Ja wol, junckherr, keinerley weiß.
All müh und arbeit ist verlorn.
Die tugentsam und außerkorn,
Die ist so stät und ehren frumb,
Kein frembde lieb sie nie annumb,
Wiewol ich arm bin und wolt
Gern verdienen so reichen solt.
Aber hie ist all hoffnung auß.

Amprogilo spricht:

Kanst mir nicht helffen in ihr hauß
Eins nachts heimlich in ihr schlaffkamer?

Die alt spricht:

5 O nein, botz jamer uber jamer!
Es würd euch kosten ewer lebn.
Ihr brüder sein zunechst darnebn,
Die würdens hörn rüffen und schreien.

Amprogilo spricht:

10 Ey, mercks also! thu mir verzeihen!
Dasselb nur heimlich müst geschehen,
Mich in ihr kammer umbzusehen,
Das ich ein warzeichn bringen thet,
Wann es gilt mir ein groß gewett.
15 Fünff tausent gülden gwinn ich mit;
Tausent verlier ich, bring ichs nit.
Die fraw soll mein nicht innen wern.

Die alt spricht:

Junckherr, ja, das von hertzen gern;
20 Doch das ich meins diensts mög genisn!
Ich will euch in ein kastn schliesn,
Denselben in ihr kammer tragn,
Als ob ich werd in zweyen tagn
Hinraisen uber felde auß,
25 Das mir den bhalt in ihrem hauß,
Den sie mir vor offt hat behalten.
Da mögt ihr ewers vortheils walten,
Den kasten aufthun, wenn sie schleft,
Herauß gehn und all ewer gscheft
30 Außrichtn wol, wann sie hat innen
Mit öl all nacht ein lampen brinnen,
Euch denn wider versperren wol.
Frü ich den kasten wider hol.
Kein ander hilff noch rat ich weiß.

35   **Amprogilo spricht:**

Hab ich gewagt die weiten reiß,

So will ich die gefhar auch wagen,
Mich lasn in ihr kammer tragen
Und in dem kasten dir vertrawen,
Weil ich der aller-keuschten frawen
5 Sunst gar nichts abgewinnen kan.
Sehin und hab dir deinen lon!
Hab guten fleiß, das die gefer
Sie, noch sunst niemandt innen wer!
Mein leben setz ich in dein hand.

10   **Die alt spricht:**

Es soll weder sie, noch iemand
Inn werden. Doch seit still im hauß,
In dem kasten, dergleich herauß!
Wann solt man euch ergreiffen eben,
15 So gilt es mir und euch das leben.
Doch hoff ich, glück soll bey euch sein.
[3, 2, 25] Nun kompt! so schleuß ich euch in schrein,
Bring euch zu der frawen hinein.

       Sie gehn beide auß.

3, 2, 13]   # Actus 3.

Barnaba geht ein mit Marco unnd spricht:

Ach, wie hab ich so gar kein rhu!
Ich besorg, es ghe nit recht zu.
Ich mag weder essen noch schlaffen.
25 Mein gewissen thut mich auch straffen.
Ey, ich solt nicht gewettet han
Mit diesem schalckhafftigen man,
Der so vol steckt der falschen dück!
Auch so ist wanckel das gelück,
30 Das lang bey mir gewonet hat.
Ich fürcht, mir sey vor ein unrat.
Mich antets warlich nichtsen guts.

       Marco spricht:

Ach Barnaba, seit gutes muts!
35 Das gwet hat mir gleich wol nit gfallen.

Ihr seit zu gäch gewest in allen.
Doch gehts vileicht noch ab on schaden.
Bey Gott sind noch vil der genaden.

Amprogilo tritt ein und spricht:

5 Gelück zu, mein herr Barnaba!
Ich kumb wider von Genura,
Hab mein sach glücklich außgericht.

Barnaba spricht:

O, dasselbig das wöll Gott nicht!
10 Ich hoff, ich hab ein fromme frawen.

Amprogilo spricht:

Thetst du ihr noch so wol vertrawen,
So hab ichs doch ein nacht beschlaffen.

Barnaba spricht:

15 O waffen, zetter uber waffen!
Doch zeig mir vor warzeichen an!

Amprogilo zeigt die warzeichen unnd spricht:

Mein Barnaba, das will ich than.
Schaw! den peutl und den gülden porten
20 Thet mir dein weib freundlich antworten,
In rechter lieb ihr zu gedencken.
Wolt mir auch noch mehr kleinot schencken,
Der ich nit wolt, und der-geleichen.
Die bhilt ich nur zu eim warzeichen,
25 Darmit die warheit zeiget an,
Das ich redlich gewunnen han.

Barnaba spricht:

Die warzeichen sind nit. genug.
Du möchst sie haben mit betrug
30 Gestolen oder haben kauft,
Wie sich der sach offt vil verlaufft.
Sag! wie ist mein kammer gestalt?
Was ist darinn gschnitzt und gmalt?
Denn möcht ich dir der ding gelauben.

Amprogilo spricht:

Es sind gemalt schöne weintrauben
An dem himel ob deinem bett.
Dergleich Paris gemalet stet
5 Mit· den drey nackaten göttinnen.
Darneben mit kunstreichen sinnen
Steht Acteon, wie der selb wart
Verkeret in eins hirschen art.
Sind das nit warzeichen genug?

3, 2, 26]   **Barnaba spricht:**

Das kan auch gschehen mit betrug,
Das dirs hat das haußgsind gesagt.
Drumb wird noch eins von dir gefragt.
Sag ein warzeichen von mein weib,
15 Etwas heimlichs an ihrem leib!
Als-den solt du haben gewunnen.

Amprogilo spricht:

Wie nachts die lampen hat gebrunnen,
Da hab ich gesehen mit lust
20 Deim weib unter der lincken brust
Ein wartzen, darumb stunden klar
Fünff oder sechs goldfarbe har.

Barnaba windt sein hendt unnd spricht:

O, du hast leider war gesagt.
25 Nun sey es Gott von himel klagt!
Ach weh mir, ach und immer weh!
Nun wird ich frölig nimmerme,
Weil ihr trew brochen hat mein fraw.
Nimb hin das gelt, es zel und schaw!
30 Zieh hin mit in die herberg dein!
Gib wider mir die handschrift mein!

  gibt ihm die handschrift, nimbt den geltsack, geht ab.
Barnaba schreit:

Ludwig, Ludwig, kumb rein zu mir!

35 **Ludwig, der knecht, kumbt, spricht:**

Junckherr, hie bin ich; was wölt ihr?

Barnaba spricht:

Ludwig, merck eben, was ich sag!
Bereit zwey pferd auff heut den tag
5 Und reit eylends gehn Genua
Und sag meinem weib Genura,
Das sie auff sey und mit dir reit
Entgegen mir! Wenn dus bringst weit
In das eng, finster, wäldig thal,
10 An all barmhertzigkeit zumal
Erwürg sie! dein schwerdt durch sie stich!
Nimb ihr gewant und reit für dich!
Thust du das nit, so must du hangen,
Wo ich aufs nechst dich kan erlangen.

15 **Ludwig, der knecht, spricht:**

Junckherr, was hat sie ubels than?
Bitt, wölt mir das auch zeigen an.

Barnaba spricht:

Reit hin kurtz ab und frag nit vil
20 Und verbring, was ich haben wil!

Der knecht geht ab. Barnaba rett mit sich selber unnd spricht

Ach Gott, nun bin ich gar verdorben.
Wolt Gott, ich wer vor langst gestorben!
Ich hab verloren ehr und gut.
25 Nun leb ich in schand und armut.

Er geht auß, so kumbt der knecht, bringt das weib und sie spricht:

Nun frew ich mich im hertzen mein,
Das ich meim lieben herrn allein
30 Entgegen reit, ihn zu entpfahen.
O Ludwig, wenn kumb wir ihm nahen?

[K 3, 2, 27] **Der knecht zuckt sein schwerdt, nimbt sie bey den arm und spricht:**

Fraw, ewer seel befelhet Gott!
35 Hie müst entpfahen ihr den tod.

Genura hebt ihr hendt auff unnd spricht:

O, gnad mir und sag mir vor an,
Was ubels ich dir hab gethan,
Das ich hie sterben soll von dir!

5   **Ludwig spricht:**

[3, 2, 14] Kein leid thet ewer lebtag mir.
Was ihr habt aber dem herrn thon,
Da kan ich gar nichts sagen von.
Derselb thut dieses mordts mich nöten
10 An all erbarmung euch zu töden,
Sunst mich mit eigner hand zu hencken.

Genura spricht:

Nun kan ich warlich nicht gedencken,
Das ich mein tag wider mein man
15 Mit wort noch wercken hab getban.
Darumb, durch Got, laß mir mein leben!
Ich will dir all mein kleider geben.
Laß deinen kitel mir zu-stehn,
Darmit mir nichsen darff zu gehn,
20 Da ich mich kleid in mannes kleid.
Darnach will ich in hertzenleid
Ghen, allen menschen unerkandt,
In das ellend auß Welschenlandt.
Kumb etwa gar in die Türckey
25 Oder in die ferr, wo es sey.
Will mich mit mannes namen nennen,
Das mich kein mensch fürbas soll kennen.
Darmit magst du bestehn vor Gott
Und gnug thun deines Herrn gebot
30 Und doch erretten mir mein leben.

**er knecht steckt sein schwerdt ein, schneidt ihr ein zopff
ab zu eim warzeichen unnd spricht:**

Mein fraw, ich will euch volgen eben.
Ziecht bald ewer gewendtlich ab
35 (Nit lang ich hie zu warten hab)
Und macht euch auff das erst darvon!
Will sprechen, ich hab euch abthon.

4 *

Ob gleich der Herr das grab wolt wissen,
Sprich ich, euch habent wölff zurissen.
Nach dem ich euch hab lieben lassen.
Fart hin! Gott bhüt euch auff der strassen!

Der knecht geht ab, die fraw spricht wider sich selber:

Nun geh ich hin von ehr und gut
In das ellende und armut
Und mich gar in mans-kleider verker.
Nach dem ich suchen will am meer,
10 Ob ein schiffart bereitet sey,
Abzufaren in die Türckey.
So fahr ich mit; Gott steh mir bey!

Genura, die fraw, geht ab.

Actus 4.

**Der Soldan geht ein mit einem Türcken, setzt sich und der
Türck spricht:**

O aller-großmechtigster keiser,
Der welt ein gwaltiger durchreiser,
Der ewren keiserlichen macht
20 Hat her gehn Alexandria bracht
[K 3, 2, 28] Auß welschen landen von Cremon,
Ewer öberster schiff-patron,
Die schönsten falcken, mag ich jeben,
Die ich mit augen hab gesehen;
25 Darzu auch einen welschen knecht,
Der zu dem federspil ist recht,
Er mit ihm her gefüret hat.
Will keiserliche majestat,
So will ich ihn auch bringen her.

30 **Der Soldan spricht:**

Geh! bring ihn und die sach bewer,
Weil wir haben kein Christen zwar
Gesehen in das dritte jar!

**Der Türck bringt die frawen inn manskleidern, der keiser
spricht:**

Sag an, wo ist dein vaterlandt
Und wie dein nam auch sey genaut!

Genura spricht:

O aller-großmechtigster herr,
5 Ich kumb aus welschen landen ferr,
Von Genua in kurtz vergangen,
Ward von den meerraubern gefangen
Und kam zu ihr genad patron.
Mit namen heiß ich Sicuron.

10   **Soldan spricht:**

Was ist dein gwerb (uns auch ansag!)
Darzu man dich auch brauchen mag?

Sicuron spricht:

Ich kan wol zu dem federspil,
15 Kan schreiben, rechnen, wie man will.
Auch kenn ich alle kauffmans-war,
Die auß der Christen lande far,
Es sey gleich nahe oder fern.

Soldan spricht:

20 So wirst fort unser zolner wern,
Der Christen kaufleut war beschawen,
Welche die meß hie werden bawen
In Alexandria, der stat,
Welche gleich morgen an wird gat.
25 Darumb geb wir dir guten lohn.
Dein trewen dinst gelob uns an!

Sicuron gelobet an und der Soldan spricht:

Wolauff, last uns in die cantzley!
Man sagt, ein bott ankumen sey,
30 Das die Christen samblen ein herr
Mit harnisch, püchsen und mit weer,
Uns gwaltiglichen zu bekriegen.
Hoff, sie sollen wir vor gesiegen,
Weil sie selber uneinig sein.
35 Wolauff mit uns und geh hinein!

Sie gehen alle ab. Amprogilo kumbt mit seim dafet, legt s rett wider sich selber und spricht:

> Nun walt sein glück mit meiner war!
> Manich königreich ich durch-far,
> 5 Zu gewinnen groß gelt und gut,
> Als noch manicher kaufman thut.

Sicuron kumbt, beschaut die war unnd spricht:

> Was hast du für wahr, guter man,
> Auff das ich nemb den zol darvon?

10 **Amprogilo spricht:**

> Beschaut sie selb, mein lieber herr!
> Ich brings auß welschen landen ferr.

[K 3, 2, 29] **Sicuron beschaut den peutel und porten. Ampro lacht. Sicuron spricht:**

> 15 Was lachet ihr, mein herr? ich bit.

Amprogilo spricht:

> Ja, herr, ich lach vergebens nit,
> Sonder so ich der guten schwenck
> Dieser kleinot halb mich bedenck,
> 20 Wie ich sie selb hab uberkummen.

Sicuron spricht:

> Mein herr, wie habt ihrs uberkummen?

Amprogilo spricht:

> Zu Genua im welschen land
> 25 Ein kauffman, Barnaba genandt,
[A 3, 2, 15] Der wettet mit mir zu Pariß,
> Sein fraw wer so stät und gewiß,
> Wo ich so vil mit ihr thet schaffen,
> Das ich sie möcht ein nacht beschlaffen.
> 30 Darauff ich gehn Genua zug
> Und erbult diese frawen klug.
> Ein nacht ich sie beschlaffen hab.
> Darumb sie mir die kleinot gab.
> Als ich bracht die und ander warzeichen

Ihrem mann, da must er mir reichen
Fünff tausent gülden also bar,
Wie denn diß gwett beschrieben war.
Da wütt ihr man in zoren schlecht,
5 Befalch Ludwigen, seinem knecht,
Das weib in eim walt zu erstechen.
Darmit thet er sich an ihr rechen.
Ihren leib haben die wölff gfressen.

Sicuron spricht:

10 Das glück das hat dich wol besessen.
Deiner bulschaft hast du wol gnossen.

Amprogilo spricht:

Ich west zu sagen noch vil bossen.
Will doch vor in mein herberg dar,
15 Zu bringen her noch ander war,
Das ihr dieselben auch besecht,
Den zol darvon zu nemen recht.

mprogilo geht ab. Sicuron redt mit ihm selber unnd spricht:

Ach Gott, ich merck: dieser bößwicht
20 Hat mir das unglück zu gericht,
Sich solcher stück gerümet mein
Gegen meim frummen mann allein,
Mit lüg und listen ihn betrübt.
Da er im sollichs hat geglaubt,
25 Mich hernach auff die fleischbanck geben
Dem knecht, zu nemen mir das leben.
Wie mag das nur zu-gangen sein,
Das der schalck hat die kleinot mein?
Gott weiß, das ich unschuldig bin.
30 Nun will ich heimlich senden hin
Nach meinem mann gehn Genua,
Das er in Alexandria
Herkumb und das er innen werd
Der meinen unschuld und geferd.
35 Umb beystand will ich rüffen an
Den großmechtigen köng Soldan,
Auff das die erloschen warheit
Wider an tag kumb mit der zeit

Nach der strengen gerechtigkeit.

Sicuron geht auß.

[K 3, 2, 30]   # Actus 5.

Der Soldan gehet ein mit zweyen Türcken und sp

5 Sicuron, wie halten sich heut
Deine christenliche kaufleut?

Sicuron spricht:

Einer ubel, der ander baß,
Wies sunst zu-gebt an unterlaß.
10 Unter ihn hab ich ein gefunden
Mit aller schalckheit uberwunden,
Der hat ein ehrlich biderweib
Bracht umb ihr ehr, gut und den leib.
Etlich kleinot ich funden hab
15 Bey im, die er ir name ab
Mit arglisten; darumb ich bit
Ewr mayestat, wöll lassen nit,
Zu erfaren die recht warheit
Und mit strenger gerechtigkeit
20 Die ubelthat an ihm zu rechen.

Der Soldan spricht:

Sicuron, wir thun dir versprechen
Bey unserm zepter, reich und kron
(Zeig uns nur diesen bößwicht an!),
25 Find wir die handlung solcher massen,
Das wirs nit ungerochen lassen.

Amprogilo geht ein mit seiner kramschatz, Sicuron

O keiserliche mayestat,
Dort kumbt der kauffman, welcher hat
30 Gemelte ubelthat gethan.
Dort kumbt auch gleich der frawen man,
Der sie von seint wegen ließ tödten.

Soldan spricht:

Sicuron, es wirt sein von nöten,
Das du der sach machst ein anfang.

Sicuron spricht:

Du kauffman, thu herzu ein gang!
5 Was dich sein mayestat wird fragen,
Thu an verzag die warheit sagen,
Wo du die kleinot hast genummen
Und wie du sie hast uberkummen!

Soldan spricht ernstlich:

10 Gib antwort uns auff diese frag!
Nach leng uns die bistori sag,
Anfang, mittel und auch das endt,
Wo die kleinot herkummen sendt.
Wirst du der rechten warheit fäln,
15 So muß dir der nachrichter sträln.

Amprogilo spricht:

Nembt! die kleinot will ich euch schencken.
Thut dieser frag nit mehr gedencken!

Soldan spricht:

20 Kurtzumb und uns die warheit sag
Oder werft in nur an die wag,
Da er die warheit sagen muß!

Amprogilo felt auff die knie unnd spricht:

Ich bit genad und fall zu fuß.
25 Großmechtiger herr, war und gwiß,
Als ich gewest bin zu Pariß,
Dergleich auch dieser Barnaba,
Ein kauffman der stat Genua,
Der sein weib so keusch rümen thet,
30 Das ich mit im macht ein gewett,
[3,2,31] Eh wann drey monat gar vergingen,
Wolt ichs zu meinem willen bringen.
Wie ich nun gehn Genua kam,
Die fraw so stät und keusch vernam,

31 K dann.

Da braucht ich ein andern list,
Belohnt ein alt weib in der frist,
Die vil bey ihr gieng ein und auß.
Die thet mich tragen in ihr hauß
5 In eim kasten zu abent spat.
Als nun die fraw geschlaffen hat,
Da thet ich auff den kasten innen,
Ging herauß, fund ein lampen brinnen,
Beschaut die kammer uberal,
10 Da ich ihr diese kleinot stal,
Sach auch nacket liegen die frawen,
Thet auch an ihr die wartzen schawen.
Das als ich zu warzeichen gab,
Ihm darmit abgewunnen hab
15 Fünff tausent gülden also bar.

Barnaba windt seine hendt unnd spricht:

Ja leider, diese ding sind war.
O weh der meine frummen frawen,
Der ich so arges thet zutrawen!
20 Ach Gott, ach Gott, was hab ich than?

[A 3, 2, 16]   **Der Soldan spricht:**

Sag die warheit auch du, kauffman!
Was thetst denn mit der frawen dein?

Barnaba spricht:

25 Ach, in dem grossen zoren mein
Hab ich bevolhen meinem knecht,
Das ers in einem wald umbbrecht.
Das hat er thon mit meinem wissen.
Nach dem habens die wolff zerrissen
30 Zu tod. O weh diß meinen schaden!
Ich armer ger von euch der gnaden.

Sicuron spricht:

Großmechtiger herr, ein urteil sprecht
Zwischen die zwen mann ungerecht!
35 Erstlich wider diesen bößwicht,
Der den jamer hat angericht,
Dem sein ehr und gut abgelogen!

Aber den man, der ist betrogen,
Des nembt euch ein gnedig bedencken,
An seiner schuld ihm was zu schencken,
Weil ich noch lebent weiß die frawen,
5 Die ihr bald werd mit augen schawen!

Der Soldan spricht:

Wo ist das weib? zeig uns das an!
Den soll ein streng urteil ergahn.

on felt auff die knie, lest ihr har und brüst schawen und
10 spricht:

Ach, ich bin das hartselig weib.
Beschaut mein brüst und meinen leib
Und darzu mein geflochten har!
Wiewol ich tragen hab sechs jar
15 An ewrem hoff mennlich gewandt,
Darmit ghraist zu wasser und landt.

Der Soldan spricht:

Steh auff! leg frawenkleider an!
Das streng recht will ich lassen gan.

20 Sie steht auf, spricht zu Amprogilo:

Und du, ehrloser man verlogen,
Der du hast meinen man betrogen,
So vil gewest ist in deim mut,
Uns beid bracht umb leib, ehr und gut,
25 Drumb rüff ich an uber ihn schlecht
Das strenge keiserliche recht.

,32] Der Soldan nimbt den stab unnd spricht:

Amprogilo, du ehren-dieb,
Das strenge urteil ich dir gib,
30 Das man nacket abziehen soll
Dich, dir dein haut abschneiden soll
Und darnach dich mit hönig salben
An deinem leibe allenthalben
Und also dann vor unserm sal
35 Mit ketten binden an ein pfal,
Das die hornneussel, bin und websen

Dir abfressn nasen, mund und lebsen
Und das gantz fleisch von deinem leib,
Das allein das gebein da bleib,
Mit solcher langer bein und queel
5 Von dir treiben dein arme seel
Zu einer straff der ubelthat,
Die sich auff dich erfunden hat.
Geh hin, du mein erkaufter knecht,
Und thu dem bößwicht seine recht!

Der türckisch knecht bindt ihn und fürt ihn hin und spri

Amprogilo, nun geh forton
Und nimb deinen verdinten lohn!
Hast auch betrübet manich hertz.
Zeit ist, das du leidst todtes schmertz. •

Man fürt ihn ab. Genura kumbt in frawenkleidern, Bar
felt ihr zu füsen und spricht:

Hertz-liebs weib, ich maint, du werst todt.
Ich bitt dich leuterlich durch Gott,
Wölst mir mein missethat vergeben,
20 Und bit den keiser umb mein leben.

Genura hebt ihn auff, umbfecht ihn und spricht:

Biß mir willkumb, hertz-lieber man,
Weil du das hast unwissent than!
Ich weiß, das dein getrewes hertz
25 Gewest ist in englischem schmertz.
Dich hat gereut das sterben mein.
Es soll dir als verzihen sein!

Sie neigt sich und spricht zum Soldan:

Ich bit ewr hohe mayestat,
30 Weil unwissent thet diese that
Mein man, so wöllet ihm vergeben.
Um mein willen schenckt im sein leben!

Der Soldan hebt sie auff unnd spricht:

Dein man der soll begnadet sein
35 Seins lebens, und das nit allein,
Sonder als, was Amprogilo

Verlest nach seinem tod also,
Das soll als ewr beider sein.
Nimb wider hin die kleinot dein
Und auch dein unschuldige frawen,
5 Der du stanthafftig magst vertrawen
Dein leben lang biß in den tod!
Geht hin! behüt euch beide Gott!

r türckisch knecht bringt die haut von Amprogilo unnd spricht:

10 Großmechtiger herr, das ist sein haut.
O wie schrier der bößwicht so laut,
Biß ich ihn an pfal hab gebunden
Und im sein haut gar abgeschunden!

2, 33]   **Der Soldan spricht:**

15 Barnaba, nimb die haut alda
Und führ sie mit gehn Genua,
Das darbey sech dein obrigkeit,
Das der Soldan straff die boßheit!
Bring auch der herrschaft diesen brieff,
20 Darinn sie findet den begrieff,
Das man die cuplerin ertrenck,
Darnach bey den zöpffen auffhenck,
Auff das vor ihrer cuplerey
Ein biderweib gantz sicher sey!

hen alle in ordnung ab. Der ehrnholdt tritt ein und beschleust:

Also habt ihr vernommen gar
Die gantz histori lauter klar.
Darinn werden uns für geschrieben
30 Guter heilsamer lehre sieben:
Erstlich wird uns darinn bestett,
Zu thun kein leichtfertig gewett,
Darauß mag kummen mit der zeit
Schand, schad oder widerwertigkeit,
35 Das sich oft thut beim trunck begeben.
Zum andern lehrt, das kein man eben
Mit lieb versuchen laß sein weib,
Das endtlich nit ein argwon bleib,

Richt zu ein sach, die darnach rew,
[A 3, 2, 17] Sonder er bleib ihr stät und trew
Und sey ihr haubte, schilt und schutz,
Such allenthalb ihr beider nutz.
5 Zum dritten schaw auff in deim hauß,
Wer darinn geh ein oder auß!
Thu den alten schmeichelten frawen
Nicht allzu weit und vil vertrawen,
Die offt ein schenck verblenden thut,
10 Das sie mit arg zalen das gut,
Das man ihn vor lang hat gethan!
Zum vierten so lehr hie ein man,
So etwas widerwertigs gschech,
Das er nicht sey zu schnell und gech,
15 Ermeß vor wol alle umbstend,
Eh er zu rach leg an sein hend,
Auff das er nicht thu in der eyl,
Das ihn darnach rew lange weyl!
Züm fünften lehr ein man hiebey,
20 Das er sich hüt vor triegerey,
Die all mal zu letzt kumbt an tag
(Nichts unrechts sich verbergen mag),
Das er nit werd dardurch beladen
Mit straff, die schande hab zum schaden!
25 Zum sechsten lehr, wer umb unschuld
Ist leiden, das er hab gedult,
Wann Gott der weiß die rechten zeit
An tag zu bringen die warheit,
Wie lang sie so verborgen ligt,
30 Der lug doch entlich obgesigt.
Zum sibenden die oberkeit
Lehr, das sie sich fleiß alle zeit,
Zu handthaben gemeinen nutz,
Dem unschuldig halt trewen schutz
35 Und straff den bösen hie auff erdt!
Derhalben sie denn tregt das schwerd,
Dardurch ihr lob und preiß erwachs
Sambt gmeinen nutz, das wünscht Hans Sachs.

Der ehrnholdt geht ab.

34 K vnschulding.   38 K gmeinem.

Die person in die comedi:

1. Der ehrnholdt.
2. Soldan, der türckisch keiser.
] 3. Marco,
5 4. Amprogilo,
5. Barnaba, drey kauffmender.
6. Genura, die unschuldig fraw.
7. Ludwig, der knecht.
8. Deck, der türckisch knecht.
10 9. Die alt kuplerin.

Anno salutis 1548, am 6 tag Martii.

Comedi mit 8 personen, die göttin Circes, u
hat fünff actus.

Der ehrnholdt trit ein, neigt sich unnd spricht:

Fryed sey den erbern herrn und frawen
5 Und alle den, so hie zuschawen
Und hören wöllen mit begiren
Diese comedi recediren,
Die Homerus, der hoch poet,
Griechischer sprach beschreiben thet,
· 10 In Odissea uns erzelt,
Wie Ulisses, der tewer helt,
In seiner irrfart auff dem meer,
Als er abzoch mit seinem heer
Vor Troia und fuhr irr zwey jar,
15 Erlied groß unglück und gefar,
Wie er in solcher irrfart kam
Zu der göttin Circe mit nam,
Die ihm mit ihrer zauberey
Seine gsellen verwandelt frey
20 Von menschenbild in sew gestalt,
Welche doch Ulisses mit gwalt
Entlich wider bezwungen hat
Durch des gottes Mercuri rat,
Das sie sein knecht in dieser wiltnuß
25 Wider wandelt in menschen biltnus,
Auch wie Ulisses darnach war
Bey der göttin ein gantzes jar
Sambt allen seinen mitgesellen,
Darnach den weg im zu der hellen
30 Weiset, da er erfragen solt,

Wie und wenn er heimfaren wolt,
Wird sagen ihm Tiresias,
Auch ihm verkünden alles, was
Er noch must leiden für unglück
5 Auff der heimfart von stück zu stück.
Nun schweiget still und habet ru
Und höret mit fleiß eben zu,
Was wort und werck anzeigen thu!

Ulisses tritt ein mit seinen gesellen und spricht:

10 Ach, ihr mein außerwelt geferten,
Was unglücks muß wir uberherten?
Nun sey wir ie bey zweien jaren
Gantz irrig anff dem meer gefaren
Und kunden unser vatterlandt
15 Itaca nicht finden allsandt,
Darnach uns doch zu aller frist
So hertzigklich verlangen ist,
Zu sehen unser weib und kinder,
Eltern und freundschafft nit dest minder,
20 Das wir vor jamer seuftzen und winseln.
Nun ietzt hab wir aber ein inseln,
[3,2,35] Wissen doch nicht (wie ob gemelt),
Wo wir sind in der weiten welt.
Derhalb soll wir doch nit verzagen;
25 Sonder die landsart zu erfragen,
Das düncket mich doch, ihr notfesten,
Das nützest sein und an dem besten.
Von ferren geht dort auff ein rauch.
Dem geht zu und nach unserm brauch
30 Erforschet die gelegenheit
Der insel, art und fruchtbarkeit
Und was für leut wonen darinn,
Ob uns ein mal das glück erschin!
So will ich mit den andern dort
35 Beleiben bey des schiffes bort.

Eurilochus, ein knecht:

Edler Ulisse, was wilt du
Uns aber stossen in unrhu,
Mit sorg, angst und unglück verstricken,

An unerkandte ort uns schicken?
Hast du denn also bald vergessen,
Wie uns newlich haben gefressen
Lestrigones, die grossen riesen,
5 Da wir uns in ihr landtschaft liesen,
Zu erforschen, wer darinn wonet?
Ich mein, uns ward bößlich gelonet.
Alda sie die eilff schiff ertrenckten,
Mit stein zerwurffen und versenckten
10 Und frasen unser mehr denn einen.
Du kanst es selber nicht verneinen.
Wilt du denn ietzt aber ein mal
[A 3, 2, 18] Uns füren in solchen unfal?
Was zeichst uns doch, du tewrer helt?

15   **Ulisses spricht:**

Nun, auff welchen das loß hie felt,
Es sey auff mich oder auff euch,
Der ziech dahin an alle scheuch!

     Er felt das loß und spricht:

20 Nun, das loß hat ewer partey
Troffen; darumb zicht hin all drey,
Zu erforschen des landes sitten!
Deß schiffes will ich ein weil hüten
Mit den andern, biß ihr kumbt wider.
25 Last euch kein zagheyt legen nider!
Seit nur getrost und mutes vol!

     Polites, ein knecht:

Edler Ulisse, du sagst wol.
Nach deinem willen wöln wir gehn.
30 Wo er nit will, so gehn wir zwen,
Die insel zu erkunden geschwind.
Bleib du und das ander hoffgesind
Beim schiff, biß das wir wider kummen!

Sie gehen auß alle sambt und Ulisses spric

35 Ihr thut wie die getrewen frummen.
Ich geh wider an das schifbort
Und ihr an das bestimbte ort.

ehen alle auß. Circes, die göttin, tritt ein unnd spricht:

Ich, Circes, ein tochter der sunnen,
Hab reiche gab von ir gewunnen,
Ein göttin aller schwartzen kunst
5 Der zauberey. Wem ich trag gunst,
Kan ich mit meinem tranck und bschwern
Ihm sein menschlich gestalt verkern
In löwen, beren, esel und affen,
In sew und ander thier ungschaffen.
,2,36] Die müssen darnach bleiben all
In meiner gfencknuß und notstall.
Zu theil mir doch lang keiner wart,
Den ich verkert het solcher art.
Doch dünckt mich, ich hör dort von weiten
15 Im walt herziehen oder reiten
Etlich zu meiner wonung her.
Die will ich bringen in gefer,
Wo ichs anderst bereden mag,
Zu haben da ihr niderlag.

20 Die drey gehn ein. Elponer spricht:

Das waltn die götter! muß es ie sein,
So gehn wir durch den walt hinein.
Schaut, was thut sich im walt erheben?
Ich sich dort beren, wölff und löwen,
25 Die schertzen freundlich mit einander,
Als ob sie zam sind allesander.
Schaut, schaut, wie köstlich uberauß
Von merbelstein steht dort ein hauß,
Erbaut nach meisterlichen sinnen,
30 Mit gülden pforten, kupffer und zinnen
In dieser gar einöden wiltnus!
Schaw, wie gantz himlischer bildtnuß
Das zartest weib wonet darinne!
Muß sein ein himlische göttinne.
35 Hör, wie süßlautend ist ihr stimb!
Englischer art, wie ich vernimb.

Circes winckt ihn und spricht:

Ihr Griechen, kumbt zu mir herein!

Ich will euch geben külen wein,
Darmit ihr euch möcht laben ietz
Vor der sonnen brennenden hitz.

Elponer spricht:

5 Wir wöllen hinein in den schaten.

Polites spricht:

Ich will es auch nicht widerraten.
Hierinn mög wir erfaren wol
Alle ding, was man wissen sol
10 Der insel halb, artlich und fein.

Eurilochus spricht:

Ich aber will gar nicht hinein.
Diß hauß ist mir verdechtlich gar.
Mir stehn gehn berg all meine har.
15 Ich steck vol schrecken, sorg und forcht.
Bleibt auch herauß und mir gehorcht!
Es ant mich warlich nichtsen guts.

Polites spricht:

Wenn du ie brauchen wilt den trutz,
20 So bleib herauß! wir wöllen nein,
Trincken und gutes mutes sein.

Die zwen gehen zu ihr und Circes spricht:

Setzt euch nider und habet rhu
In schatten, auff das ich euch thu
25 Mit einem külen trunck erlaben!
Darnach ich euch auch will begaben
Mit schönen außerwelten schencken,
Das ihr mein darbey thut gedencken
In aller welt, wo ihr hinfart,
30 Mein miltreiche güt offenbart
Vor allen göttin hie auff erden.

Polites spricht:

Ach, wir thun nach deinen begerden.
Uns als ellende gest entpfach!
35 Wir sind ie müd, machtlehr und schwach,

Auff zwey jar umbgefaren sehr
Auff dem wütig prüllenden meer,
Da wir vil unglücks habn erlitten,

[3, 2, 37] Mit den Cicones hart gestritten,

5 Schiffbruch erlitten; auch hat die macht
Der risen unser vil umbbracht.
Der wöll wir uns hie nider setzen,
Des unfals uns mit lust ergetzen.

beut **ihn** trincken, sie trincken alle beid und sie schlecht
drey **mal** mit eim steblein, deckt sie murmlent mit eim
tuch, so gewinnen sie sewrüseel.

Seth hin, ihr sew! Est meiner aichel,
Die ich netzet mit meinem spaichel!
Nun wolauff mit in meinen stal

15 **Z**u andern thiren ohne zal,
Die ich durch meine zauberlist
Verkeret hab zu aller frist
Von menschen art in thiers gestalt,
Die nun forthin in meim gewalt

20 **T**hierisch ihr zeit und weil vertreiben
Und müssen gfencklich bey mir bleiben,
Von vaterland, kinden und weiben!

Sie treibt sie hinauß, sie gröchtzen.

Actus 2.

25 **Ulisses geht allein ein unnd spricht:**

Mir ist geleich im hertzen bang.
Wo sind nur mein diener so lang,
Die ich außschicket, zu erkunden
Die insel oben und auch unden?

30 **O** das ihn nur darinnen wer
Nit zugestanden ein gefer!
O Jupiter, du höchster gott,

[3, 2, 19] **B**eschütz du sie vor aller not
Und bilff uns wider alle sandt

35 In unser lieblich vatterlandt!

Eurilochus kumbt, schlecht sein hendt ob dem k
men und Ulisses spricht:

Euriloche, was bringst für meer,
Das du so trawrig laufst daher?
5 Wie steht es umb die gsellen dein?

Eurilochus spricht:

Ulisse, edler herre mein,
Vor engsten, weh und grosser klag
Ich schier kein wort gereden mag.

10 **Ulisses spricht:**

Ach, sag bald, wo dein geseln sin!

Eurilochus spricht:

Ach, als wir von dir giengen hin
Durch den finstern dicken walt!
15 Da fund wir herlicher gestalt
Ein hauß von merbelstein erbawen,
Darinn ein adeliche frawen,
Ein göttin oder wer sie war,
Die leuchtet wie die sonne klar.
20 Die war gleich himlischer biltnuß.
Bald die uns sach in dieser wiltnuß,
Offnen ihr thür, winckt uns hinnein,
Zu ruhen, und die gsellen mein
Giengen zu ihr ein, aber ich
25 Schewet vor diesem wollust mich
Und blieb vor der thür stehn herauß,
Sach, das mein geseln in dem hauß
Die fraw entpfing mit schmeichel-worten,
Verhieß ihn vil an diesen orten.
[K 3, 2, 38] Nach dem allen gabs ihn zu trincken,
Beschwur sie, darnach ließ sie sincken
Ein stäblein, schlug ieden drey streich.
Zuhandt ihr vernunft von ihn weich.
Verloren augenblicklich halt
35 Ihr stimb und menschliche gestalt

✱

22 K Offnet. 32 K jedem.

Und wurden da an alle schew
Ungschaffen, groß, borstete sew,
Das ich ihr selb mehr kennet keinen.
Ich hört sie wol gröchtzen und greinen,
Das mein hertz darob weint in mir.
5 Die ellend botschaft bring ich dir.
Mein hertz war mir umb sunst nit schwer.

Ulisses spricht:

Nun will ich sie auß der gefer
Lösen oder mit ihn verderben
10 Und in dem ellend mit in sterben.
Darumb führ mich zum hause hin!

Eurilochus spricht:

Du trewer Ulisse, ich bin
Erschrocken; ich mag nit mit dir gan.
15 O Ulisse, du trewer man,
Bleib bey uns! das bit ich dich.
Du bist verloren eigentlich
Bey diesem schmaichelhafting weib.

Ulisses spricht:

20 Ach, geh! wilt du nit mit, so bleib
Und heb dich zu dem schiff hinauß!
So will besuchen ich das hauß
Deß weibs, darinn mein geseln sein,
Will wagen mich dahin allein.

ochus geht auß. So kumbt der gott Mercurius unnd
spricht:

Ulisse, du ellender man,
Was thust du hie allein umbgan
In der einöd, bergen und wälden?
30 Villeicht meinst, du wölst auß unfelden
Erlösen dort die gsellen dein.
Sie liegen dort verkert in schwein
In der göttin Circe sewstal.
Dein menschlich kraft ist vil zu schmal,

25 ? unsfelden.

Zu kraftloß, blöd, schwach und mat,
Zu enden ein solch treflich that,
Welche den göttern zu gehürt.
Du solt eh selb werden bethört
5 Von ihrer zauberey gewalt
Und verliren dein menscblich gstalt.
Volgst aber mir, ich will dich lösen
Von der zauberey dieser bösen
Durch ein heilsame ertzeney.

10   **Ulisses spricht:**

Mercuri, zeig an, was das sey!
Ein herrlich opfer will ich dir gebn,
Dich ehren, weil ich hab mein lebn.

Mercurius gibt ihm die blum unnd sprick

15 Ulisse, nimb hin moli, diß kraut,
Das von himlischen ist gebawt,
Mit dieser schön milchfarben blumen!
Trags bey dir! so magst unterkummen
Und ihr brechen all zauberlist.
20 Wann balt du zu ihr kummen bist,
Wird sie dir gebn ein zauber-tranck,
Nach dem mit einem stäblein lanck
Drey mal uber dein schultern schlagen
Und etlich bschwerung zu dir sagen.
25 So zuck auß und entblöß dein schwerd,
Sam wölst dus wurgen mit gefert.
Denn wirt sie deiner lieb begern.
Du aber solt sie nit gewern,
[K 3, 2, 39] Biß sie dir schwert ein hoben eid
30 Der götter, doch mit dem bescheid,
Das sie dir wieder zu wöll stellen
In menschlicher gstalt dein gesellen
On alln nachtheil, schwacheit und schaden,
Euch von ihr laß in gunst und gnaden.
35 Das wird sie than, so kumbst auß leid
Du und auch dein gesellen beid.

1 K vnde.

Mercurius verschwindt und Ulisses spricht:

> Nun bhalt ich diß kraut mit der blumen
> Und will all dein worten nach kummen,
> Weil sie gut ist für zauberey,
> 5 Für liebkosen und schmeichlerey.
> Darauff wag ichs trutzig und frey.

Ulisses geht auß.

Actus 3.

Circes geht ein und spricht:

> 10 Ich bin gewest bey meinen sewen.
> Ihr sewisch art thut mich erfrewen.
> Weil sie dem wollust hengten nach,
> Habens erlitten diese rach,
> Wann neschlein das will schleg haben.
> 15 Darmit thet ich sie auch begaben.
> Ich verhieß ihn durch listig renck
> Grosen wollust und köstlich schenck,
> Darmit ich vil tausent on zal
> Gebracht hab in meinen notstal.
> 20 Ich hör ein zum hauß gehn mit schnauden
> Im wald durch das gestreuß und stauden.
> Derselbig geht auch streichen nach.
> Dem gschicht, wie allen andern gschach.

Ulisses geht drutzig zu ihr ein und sie spricht:

> 25 Sey mir wilkumb, du edler gast!
> Setz nider dich und hab dein rast
> An külem schatten! hie hast genunck
> Speiß und getranck; so nimb den trunck!
> ,2,20] Kül dich und lab dein hertz darmit!
> 30 Vor mir darst du dich schewen nit.

drutzt, sie schlecht ihn mit dem stab, er zuckt sein schwerdt,
spricht:

*

14 Vgl. 9, 142. 289. 529. Fastnachtspiele aus dem 15 jahrhundert s. 111.

Circe, hie must von meinen henden
Sterben, ellend dein leben enden,
Es sey denn das du mir mein gsellen
Frey ledig wider zu thust stellen
5 Menschlicher gstalt, wie sie warn
Von Troja mit mir auß gefarn.

Circes spricht:

Wann kumbst? wo ist dein vatterland?
Wer bist und wie bist du genand?
10 Du hast bey dir ein göttlich krafft,
Weil mein zauberey nichtsen schafft,
Darvor mir keiner wider-stund,
Das er sich mein erweren kund.
Drumb ich mich dein verwundern bin.
15 Ja, mich triegen denn all mein sin,
So bist du Ulisses fürwar,
Von dem mir hat vor manchem jar
Mercurius, der gott, gesagt,
Wie er wird kummen unverzagt
20 Zu mir, wann er abziehen wer
Von Troja. Sag an! bist du der,
So laß dein zorn! steck ein dein schwerd,
Auff das ich werd von dir gewert
Der deinen heltschaft, lieb und gunst!

[K 3, 2, 40]   Ulisses spricht:

O Circe, dein red sind umb sunst.
Wie darfst du lieb an mich begern,
Heltschaft und lieb dich zu gewern,
Weil du hast die gesellen mein
30 Verwandelt in sehr grosse schwein
Und hast auch an dem nit genug,
Sonder mit listen und betrug
Begerest auch zu zaubern mich,
Ietzt zu verkeren in ein viech?
35 Derhalb so wiß gewiß, du weib,
Das ich will meiden, deinen leib
In lieb und bulschaft zu berüren,
Biß du mir vor, wie thut gebüren,
Schwerst bey der götter höchsten eid,

Mir zu-zufügen gar kein leid,
Weder an leib noch gmüt beschedign,
Zum andern, das du wölst erledign
Mein gsellen von thierischer gstalt.
5 Wilt du das thon, so schwer nur bald!

Circes hebt zwen finger auff unnd spricht:

Ulisse, ich schwer dir ein hartz
Bey dem hellischem wasser schwartz,
Stiges, bey aller götter eid,
10 Das dir geschehen soll kein leid
Von mir weder mit handt noch mund,
Das ich dir auch in kurtzer stund
Dein gsellen will bekeren bald
In ihr vorig menschliche gstalt.
15 Steck ein dein schwerd! laß ab dein zoren!
Wann ich hab dich in lieb erkoren
Für alle mann auff gantzer erdt.

Ulisses steckt ein und spricht:

Nun, ich steck wider ein mein schwerdt.
20 Iedoch mag ich nit frölich sein,
Biß das ich sich die geseln mein,
Wiewol mein zorn mir ist genummen.
Bitt, wöllest deinem eid nach kummen,
Den du den göttern hast gethan.

25 Circes spricht:

Ulisse, hab kein zweiffel dran!
Leg ab alle forcht und sorg nit mehr!
Ich will dir alle zucht und ehr
Beweissen und den dienern dein
30 Und will auch ietzund gehn hinnein,
Dein geselln bringen und ihn bald
Wider geben ihr menschlich gstalt.

Circes geht auß, Ulisses spricht:

Wol mir, das ich soll wider sehen
35 Mein gsellen! drumb thu ich verjehen
Den göttern opffer, preiß und lob,
Der milt, güt schwebt ewig ob.

Circes bringt die sew, gibt ihn wider zu trincken, so w
menschen, umbfahen Ulissem und Polites spricht

    Edler Ulisses, erst dein trew
    Spürn wir in unsern nötten frey,
5 Weil du uns bey stehst in der not,
    Unerschrocken biß in den todt.
    Nun wöllen wir auch dergeleichen,
    Weil wir leben, nit von dir weichen.
    O das auff erden alle herrn
10 Ihren dienern also trew wern!
    Wie würn so grosse trew ir ieder
    Zu widergelt entpfahen wider!

[K 3, 2, 41]   Ulisses spricht:

    Ihr lieben gsellen, dancket Gott,
15 Weil ihr auß der gferlichen not
    Widerumb worden seit erlöst!
    Seit guter ding und wol getröst!
    Beweist der göttin zucht und ehr!

        Circes spricht:

20 Ulisse, geh zum schiff ans meer!
    Hefft das schiff an den ancker stät!
    All ewr weer und schifgeret
    Verbergt in die hellen hinnein!
    Bring her die andern gsellen dein!
25 Den will ich geben speiß und tranck
    In meinem hauß ein jar lang.

Ulisses geht auß, Circe spricht zu den zweien:

    Ietzt kumbt mit mir on allen schaden!
    Ich will euch rein waschen und baden
30 Und ewren leib auch allenthalben
    Schmiren mit wolriechender salben
    Und euch darnach zu tisch setzen,
    All ewers unmuts euch ergetzen,
    Darein ich euch vor hab gefürt.

*

9 Vgl. Uhlands schriften zur geschichte der dichtung und sage 1,
423.

Dergleich euch nimermehr berürt.
Darbey mein gutwilligkeit spürt!

Sie geht mit ihnen auß.

Actus 4.

Eurilochus unnd **Permedes** gehen ein, **Permedes** spricht:

Die sach geht warlich zu nit recht.
Es kumbt weder herr noch die knecht;
Und wenn ich dorft die warheit jehen,
Es wer'm herrn wie den knechten gschehen.
10   Ich het der raiß ie nicht gewagt.

Eurilochus spricht:

Hab ich die ding nicht vorgesagt?
Der herr aber mich drob veracht.
Schaw! dort kumbt er frölich und lacht.

15   **Parmedes spricht:**

Ach Ulisse, du tewrer man,
Ich bitt, du wölst uns zeigen an,
Wie es in dem hauß Circes steh
Und wie es unsern gsellen geh.

20   **Ulisses spricht:**

Ach, alle sach steht umb sie wol,
Sie essen und trincken und sind vol.
21]   Und sitzen dort in freud und rhu.
Ich will euch füren auch darzu.
25   Wöllen zu tisch uns zu ihn setzen,
All unsers unmuts uns ergetzen,
Dieser irrfart und langen reiß.

Eurilochus spricht:

Mir dringt auß der eißkalt schweiß.
30   Bey dein worten kan ich wol spüren,
Du wölst uns aber ein mal verfüren

29 K dringet.

In ellend, trübsal, angst und not.
Nützer wer uns ein frischer tod,
Denn das wir alle wie, die schwein
Bey Circe müssen gfencklich sein,
5 Unser leben lang ihrs hauß hüeten
Mit ewing grochsen, gron und wütten,
Wie ich heutiges tags in nehen
Hab mit mein leibling augn gesehen.
Darumb so will ich gar nit mit.

10 **Ulisses spricht:**

So bleib beim schiff, und wilt du nit!
Permedes, wilt du mit, so kumb!

[K 3, 2, 42]   **Permedes spricht:**

Ja, ich volg, was mir geschech drumb.
15 Geh, wie es wöll! ich will mit dir.

Eurilochus spricht:

Permede, lieber, bleib bey mir!
Er wird dich füren in den tod.
Weist nit, wie er uns bracht in not
20 Auch durch sein küne freidigkeit,
Da er uns fürt vor kurtzer zeit
In des grossen Ciclops speluncken?
Der wird von unserm blute truncken.
Der unser gsellen sechs fras,
25 Wird dir auch ietzt ergehn nit baß.
Uns waget gering unser fürst.

Ulisses spricht:

Wie redts so frävel und gedürst?
Verkleinst mir mein helereichen mut,
30 Der es doch als im besten thut,
Darmit ich und ihr allesandt
Heimkummen in das vatterlandt.
Du bist keck wie ein altes weib.

Eurilochus spricht:

35 Unser kamen sehr vil umb den leib.
Zwölff schiff waren unser im anfang.

Nun sind fast in zweien jaren lang
Die eilff schiff sambt den leutn verloren.
Ist unser leicht ein handtvol woren.
Deß spür wir kleine trew bey dir.

Ulisses zuckt sein schwerdt unnd spricht:

Weich hin, du verzachter, von mir!
Oder ich stoss mein schwerdt durch dich.

Permedes spricht:

Edler Ulisse, so will ich
10   Mit dir. Steck ein! dein zoren laß!
Villeich ist ihm beim schiff vil baß,
Denn das er trinck den külen wein.

Ulisses spricht:

So kumb! laß bleiben in allein!

Sie gehen beide auß, so spricht Eurilochus:

Nun mag ich auch nit allein bleiben,
Mein zeit am meer im schiff vertreiben.
Ich will auch mit und gehn hinnach,
Was schadens ich halt drob entpfach.
20   Weil es mein herr so kecklich wagt,
Will ich auch hin gehn unverzagt.

eht **auß.** Circes geht ein mit den zweien unnd spricht:

Nun est und trinckt und setzt euch nider!
Ewr fürst wird kummen bald herwider
25   Sambt den andern gesellen sein.
Schaut! dort kummen sie gleich herein.

Sie beut Ulisse die handt unnd spricht:

Biß mir willkumb, du tewrer helt!
Für all hab ich dich außerwelt,
30   Mein freud ein zeit lang mit dir treiben.
Ein jar lang magst du bey mir bleiben,
Du und alle die diener dein.
Da möcht on sorg ihr frölig sein.

Ulisses spricht:

Die götter haben wol gespürt
Unser ellend und uns gefürt
Zu dir, göttin, her in dein hauß,
[K 3, 2, 43] Ein weil darinn zu ruhen auß,
5 Das wir unser trübsal vergessen,
Die uns het allenthalb besessen.

Circes spricht:

Ulisse, kumb! so wille ich
All mein schätz lassen sehen dich.
10 Was dir gefelt, will ich dir schencken,
Ewig darbey mein zu gedencken.

Sie gehen beide auß. Parmedes spricht:

Ihr lieben stalbrüder, hie lieg wir lang.
Mir ist gleich in dem hertzen bang.
15 Wiewol wir haben gut leben,
So ficht mich doch hart an darneben
Mein hochgelobtes vatterlandt,
Da unser ieder in seim standt
Möcht gern sein bey den freunden sein,
20 Bey seim weib und den kindelein,
Der wir lang nicht haben gesehen.

Polites spricht:

Wie wenn wirs zu dem herrn jehen,
Ihn bitten, darmit er würd gemont
25 An Itaca, sein vatterlandt,
Und an Penelope, die zartten,
Die sein thut mit verlangen warten,
Das ein frummer gmahel soll than?
Da kumbt er; lieber red ihn an!

30 Ulisses kumbt, Permedes spricht:

Ach edler herr, wir alle vier
Haben ein grosse bitt zu dir,
Wölst die anhörn günstigklich.

Ulisses spricht:

35 Was ist die bitt? sag an für dich!
Wo zimlich ist ewer begeren,

Will ich on abschlag euch geweren.

Permedes spricht:

Ach, es ist unser hertztzlich bit,
Wölt lenger hie beleiben nit,
5 Sonder uns rüsten aller art
Widerumb auff unser heimfart
In unser geliebt vatterlandt,
Ob unglück ein mal wolt sein handt
Von uns abziehen und sein tück,
10 Das wir heimkummen mit gelück.
Herr, das ist unser aller bit.

Ulisses spricht:

Ihr liebn stalbrüder, warumb deß nit?
Ewr bit ist eben auch mein bger.
15 Mein hertz ist mir hie all mal schwer,
[2] Bey aller freud und guten mut
Nimer gantz frölich wird noch ruht,
Biß ich wider kumb heim zu landt.
Ihr habt mich eben recht gemant.
20 Urlaub will ich nemen zu handt.

Sie gehen alle auß.

Actus 5.

Circes geht ein und spricht:

25 O ihr götter, ich danck euch fast,
Das ihr mir so ein edlen gast
Mir habt beschert in mein hauß.
Ich wolt, er kem nit mehr herauß.

Ulisses geht ein mit trauriger gebert, sie spricht:

Ulisse, sag! was mag dir sein,
30 Das du zu mir hie gehst herrein
[2, 44] Mit so eim trawring angesicht?
Sag! hast ein fel? verschweig es nicht!
Sey, was es wöll! mir nit verhel!

Ulisses felt ihr zu fuß unnd spricht:

Edle göttin, ich hab kein fehl
Noch mangel, der mich darzu ubet.
Allein bin ich hertzlich betrübet,
Das ich mein gliebtes vatterlandt
5 Soll meiden. Dasselb thut mir ant
Sambt mein gesellen, die ich han.
Die liegen mir so heftig an
Mit bit, ich soll doch heimwartz keren.
Derhalb bitt ich bey trew und ehren,
10 Die du hie hast gelobet mir,
Du wölst behilflich sein, das wir
Fürderlich kummen heim zu landt,
Uns gnedig abfertung allsandt
Mit eim guten, geneigten willen.
15 Darmit magst unser hertz du stillen.

Circes hebt ihn auff, spricht:

O notvester Ulisse mein,
Dein weil laß dir so lang nit sein
Bey mir! du must mit ungefell
20 Noch thun ein reiß hinab die hell,
Darinn der weissagung nach fragen.
Tiresias der wird dir sagen,
Was dir noch soll zu handen gehn.

Ulisses spricht traurig:

25 Was unfals soll mir noch zustehn?
Muß ich denn lebendig gehn hell,
Beide mit leib und auch mit seel
In dem schiff, wie ich hör von dir?
Ach, wer wird den weg zeigen mir?
30 Der ist mir gantz und gar verborgen.

Circes spricht:

Edler Ulisse, sey an sorgen!
Richt nur dein schiff und ruder zu
Und span auff deinen segel du!
35 Bevilch dich Boreas, dem wind!
Derselb dich tragen wird geschwind

*

13 K abferting.

Ans gstat deß walds Persephone,
Da das hellisch wasser Acherone
Felt durch ein felß mit grossem gschel
Hinab und versinckt in der hell!
Mit deim schwerdt denn ein grubn bereit
Eins elenbogens tieff und weit!
Denn mach ein todenopffer drein!
Geuß met, wein und wasser darein!
Darnach so thu auch ein gelübt
Den verstorben geistern betrübt,
Ein ochsen zu opffern allschi
Dem hellischen gott Plutoni
Und seim gmahel Persephone,
Der hellischen götting, versteh!
Opffer zu einer toden-straff
Beiden da ein kolschwartzes schaff!
Darnach stich Tiresia nider
Einen faisten, kolschwartzen wider!
Den halt mit blosem schwerdt in hut,
Das sunst kein seel kumb zu dem blut,
Biß Tiresias kumbt zu dir!
Der wird nit lang sein (glaub du mir!),
Der wird dir zeigen zil und maß,
Zu deim vatterland weg und straß,
Was du solt unterwegen leiden,
Was du auch thun solt oder meiden.
Als-denn richt dich nach seiner sag!
Was du nit weist, dasselb ihn frag!
Volgst ihm, so kumbst du heim zu land!
Deß sey dir hin mein trew und pfand!

Ulisses helt sie bey der handt unnd spricht:

Ach schöne göttin, lob und ehr
Sag ich dir heut und und immermehr
Aller gütheit, so uns erzeigt
Von dir ist. Von hertzen geneigt
Wer ich, ewig bey dir zu wonen,
Wenn mich mein hertz nit thet vermonen
Penelope, mein lieben gmahel,
Der trew ob mir helt wie stahel,
Zu der ich billich tracht und eil.

Ich scheid mit wissen. Glück und heil
Wöll mit uns sein auff dieser reiß!

Circes spricht:

Ich kumb nach meim vertrewten gheiß.
5 Dein schiff das will ich dir begaben,
Was du auff die wegfart must haben,
Ein wider und ein schaf kolschwartz.
Ich will hin zu dem schiff außwartz,
Verordnen alle notturft drein.
10 Bey dem schiff will ich warten dein.

Sie geht auß. Sein gesellen kummen, Polites, Perme
Eurilochus spricht:

Herr Ulisse, wir kummen her
Und bringen erschröckliche meer,
15 Ey, aber böser vil, denn ver.
Unser mitgesell Elponer
Hat sich die stieg ab uberburtzt
Und sein hals ab zu tod gesturtzt.
Wie soll wir unsern dingen thån?

20 ### Ulisses spricht:

Was soll der ungeschickte man?
Nun freut euch aber all mit mir!
Ein freundtlich urteil haben wir.
Geht nur nauß und richt das schiff zu!
25 Wir wöln auff sein in der frü.
Wie müssen hinab gehn hell farn.

Polites spricht:

Ey, nun hab wir in etlich jarn
Erlietten, so groß ungefell,
30 Soll wir erst farn nab gehn hell?
Was soll wir bey den todten suchen?

Eurilochus spricht:

Es möcht sich einer wol verfluchen,
Wann herkumbt das unglück allsander,

*

26 K Wir.

Das wir hie leiden mit einander.
Villeicht sind wir darzu geborn.
Ist unser glück denn gar verlorn?
Hab mir denn gar kein stern nit?

5   **Permedes spricht:**

Weil unser herr selb fert auch mit,
Was wöllen wir knecht darauß machen?

Ulisses spricht:

3, 2, 23]   **Ja**, seit nit verzagt zu der sachen!
10   **Nit** lang wir zu hell bleiben wöln,
Darinn wir nur erforschen söln
Unser heimfart, wege und straß,
Die weit und leng, dergleichen, was
Uns auff dem noch werde zu stehn,
15   **Was** unglücks uber uns soll gehn.
Darumb wolauff! last uns darvon,
Weil wir der göttin urlaub han!
Uns wöln die götter glaiten than!

ie gehen alle auß. [K 3, 2, 46] Der ehrnholdt beschleust:
20   **Also** habt ihr von wort zu wort
Die comedi nach leng gehort.
Darauß mercket zu dem beschluß
Ihr verborgene geheimnuß!
Circes, die göttin, uns bedeut
25   **Den** wollust, der verfürt vil leut,
Die der wollust thut zu ihm reitzen,
Thut sie mit schmechlerey verbaitzen.
Denn werdens von ihm uberwunden,
Bezaubert, gfangen und gebunden;
30   **Verstockt**, erstarret sie erblinden
Gleich den thoren und den kinden;
Ihr menschliche vernunft verlieren,
Werden zu unvernünftig thieren,
Zu sewen, eseln, bern und affen,
35   **Ieder** nach seiner begird geschaffen,
Das sie sich selber nit mehr kennen,
Dem wollust emsigklich nach rennen
Und fragen auch nach nichtsen mehr,

Weder nach tugent, zucht und ehr.
Das schlagens alles in die schantz,
Sind dem wollust ergeben gantz.
Meinen, sie habn den wollust bsessen;
5 So hat der wollust sie gefressen.
Wann ieder wollust auff. seim rück
Der tregt sein eigen ungelück
Mit allen lastern uberladen,
Armut, kranckheit, schand, spot und schaden,
10 Darinnen sie im grundt verderben
Und durch den schnöden wollust sterben.
Ulisses aber uns bedeut
Alle erbar stanthaftig leut,
Welche haben von Gott bekummen
15 Moli, das edel kraut und blumen,
Welches bedeutet die weißheit,
Darmit sie sich zu aller zeit
Vor dem schnöden wollust verhüten,
Vor seiner zauberey und wüten;
20 Obs gleich beim wollust werden funden,
Bleibens doch gar unüberwunden,
Brauchen sich deß zimlich und messig,
Und was mit ehren ist zulässig,
Fleisn sich der zucht, sitten und tugent,
25 Straffen auch alter und die jugent,
Was in wollust ersuffen leit,
Erretten also durch weißheit
Manichs mensch, das sunst verdürb,
In dem wollust gantz viehisch stürb,
30 Erlangen durch weißheit groß lob,
Schweben in allem unglück ob.
Das weißheit widerumb aufwachs
Und wollust abnemb, wünscht Hans Sachs.

Die person in die comedi:

35 1. Ehrnholdt.
  2. Ulisses, ein fürst.
  3. Circes, ein göttin.
  4. Mercurius, ein gott.
  5. Eurilochus,
40 6. Polites,

7.

8.   die

            1550,   22 tag Febr: _ __

Comedi mit 12 personen, der

ns auß Franckreich mit des forsters kind actus.

Der ehrnholdt trit ein, neigt sich unnd sp

5 Günstig, ehrenvest und. hochweiß
Herrn, hie wöll wir mit höchsten fleiß
Ein schöne comedi agirn,
Welche vor jarn thet deschribirn
Die frantzösisch cronica gleich
10 Von einem könig in Franckreich,
Dagobertus so hieß der alt,
Wie sich der verirrt in eim walt
Am jaid und von seim hofgsind kam
Und bey eim forster herberg nam.
15 Deß weib zu nacht ein kind gebar,
Da ein stimb rüft lauter und klar:
Das kindlein wird nach ihm geleich
Ein könig werden in Franckreich.
Der köng das unterkummen wolt,
20 Das kindlein von dem forster holt.
Zwen knecht wolten das bringen umb,
Die doch all beid waren so frumb,
Legten von ihn das kind all beid,
Welches ein graff fand am gejaid,
25 Zogs auff an eines kindes stat.
Nach achtzehen jaren aber hat
Der könig den jüngling erkandt
An eim muttermal und zu handt
Den jüngling von dem graffen begert
30 Zu eim hofgsind; doch nit gewert,

Schickt er ihn der köngin mit nöten
Und schuff ihr, das sie ihn ließ tödten
Beim hertzog zu Aquitania,
Den doch errett ein ritter da,
5 Bey dem er ein stund ruhen blieb,
Welcher ein andern brieff ihm schrieb,
Das er entran dem tode hart,
Dar für des königs eiden wart,
Nach ihm das königreich regirt,
10 Wie es von Gott war ordinirt.
Nun hört, wie diß volendet wird!

Der forster und sein weib gehn ein, der forster spricht:

Sag an, mein hertzenliebes weib!
Du bist sehr groß schwanger von leib;
15 Wenn meinst du, das du wirst gebern?

Die forsterin spricht:

Es wird nit vil zeit dahin wern,
Uber ein tag ich nit mehr geh.
Mich dünckt, es sey mir ietzt schon weh.
20 Ich muß geberen noch die nacht.
Drumb sey munter und hab gut acht!
Deß bit ich dich, hertzlieber man!
Hör! hör! geh! schaw, wer klopft an!

Der forster geht und spricht:

25 Wer klopft da und mich bey der nacht
Mit meinem haußgsind unruig macht?

g Dagobertus geht ein-wie ein waidman und spricht:

, 48] Mein forster, wölst verargen nit,
Ob ich dich heint umb herberg bit!
30 Wann ich hab mich nach jägers sitten
Heut äm königlichen jaid verittten,
Einer hindin nach, im walt da binden,
2, 24] Und kund mein gferten nit mehr finden.
Das waidwerck sambt dem spor verlur,
35 An dem ich gar benachtet wur.

23 K klopffet.

Derhalb wölst nit außtreiben mich!

Der forster:

Ja, ich will geren herbergn dich.
Doch must mit mir nemen vergut,
5 Wie man auff den einöden thut!
Mein fraw groß schwanger ist von leib.

Der könig:

Aller sach du zu friden bleib!
Ich bger weder essen noch trincken,
10 Sonder mein haupt zu schlaff will sincken.
Ich bin müd, beger allein der ru.

Der forster:

So behilff dich in dem stadel du!
Grab dich ins hew! so will auch ich
15 Hinauß in mein bettlein deckn mich.
Ein gute nacht! nun schlaff nur wol!

Der könig:

Danck hab! Gott dich behüten sol!

Der forster mit seim weib geht auß; der könig s&
20   spricht:

Ein ellend herberg hab ich funden,
Bin doch vom schlaff gar uberwunden.
Ich schlaff dahin gantz wolgemut.
Muß die nacht heint haben vergut.
25 Bin heint ein könig on landt und lewt.
Doch mich die schlecht herberg erfrewt.

Der könig schleft. So spricht ein stimb:

Nimb, nimb, nimb!

Der könig wacht auff, spricht:

30 Ach Gott, was hör ich für ein stimb,
Die zu mir schreiet: Nimb, nimb, nimb!?
Ist ie nichts da, das ich künt nemen.
Die stimb die thut mich heimlich gremen.

Der könig schleft wider, so schreit die stimb:

Gib wider, gib wider, gib wider!

Der könig wacht und spricht:

Was hör ich für ein stimb sider:
5 Gib wider, gib wider, gib wider!?
Was soll ich gebn? ich hab nichts gnumen.
Herr Got, von wann mag die stimb kumen?

ᴛ könig neigt sein haubt und schleft, so schreit die stimb:

Fleuch, fleuch, fleuch!
10 In der nacht wird ein kind geboren,
Das wird könig nach dir erkoren.

Der könig wacht und spricht:

Ach Got, was mag deuten die stimb,
Die ich zum dritten mal vernimb?
_ 15 Soll nemen, wider geben und fliehen
Und hat ietzt auch klerlich geschrien,
, 2, 49] Heint die nacht sey ein kind geborn,
Das werd nach mir zu' könig erkorn.
Hör! hör! ich hör ein kindlein wein.
20 Villeicht wird es des forsters sein,
Das ihm sein fraw heint hat geborn.
Solt das zum könig wern erkorn?
Das will ich unterkummen wol.
_ Das kindlein nit lang leben sol.

25 **Der forster kumbt:**

Gast, Gott geb dir ein guten tag!

Der könig:

Gott bhüt dich heut vor aller plag!

Der forster:

30 Sag! wie hast heint geschlaffen du?
Im hauß habn wir gehabt unrw.
Mein weib die hat ein kind geborn.

Der könig:

Sag! was ist für ein erb dir worn?

Der forster:

Mir ist geborn ein schöner sun.

Der könig:

5 Laß mich dein kindlein sehen nun!
So will ich im ein krona schencken,
Mein, deines gasts, darbey zu dencken.

Der forster bringt das kindt, der könig schaut es und

Schaw, wie dein kind nach rechter wal
10 Hat ein blutrotes mutermal
Gleich einem creutz an seiner stirn!
Bey welchem ich kan judicirn,
Das etwas groß wird auß dem kind.

Der forster:

15 In Gottes hand alle ding sind.
Mit armut so bin ich herkummen,
Hab grosse ding nie für genummen.
Bin nun ein armer forster alt,
Bey viertzig jaren in dem walt.
20 Denck wol: soll das kind bleibn im leben,
Wird es auch in der armut schweben,
Sein eltern und vor-eltern gleich.

Der könig:

Wiß! ich bin könig in Franckreich.
25 Weil nun diß dein kindlein ist worn
In unser jagenwart geborn,
Nach zweien monaten angefer
Wöln wir nach dem kind schicken her
Zwen knecht mit diesem betschier-ring,
30 Das man uns dieses kindlein bring.
Das wöln wir auffziehen und neren,
Es bringen zu gewalt und ehren.

Der forster felt dem könig zu fuß unnd spricht:

Ach großmechtiger könig, verzeicht,
35 Das ich ewr mayestat hilt so leicht

Mit wort und werck und dem geläger!
Ich meint fürwar, ihr werd ein jäger.

Der könig:

Steh auff! du thetst uns als zu fügen,
5 So vil war in deinem vermügen.

Der forster:

Weil könglich mayestat meins kinds begert,
Soll sie gutwillig sein gewert.
Sag danck ewer grossen gütigkeit,
10 Mir armen bewisen die zeit.
Deß ich alles unwirdig bin.

, 50] **Der könig gibt ihm gelt unnd spricht:**

So nimb diese zwölff krona hin!
Erhalt dieweil mit weib und kind!
15 Sich! da kumbt gleich mein hoffgesind.

Das hofgesind gehet ein, der hofmeister spricht:

Großmechtiger herr, die gantzen nacht
Hab wir euch gesucht auff der jacht
Im finstern walde hin und wider,
2, 25] Durch berg und thal auff unde nider,
Mit rüden, spürern, bracken und winden.
Kunten ewr majestat doch nirgent finden,
Biß das der tag gleich anbrach,
Erst ich diß forstheußlein ersach,
25 Da wir funden ewer mayestat.

Der könig:

Gott es also geschicket hat.
Sitzt auff und eilet auff Pariß!
Nun, unser sach die ist gewiß
30 Deß kindes halb; alde, alde!

Der forster:

Ja, willig gern, on rew und weh.

**könig geht auß mit seinem hofgesind, der forster zu ihm
selber spricht:**

Herr Gott, wie bist so wunderbar .
Auff erdt unter menschlicher schar,
Der du oft die ellenden armen
Erhebst auß dem kot durch erbarmen,
5 Wie du ietzt thust mit diesem kind,
Das solch gnad bey dem könig find,
Das ers aufziehen will und nehren
Und bringen selb zu gewalt und ehren.
Als unglück wird sich mit verkeren.

10   **Der forster geht auch auß.**

Actus 2.

Der könig geht ein mit zweien knechten, setzt sich ur

Geht! reitet hinauß in den walt
Zu dem nunigen forster alt!
15 Zeigt ihm den ring! so wird er euch
Sein kind geben; das nembt on scheuch!
Bald ihrs bringt in den walt herab,
So schneidt dem kind die kelen ab!
Bringt uns zu warzeichen heimwertz
20 Mit euch des jungen kindes hertz!
Das zu thun, schweret mir all beid
Da einen auffgereckten eid,
Solliches außzurichten eben!
Wo nit, so gilt es euch das leben.

Die knecht recken beid auff und nemen den ring, g
     Der könig spricht:

Wir wöllen nauß in den thiergarten
Und ewr mit dem hertzen warten.

Der könig geht auß. Die zwen knecht kummen un
30   **das kindt. Der erst knecht spricht:**

Schaw, gsell! da ist ein dicker strauch,
Der walt gar dick, finster und rauch.
Da wöllen wir das kindtlein töden.

[K 3, 2, 51]   **Der ander knecht:**

Ach, was thut unsern könig nöten,
Das er das unschuldige blut
Deß kindes hie vergiessen thut?

Der erst knecht:

Wer weiß, was könglich mayestat
Für ein heimligkeit darauff hat,
Das er lest würgen dieses kind!
Weil wir darzu verordnet sind,
Nun, wöll wir losen aller ding,
10 Wer unter uns das kind umbbring.

werffen mit zwen würffeln und der erst knecht spricht:

Nun, das loß hat troffen dich;
So würg das kind schnelligklich!

gibt ihms kindt, der ander knecht zuckt sein waidmesse
15 unnd spricht:

Schaw, schaw! das kindlein lacht mich an;
Nun mag ich ihm ie nichtsen than,
Es ist so holtselig gebilt.
Geh hin! würg du es, ob du wilt!
20 Ich mag ie sein tod nit anschawen.

erst knecht nimbt das kind, zuckt das messer und spricht

Fürwar auff glauben und auff trawen,
Das kind lacht mich auch an in nöten.
Ich mag es warlich auch nit tödten.
25 Ich rat, das wirs kind liegen lassen
In diesem busch neben der strassen,
Das es selb hungers halben sterb
Oder von den wilden thiern verderb,
Und wöllen wir reissen heimwertz.

30
Der ander knecht spricht:

Ja, wo nem wir aber ein hertz,
Unserm könig zu warzeichen?

Der erst knecht spricht:

Ich hab ein jung schweinlein dergleichen.
35 Das töd ich, bald ich kumb heimwertz,

Und bringen dem könig das hertz.
Doch wöll wir sammen schweren beid
Zusam ein auffgereckten eid,
Solch ding nit mehr zu offenbarn.

5   **Der ander knecht spricht:**

Ja, das soll ie kein mensch erfarn,
Es kost uns beiden sunst das leben.
Nun deck wir zu das kindlein eben!
Etwan thut es ein hirdt finden,
10 Der zeucht es auff mit seinen kinden.

Die zwen knecht gehen auß, lassen das kind liegen.
kumbt mit eim jäger, der spricht:

Hört, gnediger herr! ich hör weinen
Von einem kind, gar einem kleinen,
15 Wo es halt in der wiltnuß weit
In einem busch verborgen leit.

          Der graff spricht:

Mich dunckt, in der nechsten heck sey
Von einem kindlein das geschrey.

20   **Der jäger spricht:**

Ach, da ligt das ellende kind.
Warlich wir sein engel sind;
Es wer sunst in dem wald verdorben,
Frost, hungers und auch durst gestorben.

[K 3, 2, 52]   **Der graff spricht:**

Lang her das kind! nun mag ich jeben,
Ich hab kein schöner kind nie gsehen.
Ach Gott, Wilhelm, schaw! was bedeuts?
Das kind hat an der stirn ein creutz.
30 Auß dem kind wird was sonderlichs,
Uberschwencklich und wunderlichs.
Nun weil mirs Gott hat also geben,
Wo dises kindlein bleibt bey leben,
Will ichs aufziehen für ein sohn.
35 Weil ich sunst keinen erben hon,
So nimb das kind! seh, führ mirs heim!

Schweig still! hat diese ding in gheim!

Der jäger spricht:

Ich will das kindlein mit heim tragen,
Keim menschen kein wort darvon sagen.

2, 26] **Sie** gehen beid mit dem kind auß. Der könig kumbt
allein, setzt sich unnd spricht:

Die zwen sind mit dem kind auß lang.
Im hertzen ist uns angst und bang,
Biß wir seins todes sind gewiß,
10   Dieweil uns die stimb wissen ließ,
Das kindlein solt nach uns regirn.
Nit anders kan ichs auß studirn,
Denn das mich wird dises kind erschlagen,
Unser reich dann herschen nach den tagen.
15   Sollichs muß mir vor unterstehn.
Da kummen eben gleich die zwen.

Die zwen knecht kummen, der erst knecht spricht:

O königkliche mayestat,
Wir habn volzogen ewr mandat,
20   Wiewol es uns bracht heimlich schmertz.
Da bringen wir des kindes hertz.

Der könig spricht:

Ey, der todt kumbt uns wol zu stewer.
So wirff das hertz bald in das fewer!
25   Wann diß kind worden wer warleich
Ein könig uber gantz Franckreich.
Derhalb es hie zu strenger buß
In fewers glut verschmeltzen muß,
Auff das vor dieses forsters kind
30   Wir, land und leut frey sicher sind.

Die königin kumbt mit ihrer tochter und spricht:

Ich erman köngklich mayestat,
Was sie uns zu-gesaget hat.
Zwey monat sollen wir haben da

1 K halt.

Beim hertzog zu Aquitania,
Meinem bruder, unser hofhalten.
Der will mit allm unkost verwalten
Mich sambt dem gantzen frawenzimer.
5 Zu dem hat mich verlanget imer,
Weil ich innerhalb zehen jarn
Kein mal nit bin zu ihm gefarn,
Weil ietz ist gleich ein schöne zeit,
So wern zu faren ich bereit
10 Mit meinem frawenzimmer allen,
So ferr wers ewer wolgefallen.

Die tochter spricht:

Ach, mein herr vatter laß geschehen!
Ich hab mein herr vettern nie gsehen.

15 **Der könig spricht:**

Ja wol, es sey euch 'zugelassen!
Nembt allen vorat auff die strassen,
Wie wir denn genß mal haben befolhen.
Nach zwey monaten wöll wir euch holen.
20 Nun faret hin! seit guter ding!
[K 3, 2, 53] In mitler zeit ich auch verbring
Den geburts-tag unser genad,
Darauff man die landtsessen lad,
Fürsten, graffen, ritter, edlewt.
25 Kein tag im jar uns bas erfrewt.

**Königin geht mit dem frawenzimmer ab, der kön
zum knecht:**

Reit eilend in dem reich herumb!
Lad fürsten und herrn umb und umb,
30 Das ieder her gehn Pariß kumb!

Der könig gehet mit ihn allen auß.

Actus 3.

**Der könig tritt ein mit seim hoffgesind und geste
dem graffen von Sophoy und des forsters sohn.**
35 **spricht:**

Ihr lieben getrewen, ihr seit auß gnaden
Her auff unsern geburts-tag gladen,
Allerley freud zu faben an,
Wie wir denn all jar haben than.

5   Der ehrnholdt schreit auß:

Die königkliche mayestat
Der ritterschaft ansagen lat,
Das sie sich rüst zum gsellen-stechen,
Auff heut etliche sper zu brechen,
10   Beide hofgesind und auch gest,
Und wer im stechen thut das best,
Dem schenckt der könig das best pferdt
Sambt dem kleinot, hundert crona wert.

Der könig spricht:

15   Nun, so wöll wir auch sehen zu
Dem ritterspil in stiller rhu.

ien alle auß. Der erst knecht kumbt wider unnd spricht:

Ich hab zu-gesehen auff der ban.
Die stecher ritten dapffer dran,
20   Sie machten gar vil sätel ler,
Brachen ritterlich manich sper.
Mich aber thut der hunger buchen.
Ich will gehn schleichn in die hofkuchen,
Den koch umb ein kalt bratens biten.
25   Darmit will ich mich freuden niten.
Wolt darmit reiten auff den blan,
Mich düncken als ein küner man.
Ach, wie möcht mir den baß gesein?
Würd mir darzu ein becher wein,
30   Den wolt ich auß dem satel heben.
Es ist versaumbt als gleich und eben.
Ich sich: das stechen hat ein endt.
Der könig und das perlament
Das zeucht ie als herauff den sal.
35 Was soll einer sagen von unfal?

könig kumbt wider mit allem hofgesind, setzt sich nider
und spricht:

7 *

Hofmeister, alhie zeig uns on!
Wer hat das aller-best gethon
In dem heutigen gsellen-stechen?

Der hofmeister:

5 Es thet wol zweintzig sper zerbrechen
[K 3, 2, 54] Und wol dreizehen sätel glert
Der jung unerkant ritter wert.

Der könig spricht:

Kumb her, du junger küner helt!
10 Nimb hin diß kleinot außerwelt
Sambt unserm aller-besten pferdt!

Ludwig, des forsters sohn, neigt sich und spri

Ach, ich bin nit wirdig noch werd
Solch hoher schenck; doch der wolthat
15 Danck ich königklicher mayestat.

Der könig schaut ihn fleissig an unnd sprich

Jüngling, sag uns an! wer ist dein vater,
Dein herr aber oder dein gubernator?

Ludwig spricht:

20 Durchleuchtiger könig, so wist!
Der graff von Sophoy mein vater ist.

Der könig spricht:

[A 3, 2, 27] Jüngling, sag! wie alt bist du gar?

Ludwig spricht:

25 Ich geh in das achtzehend jar.

Der könig rüft dem graffen von Sophoy und sp1

Lieber getrewer, sag uns nun!
Ist dieser dein ehlicher sohn?

Graff von Sophoy spricht:

30 Ja, durchleuchtiger herre mein,
Diesen erben hab ich allein.
Mein gmahel sunst kein hat geborn.

Der könig spricht:

Bey dem eid, den du hast geschworn
In Franckreich zu köngklicher kron,
Zeig uns die gründtlich warheit an,
5 Ob er dein sohn sey oder nicht!

Der graff spricht:

Weil ewr mayestat bey eides pflicht
Mich mont, den grund hie zu erfarn,
So wist! ich vor achtzehen jarn
10 In kindß weiß in dem wald hab funden,
In schlechte thüchlein eingebunden,
Den mein jäger zu hause trug
Und ihn also kindßweiß auffzug.
Weil sich der jung so wol hielt nun,
15 So nam ich ihn auff zu eim sohn,
Dieweil ich sunst kein erben het.
Also gründtlich die warheyt steht.
Nit anderst weiß der jung auch nun,
Denn er sey mein leiblicher sohn.

20   **Der könig spricht:**

Der jüngling ist höflicher sitten.
Umb ihn so wöllen wir dich bitten,
Wölst uns ihn hie zu Pariß lassen.
Wir wöllen ihn versorgen der massen,
25 Das dir wird sein ein wolgefallen.

Der graff spricht:

Großmechtiger könig, in allen
Soll werden erfült ewr beger.
Wann er mein leiblicher sohn wer,
30 So freut ich mich deß frü und spat,
Das ihn hett ewer mayestat.
Darumb so wöll wir ihn hie lassen,
Wenn wir heim reitten unser strassen.

', 2, 55]
     Der könig spricht:

35 Nun wöll wir hinein auff den sal.
Man blest gleich zu dem nachtmal.

Das unser aller freud werd gantz,
Wöll wir darnach halten ein tautz
Mit allem königklichen bracht,
Darauff wir den ruhen die nacht.

ṇen alle auß. **Die zwen knecht kumen wider und erst spricht:**

Hör! hast gehört, was hat gesagt
Der könig und so gnau gefragt
Nach deß graffn von Sophoy sohn,
10 Der im stechen das best hat thon?
Ein creutz hat an der stiren er,
Wie wenn es jenes kindlein wer,
Das wir im wald solten erwürgen.

Der ander knecht:

15 Darfür hab wir ja keinen bürgen.
Solt das werden geöffnet eben,
Es kostet uns beiden das leben.
Drumb wöll wir lauschen; wirdts lautbrecht,
So wolt wir alle beide schlecht
20 Heimlich entlauffen auß dem landt.

Der erst knecht gibt ihm die handt unnd spricht

Ja, darauff nimb mein trew zu pfandt!
Bald nur etwas vermercke ich,
So will ich trewlich warnen dich,
25 Das wir uns drollen beide sandt
Etwan in wilden Lappen-landt.

Der könig geht ein und spricht:

Ihr wist, das ihr uns alle beid
Schwuret ein auffgereckten eid,
30 Da wir euch schicketen geschwind,
Umbzubringen des forsters kind.
Sagt! habt ihr das selb kind umbbracht?
Sagt die warheit on allen bedacht!
Felt ihr, so müst ihr beide sterben.

ọ fallen ihm zu füssen, und der erst knecht sp.

Herr könig, last uns gnad erwerben

Und verschonet uns unsers leben!
So sag wir beid die warheit eben.

Der könig spricht:

Des lebens solt ihr sicher sein.

5 ### Der ander knecht spricht:

Großmechtiger köng, das kindlein
Lacht uns beid also freundtlich an,
Das unser keiner es mocht abthon,
Und legten das kind in ein hecken
10 Und theten es mit laub zu-decken
Und eilendt darnach beid heimwertz
Und eines jungen schweinleins hertz
Bracht wir ewr majestat zu warzeichen.
So ist es ergangen warleichen.

15 ### Der könig spricht:

Nun, schweigt nur still zu dieser sach!
So wöll wir euch gleich lassen nach
Verschulte bein und schwere rach.

Sie gehen alle drey auß.

20 # Actus 4.

Der könig geht allein ein, setzt sich unnd spricht:

2, 56] Weil der jüngling noch ist bey leben,
Von dem die stimb hat zeugnuß geben,
Er werd tragen die köngklich kron
In Franckreich, derhalb wir uns hon
25 Noch vor ihm heimlich zu besorgen.
Drumb muß wir heimlich und verborgen
In durch ein mort am leben fellen,
Eh er uns nach dem reich thut stellen,
Weil er mit bracht und ritterspil
30 Ubertrift andern adel vil.
Er kan ihm bald ein anhang machen.
Auff das wir kumen auß den sachen,
So schick wir ihn mit einem brief

Zu der königin, mit dem begrieff,
Bald der jüngling kumb zu ibr, das
Sie ihn von stund an würgen laß
Mit dem schwerd und laß in begraben,
5 Seins todts wir gwaltig ursach haben,
Das sie das außricht bey ihrm leben.
In cantzley wöll wir gehn daneben,
Den brieff mit eigner handt zu schreiben.
So mag der mordt verborgen bleiben.

Der könig geht auß. Ludwig geht ein, redt mit ihm unnd spricht:

Das glück will mir ie uberwol,
Deß ich Gott billich dancken sol.
Dem könig bin ich lieb und wert.
[A 3, 2, 28] Die ritterschaft auch mein begert.
So hat mich das gmein volck auch lieb.
Gott ich allein die ehre gib.

Der könig bringt den brieff unnd spricht:

Ludwig, nimb diesen brieffe hin!
20 Bring den eilendt der königin,
Die ietzt helt in Aquitania
Helt hoff bey ihrem bruder da!

Ludwig entpfecht den brieff unnd spricht:

Weil königkliche mayestat
25 Mir solchen brieff befolhen hat,
So will ich eilendt hin bostirn,
Kein schlaff noch rhu mich lassen irrn,
Biß ich ihn bring der königin.

Der könig spricht:

30 Glück zu! ja reit nur eilend hin!
Du wirst so bald nit kumen wider.
Auff der bost wirst du ligen nider,
Auff das wir sicher sind vor dir.
In die cantzley so wöllen wir
35 Und ein landtstewr anschlagen,

*

21 K jetzt in.

Zu geben doch in kurtzen tagen, ·
Wie das bewilligt und erkent
Uns hat das gantze perlament.

· **könig** geht auß. Der ritter geht ein, spricht zum knecht:

5 Ich sich im felde dort von weiten
Ein bostbotten eilendt herreiten.
Geh! zaum und satl ein ander pferdt,
Das der bostbot gefürdert werdt!

knecht geht auß. Ludwig kumbt mit der bulgen, und der
10 ritter spricht:

Wilt essen, sitz eilend zu tisch
Und thu ein trunck wolschmack und frisch!

!, 57] Ludwig spricht:

Mein herr, ich bin so müd und hellig,
15 Vom schlaff worden so bawfellig,
Das ich schir nit mehr reiten mag,
Wann ich zwo nacht und auch zwen tag
Auff der bost ungeschlaffen bin.

Der ritter spricht:

20 Mein sohn, leg dich ein stunde in
Mein bett und schlaff mit guter rhu!
So magst denn wider reiten du.
On sorg dein bulgen thu von dir!

Ludwig gibt im die bulgen, spricht:

25 Mein herr, wölt die versorgen mir!
Ich führ ein königlichen brieff,
Den mir befalch gar hoch und tieff
Sein königkliche mayestat.
Mit eigner handt den gschrieben hat.

30 Der ritter spricht:

Geh hin und rhu leichtsinnigklich!
Will rechter zeit wol wecken dich.

Ludwig geht auß, der riter spricht:

Was mag der brieff habn für ein verstant,

Weil in der könig mit eigner handt
Geschrieben hat, welliches er auch
Nie hat gehabt in seinem brauch?
Es muß etwas gar heimlichs sein.

Was schadts, weil ich ietzt bin allein,
So ich den brieff gleich uberliß,
Darnach wider orntlich beschließ
Mit dem betschier, wie er vor was,
Wie ich in der cantzley lehrt das?

Ligt etwas dran, kan ich wol schweigen,
Die ding gar keim menschen anzeigen.

Er bricht den brieff auff, list ihn, gesegnet sich und

Ach, was gehn an dem könig für not,
Das er der jungen schickt in todt?

Wann bald der brieff er der königin
Bring, so hat sie ihr richten hin,

[remaining lines illegible]

Der brieff wird dir nit nemen dein leben,
Sonder des königs tochter geben.

2, 58]   **Ludwig kumbt, spricht:**

O, ich hab auß-geruhet wol.
5 Gott euch der herberg lohnen sol!
Nun reit ich. weiter auff der bost.
Der könig zalt euch den unkost.

    Der ritter spricht:

Reit hin! Gott der sey dein gleitsman,
10 Der dich vor ubel bschützen kan!

ehen **b**eide auß. Die königin geht ein mit ihrem frawen-
mmer und hertzogen von Aquitania, und sie spricht:

Wir sind nun hie ein monat lang.
Noch hab wir seit her von anfang
15 Kein brieff von unserm herr könig entpfangen.

    Hertzog von Aquitania:

Fraw schwester, last euch nit belangen!
Es wird köngkliche mayestat
Selb kumen bald, wie sie euch hat
20 Versprochen und selb holen euch.

    Die königin spricht:

Ja, auff sein zukunfft ich verzeuch.

    Der ehrnholdt spricht:

Gnad fraw, es kumbt ein bostbot.

25   **Die königin spricht:**

So laß ihn balt herein durch Gott!
Ich hoff sehr gut frölicher mäer.

    Der ehrnholdt spricht:

Da kumbt er eben selb daher.

3, 2, 29]   **Ludwig kumbt, neigt sich, spricht:**

Durchleuchtig edle königin zart,
Von Pariß ich auß gesendet wart

Von königklicher mayestat,
Die euch den brieff gesendet hat.

Die königin spricht:

Ja, zeuch du ihn die herberg dein!
5 So will ich auff den sal hinein
Und den brieff uberlesen fein.

Sie gehen alle auß.

Actus 5.

Die königin geht wider ein mit dem frawenzimer
hertzog von Aquitania, und der hertzog spri

Fraw köngin, seit frölich guter ding!
Last euch die zeit sein leicht und ring
Albie in unserm fürstenthumb!
Morgn wöll wir euch zu preiß und rhum
15 Ein jad halten am alten berg
Mit unserem gantzen waidwerck,
Darauff wir den zu abent gantz
In der kül halten ein fürstling tantz,
Auff das euch die langweil vergeh.
20 Heim senen thut euch im hertzen weh.

Die königin spricht:

Herr bruder, höret wundermeer,
Was unser gmahel schreibet her!
So bald wir diesen brieff entpfangen,
25 Eh das ein stunde sey vergangen,
Soll ich mein einige tochter eben
[K 3, 2, 59] Zu eim ehlichen gmahel geben
Dem bostboten, der den brieff bracht.

Der hertzog spricht:

30 Köngkliche mayestat hat macht,
Sein liebe tochter außerwelt
Vermeheln, wer ihm darzu gfelt.
Die handtschrift ist gewißlich sein.
Die kenn ich wol; ich rat allein,

Das man balt nach dem jüngling sendt
Und deß königs willen vollendt.
Geh, ehrnholdt! hast dus vernumen?
Heiß den bostbotten eilend kumen!

5   Die königin spricht:

Tochter, dein herr vatter will dich begaben
Mit dem boten; wilt du ihn haben?

          Die tochter spricht:

Fraw mutter, ewren willen ich leb
10   Und mit keim wort dem widerstreb.
Was ihr wöllet, das will auch ich,
Dieweil ich leb auff erdterich.

er ehrnholdt geht auß. Ludwig kumbt und spricht:

Durchleuchtige köngin, habt ir gschribn
15   Dem könig ewren hertzenlieben,
So bostir ich wider gewiß
In die köngklich haubtstat Pariß.

Die köngin steht auff, umbfecht ihn unnd spricht:

Fort wirst du kein bostbot mehr sein,
20   Sonder der liebe aiden mein.
Wir werden dir vermehlen eben
Mein tochter zu eim weibe geben.
Darzu ist der könig begirdig.

          Ludwig spricht:

25   Ach, herr Gott, ich bin gar unwirdig
Solcher heirat on adl und stamen
Von geschlecht, wird, adel und namen.
Meint wol, ich wer eins graffen sun
Von Sophoy; iedoch so hab ich nun
30   Erfarn, das er mich weit unden
Kindtßweis in einem wald hat funden.
Derhalb ich gar unwissent bin,
Wer mein leibliche eltern sin.
Der beratschlagt die ding noch baß!

K ewrem.   · 34 K Herr b.

Hertzog von Aquitania:

Weil köngklich mayestat will das
Haben und dir ist beschert das glück,
So laß faren alle diese stück
5 Und nimb die köngklich heirat an,
Weil dir der könig die vergan!

Ludwig spricht:

Nun, weil ihr mein darzu begert,
Ob ich der heirat nicht bin wert,
10 So geschech darmit ewer will!

Die königin spricht:

Herr bruder, gebt sie in der still
Alda vor uns eblich zusamen!

Hertzog von Aquitania:

15 Nun gib ich euch in Gottes namen
Zusamen in den ehling standt.
Nun wöll wir in dem gantzen landt
Die köngklich hochzeit außschreiben,
In frewden bey einander bleiben,
20 In frewd und königklichen bracht,
Hochzeit halten gantzer tage acht.

Sie gehen alle auß. [K 3, 2, 60] Nach dem gehen die
ein, und der erst spricht:

Gesell, wie gefelt dir die weiß?

25 **Der ander knecht:**

Mich dünckt, ich sey im paradeiß.
Wolt Gott, die hochzeyt wert fürwar
An einander ein gantzes jar!
So het wir immerzu gut leben.

30 **Der erst knecht:**

Ja, gsell, das wünschet ich auch eben.
Morgen die kirba hat ein endt,
Das dich roßhoden schendt und blendt!

knecht gehen auß. So kumbt die königin,
breutgam und braut. Die königin spricht

Ich hab heint durch ein bost vernumen,
Unser herr könig wert heint kumen.
Rüst euch, das man entgegen reit!

Der marschalck spricht:

Es ist versaumbt zu dieser zeit,
Dieweil königkliche mayestat
Die stat schon gar erreichet hat.

geht ein, die königin gehet ihm entgegen
ihn unnd spricht:

Seit mir willkumb zu tausent mal
Auff meins lieben herr bruders sal!

Der könig spricht, sicht sawr:

15 Wie, das der jung noch ist bey leben?
Hab ich nit schriftlich befelch geben,
Wenn dir der brieff geantwort wert,
Solt ihn thun richten mit dem schwerdt?
Wie, das du solchs nit hast gethan?

Die königin spricht:

Nein, köngklich mayestat voran
Hat mit eigner handschrift befolen.
Das wir ihm so bald geben wolen
Unser tochter zu rechter ee.
5 Uns berewet deß wider me.
Wo dasselbig nit wer geschehen.

Der könig spricht:

Wo ist der brieff? laß mich den sehen!
Ja der brieff haben wir kein.
Ich glaub, wir sind verloren sein
Nun ist das ja unser handgeschrift
Doch unsern willen zu durch
Nein, weil es aber ist geschehen,
Mag man nur geduldig ansehen
Was Gott ewig verursacht hat

Das des kein mensch nit wendt mit rat,
Wenn schon all welt darwider wer.
Nun, unser eiden, kumb hieher!
Gelob uns an, das du uns eben
5 Nit nach wölst stellen unserm leben,
Wölst meiner tochter trewlich vorstan!
Wann wir ein mal mit todt abgan,
So solt du denn besitzen gleich
Nach uns das gantze königreich,
10 Wie uns denn offenbaret wurdt
Durch ein stimb in deiner geburt.

Ludwig felt dem könig zu füsen unnd spricht =

O königkliche mayeštat,
Mein hertz doch nie begeret hat
[K 3, 2, 61] Sollicher hoher wird und ehr.
Drumb dürft ihr euch nit fürchten mehr,
Weil ich der königklichen kron
In Franckreich will sein unterthon,
Weils Gott also geordnet hat.
20 Drumb sey on sorg ewr mayestat!

Der könig hebt ihn auff unnd spricht:

Nun wöllen wir heim gehn Pariß,
Ein newe hochzeit halten gwiß
Und frölich mit einander leben,
25 Weils Gott so wunderbar hat geben.
Wöln auch dein vatter und mutter gut
An hoff nemen auß der armut
Und wölln den ein graffschaft eingeben.
Nun rüst euch zu! so wöll wir eben
30 Heimwertz in die stat Pariß lenden.
Gött wöll all ding zum besten wenden
Und nach seim göttling willen enden!

Sie gehen alle auß. Der ehrnholdt beschleust ꞉

Auß dem man nun zu dem beschluß
35 Sieben kurtzer lehr mercken muß.
Erstlich beim forster lehrt man wol,
Das man gern herbergen sol,
Denn was man thut in not den gesten,

Wird gwiß vergolten mit den besten
Mit einer vil grösseren sumb.
Zum andern bey den knechten frumb,
Das sie auch niemand laß bewegen,
5 Hendt an unschuldig blut zu legen,
Sonder iedem laß sein leben,
Was nicht urteil und recht hat geben.
Gott thut unschuldig blut hart straffen.
Zum dritten lehrt man bey dem graffen,
10 Das wir uns alle in gemein
Arm waisen lassen befolhen sein,
In helffen thun kleiden und nehren,
Vermanen, straffen, weisen und lehren.
Bey dem könig lehr wir zum virdten,
15 Das wir uns mit unsern begirden
Nit setzen wider Gott zu streiten,
Wann was Gott ordnet in den zeiten,
Das thut er auch gewaltig enden
Und kans kein menschlich weißheit wenden,
20 Es sey ihm gleich süß oder bitter.
Zum fünften lehrt man bey dem ritter,
Welcher dem jungen halff darvon,
Das man eim unschuldigen man
In solchen nötten frü und spat
25 Beisteh durch mittel, hilff und rat,
Das er durch tück bleib ungeletzt
Und seines unmuts werd ergetzt.
Zum sechsten bey der königin
Lehrt man, das ein fraw für und hin
30 Ghorsam soll folgen ihrem man
In allen sachen unterthan,
So werd sie widerumb geliebet.
Bey dem jüngling so lehrt sie siebet:
Was Gott einem menschen beschert,
35 Dasselbig ihm kein mensch nit wert;
Wie man spricht: was Gott will erquicken,
Das kan kein mensch auff erd vertrücken,
Und ob all welt darwider wer
Mit list und mördischer gefer.
40 Auff das uns allen heil erwachs,
Wünscht uns zu Nürmberg Hans Sachs.

Die person in die comedi:

1. Ehrnholdt.
2. Der könig auß Franckreich.

[K 3, 2, 62] 3. Die königin auß Franckreich.

5 4. Die königklich tochter.

5. Hertzog von Aquitania.
6. Graff von Sophoy.
7. Ritter bostmeister.
8. Ludwig, der jüngling.

10 9. Der erst knecht.

10. Der ander knecht.
11. Der alt forster.
12. Die forsterin.

Anno salutis 1551, am 31 tag Januarii.

medi mit 5 personen, der alt reich burger, der **seinen** sünen sein gut ubergab, und hat 5 actus.

Lamprecht, der alt getrew freundt, tritt ein unnd spricht:

5

Glück und heil wünsch wir euch allen
Hie entgegen, den wir zu gfallen
Und hoch gebäten sind herkummen,
Ein comedi zu ubersummen,
Der bistori wol ist bekandt

10

Der stat Lunda in Engellandt,
Wie ein reicher burger sein hab
Sein dreien sünen ubergab,
Sein lebtag ihn darumb zu halten.
Sie aber hielten leg den alten,

5

Das er eim guten freunde klaget,
Der ihm ratweiß ein meinung saget.
Dem volgt er und durch liste klug
Sein drey söhn widerumb betrug,
Das sie ihn hielten wol und ehrlich,

20

Darnach sein leben lang gar herrlich.
Nun sitzet still und habet rhu
Und höret der histori zu,
Biß wort und that sich enden thu!

geht ab — Die drey brüder gehen ein. Bernhart, der eltst, spricht:

3, 2, 3]

Ihr brüder, ich bin beint gelegen,
Hab ein sach hin und her bewegen.
Geriets, so wer es für uns wol.

*

13 Klug. Vgl. unten s. 122. Schmeller Frommann, bayer. wb. 1, 1452.

8 *

Nichts unversucht man lassen sol,
Wo man ein nutz weiß zu erlangen.
Unser mutter ist mit todt abgangen.
Nun fürt der vatter noch sein handel
5 Und ist doch träeg in seinem wandel,
Kan alters halb nit wol verwalten
Und hat ob ihm ein schwer haußhalten.
Mich dünckt, wenn er von solchem rubt,
Uns ubergeb handel und gut,
10 Wir drey woltens uns bessern wol,
Das unser kisten würden vol.
Darvon wolt wir selb unsern alten
Mit geringen unkost erhalten,
Sein lebtag in frü unde spat
15 Lassen umbgehn an einer hennen stat,
Ieder ein weil in seinem hauß.
Ihr brüder, last uns reden drauß!

      Sigmundt, der ander bruder:
Ja, es wer gut, wann er es thet.

[K 3, 2, 63]   **Hans, der jüngst bruder:**
Was schadt es, wenn man ihn anredt?
Hört wir, was er darzu wolt jeben.

      Sigmundt, der ander bruder:
Es müst aber subtil geschehen.
25 Merckt er, das wir suchtn unsern nutz,
So gwint er gwiß darob ein trutz,
Das ihn kein mensch mehr uberredt,
Das er sein gut begeben thet.

      Hans, der jüngst bruder:
30 Der alt kumbt, redt ihn an mit glimpff.
Schlecht ers ab, so ziechts in ein schimpf.

      Reichnecker, der vater, kumbt, spricht:
Ihr lieben söhn, ein guten morgen
Wünsch ich euch allen unverborgen.
35 Ist euch, wie ich euch allesander

35 K Wist auch.

Verheiratet hab nach einander,
Groß gut euch geben auß meiner handt,
Das ihr wol möget nach ewrem standt
Ehrlich und ratlich halten hauß,
5   Jeder seins handels warten auß,
Mögt darbey fein burgerlich zeren,
Was ghört zu notturft, nutz und ehren,
Doch vermeit allen uberfluß,
Darauß gewißlich folgen muß
10   Kranckheit oder am gut abnemen,
Nachrew und spot, schand und nachgremen.
Derhalb folgt ihr der lehre mein,
So mügt ihr alle drey herrn sein,
Ewr leben lang mit ehren bston.

15   **Bernhardt, der eltst sohn:**

Mein vatter, was wilt du denn thon?
Wilt du wider ein weib nemen?

           Der vatter spricht:

Deß wolt ich in mein hertz mich schemen.
20   Ich bin heut alt sibentzig jar.
Mein lieben söhn, nembt eben war!
Ich will lassen von meinem handel,
Anfahen ein gottseling wandel,
25   All weltlich gescheft schlaben auß,
Gleich einem witwe halten hauß
Mit kirchen gehn und dienen Gott.

          Sigmundt, der ander sohn:

Ja, vatter, so wirdt noch sein not,
30   Zu haltn noch ein magt und ein knecht.

           Der vatter spricht:

Ja warumb nit? du sagest recht.
Die muß ich haben alle fart
Zu meiner pfleg und tägling wart,
35   Wann ich bin unvermüglich, alt
Schwach, mat und kranck, frostig und kalt.

Erst thut mir not gut warrt und rhu.

Hans, der jüngst sohn:

Herr vatter, es ghört aber zu
Ein gros unkosten solchem haußhalten.

5   **Der vatter spricht:**

Ey, das muß ich Gott lassen walten,
Der mir hat gebn so grosse narung
Durch glücklich wolfart und durch sparung,
Iedoch als mit Got, recht und ehrn.
10 Ich wird das selb nit gar verzern.
Was uberbleibt, das theilet ihr.   .
Ihr lieben söhn, nun saget mir!
Hab ich nit macht, sollichs zu thon?

[K 3, 2, 64]   **Bernhardt, der eltst sohn:**

15 Herr vatter, wir haben ghört darvon
Und solcher massen, ja, das du
Dich setzen solt in stille rhu
Und füren solst ein herrlich leben,
Iedoch also und das darneben
20 Ein grosser unkost würd erspart.

Der vatter spricht:

Ihr söhn, den weg mir offenbart!
Durch welche weiß kündt das zu-gehn?

Sigmundt, der ander sohn:

25 Herr vatter, so must dus verstehn.
Wir drey haben ein weg gefunden
Und uns gutwillig unterwunden,
Das du zu unser eim kembst ins hauß
Und giengest bey ihm ein und auß
30 Und eßt bey ihm an seinem tisch,
Als gut als er, vögel und visch.
Dein eigen gmach du haben solst.
Gingst gehn kirchen und wo du wolst.
Da wirt dein außgwart wie eins herrn.
35 Da magst du bey eim bleibn, so fern
Dirs gfiel, denn zu eim andern kumen. .

Von dem wirst auch also angnumen
Und werst also bey uns dein kinden.
Wie mögst ein besser leben finden?
Gieng uns mit schlechtem unkost hin.

5

Der vatter spricht:

Ja, das wer nicht ein böser sin.
Was nembt ihr in die köst ein jar?

Hans, der jüngst sohn:

Ey nichts, herr vatter! doch fürwar
10 Auß kindtlicher gehorsam, das
Du bey uns werst versorgt deß bas,
Denn bey frembden in deinem hauß.

Der vatter spricht:

Mein lieben söhn, da wird nichts auß.
15 Solt ich das ewr umb sonst abessen?

Bernhardt, der eltst sohn:

Vatter, wir hetn also ermessen:
Wenn du uns allen dreyen allsandt
Alles dein gut gebst unterhandt,
20 Darmit wolt wir in einem jar
Mehr gewinnen, denn du fürwar
Uns alle kostest in vier jarn.
Darmit künst den unkost ersparn
Mit deinem eignen haußhalten.

25

Der vatter spricht:

Mein sohn, es sind etwan die alten
Bey den jungen leuten unwert.

Sigmundt, der ander sohn:

O hör, vatter! dein wird begert
30 Beide von unsern weib und kinden,
2,32] Bey den du alle gunst thust finden.
Drumb kumb zu uns on alle scheuch!

Der vatter spricht:

Mein sohn, ich möcht wol sein bey euch

Und all mein gut euch ubergeben,
Doch das ir mich durch all mein leben
Wolt ehrlich und wol unterhalten,
Mit kleidung, tranck und speiß verwalten
5 Und aller notturft, wie gebürt,
Wie von euch selb ist angerürt.
Zu welchem solt ich ziehen ein?

Bernhardt, der eltst sohn:

Herr vatter, wir sind all gemein
[K 3, 2, 65] Bereitet, zu entpfahen dich.
Doch wilt du geren, so will ich
Dich ehrlich halten; ist es dir lieb?

Der vatter beut ihm allen dreien die handt nach einan— spricht:

15 Ja, darmit ich euch ubergib
Hie allen dreyen all mein gut.
Darumb mir alles gutes thut
Sambt ewren kinden und haußfrawen,
Wie ich euch denn als guts thu trawen!

20 #### Bernhardt, der eltst sohn:

Ihr brüder, so eßt heint mit mir!
Da wöllen endtlich bschlissen wir,
Wie wir den vatter halten söllen,
Auch dergeleichen wie wir wöllen
25 Theilen das vatterliche gut,
Das er uns ubergeben thut,
Und wöllen auch von den geschichten
Gut brieff und siegel ihm aufrichten,
Zu halten das bey eides pflichten.

30 **Sie gehen alle auß.**

Actus 2.

Sigmundt geht ein mit Hansen unnd spricht:

Hör, Sigmundt! der vater hat mir gsagt
Und sehr uber den Bernhardt klagt,

Wie er ihn sey so ubel halten,
Das mich gleich erbarmbt des alten.
Derhalb ist not, und das wir bed
Mit ihm halten ein unterred,
Das er uns halt den vatter bas.
Ein schandt so wer uns allen das,
Wo man solliches von uns sagt.

Sigmundt spricht:

Ey lieber, hat der vatter klagt?
Es ist nicht fein, wens Bernhardt thut.
Er hat ie von im grosses gut,
Er solt im billich gütlich than.
Da kumbt er; lieber red in an!

-Lhardt kumbt. Hans, der jüngst, redt ihn an:

Bernhardt, man sagt, wie du den alten
In deinem hauß nit wol thust halten,
Gibst ihm weder vögel noch visch,
Habst ihn gesetzt von deinem tisch,
Muß ietzt mit magd und knechten essen.
Ey lieber, hast so bald vergessen,
Wie wirn dir haben dinget ein?

Bernhardt spricht:

Hört zu, ihr lieben brüder mein!
Der alt ist warlich unvermüglich,
Zu jungen leuten nicht wol tüglich.
Er ist unlüstig, hust und kreist,
Er reispert, rützet, scheist und feist,
Darvor denn meiner schwangern frawen
Uber tisch ward sehr ob ihm grawen.
Des muß er mit den ehaltn essen.
Solch ursach kündt ihr wol ermessen.
Doch ist geleich mein monat auß.
Nemb ewer einer ihn zu hauß!
Last schawen, wie er ghalten wer!

Sigmundt spricht:

So bring mir heint den vatter her!
Will ich ihn auch ein monat halten,

[K 3, 2, 66] Hoff, ich wöll sein vil besser walten,
Denn du mit deiner stoltzen frawen.

Bernhardt spricht:

Das wöll wir uber ein monat schawen.

5 **Sigmundt spricht:**

So kumbt beint und eßt beid mit mir!
Bring also den vatter mit dir!

Sie gehen alle auß. Hans geht ein mit dem Bernh.
spricht:

10 Bernhardt, soll ich dir nit wunder sagen?
Des Sigmunds köchin thut mir klagen,
Wie seine kinder unsern alten
Im hauß so läg und ubel halten,
Mit hönwort sein spotten und fatzen,
15 In zupffen, rupffen, tretzen und tratzen,
Deß ihn der Sigmund als verheng.

Bernhardt spricht:

Da kumbt er; red ihn an gar streng!

Sigmundt gehet ein, so spricht Hans drutzig zu

20 Mein Sigmund, das du dich nit schemst
Und dich deß alten bas annembst!
Sonder leidts im hauß von dein kinden,
Das sie ihn halten als ein blinden.
Wird auch von dem haußgsind veracht.

25 **Bernhardt spricht:**

Mein bruder Sigmund, ich gedacht,
Du wurdst den vatter in himel heben.
So wird er bey dir gleich und eben
Ubler gehalten, denn bey mir.

30 **Sigmundt spricht:**

Ey lieber, soll ich nit sagen dir?
Der vatter hat so seltzam tauben,
Wers nit hört, der kans nit gelauben.
Ietz felt er auff das, denn auff ditz,

Samb geh er in die aberwitz,
Und reist so wunder-seltzam bossen.
Ietz lach wir all sein, das wir hossen;
So fecht der alt denn an und weint.

5　　　**Hans spricht:**

Bruder Sigmund, ich het gemeint,
Du werst verstantner grosser tugent.
Weist: kinder sein wir in der jugent,
Im alter werd wir wider kinder.
10 Vernunft, gedechtnuß wir~~d~~ ~~~~ blinder
Und alle kreft die nem~~e~~
Doch billig man in ehr~~e~~
Das alter, on schmach,　　　　　　spot!

　　　Sigmundt s

15 Mein bruder Hans, ich　　　　Got,
Das ich es nit so arg h
Ich will dirn vatter schi
Weil eben mein monat　　　　　　l.
Laß schawen, wie du m　　　　hauß,
20 Ob du werst al mal küchlein bachen!

　　　Hans spricht:

Ich will sein weder spotten noch lachen,
Noch verachten, wie man bey euch spürt,
Sonder ihn halten, wie gebürt
25 Eim frumen sohn zu halten ein vater,
Welcher gewest ist mein wolthater;
Der mich erzog und thet ernern,
33] Den will ich auch halten in ehrn,
In kleiden und speisen auff das best.
30 Bringt heint den vater und seit mein gest!

hen alle auß. [K 3, 2, 67] **Bernhardt kumbt** mit Sigmund
　　　und spricht:

Ein guten tag, mein lieber bruder!
Ich weist nechten ein boten zuder
35 Von Antorff; hat er dich gefunnen?

　　　Bernhardt spricht:

Ja, mir ist ein schuldner entrunnen,
Tregt mir 400 gülden hin.
Da geht an galgen mein gewin,
Was ich lang thet erfacterirn
5 Mit meinem gschwinden practicirn.
Ich wolt, er het sanct Urbans blag.

Sigmundt spricht:

Ich förcht mich auch hart ubertag,
Ich werd ein mal mein hend verbrennen.
10 Schaw! wie gschwindt thut Hans dort her renn.

Hans kumbt und spricht:

Ihr brüder, einen guten tag!
Als ich beiut ungeschlaffen lag,
Hab ich ein sach gesunnen auß.
15 Wenn unser einer nemb ins hauß
Den vatter in dköst, wie obgemelt,
Und ihm die zwen ein gnantes gelt
Von ihm geben sein leben lang,
Wie wir auch melten im anfang,
20 Das der alt nicht so oft dörft wandern
Von unser einem zu dem andern,
Deucht euch des nit ein guter sinn?

Bernhardt spricht:

Ja, bruder! wilt du bhalten ihn,
25 So wöll wir dir ein jargelt geben.

Hans spricht:

Nein, warlich, das ist mir nit eben.
Er fügt mir gar nicht in mein hauß.
Ich wolt, er wer nur ietzund drauß.

30 ### Bernhardt spricht:

Hör zu, Sigmund! was dapfern manns
Ist unser lieber bruder Hans,
Welcher uns beid hat wol vexiert,
Samb haben wir nit wol tractiert
35 Unsern alten, und fürt gros klag
Und ist heut erst der dritte tag,

Das er den alten hat im hauß,
Und wolt schon gern, er wer im drauß.
Sag! was hast du an im für mangel?

Hans spricht:

Er ist im hauß ein scharpfer angel,
Mit worten scharpf, entisch und grentisch,
So wunderlich, seltzam und entisch.
Kein mensch im kan thon ein recht,
Weder die fraw, kind, magd noch knecht.
Alle ding er uns tadeln thut.

Sigmundt spricht:

Ey, Hans, der vatter meint dirs gut.
Bist ein jung unerfarn kauffman.
Noth ist, das er dich richte an
Im haußhalten, der-gleich im handel,
Ziech dir ab dein leichtferting wandel.
Du bist gesellisch und verwegen.

Hans spricht:

Was darff der alt nach diesem fregen,
Ich spil, zech oder was ich thu?
Wenn ich im sein gebür stell zu,
Er darff umb mich nit weiter sorgen.

Bernhardt spricht:

Ey lieber, von heut oder morgen
Du giengst zu grund mit dem reichthumb.
Meinst, der alt kümert sich nit drumb?
Felts im, sein straff ist nicht unnütz.

Hans spricht:

Ich bin seins straffen urdrütz.
Ich magn nit leiden mit seim stichreden.
Darumb, ist einer unter euch beden,
Der umb ein summ will unsern alten
In der köst sein leben lang halten,
Der zeig sich an, was er wöll nemen!

Bernhardt spricht:

Ich magn auch nit mit seim grißgremen.
Mein fraw hat sein gar kein genad.
Drumb ich solch bürd nit auff mich lad.
Sigmundt, wilt dun, so sprich ein wort!

5 **Sigmundt spricht:**

Ja, ir wolt mir an diesem ort
Heimschicken dieses uberbein.
Nein, nein, ir lieben brüder, nein!
Tausent gülden nemb ich nit zwar,
10 Das ich in hielt sein leblag gar.
Ihr lieben brüder, eins felt mir ein.
Wie, wenn wir all drey in gemein
Dem alten ein wochen-gelt geben,
Darvon er für sich selb mögt leben
15 In eim wirtshauß oder jarkuchen?

Hans spricht:

Ja, warlich, das wöll wir versuchen;
So komb wir sein in heusern ab.

Bernhardt spricht:

20 Ihr brüder, ich gerechnet hab:
Wenn wirm all wochen ein daler geben,
So möcht er zimlich darvon leben.
Mein bruder Hans, thu mit im reden!

Sigmundt spricht:

25 Ja, die macht hast du von uns beden.
Was du mit im machst, sey gemacht!

Hans spricht:

So will ich mit im heint zu nacht
Reden aufs glimpflichst von den sachen,
30 Will in vor ein wenig frölich machen,
Sein becherlein öfter vol schencken.
Villeicht wird er sich lassen lencken,
Nimbt von uns ein daler all wochen,
Lest im in der jarkuchen kochen.
35 So kumb wir sein mit ehren ab
Und bleibet uns sein gut und hab,

Eh er kumbt in das toden-grab.

Sie gehen all drey ab.

Actus 3.

Der vatter geht allein ein unnd spricht:

Ach Gott, wie ubel hab ich thon!
O, das ich ubergeben hon
Mein grosses gut den söhnen mein!
Deß muß ich ietzt hartselig sein
Und unwert in mein alten tagen.
Nun darff ich solches niemand klagen.
Ich schem mich selst für meine sühn,
Das sie mir so mitfaren thün.

recht, der alt gute freund, steht von weiten, spricht:

Steht nicht mein Reichenecker dort,
Redt wider sich selb an dem ort,
Samb er ein schwer anliegen hab?
Wie sehr hat er genumen ab,
Ist gar dürbacket, bleich und gelb,
Ficht mit den henden wider sich selb!
Er ists; ich will geh zu im gan,
Auß alter freundschaft reden an.
Heil, mein Reichnecker, geb dir Got!

Reichnecker, der alt vatter:

Ja, heils und glücks wer mir wol not
Zu solchem creutz, das ich ietz trag.

Herr Lamprecht spricht:

Ey, du hast erst gerute tag,
Bist bey dein söhnen in der köst,
Hast herren-tag, samb werst der gröst,
Und darfst gar umb nichts mehr sorgen.

Der alt vatter spricht:

O freund, mein creutz ist dir verborgen.

Herr Lamprecht spricht:

Was creatz? mein freund, sag! wie ist der

Der alt vatter spricht:

Solches zu sagen ich mich schem
Und thu gleich alles in mich fressen.
₅ Das unglück hat mich gar besessen.

Herr Lamprecht spricht:

Ey, sag mirs! etwan find man raht.

Der alt vatter spricht:

O mein freund, es ist all zu spat.
₁₀ Die schantz ich ubersehen hab,
Da ich mein söhnen ubergab
Mein grosses gut: nun muß ich eben
Meiner kinder gnaden leben.

Herr Lamprecht spricht:

₁₅ Halten sich denn dein söhn nit wol?

Der vatter spricht:

Bey in ich hungr und kumer vol.

Herr Lamprecht spricht:

Ey, lassen sie doch mercken sich,
₂₀ Wie sie so ehrlich halten dich,
Zu bett und tisch wol warten dein!

Der vatter spricht:

Sie machen wol ein grossen schein
Mit worten, aber in der that
₂₅ Es gar ein ander meinung hat.
Doch ich die warheit sagen sol.
Ein viertze tag hilt man mich wol
Erstlich; darnach nam es stets ab,
Das ich nehrlich die bauchfül hab.
₃₀ Mein schnür glat all wider mich sind.
Ich bin ein lauter spot der kind
Und ein verachtung der ehalten.

*

17 ? dol.

Heisen mich den groneten alten.
Mein söhn sein selbert mein urdrützig,
Gehn mir uppig, pöckisch und stürtzig.
Einr schaft mich nach dem andern auß,
Dem andern sohne in sein hauß.
Bin doch in summa sumarum
Ein unwert gast, wo ich hin kumb.
Das wert bey in hewer als fert.
Allein man meines tods begert.

Herr Lamprecht spricht:

Das het ich nit gelaubet fürwar,
Das sie so unverstanden gar,
Mein Reichnecker, wern gegen dir.

Der vatter spricht:

Dasselb thut auch dest weher mir.
Mein söhn noch weiter mich beleidigen,
Wöln mich auß ihren heusern teidigen,
Soll bey eim jarkoch pfenbert essen.
Der untrew kan ich nit vergessen.
Weil ichs all hab zu herrn gemacht,
Wirdt nun also von ihn veracht
Und verlassen in meinem alter.

Herr Lamprecht spricht:

Du solt sein blieben ein verwalter,
Dein gut nit geben auß der hendt,
Wann lieb und trew hat bald ein endt
Bey den kindlen, wie man all tag
Wol augenscheinlich sehen mag
Bey der kinder untrewen thaten.

Der vatter spricht:

Es wurdt wir trewlich widerrathen
Von meiner selig lieben frawen,
Ich solt mein söhn zu weit nit trawen,
Das ich ihn khem in ihre hendt,
Ich würdt sunst werden gar ellendt.
Ich hab in aber zu wol vertrawt,
Auff ihre gute wort gebawt,

Bin aber von in betrogn schendtlich.
Des wird ich nit mehr frölich endtlich,
Dieweil mein hertz das leben hat.

Herr Lamprecht spricht:

5 Mein freund, wenn du folgest meim rat,
Ich wolt endt machen deiner klag,
Dir wider schaffen gute tag
Dein lebtag bey den söhnen dein.

Der vatter spricht:

10 Ach, sag, mein freund! wie künt das sein,
Weil ich ihn allen bin unwert?
Keiner mein in seim haus begert,
Sie mögen mich kaum sehen an.

Herr Lamprecht spricht:

15 Mein freund, hör zu! so must im than:
Ich will zu-rüsten ein kästlein klein,
Füllen mit sand und kiselstein,
Das zu dir in deins sons hauß tragen.
Forder dein söhn zsam! thu in sagen,
20 Dein gut habst in noch nit gar geben,
Sonder behalten dir darneben
Den schatz, auff fürsorg zu verwalten;
Und welcher sohn dich noch wert haltn
Am besten, deß selben allein
25 Soll nach deim tod das kästlein sein
Mit all dem, was darinnen sey.
Was gelts? sie werden sich al drey
Erst wol halten, dir guts beweissen
Und werden sich noch umb dich reissen,
30 Ieder dich wöllen bey ihm hon.

Der vatter spricht:

Ach, hilff, mein freund! so will ichs th[c
Zu der sach hab ich gleich noch ein he[r

Herr Lamprecht spricht:

35 Mein freund, so geh du nur heimwertz
So will ichs kästlein richten zu,

Dirs zu hauß bringen morgen fru;
Denn weist dich wol zu halten du.

Sie gehen beide ab.

Actus 4.

Vatter geht ein, redt mit ihm selber und spricht:

Herr Gott, gib dein hilff mit gelück,
Das ich meinr söhn untrew und tück
Mit schwinden listen brechen mag,
Das ich in rhu verzer mein tag!

Hans, der jüngst sohn, kumbt unnd spricht:

Alter, wo hast dich nechten versessen,
Das du nit kambst zu dem nachtessen
Und liest uns warten wie die narren?

Der vatter spricht:

Ey, ihr dörft gar nit auff mich harren.
Ich kam nechten in ein gesprech
Mit herr Lamprechten in der nech.
Mit dem hab ich noch was zu thon.
Er wird zwar heut zu mir hergohn,
Wird auch etwas herbringen mir.

Lamprecht kumbt mit dem kästlein, Hans spricht:

Da kumbt er gleich und will zu dir.

Herr Lamprecht spricht:

Gott geb euch einen guten tag!
Mein Reichnecker, auff dein zusag,
Wie von mir hast begerct du,
Stell ich dein schatz dir wider zu,
Den du mir gabst zu trewes handen
Zu bhalten, als ich aust Welschlanden
Kam. Nun gib mir auch mein handtschrift,
Welche den heimling schatz betrift,
Das ihn fort niemandt fordern thü!

Vatter gibt ihm die handtgeschrift und spricht:

9*

Mein freund, hab danck gehabter müh!
Ich het zu dir ie mein zuflucht.

Her Lamprecht zeigt Hansen unnd spricht:

Ietz hast du dir da außgesucht
5 Noch trewer freundt bey deinen söhn.

Hans, der jüngst sohn:

Ja, mein herr Lamprecht, wir drey thön
An unserm vatter alles gut.

Herr Lamprecht spricht:

10 Ja, billig und recht ihr das thut.
Von ihm entpfingt ihr grose hab.
Wenn er ein mal mit todt geht ab,
Findt ihr da nicht ein ringes gut.
Derhalb nur ehrlich halten thut
15 Den alt verlebten krancken man!
Alde! mit wissn scheid ich darvon.

Herr Lamprecht geht ab. Der vatter spricht:

Mein sohn Hans, leich mir ein goldtwag,
Darmit ich mein gelt uberschlag
20 Und zel, ob ich noch widerumb
Hab mein gewicht und gantze sumb!

Der sohn Hans gibt ihm die goldtwag und spricht

Da hast ein goldtwag; magst allein
Zelen und wegn die gülden dein,
25 Unüberloffen, mit gutter rhu.
Dein kemerlein magst sperren zu.

**Hans der sohn geht ab. [K 3, 2, 72] Der vatter hebt an zu
und klengelt mit gülden auff dem kästlein und sprich**

Ich will ihn auch ein nasen drehen,
30 Wie mir auch von ihn ist geschehen.
Hab lang am narrenseil gezogen.
Ob sie auch wern von mir betrogen,
Hoff ich, es sey ein kleine sündt,
Weil ihr mirs haberstro kaum gündt.

Nach dem er zelt und klengelt mit dem gülden, spricht

Den goldgülden auff der goldtwag
Ich liegen laß; darbey so mag
Mein sohn gedencken, uberschwal
Hab ich goldtgülden one zal.

5   **Sohn Hans kumbt und spricht:**

Vatter, Gott geb dir ein guten tag!

Der vatter spricht:

Gott danck dir! da nimb dein goldtwag
Und heiß mir dein zwen brüder kumen!
10   Ich will machen mein gscheft zu frumen
Euch dreyen, eh ich abgeh mit todt.
Darbey soll es bleiben, wils Gott.

hn   Geht hin, der vatter netzet, die drey söhn kummen.
          Bernhardt spricht:

15   Will uns der alt machen ein gscheft?
Ich sich wol, das er sitzt und schleft.

Sigmundt, der ander sohn:

Ey, er hat etwan beint gewacht.

Hans, der jüngst sohn:

20   Ja, er hat beint die gantzen nacht
Mit gülden klingelt und gezelt,
Gewegen und zu hauff gestelt.
Hab ihm wol zwo stundt zu gebört.

Bernhardt, der eltst sohn:

25   Es hat dir traumbt, du bist bethört.
Hab wir doch all sein gut gerad!
Er het kein pfenning in ein bad;
Wo wolt er gülden haben gnumen?

Hans, der jüngst sohn:

30   Ey, herr Lamprecht ist gester kumen,
Hat jenes kestlein bracht dem alten,
Das er ihm geben hat zu bhalten.
Ich glaub, das vol ducaten sey.

Sigmundt, der ander sohn:

O künten wir ihn alle drey
Auch uberreden an dem endt,
Das er uns die geb undert hendt!
5 So künd wir dapfer halten hauß.

Der vatter rürt sich, Bernhardt spricht:

Still, still! der alt hat gschlaffen auß.
Herr vatter, einen guten tag!

Der vatter spricht:

10 Hab danck, ihr söhn! merckt, was ich sag
Ihr wist: ich hab euch ubergeben
Mein gut, das ihr durch auß mein leben
Mich solt erhalten wol und ehrlich,
Nach meinem standt raitlich und herrlich.
15 Ihr aber habt mich alzumal
Gespeist und trenckt dürr, spröt und schmal,
Nehrlich gehalten samb weib und kindt
Mit allem ewrem hautßgesindt,
Das ich euch nit het zugetraut.
20 Nun, das sey hin, mein söhn! nun schaut!
[K 3, 2, 73] Da hab ich noch ein grossen schatz;
Bey welchem ich den besten blatz
Mit guter wart hab unter euch dreien,
Dem soll hie dieser schatz gedeien
25 On all nachred nach meinem endt.
Mitler zeit bhalt ich in der hendt
Den schatz; diß sey mein testament!

Die söhn neigen sich, gehen all drey ab, der vatter t
kestlein unnd gehet auch ab.

[A 3, 2, 36] ## Actus 5.

Bernhardt kumbt mit Sigmundt und spricht

Wie gfelt dir unser bruder Hans?
Schaw zu deß hinterlisting manns,
Der vor den vatter wolt stossen auß,

Ihn nicht mehr haben wolt im hauß!
Ietz, so er hat erschmeckt den schatz,
So gibt er ihm kostreichen blatz
Und kan ihn niemand von ihm bringen.

5   **Sigmundt spricht:**

Wir müssen reden zu den dingen,
Wenn er allein auffhielte ihn,
So giengen wir beid neben hin
Und blieb der schatz ihm gar allein.
10   Red ihn an! ietzt geht er herein.

Hans kumbt unnd spricht:

Ihr brüder, was ratschlaget ihr?

Bernhardt spricht:

Da sagen wir geleich von dir.

15   **Hans spricht:**

Was sagt ihr von mir etwas guts?

Bernhardt spricht:

Wir sagn: du suchst dein eigen nutz
Und heltst den vatter ietzund wol,
20   Auff das der schatz dir werden sol.
Wir haben uns aber da besprochen,
Das den vatter ieder ein wochen
Soll halten da heim in seim hauß.
Wer ihm aufs herrlichst uberauß
25   Außwart, beide zu tisch und bett,
Dem werd denn, wie er hat geredt,
Gemelten schatz nach seinem todt.

Hans spricht:

Den vatter laß ich nit (bey Gott)
30   Auß meinem hauß; da richt euch nach!

Sigmundt spricht:

Vor dreyen tagn wolst ihn mit schmach

27 K Gemelter.

Herberg in ein tafern bestellen.

Hans spricht:

Und dergleich ihr, lieben gesellen!
Ewr trew treibt euch zum vatter nicht,
5 Der schatz euch in die augen sticht,
Als wol als mich; den het ihr gern.

Bernhardt spricht:

Ja, das ist gleich der grund und kern.
Drumb wöll wir gleich den unsern alten
10 Ein wochen umb die andern halten
Und ihm alle aufs gütlichst than.
Nicht lang er zwar nit leben kan.
Wöllens all drey auff glück hin wagen,
Wer noch den schatz darvon werd tragen.

15 ### Hans spricht:

Wolan, ihr lieben brüder mein!
Ich will auch nicht darwider sein,
[K 3, 2, 74] Auff das nicht uneins werden wir.
Du nimb den vatter beint zu dir!
20 Auff dwochen nimbt der Sigmundt ihn.
So halt wir die ordnung forthin.

Sie gehen alle drey ab. Der vatter geht allein ein un

Gott sey ewig lob, ehr und preiß,
Der mich mit gutem tranck und speiß
25 In meim alter versehen hat!
Auch meins getrewen freundes raht!

Herr Lamprecht kumbt, spricht:

Ach mein Reichnecker, wie geht es dir?

Der vatter spricht:

30 O guter freund, wol geht es mir.
Wie trewen raht hast du mir geben!
Ich hab gehabt nie besser leben.
Ich leb on sorg und hab mein rhu.

*

. 26 ? Auf.

Mein söhn alle drey spat und fru
Ziehen mir alle ding zu rat,
Speiß, tranck, kleider und federwat,
Köstlich und ubertreflich
5 Und reissen sich all drey umb mich.
Ein ieder will mich bei ihm haben.
Das macht der schatz mit seinen gaben,
Den ein ieder meint zu erwerben.

Herr Lamprecht spricht:

10 O freund, so laß vor deinem sterben
Den schlüssel nit auß deiner handt!

Der vatter spricht:

Ich hab nun wol so vil verstandt,
Das ich nit mehr traw meinen kinden,
15 Bey den ich vor kein trew war finden.
Gott aber und dir sag ich danck,
Die mir halffen durch diesen ranck.
Ich will geh nein zu dem nachtmal.
Gott dir dein trewen raht bezal!

hen beide ab. **Bernhardt kumbt mit Sigmundt unnd**
spricht:

Sigmundt, der vatter ist sehr schwach.

Sigmundt, der ander bruder:

Ich denck, der tod sey ihm fast nach,
25 Weil er gestern das hertz sehr klagt.
Der doctor hat ihm abgesagt
Das leben; sein brunn der war kolschwartz,
Den aten helt er tieff einwartz,
Erkalt sind ihm sein füß und knochen.

30 ### Bernhardt, der eltst sohn:

Heut frü sind ihm seine augen brochen,
Der bulß noch gar ein wenig schlug.
Den aten er gar schwerlich zug.
Auch ein eißkalten schweiß er schwitzt.
35 Sein nasen war ihm angespitzt.
Gar unverstendig war sein stimb.

Sigmund, der ander bruder:

Kumb, Bernhardt! wöll wir nab zu ihm,
Ob er hab feierabent gmacht?
Bruder Hans lauft dort her und lacht.
5 Was er halt bring für gute mäer!
Bruder Hans, wann so eilendt her?
Wer hat erfrewet dir dein sin?

Hans kumbt und spricht:

Ihr brüder, der alt ist dahin.
10 Wir wöllen ihn bestäten heut
Und bestellen das gros geleut,
[K 3, 2, 57 statt 75] Ihn holen mit dem gantzen chor.
Sein eigen begrebnuß hat er vor
Mit seinem wappen und grossen thitel.
15 Last bitten die freundtschaft on mittel
Und ander gut leut zum kirchgang,
Das man mit der leich herrlich brang
Zum grab, nach gwonheit unser stat.

Bernhardt, der eltst sohn:

20 Ihr brüder, folget meinem raht!
Last uns heut mit der leich rhu haben
Und sie erst auff morgen begraben!
Und wöln heut schawen zu dem schatz.

Hans, der jüngst bruder:

[A 3, 2, 37] Da sey euch beiden trutz und tratz,
Das einer nur den schatz anrürt,
Dieweil er mir allein gebürt!
Der vatter kost mich allermeist.

Sigmund spricht:

30 Ey, du und Bernhardt auch wol weist,
Das ich ihm hab sehr gütlich than.
Den schatz wird ich dir gar nit lan.
Ich wird ihn mir allein behalten.

Bernhardt greift in die weer unnd spricht:

35 Ewr beider muß der teufel walten!

Wölt ihr von diesem schatz mich dringen?
Ich wiln eh theilen mit der klingen.
Ich hab den vatter ghalten wol.
Der schatz mir allein bleiben sol.

5 Herr Lamprecht kumbt, spricht:

Ihr brüder, was ist ewr gezenck?
Es ist deß schatz halb, ich gedenck.
So wist! der vatter am todbett
Hat mit mir deß schatz halb geredt.
10 Von euch er wol gehalten sey,
Derhalben solt ihr alle drey
Den schatz gleich theilen in drey theil.
Darzu wünsch ich euch glück und heil.

Herr Lamprecht geht ab. Bernhardt spricht:

15 Ja wol, darwider ich nicht bin.

   Sigmundt spricht:

Und ich, mein Hans! geh du nur hin
Und bring uns den schatz in dem schrein!
Was mag für müntz im kästlein sein?
20 Es ist·ie auß-dermassen schwer.
Hans, hast den schlüssel? lang in her!

   Hans spricht:

Da breitet diesen deppich auff,
Das wir die barschaft schüten drauff!

eiten das deppich und schüten den schatz darauff. Sigmund creutz für sich, weil es sandt und stein sindt, und spricht:

Botz marter, schaw! was soll das sein?
Hie ist nur sandt und kiselstein.

30   Bernhardt spricht:

Botz velta, da ligt auch besunder
Ein eiserner kolben darunder.
Daran da steht ein schrift erhaben
Mit griechischen gülden buchstaben:
35 Welcher vatter hat so thumen mut

Und ubergibt sein hab und gut
Sein kinden bey seinem lebtagen,
Soll man mit dem kolben todt schlagen.

Sigmundt spricht:

[K 3, 2, 76] Schaw nur eins zu dem alten fuchs!
Sein tag war er ein gscheider luchs.
Hat er uns nit meisterlich bschissen?

Hans spricht:

Hat er uns diesen bossen ghrissen,
10 So geb im Gott das hellisch fewr!

Bernhardt spricht:

Hat er uns thon die abenthewr,
Ey so thu in der teuffel klagen!
Wenn man in morgen gehn grab ist tragen,
15 Wöll wir ein weil spacirn reiten.
Kumbt! geht! ich mag nit lenger beiten,
Weil doch der schatz ligt an der seiten.

**Sie gehen alle fluchent unnd scheltendt auß. Der ehrnh
tritt ein, spricht:**

20 Ir erbarn herrn und züchting frawen,
Bey der histori mögt ihr schawen,
Wie wenig lieb und trew ist zu finden
Bey unseren eigenen kinden.
So uns das alter begreiffen thut,
25 Begeren sie nur unser gut.
Gott geb, wie es den alten geh!
Verlassen sie in angst und weh.
Warhaft uns ein alt sprichwort lehrt:
Ein vatter eh zehen kind ernehrt,
30 Denn zehen kinder einen vatter.
Derhalb so bleib du gubernator
Und bhalt das schwerd in deiner hendt,
Dieweil du lebst biß an dein endt!
Das dir kein nachrew darauß wachs,
35 Das wünschet uns allen Hans Sachs.

Die person in die comedi:

1. Der ehrnholdt.
2. Herr Lamprecht, der alt getrew freund.
3. Reichnecker, der vatter.
4. Bernhardt, der eltst sohn.
5 5. Sigmund, der ander sohn.
6. Hans, der jüngst sohn.

Anno salutis 1552, am 22 tag Juli.

Tragedia mit 23 personen, von der streng~~ g~~
herr Tristrant mit der schönen königin Isalden, ⌐ u
7 actus.

Der ehrnholdt tritt ein, neigt sich unnd sprich~~ ch~~

  5 Heyl unnd gelück so sey euch allen,
     Versamelt hie! Euch zu wolgfallen
     Seind wir gebetten hieher kumen,
     Uns tragedi-weis fürgenumen
     Ein wunderbarlich schön histori,
10 Nützlich zu bhalten in memori
     Von herr Tristrant, eins königs sun,
     Der fraw Isalden lieb gewun,
     Des königs tochter auß Irland,
     Welche gemelter herr Tristrant
15 Solt uber see köng Marxen bringen.
     Nun aber heimlich zu den dingen
     Ihr mutter ein bultranck machen thet,
     Das einer jungkfrawen befolhen het,
     Wenn man ir tochter, die schön Isald,
20 Zuleget könig Marxen bald,
     Solt sie ins beiden zu trincken geben,
     So müstens denn durch-auß ir leben
     Einander haben hertzlich lieb
[K 3, 2, 77] Von deß bultranckes starcken trieb.
25 Nun weil sie furen auff der seh,
     Unwissent, in zu ach und weh,

*

1 Über den sagenstoff s. Grüße, die großen sagenkreise ~~s mittel~~
Dresden 1842, s. 202. Liebrechts Dunlop s. 61. 76. 79. 90. ~~03. 107.~~
488. 545. Hermann Kurtss Tristan, Stuttgart 1844, dritte auflag~~877. A.~~
sert, Tristan et Iseult, Paris 1865.

Truncken sie beide das bultranck.
] Tristrant und Isald werden kranck,
In lieb verwund ir beider hertzen
Mit unableschlich brunst und schmertzen.
⸤ Was nun hernach sie alle beide
In ihrer lieb für hertzen-leide
Und gferligkeit haben erlitten,
Ihr leben lang durch-auß erstritten,
Wert ir alhie hören und sehen,
▸ In kurtz, wie solches ist geschehen,
Beide mit wort und that verjehen.

.⟨oldt geht ab. **König Marx** geht ein mit seinen räthen,
setzt sich und spricht:

Ihr lieben getrewen, ir wist allsandt,
Das der gros könig von Irlant
Uns hat ein bost geschicket her,
Und ist an uns sein streng beger,
Das wir im tribut geben söllen,
Wie wir auch das erzelen wöllen,
Nemblich auß unserm gantzen reich
All knaben und mägdlein dergleich,
In dem alter bey fünftzehn jaren,
Mit den nach seim willen zu faren,
Das sie bleiben leib-eigen sein,
Oder wir sollen in gemein
Auß unser ritterschaft erweln
Ein ritter, zu eim kempfer steln,
Das der selbige kempfen solt
Mit einem held, der heist Morholt,
Welcher doch vier manns stercke hat.
Und so der ritter an der stat
Den Morholdt uberwinden thut,
Soll wir gefreit sein am tribut.
Ligt aber ob Morholdt allein,
So müß wir ewig zinßbar sein.
Raht zu, ob wir unter euch finden
Ein ritter, der sich unterwinden
Deß kampfs! dem soll es sein on schaden.
Wir wöllen in reichlich begnaden.

Hertzog Thinas spricht:

Großmechtiger köng, für mein person
Ich den kampff nit verbringen kan,
Wann von leib bin ich schwach und mat.
5 Gros kranckheit mir genumen hat
Mein grosse sterck, macht und mein kraft,
Das ich fürbas der ritterschaft
Fürs vatterlandt nit pflegen kan.
Sunst will ich sein ein nützer man
10 Dem landt mit trew und weisen rath.

Curnefal, der hofmeister:

So wiß königklich mayestat!
Ich kan ie auch nit kempfer sein.
Mich hat geschwecht das alter mein,
15 Das ich auch nit mehr kempfen mag.
Doch, herr könig, dir ich zu-sag:
Ein kempfer ich zu rüsten weiß
Mit vil kampff-stücken in den kreiß,
Wie er dem feinde soll abbrechen
20 Mit stossen, werffen, bawen und stechen,
Dardurch dem feind obligen mag.

Herr Tristrant, der heldt:

Dieweil denn auff heutigen tag
Den kampff niemandt will nemen an,
25 So will ich mich deß understan,
O herr könig und vetter mein,
Zu trost dem königreiche dein.
Das es nit zinßbar werd genant
Dem grosen könig von Irlant,
[K 3, 2, 78] So will ich meinen leibe wagen.

König Marx spricht:

Herr vetter, dir thu ichs abschlagen.
Wolst du deß kampfs dich nemen an?
Morholdt ist als starck als vier man,
35 Gegen im zu rechn bist ein kindt.

Herr Tristrant:

Ich sorg nicht, das er uberwind.
Ein ghrechte sach hab wir darbey,
So treibet er nur tiranney,
Das er dein reich unter sich brecht;
5 Hat darzu weder fug noch recht.
Derhalb wird mir Gott thun beystant,
Weil ich kempff für das vatterlant
Und thu das auß bezwungner not.

König Marx:

10 Weil du dein trawen hast zu Gott,
So wöllen wirs gleich
Iedoch dich vor zu rit
Du, Curnefal, du wirst
Herr Tristrants wappe
15 So wöll wir Morholdt   ren
Auff morgen frü, balt

a alle ab. Morholdt, d   gewappnet ein
         und spi

Mir ist der kampff hei
20 Will gern sehen, wer sie wagt
Auß den curnewelschen hoffrittern.
Dem will ich wol den kampff verbittern,
Wie ich vor manchem hab gethon.
Bey zwölff kämpffen ich vor gewon,
25 Welch ritter ich all hab entleibt.
Von meim kempffen man singt und schreibt
Derhalben im gantzen lant mein lob
Schwebt mit groß preiß und ehren ob.
Dasselb lob will ich nicht aufgeben,
30 Und solt es kosten mir das leben.
Ich sich dort einen jungen man
Auß einem schiff gerüstet gan.
Will kempffen er in dieser inseln
Mit mir, so mach ich in doch winseln.
35 Er tritt gleich her auff die walstat,
So man zum kampff verordnet hat.
Herzu, du junger stoltzer man!
Wilt du deß kampfs dich nemen an
Für könig Marx also genant?

Herr Tristrant kumbt gewapnet unnd spri~~c~~

Ja, ich will für curnewelsch lant
Kempffen und von Irlandt, dem bösen,
Von dem tribut und zinst erlösen,
5 Das wir mit recht nicht schuldig sein.

Morholdt, der heldt:

Junger man, es erbarmbt mich dein,
Das ich dich bringen soll umbs leben.
Ein trewen rath will ich dir geben:
10 Ker umb! fahr mit mir in Irlandt!
Ehr und reichthumb wird dir bekandt.
Und nimb dich nur des kampfs nit an!

Tristrant spricht:

Morholdt, das will geren than.
15 Wo du mir ledig zelst das landt
Von solchem tribut obgenandt,
So will ich geren faren mit.

Morholdt, der heldt:

O junger heldt, das thu ich nit.
20 So ich dem mandat nit nach khem,
[K 3, 2, 79] Kembst oder diesen tribut nemb,
Sprech man, ich wer also verzagt.

Tristrant spricht:

Morholdt, so sey dir widersagt
25 Zum kampff, zu brauchen sper und schilt.

Morholdt, der heldt:

Haw her, wenn du ie kempffen wilt
[A 3, 2, 39] Mit mir! Weil du bist so vermessen,
So müsn die vögl dein fleisch heut fressen,
30 Darzu die hund lecken dein blut.

Tristrant haut zu, spricht:

. Ich hoff, es wer dir nit so gut.

14 K wil ich.   21 K Kampfft.

'en, treiben an einander umb. Morholdt wird ein
a wen, fleucht. Tristrant schlegt ihn nider unnd
spricht:

Held, ich mein, curnewelsch land sey
Von dem tribut und zinsen frey,
Dieweil und ich dich hab erlegt,
Das du tod ligst von mir gestreckt.

Thinas und Curnefal kumen und Thinas spricht:

Du küner held, ritter Tristrant,
Nun hast du curnewelisch lant
Erlöst von dem schweren tribut.
Doch bist berunnen auch mit blut.
Sag, herr Tristrant! bist du auch wund?

Herr Tristrant spricht:

Ja warhaftig, von hertzen grund.
So bald wir an einander traffen,
Wund er mich mit vergiften waffen
Mit zweien wunden eben tieff.

Curnefal spricht:

Nun last uns tretten in das schiff,
Wann es ist auff den tag nun spat!
Hoff, ewr wunden werd gut rat,
Das wir herrlich ein-triumphiren,
Zu Thintariol jubiliren.

alle drey ab. Zwen Irlender kumen mit Isalden
und finden Morholdt todt. Sie spricht:

Hertzlieber vetter, bist du todt?
Ligst du in deinem blute rot?
Het ich doch dich lebent gefunden,
So het ich dir dein tieffe wunden
Geheilet bald mit meiner kunst.
Nun ist all ärtzney umb sunst.

hut ihm sein helm ab und findt ein stück von herr
nt schwerdt in seiner wunden, zeigt das und spricht:

Schaut! von des feindes schwerte scharten

10 *

Steckt ihm das stück in seiner schwarten.
O das ich deinen todt kündt rechen,
Den feind mit eigner handt erstechen!
Wer mir die höhest freud auff erdt.
5 Nun, das er auch bestettet wert
Nach fürsten-standt, so nemet in
Und tragt in in das schiffe hin,
Das wir hinfaren in Irlandt!
Kein grösser laid, schad, spot und schandt
10 War meim herr vatter nie bekant.

Sie tragen den todten ab.

[K 3, 2, 80]   **Actus 2.**

Herr Tristrant geht ein mit verbunden schenckeln, an krucken, und spricht:

15 Wolt Gott, ich leg unter der erden!

Hertzog Thinas spricht:

Mein herr, wils noch nit besser werden?

Herr Tristrant spricht:

Kein ärtzney will an mir klecken.
20 Mein wunden thun stincken und schmecken,
Das niemand mehr umb mich kan bleiben.
Derhalb will ich mein zeit vertreiben
Außerhalb der stat bey der see,
Wann mir ist also bitter weh.
25 All artzt verzaget sind an mir.

Curnefal, sein hofmeister:

Herr Tristrant, wenn ich wer als ir,
So wolt ich faren uber see
In frembde landt, da ir leicht eh
30 Würd heil denn hie in unserm landt.

Herr Tristrant spricht:

Ja, du hast mich gleich recht gemant.
So will ichs thun und faren hin,

Weil ich on das des todes bin.
Gott, der Herr, wöll euch all bewarn!
Will gleich morgen des tags abfarn.

Tristrant gehet ab. Hertzog Thinas spricht:

5 Schad ist, das der jung herr soll sterben,
An der vergifften wunden verderben.
Ein gantz landt sich sein trösten solt.

Curnefal, der hofmeister:

Er hat uns hie erlegt Morholdt,
10 Der uns sehr grosse angst thet an,
Wie er vil landen hat gethan,
Welche er zu tribut hat zwungen,
An den im allen ist gelungen.

Hertzog Thinas spricht:

15 Soll der jung herr mit todt abgon,
So würde diß landt erbloß ston,
Weil könig Marx kein gmahel hat,
Dem wir doch oft mit trewem rat
Ermonten, das er heiraten solt,
20 Wie wol er uns nie folgen wolt.

Der ehrnholdt kumbt unnd spricht:

Man sagt, herr Tristrant unerkant
Der sey gefaren in Irlant
Mit seinem schiff, das sich deß armen
25 Der könig selb hab thun erbarmen,
Da er hab ein artztin gefunden,
Die im heil sein vergiffte wunden.
So hat der könig durch bost vernumen,
Wie das herr Tristrant bald werd kumen
30 Und sey schon gar frisch und gesund.

Hertzog Thinas spricht:

Kumb! wir wöllen erfarn den grund.
Wo solches wer ein warheit hie,
Kein lieber mär hört ich vor nie.

**gehen mit einander ab. König Marx kumbt mit Tristrant
und der ritterschaft, setzt sich unnd spricht:**

[K 3, 2, 81] Gott sey lob imer ewigkleich,
Das wir nun zu dem königreich
Ein erben haben durch sein segen,
Deß ich mich doch het gar verwegen!
5 Nemlich Tristrant, der öham mein,
Der sol nach mir der könig sein.

Herr Tristrant spricht:

O königkliche mayestat,
Hör auch mein hertz-getrewen rat!
10 Nimb selbert ein gemahel dir,
Das dir geboren werd auß ihr
[A 3, 2, 40] Ein natürlicher erb zum reich,
Wie solchs dir, könig, rätt der-gleich
Die gantz ritterschaft, das begert.

15 **König Marx spricht:**

Nun der bit solt ir sein gewert!
Doch wist, das ich weng oder vil,
Kein ander gmahel haben will,
Dann die, von der kumbt dises har,
20 Welches ich gestern sach fürwar
Auß dem luft fallen oberhalben,
Als mit einander kempften zwo schwalben.
Bringt ir zu wegen diß weißßbilt,
So soll ewr begeren werden gestilt.

25 **Herr Tristrant spricht:**

Herr könig, wilt dasselbig du,
So gib mir hundert ritter zu,
Ein galleen gut und auch gelt!
So will ich dir die weiten welt
30 Durch-farn, nachforschen dem weißßbild klar,
Von der her kamen das frawen-har,
Und will dir sie denn hieher bringen.

König Marx spricht:

Tristrant, saumb dich nit in den dingen!
35 Darzu du gar nichts sparen solt.
Nimb kleider, kleinot, silber und goldt,
Roß, harnisch auff die weiten reiß,

Dieweil dein zukunft niemandt weiß!

gehen alle ab. Tristrant geht wider ein mit hertzog Thinas
und Curnefal und spricht:

Wir haben ein grosses ungewitter
5   Erlitten, ir lieben mit-ritter!
Sind kaumb mit not gefaren an landt.
Die gegent ist uns unbekandt.

Hertzog Thinas spricht:

Wo diese gegent Irlandt wer,
10 So khem wir in lebens gefer.
Der könig lest all Curwallen hencken
Oder im tieffen see ertrencken,
Weil du Morholden hast erschlagen.
Dort lauft ein man, denn wöll wir fragen.

Irlender laufft daher, Tristrant fächt in auff, spricht:

Mein man, sag uns an diesem endt,
Wie diese landtschaft sey genent!

Heinrich, der Irlender, spricht:

Herr, diese gegent heist Irland.

20   ### Herr Tristrant spricht:

Mein lieber man, thu mir bekand!
Wie ist zu lauffen dir so gach?

Heinrich, der Irlender, spricht:

Da kumbt der grausam trach hernach,
25 Der schier das landt verderbet hat.
Auff den hat köngklich mayestat
Außrüffen lassen, in der not,
Wer diesen trachen bring zum todt,
2,82] Wöll er sein tochter zum weib geben.
30 Ich bleib nit; dort kumbt der trach eben.

Der Irlender lauft darvon, Tristrant der spricht:

So will ich mit dem trachen kempfen,

*

5 K ihr mein lieben R.

Und wo ich möcht den selben dempffen,
Würd wir villeicht deß tods gefreit.
Ir geht zu schiff in mitler zeit.

Tristrant nimbt sein schilt, gehet ab. Curnefal spricht

5 Glück sey mit euch, o küner helt!
Villeicht seid ir zum streit erwelt
Mit leuten und den giffting würmen,
Mit in zu kempffen und zu stürmen,
Das unzifer hinweck zu raumen.

10   **Hertzog Thinas spricht:**

Nun wöllen wir uus auch nit saumen
Und widerumb zu schiffe gehn,
Weil so in grosser gfahr wir stehn,
Ob die Irlender uns uberfallen
15 Wolten, das wir doch vor in allen
Blieben mit gwerter handt unbschedigt.
Hoff zu Gott, wir werden erledigt.

Sie gehen beide ab. Herr Tristrant kumbt mit dem tra
kopff und spricht:

20 Ach, wie bin ich so müd und mat!
Der track mich lang umbtrieben hat.
Der war so groß und ungehewr
Und speit auß seinem rachen fewr,
Das er mich schier verbrennet het.
25 Gar kaumb ich im obsigen thet
Und in umbbracht nach beldes sitten.
Hab im sein haubet abgeschnitten,
Das ich mit trag zu eim warzeichen.
Ich will da gleich ein wenig verkeichen,
30 Mich zu dem brünnlein nider setzen,
Außruhen, mich ein klein ergetzen.

Er legt sich. Fraw Isald kumbt mit Peronis, ihrem keme
und Brangel, der hofjungkfrawen, und sie spricht:

Peronis, ich hab hören sagen,
35 Ein ritter hab den tracken erschlagen.
Wir wöln in suchen im wald binden,
Ob wir den ritter möchten finden,

Der uns vom tracken hat erlöst,
Der schier gantz Irland hat veröst.

Peronis, der kemerling:

Gnedige fraw, dort in den stauden
5 Hör ich ein menschen schlaffent schnauden.

Sie gehn zu im, Isald spricht:

Ich sich wol: der ritter ist schwach,
In hat verwundet hart der trach.
Wer mag nur der frembd ritter sein,
10 Der also kempfet hat allein?
Sein schilt ist sehr schwartz und verbrent,
Das man sein wappen nit mehr kent.
Brangel, so nimb den schilt und schwerdt!
Laß wecken uns den ritter wert!

15 ### Tristrant erwacht, spricht:

Wer will mir nemen hie mein weer?

Isald spricht:

Steh auff, du küner ritter! hör!
, 83] Wir wöllen dir sein gar on schaden.
20 Wir wöllen dich salben und baden,
Das du kumbst wider zum kreften dein.
On sorg und forchte solt du sein.

tzen Tristrant in ein sessel und salben in, er lacht und spricht:

25 Diß wird das weißbild sein fürwar,
Von der kumbt das lang frawen-har.

Isald, des köngs tochter, spricht:

Ich muß im wischen auch das schwerdt,
Wann es ist aller ehren wert.

euoht sein schwerd auß, ersicht die scharten und misset das trum hinein; spricht zornig:

, 41] Ich merck: du bist herr Tristrant
Und hast erschlagen mit deiner handt
Morholdt, den lieben vettern mein.

Das kost dir auch das leben dein.
Peronis, stoß das schwerd durch in!

Herr Tristrant spricht:

Gnedige fraw, darzu ich bin
5 Von Morholdt, ewrem vettern, genöt.
Er het sonst selbert mich getödt.
Es ist in freiem kampff geschehen.
.Keins argen thu ich mich versehen
Derhalben hie bey ewren gnaden.

10 ### Peronis, der kemerling:

Weil der ritter so merckling schaden
Uns hat gewent in unserm reich
An disem trachen grausamleich,
Mit gfar seins leibs erledigt gut-willig,
15 So wer es unrecht und unbillich,
Das man in straffen solt am leben.

Brangel, die hofjungkfraw:

Ja, billig thut ir im vergeben,
Dieweil köngkliche mayestat
20 Hat außgeschrieben ein mandat,
Wer dem trachen neme sein leben,
Dem wöll der könig sein tochter geben.
Dem selben muß man kumen nach.

Isald, des königs tochter:

25 Nun, so laß fallen ich die rach.
Nun wöllen wir hinein die stat,
Dem könig anzeigen die that,
So sich mit glück verloffen hat.

Sie gehen alle auß.

30 # Actus 3.

Der könig Wilhelm auß Irlandt geht ein, setzt sich

Ihr lieben getrewen, es ist die sag,
Wie ein ritter den gestring tag

Erschlagen hab den grossen trachen.
Den ritter bringt vor allen sachen,
Das wir im unser tochter geben!

traut geht ein mit den seinen. Peronis, der kemerling,
5   spricht:

Da kombt der ritter selbert eben
Mit seim hofgsind, der das hat than.

König Wilhelm spricht:

2, 84] Hie sag du uns die warheit an!
10 Hast du den grossen trachen erschlagen?

Herr Tristrant spricht:

Durchleuchtiger köng, hie thu ich tragen
Mit mir deß todten trachen haubt.
Derhalb mir billig wird gelaubt.

Der könig schaut das trachen-haubt unnd spricht:

Begerst du auch der tochter mein?
Die soll der lohn deins kempfens sein.
Da geht sie auch gleich eben her.

Isald kumbt mit Brangel, ihrer hofjungkfraw. Herr Tri-
20   strant sicht sie an und spricht:

Ja, von hertzen ich ihr beger.
Doch bin ich ihr zu schlecht am adel.
Das sie an dem auch hab kein zadel,
So will ich sie nemen zu handt
25 Köng Marxen in curnewelsch landt,
Meim vettern, mit dem warhaft ihr
Seit bas versehen, denn mit mir,
Mit köngklich gmahel sunderlich.

König Wilhelm auß Irlandt:

30 Nun, weils Gott schickt so wunderlich,
Soll die feindschaft sein tod und ab,
Die ich im lang getragen hab.
Soll mir nun zu eim eiden gfallen.

*

9 K He.

Nun wöll wir uns schicken vor allen
Die braut aufs baldst auf die heimfart.
Isald, mein tochter schön und zart,
Wilt mit in curnewelisch landt?

5   **Isald, des königs tochter:**

Mein herr vatter, es wer ein schandt,
Das ich deim willen widersprech.
Ach, was du wilt, dasselb geschech!
Nie anderst so hab ich begert,
10 Dieweil ich hab gelebt auff erdt.

      König Wilhelm in Irlandt:

Nun wöll wir als verordnen frey,
Was zu der hinfart notturft sey,
Auch zu der köngklichen hochzeit
15 In curnewellisch landen weit.

Sie gehen alle ab. Die königin Hildegart kumbt m
tranck, gibt es der Brangel, ihr hofjungkfrawen, ur

Brangel, diß bultranck behalt du!
Das ist mit kunst bereitet zu.
20 Das hat die kraft: wenn es selbander
Zwo person trincken mit einander,
So müsens einander haben lieb
Vier jar lang so in starcken trieb,
Das eins on das ander kein tag
25 Beleiben oder leben mag.
Schaw! das tranck gieb zu trincken du
König Marxen und auch darzu
Isalden an der hochzeit-nacht,
Wenn mans zulegt mit grossem bracht!
30 Mitler zeit halt das tranck verborgen!

Brangel, die hofjungkfraw, nimbt das fleschlein u

Ich will das tranck fleissig versorgen,
Weil ich mein sin und vernunft hab.

      Hildegart, die alt königin:

35 Nun, ietzund wert ir faren ab.
[K 3, 2, 85] Laß dir mein Isald bevolhen sein,

Weil sie ist in der frembd allein!
Funftzig ducaten hab dir zur schenck
Und sey meiner tochter ingedenck!
Sey ir getrew, als ich dir traw!

� die hofjungkfraw, nimbt die ducaten und spricht:

Ach, durchleuchtig gnedige fraw,
Ich danck ewr gnadenreiche schenck.
Ewr gnad nit anderst von mir denck,
Denn aller trew und alles guts!

10   Die alt kö

Nun, Gott halt euc
Ich will mit nauß,   geben.
Das schiff ist zuber

hen beide auß. Herr   Isald kumen, Tri-
15   stran

Nun fahrn wir dah
O wie thut mir de
Weil so uber-heiß

     Isald, die brawt, spricht:

20 Kein grösern durst ich auch nie gwun.
42] Ich glaub auch, es mach die groß hitz.
O hetten wir zu trincken ietz!

     Herr Tristrant:

Ich weis: zu trincken hat kein mangel.
25 In einem fläschlein hat die Brangel
In irem watsack; das muß sein
Der aller-beste plancken-wein.
Das hab ich gnumen euch und mir.
Darmit wöllen uns trencken wir.

ristrant trinckt und gibt es Isalden, die trincket auc
     und Tristrant spricht:

Was ist das gewest für ein wein?
Wie springt und tobt das hertze mein?
Mein gmüt ist in gantzer unrhu
35 Und setzt mir lenger herter zu.

Ich bin mit schmertzen gros umbfangen,
Samb hab ein pfeil mein hertz durchgangen.

Isald spricht:

Es ist mir warlich auch nit recht.
5 Mein hertz jamert und seuftzet schlecht
Und all mein kreft thun sich bewegen.
Ich will ein weil zu rhu mich legen.

Isald gehet auß. Herr Tristrant spricht:

Ich will auch gehn in mein gemach,
10 Bin gleich vor lieb und senen schwach.

Herr Tristrant gehet ab. Curnefal und Brangel gehen ɛ
Curnefal spricht:

Ach Brangel, herr Tristrant ist kranck
Und gibet die schuld dem getranck.
15 Er ligt und seuftzet imerzu.
Ißt noch trinckt nit, hat gar kein rhu.
Ich weis gar nit, was im gebricht.

Brangel, die hofjungkfraw:

Mein Curnefal, sag! weist du nicht,
20 Was für ein tranck er trucken hat?
[K 3, 2, 86] Umb Isald es auch ubel stat.
˙Die ist auch dergeleichen kranck.
Was habens truncken für ein tranck?

Curnefal, sein hofmeister:

25 Herr Tristrant sagt nach meim geduncken,
Hab auß eim silbern fleschlein truncken,
Das hat er im watsack genumen.
Nit weis ich, wies darein ist kumen.
Von dem tranck sind sie beide kranck.

Brangel schlecht ir hendt zusamen ob dem kopff und sprich

So habens truncken das bultranck.
Weh mir und weh in imerdar!
Nun müssen sie vier gantzer jar
Einander liebhaben allein
35 Und keins kan an das ander sein.

Wir müssens zsamen lassen beide,-
Es treff gleich an ehr oder eide.
Sunst müssen sie beide verderben,
In heiser brunst der liebe sterben.
5 Sunst ist da weder hilff noch rat.

Curnefal spricht:

Brangel, wenn es die meinung hat,
Ist besser, ir ehr zu begeben,
Denn zu verliern ir beider leben.
10 Auß zwey bösn (diß sprichwort erzeln)
Muß man das minder böß erweln.
So müß wir sie halt lasen zsamen
Und uns lenger nicht darmit saumen,
Ihr lieb zu öffnen und zu büsen.

15 Brangel, die hofjungkfraw:

Ich will sagn, Isald laß in grüssen,
Das Tristrant kumb in ir gemach.
Isald sey seinthalb etwas schwach.

ɜ gehen beide ab. Brangel geht wider ein, redt mit ir selber
20 und spricht:

Ich bin schuldig an diesem stück,
Auß dem mag noch gros ungelück
Kumen hernach on unterlaß.
Ach, ich solt habn verwaret baß
25 Das bultranck! wie wird es mir gan?
Ach, wie wird denn die braut bestan
Bey königklicher mayestat,
Wenn sie ir ehr verschertzet hat?
Nun morgen man zu-lenden sol
30 Bey der haubtstat Thintariol.
Villeicht wird es geraten wol.

Brangel geht ab.

Actus 4.

König Marx geht ein, setzt sich und spricht:

Mich thut nach herr Tristrant verlangen.
Es sind fast sechs monat vergangen,
Das ich seit her in dieser frist
Nit weis, wo er hin kumen ist,
5 Ob er tod oder lebent sey.
Dort eilet ein bostbot herbey.

Der bostbot kumbt, neigt sich und spricht:

Großmechtiger köng, herr Tristrant
Ist ietzund gefaren an lant
10 Mit sambt der königklichen brawt,
Die ewren gnaden ist vertrawt.

König Marx:

So last uns bald entgegen reiten!

[K 3, 2, 87]   **Der bostbost:**

15 Ihr müst es haben thon eh zeiten.
Sie gehn schon herauff auff den sal
Sambt allem adel uberal.

Herr Tristrant geht ein, spricht:

Herr köng und herr vetter mein,
20 Hie bring ich den gemahel dein
Deß königs tochter auß Irland,
Die ich mit belden-teurer hand
Erfochten hab mit einem trachen,
Der fewr speiet auß seim rachen.
25 Sie ist die außerwelte zwar,
Von welcher du das frawen-har
Gefunden hast im zanck der schwalben.
Auch hab ich frid gmacht allenthalben
Dir und dem köng in Irland.

König Marx beut ihm die hand und spricht:

Hab danck, mein herr vetter Tristrant!
Solchs solt du dein lebtag geniessen.
Nun wöll wir auch mit rat beschliessen,
Zu halten die köngklich hochzeit imer.

Da geht fraw Isald ein mit ihrer hofjungkfrawen Brang
Herr Tristrant spricht:

Da kumbt das köngklich frawenzimer.
Entpfacht die edlen schönen brawt,
Welche dir ehlich ist vertrawt!

nig **Marx** geht ihr entgegen, umbfächt sie und spricht:

2, 43] Seit mir zu tausent mal wilkumb
In das curnewelsch königthumb!
Darinn solt ir mein gmahel sein
Und ein gwaltige königein.

Fraw Isald, die braut:

10 Durchleuchtiger könig großmechtig,
Bit, wölt im besten sein gedechtig,
Mich zu eim gmahel nemen on
Und auff-setzen des reiches kron.

König Marx setzt ihr die kron auff unnd spricht:

15 Nun wöll wir auff den köngling sal
Mit allem adel uberal.
Du, Tristrant, richt an ein thurnier
Und rennen auff die hochzeit schier!
So wöllen wir nach rat der alten
20 Ein königkliche hochzeit halten.

gehen alle ab. **Hertzog Auctrat** gehet ein mit graff **Rudolff** und graff **Wolffen** und Auctrat spricht:

Ich merck wol, das bald herr Tristrant
Den adel wird einthon im landt.
25 Sacht ihr nit, wie groß er sich macht
Auff der hochzeit und uns veracht,
Als ob wir all stalbuben wern?
Ich wolt dennoch auch wissen gern,
Ob der könig in diesem allen
30 Het ein vergunst und wolgefallen.
Die köngin will herr Tristrant wol.

Graff Rudolff spricht:

Wenn ich die warheit sagen sol,
So dúncket mich, die königin
35 Die hab von hertzen lieber in,
Denn den könig bey gschworem eide.

[K 3, 2, 88]   **Graff Wolff spricht:**

Sie betten warlich nechten beide
In dem sal ein heimlich gesprech.
Ich thete nur, samb ichs nit sech.
5 Zu letz er die köngin umbfing.
Hab lang auch gemerckt andre ding
Von in, von freundtlich wincken und blicken;
Hat sich aber nie wöllen schicken,
Das ich euch het gesagt darvon.
10 Rat nun, wie solchem sey zu thon!

                Hertzog Auctrat spricht:

Ich riet, wenn wir westen ein grund,
Das wirs theten dem könig kund.
Als-denn er in vom hoff vertrieb.

15   **Graff Rudolff:**

Da kumbt der köng; ist es euch lieb,
So will ich im das zeigen an.

                Graff Wolff:

Ja, Rudolff! du magst es wol than.

20   **König Marx kombt, spricht:**

Was ist der ratschlag bey euch dreyen?

                Graff Rudolff:

Ewr mayestat wöll uns verzeien!
Ein ding zimbt uns nit zu verschweigen,
25 Dörffen doch das nit wol anzeigen.

                König Marx:

Ja, zeigt mirs an, sey was es sey!

                Graff Wolff:

Da dünckt uns warlich alle drey,
30 Herr Tristrant bul mit der köngin.

                König Marx:

O das nembt nicht in ewren sin,

Das mir Tristrant ein solichs thu!

Hertzog Auctrat:

Herr könig, schaut fleissiger zu!
Uns thut ie ein solches beduncken.

5 **König Marx:**

Schweigt nur! thut nichts mehr darvon muncken,
Bey meinr unhuld und mein ungnaden!
Wölt ir solch böß gschrey auff in laden?
Er ist mir lieber, wenn ir all.
10 Darumb so trett ab von mir ball!

ey treten ab. König Marx rett mit im selber unnd
spricht:

Wer weis, ob sie unschuldig sind?
Die lieb macht oft ein weisen blind.
15 Dort kombt fraw Isald und Tristrant,
Führen einander bey der hand.
Ich will mich in den winckel stelln,
Schawen, was sie außrichten wöln.

ant und Isald kumen und umbfahen einander, könig Marx
20 spricht:

Tristrant, ist das die freundtschaft dein,
Das du bulst mit der königein?
Das ich nit het gelaubt fürwar,
Ietzund sich ich das offenbar.
25 Und wenn ich nit schont meiner ehr,
So würd ich dein nit schewen mehr.
[3, 2, 89] Bald heb dich von dem hofe mein
Und kumb mir nimermehr herein!

trant geht trawrig ab, dergleich schleicht Isald ab. König
Marx redt mit im selber unnd spricht:

Erst hebet sich mein unrhu an,
Weil ich solichs geseben hän.
Ergreiff ich in mehr ob den bossen,
So will ich mein schwerd durch in stossen.

könig geht zornig ab. Herr Tristrant gehet ein unnd
spricht:

11 *

O du wanckel, unstätes glück,
Wie kerst du mir so bald den rück?
Soll scheiden ich von der köngin,
So wird ich beraubt meiner sin.

Brangel, die hoffjungkfraw, kombt und spricht:

Herr Tristrant, die köngin euch bit,
Ihr solt beint kumen und lassen nit
Hinden an pallast in dem garten
Und bey der linden ihr da warten
10 Und ein span legen in den bach,
Wellicher rint durch ihr gemach.
So will sie raus kumen zu euch,
Mit euch reden on alle scheuch,
Wie ir euch weiter halten solt.
15 Wenn ir vom hoff abscheiden wolt,
Vor nit zu ir kombt auff ir werben,
So wird sie gwiß vor leid auch sterben,
Wann sie ist gar von hertzen kranck.

Herr Tristrant spricht:

20 Mein hertz litt nie so grossen zwanck,
So innigklich und bitter leiden.
Ach, das ich soll vom hoff abscheiden!
Sagt der köngin mein freundling gruß!
Ich komb, bin doch nit wol zu fuß.

**l und Tristrant gehen ab. [A 3, 2, 44] Die drey nei
klaffer kumen und Auctrat spricht:**

Nun hab wir in vom hoff gebissen.
Noch künnen wir kein grund nit wissen,
Ob er hab bult die königin.

30 **Graff Rudolff:**

Darmit ich gleich im zweiffel bin.
Einer sagt diß, der ander das.

Graff Wolff:

Glaub nit, das daran sey etwas.
35 Da kombt geleich her von dem berg
Der künstlich abenteurisch zwerg,

Der kan an dem gestiren sehen
Als, was nur heimlich thut gescheen.

Der zwerg kumbt hinein, hertzog Auctrat spricht:

Hör, zwerg! durch dein astronomey
5 Sag uns, ob nit treib bulerey
Herr Tristrant mit der königin! .
Iedoch sag die warheit darin!

**zwerg schaut an das gestirn unnd auch an sein spera
unnd spricht:**

!, 90] Beim tag ligt herr Tristrant sam kranck,
Thut doch fast all nacht einen gang
Zu der köngin in den baumgarten
Und thut ir bey der linden warten.
Da kombt sie zu im alle-wegen,
15 Da sie beide der liebe pflegen.
Wenns nit war ist, was ich euch sag,
On gnad man mir das haubt abschlag!

Auctrat spricht:

Wie riet ir, wenn solliche wort
20 Der könig von dem zwerglein hort?
Thet, gleich samb er ans jaid wolt reiten
Und fügt sich bey nächtlichen zeiten
Mit dem zwerglein auff die grün linden?
Da würd der könig den grund finden.
25 Denn würd die sach von statten gan.

Graff Rudolff:

Nit gschickter künd wirs greiffen an,
Denn wie ir ietzund habt gesagt,
Weil on das oft der könig jagt
30 Und ist oft sunst auß uber nacht.
Derhalb die sach getrost anfacht!

**gehen alle drey ab. Der könig Marx kumbt mit dem
zwergen und spricht:**

Da laß uns steigen auff die linden,
35 Den rechten grund der sach zu finden!

Sie steigen beid auff den baum. Herr Tristrant kombt
mit im selber und spricht:

> Da will ich in den baumgarten,
> Der königin Isalden warten.

Herr Tristrant legt den span mit dem roten creutz in
bach und sicht den schaten der zweier auff der lind
spricht:

> Ach Gott, da sich ich an dem schaten,
> Das wir sind verkauft und verraten.
> 10 Uns ist bestelt ein heimlich hut.
> O, das es west die zart und gut!

Isald, die königin, kumbt. Tristrant zeigt ihr auff den
ten der zweier auff dem baum, sie mercket das und s

> Tristrant, was schickst du nein nach mir?

15   **Herr Tristrant spricht:**

> Gnedige fraw, ich wolt, das ir,
> Dieweil und ir wist mein unschuld,
> Mir bey dem könig würbt umb huld.
> Das ist mein unterthenig bit.

20   **Isald, die königin, spricht:**

> Tristrant, dasselb thu ich gar nit.
> Will mit dir ungemüet sein,
> Weil du mir bey dem herren mein
> Hast zu-gericht ein böse eh
> 25 Der bulerey halb. Ich gesteh,
> Das ich dich lieb hab ghabt lang zeit
> In züchten und in erbarkeit,
> Weil du deß königs blutfreund bist
> Und im biß her auch alle frist
> 30 Der trewest diener bist gewesen,
> Für alle ander außerlesen.
> Weils aber mir verletzt mein ehr,
> So acht ich dein gar nichtsen mehr.
> Du bist mir lieber weit von mir,
> 35 Weil ich hab solche schand von dir,
> Weil ich doch deß als bin unschuldig.

2, 91]

Herr Tristrant spricht:

Ach, günstige fraw, seit gedultig
Und bit könig Marxen für mich,
Das im wie vor müg dienen ich
5 Zu hoff, weil ich unschuldig bin!

Isald, die königin, spricht:

Ich thu sein nicht; drumb zeuch nur hin!
Khemst du ghen hoff heut oder morgen,
Brechtn uns die klaffer wider in sorgen.
10 Deß will ich nit gewertig sein.
Drumb zeuch nur hin und wart deß dein!

ald , die königin, geht ab. Herr Tristrant spricht:

Ach herr Gott, laß dich deß erbarmen!
Wie gros unrecht geschicht mir armen!
15 Muß ich ziehen mit schanden ab,
Der ich so treulich dienet hab,
Gewaget oft mein leib und leben?
Wie schlechter lohn wird mir ietz geben!
Nun ich will in Britania
20 Zu könig Artus reitten da.

Tristrant gehet auch ab. König Marx zuckt sein schwerdt,
wer**ß** zu erstechen. Der entlauft ihm. König Marx spricht:

Ach du verfluchte creatur,
Hast angericht solche auffrur
25 Zwischen mir und dem vetter mein
Und auch der zarten könnigein,
Die doch beide unschuldig sind,
Als ich den rechten grund hie find!
Het ich dich, die schmach wolt ich rechen,
30 Mein schwerd durch dein leib außstechen.
Nun muß ich schauen vor allen dingen,
Herr Tristrant wider gehn hoff bringen.
Ich hoff, mir soll daran gelingen.

er könig steckt sein schwerd ein unnd gehet ab zornig.

35 <center>Actus 5.</center>

Herr Tristrant gehet ein, redt mit ihm selber und s⌐

Wie kaumb bin ich dem bad entrunnen!
Wer ich nit gwest so wol besunnen,
Mit list die königin abgericht,
[A 3, 2, 45] So lebt unser zwey keines nicht.

Brangel, die hofjungkfraw, kumbt und spricht:

Herr Tristrant, köng Marx schickt mich her
Und ist sein hertzliche beger,
Solt widerumb nein gehn hoff kumen,
10 Ewr unschuld hab er wol vernumen,
Er hab fort an euch gar kein mangel.

Herr Tristrant spricht:

Ja, willig geren, liebe Brangel!
Uns het verlassen alles glück,
15 Doch scheint es wider in dem stück.

Sie gehen beide ab. Der könig geht ein, setzt sich unnd s

Nun steht alle sach wider wol,
Das ich gar billig loben sol,
Weil ich Tristranten wider hab.
[K 3, 2, 92] Den klaffern ich mein ohren gab.
Dasselbig will ich nit mehr thon,
Weil ich den grund erfaren hon.

Herzog Auctrat kombt mit den zweien graffen und sp.

Herr könig, es ist auß dem berg
25 Widerumb kumen der künsten zwerg,
Sagt, wie ir seit mit list betrogen.
Es sey warhaft und unerlogen,
Ir solt herr Tristrant zeigen an,
Ein·reiß auff sieben tag zu than,
30 So wird er es nit künden lassen,
Sich mit der köngin hertzen dermassen
Deß nachts, wann er frü auff soll sein.
Da magst du wol verhüten sein
Der köngin kamer, wenn drein gangen
35 Herr Tristrant, das er werd gefangen.
Wo das nit gschicht, thut der zwerg sagen,

So soll man im den kopff abschlagen.

König Marx:

Ich will euch folgen noch ein mal.
Felt ir, so wert ir groß unfal
5 Euch selber umb den hals bríngen.
Darumb schaut selbert zu den dingen!
Bestelt die hut selb, wie ir wölt!
Die schuld ir mir nit geben sölt.

gehen alle ab. Hertzog Thinas geht ein, redt mit im selber
10 und spricht:

Ich möcht wol wissen, was bedeut,
Das beint so vil gerüster leut
Stehn umb die kamer der köngling frawen.
Ich glaub, das sie hüten und schawen,
15 Ob Tristrant heimlich zu ihr wolt,
Das er gefangen werden solt.
Ich will den frumen helt gehn warnen,
Auff das er entrinn iren garnen.

Iertzog Thinas will abgehn; so kumbt Curnefal, spricht:

20 Ach weh, weh! ubel ißts zu-gangen.
Herr Tristrant, mein herr, ist gefangen
Sambt Isalden, der königin.
O, wo sollen wir fliehen hin?

ig **Marx** kombt mit hertzog Auctrat, die zwen graffen.
25 **Er** setzt sich unnd spricht:

Bringt den bößwicht und die falsch frauen,
Den ich des beiden nit thet trawen,
Auff das man in ein urtheil fell,
Wie man sie beide richten söll!

hencker fürt sie beide gebunden her, könig Marx spricht:

Auctrat, fell urteil, weil man sie hat
Ergriffen frey an warer that,
Darmit mein mayestat ist verletzt!

Hertzog Auctrat spricht:

35 Ist mir das urteil heim gesetzt,

Herr könig, wir bitten umb gnad.
10 Solch schmehen todt nit auff sie lad!
Ihr beider grosse trew bedenck!
Hab acht der falschen klaffer renck!
Leg auff ein monat sie gefangen,
Biß dir der zoren sey vergangen!
15 Es möcht dich kurtzer zeit gerewen.

König Marx spricht:

Thut mir mein hertzlaid nit vernewen
Und geht mir nur bald auß den augen!
Die that ist klar on alles laugen.
20 Für sie so hilfft kein fürbit schlecht.
Führ sie hin! thu in ihre recht!

encker führt sie beide hin. Curnefal geht ein, wind *sein*
hend unnd spricht:

Ach Gott, meins frumen lieben herrn!
25 Ich will da zu-sehen von fern.
Ich hoff, er werd mit listing sachen
Sich von dem bencker ledig machen.
Ich hab der ding besorget langst,
Er werd kumen in diese angst.

rant kumbt, hat den strick noch an armen und

Komb! laß uns geben bald die flucht!
Ich hab all meine list versucht.
Dem bencker ich ein schenck verhieß,
Das er mich in die cappeln ließ,

Und warten mein alle darfür.
Also ich in ein fenster stieg,
Meins lebens mich wol halb verzieg,
Sprang in wütenden see hinauß
5 Und bin glücklich geschwumen auß.
Also ich darvon kumen bin.

Curnefal spricht:

Kombt eilendt! so wöll wir dahin,
Das ir nit werd angriffen noch.

10 ### Herr Tristrant spricht:

Ich komb nit weg, biß ich die hoch
Köngin, die aller-liebst, erlöß
Von diesen henckers-buben böß.
Da wöllen wir uns in den hecken
15 Nahendt bey der richtstat verstecken.

2en beide ab. **König Marx** geht ein mit hertzog **Auctrat**
und zweien graffen. **König Marx** spricht:

Man sagt, Tristrant entrunnen sey.
Rüst euch bald auß auff zwo partey,
20 Auff das man im nacheile wider
46] Und in der flucht in lege nider!

Der ehrnholdt kumbt, spricht:

Gnediger herr, es hat Tristrant
Die köngin mit gwaltiger handt
25 Mit gwalt gnumen und rent darvon.
Derhalb biet bald auff iedermon,
Auff das man in beiden nach-eil!
Sie sind im wald fast auff ein meil.

94] ### König Marx fehrt auff, spricht:

30 Ris auff, was kolben und stecken trag,
Das man beiden eilendt nach-jag!

hen alle eilendt auß. **Tristrant** kombt mit fraw **Isalden**
und **Curnefal**, **Tristrant** spricht:

Nimb war, mein hertzliebe Isald!
35 Hie wöll wir bleiben in dem wald.

Weil uns Gott darvon gholffen hat,
So wöll wir gleich an dieser stat
Weit hinden in dem wald beleiben,
Die zeit in der wiltnuß vertreiben,
5 Wurtzel essen, kreuter und graß,
Wann uns wird ie alhie nit baß.

Fraw Isald:

Ich will mich willig geben drein,
Auff das ich nur bey dir müg sein;
10 Will leiden, was ich leiden kan.

Herr Tristrant:

Curnefal, komb! so wöll wir gan
Zwo hütten machen in dem wald,
Die ein für mich und fraw Isald,
15 Darinn wir wohn gedultigklich,
Die ander hütten mach für dich.

Sie gehen alle ab. König Marx kombt als ein jä╌
spricht:

Ich hab mich in dem wald verriten
20 Eim hirschen nach, nach jäger sitten.
Hab gfunden bey des mohnes schein
Tristranten und die frawen mein
Liegen im wald on all gefert.
Zwischen in lag ein bloses schwerdt.
25 Da dacht ichs zu erwürgen beide.
Dacht doch, es möcht mir werden leide,
Sie möchten noch unschuldig sein.
Da zog ich ab den hendtschuch mein,
Warff in auff ir deck, gieng darvon.
30 Weis nit wol, was ich fort soll thon.

Der könig geht ab. Tristrant kombt mit Isalden und ⌒
und spricht:

O, könig Marx ist heint die nacht
Bey uns gewest. Als ich erwacht,
35 Fund ich sein hendtschuch auff der decken.
Hab sorg, er halt da in den hecken.
O Curnefal, die feldt beschaw!

Dem könig ich nit wol vertraw,
Das er nit komb und bring uns umb.

Ach mein Tristrant, ich bit dich drumb
5 Zu Ugrim, des königs beichtvater,
Dem einsidl ein grosser wolthater,
Bekennen unser sünd und schuld,
Auff das er uns erlange huld
Bey dem könig, das er nach dem
10 In gnad mich wider zu im nemb,
Seit wir hie haben gehaust fürwar
In sorg und ellendt auff zwey jar.
Nun sichst ie: es hat kein bestandt
Mit diesem leben, mein Tristrant!
15 Voraus so uns der könig weiß ·
Albie in dieser wildnuß kreiß.

Herr Tristrant spricht:

Wo wohnt Ugrim, liebe Isald?

'**5**]   **Fraw Isald:**

20 Zu nechst alhie in diesem wald.

Herr Tristrant:

So wöllen wir gleich zu Ugrim,
Beichten und auch befelhen im,
Das er dem könig sagen söll,
25 Ob er zu gnaden wider wöll
Dich nemen, das er uns wissen laß.
Komb! so mach wir uns auff die straß.

·**en** alle drey auß. **König Marx** geht ein mit hertzog
Thinas und spricht:

30 Ihr lieben getrewen, mein beichtvater,
Priester Ugrim, der heilig pater,
Will schaffen mir die köngin wider.
Ich bin nie frölig worden sider.
Ich hab sie funden vor eim monet
35 Im wald schlaffen, hab ir verschonet,
Wann ich dacht in dem hertzen mein,

Sie möchten noch unschuldig sein,
Weil zwischen in lag ein bloß schwerdt.

Hertzog Thinas spricht:

Ihr unschuld wird dardurch bewert,
5 Herr könig, und thust weißlich dran,
Das du sie wider nemest an.

Ugrim, der einsidel, bringt Isalden, die königin, und

Herr könig, da hast du dein frawen.
Der magst fort alles guts zu-trawen.
10 Vergieb, das dir Gott auch vergeb!
Forthin mit ir gantz freundtlich leb!
Gott sey mitt euch! ich scheid darvon.

König Marx beut der königin die handt und spri

Ja, mein Ugrim! das will ich thon.
15 Aber meinen vetter Tristrant
Den will ich wissen nit im landt, ·
Wann ich hett sein unehr und schandt.

Der könig führt die königin ab und gehen alle

Actus 6.

Herr Tristrant gehet ein mit Curnefal und spric

Weil mir nun curnewelisch landt.
Verbotten ist, das thut mir ant.
Wohn in Careches, dem königreich,
Sensüchtig und elentikleich.
25 Dieweil ich hab ie in der nehen
Mein Isalden nit hab gesehen,
Hab nun ein andre Isalden funden,
Zu der ich mit· eh bin verbunden.
Doch geht ir lieb mir nit zu hertzen,
30 Als der ersten, mit schimpf und schertzen.
Derhalb will ich es dapfer wagen
Und sie sehen in kurtzen tagen.
Ich und mein lieber Curnefal
Wölln uns verkleiden abermal,

Wie Jacobsbrüder unerkant,
Ziehen in curnewelsche landt.
Curnefal, was redts du darzu?

Curnefal, sein hoffmeister :

7] Ach, mein herr Tristrant, bleibt mit rhu!
Ihr secht, das euch das ungelück
Hat zu-gesetzt in manchem stück.
6] Wann ir solt balt mit diesen dingen
Euch und sie umb das leben bringen.

10 **Herr Tristrant spricht:**

Ich muß sehen die liebsten mein.
Mach dich nur auff! es muß ie sein.

n **B**eide ab. **Isald, die königin, gehet ein unnd spricht:**

Ach Gott, wo ist ietz mein Tristrant?
15 Weil im versaget ist das landt.
Wie soll er halt so traurig sein,
Das er sich muß verwegen mein?

Hertzog Thinas kumbt, spricht:

Gnedige fraw, es ist nit weit
20 Herr Tristrant von euch diese zeit.
Auff meim schloß zu warzeichen ich bring
Euch von im diesen gülden ring
Und lest euch bitten mit dem bschaid,
Ir wölt beim könig ein gejaid
25 Bitten, zu haltn in Planckenlant.
Dahin wird komen herr Tristrant.
Alda mögt ir wol zsamen kumen.

Isald, die königin, spricht:

Nie lieber mär hab ich vernumen.
30 Ich will nit feyern in den dingen,
Solchs vom könig zu wegen bringen.
Geht! sagt im mein freundlichen gruß!
Gott in vor laid behalten muß.

Sie gehen beide ab. **König Marx gehet ein, spricht:**
35 Heroldt, geh! heiß die garen stellen

Und auch die jäger-hörner schellen!
Wir wöllen hinauß an das jaid
Gehn Planckenlandt nach dem bescheid.
Und heiß sich auch das frawenzimer
5 Zurüsten auff das waidwerck imer,
Wie die köngin gebotten hat!
Heiß sie auff sein, wann es ist spat!

Sie gehen alle ab. Herr Tristrant unnd Curnefal kum
    Jacobs-brüder bekleid. Tristrant spricht:

10 Nun wöllen wir wider darvon.
Mein hertz ich nun erquicket hon
Mit meiner außerwelten zarten.
Nit lenger wöllen wir hie warten,
Wann als ich für den adel gieng
15 Und mein hut für die augen hieng,
Theten sie die köpff zsamen stosen.
Ich het schier gelegt einen blosen.
Wenn man mich kent, würd angesagt
Beim könig, so würd uns nach jagt.
20 Ich müst sterben, würd ich ergriffen.
Darumb so wöllen wir heim schiffen.
Will mein leib da nit lenger wagen.
Ich weiß: man wird uns bald nach-jagen.

Sie gehen beid eilend ab. Cainis und herr Tristrant ge
25   Cainis spricht:

Mein hertzlieber schwager Tristrant,
Der du mit ritterlicher handt
[K 3, 2, 97] Mein landt wider erobert hast,
Der du am sturm mit uberlast
30 Warst hart geworffen auff dein haubt,
Bist dardurch schön und kraft beraubt.
Das kümert mich im hertzen sehr.

        Herr Tristrant spricht:

Mein Cainis, mich kümert mehr,
35 Das ich Isald, meiner köngin,
Nun forthin gar beraubet bin,
Wann umb sie ist so groß die hut,
Das ich lengst het bezalt mit blut,

Wer mir mein grosse listigkeit,
Darmit ich mich errett allzeit,
Da man mir stellt mit den wolfseisen
Und sie mir thet mein bracken weisen.
5 Wie du weist auch, gar heimeleich
Klait wir uns den spileuten gleich.
Mancher gstalt verkleit ich mich zwar,
Noch wurd ich all mal offenbar.
Auß ist mein hoffnung ie und ie.

10   **Cainis, sein schwager:**

Tristrant, vor kunst dus besser nie.
Sich hat verkert deins angsichts furm
Von dem steinwurff dort an dem sturm.
Auch ist dein gelb kraus har abgschorn
15 Gleich einem natürlichen thorn.
Hest du ein narren-kappen an,
So werst unerkant iederman.
Du möchst woll enden noch ein that.

       Herr Tristrant spricht:

20 Ja, ich will folgen deinem rat,
Heimlich anlegen ein narrenkappen,
Gleich einem unsinnigen lappen
Mit worten und wercken gebarn,
Also in curnewelsch landt farn.

25   **Cainis, sein schwager:**

So wünsch ich dir zu diesem stück
Und der schiffart heil und gelück.

ehen Beide ab. **König Marx** geht ein mit der königin
       Isalden, spricht:
30 Fraw köngin, ich wird raisen hin.
Sey du ein weil fein leichter sin!
Uber drey tag mein wider barr.

r könig beut ihr die handt, der ehrnholdt kombt und spricht:

Herr köng, ein visirlicher narr

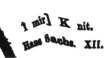

1 mir] K nit.
Hans Sachs. XII.

Ist daus; soll ich in lassen rein?

Isald, die köngin:

Ja, laß uns mit im frölich sein!

Herr Tristrant geht ein in narrenkleidern; der könnig

5 Jecklein narr, was thust uns sagen?

Der narr spricht:

Künig, hast du kein hund zu schlagen?
Ey, nit thu mir an ohren greiffen!

König Marx:

10 Jecklein, thu ein tantz mir pfeiffen!

Der narr spricht:

Es ist mir die pfeiff in dreck gfallen.

König Marx:

Das solt verbeissen hie vor allen
15 Herren, die da bey mir stebn.

[K 3, 2, 98]   **Der narr spricht:**

Beiß du, könig! ich hab böß zeen.

König Marx:

Ich muß reitten, kan nicht mehr harren.
20 Du hab dein kurtzweil mit dem narren,
[A 3, 2, 48] Biß das ich hernach wider kumb!

Der narr spricht:

Ins maul, mein könig! sprich: umbumb!

Der könig geht ab mit seinem gesind, der narr sieht im
25   **unnd spricht:**

Wie steht dir dein rock hindn so wol!
Köngin, wirst du nit freuden vol,
Wenn ich ein lied vom Tristrant sing?

Die königin spricht:

30 Auff erd hört ich kein lieber ding.

Kanst etwas singen vom Tristrant?

Der narr zeigt ihr den ring unnd spricht:

Kenst du den ring an meiner handt?

im schaut den ring, zeucht ihm die kappen ein wenig
m angsicht, kent unnd umbfecht in, spricht:

Sey mir zu tausent mal wilkumb,
Tristrant, mein ritter trew und frumb!
Hertzlieb, du halbtheil meiner seel!
Wagst du dich her in todes quel
So weit umb meiner liebe willen?

Herr Tristrant, der narr:

Ich kan weder zemen noch stillen
Mein lieb, du aller-höchster schatz!
Ich förcht allein der klaffer schwatz,
Ich khem sonst noch öfter zu dir.

Isald, die königin, spricht:

Halt dich nur still! so hoffen wir
Der gstalt ein zeit bleibn unvermert,
Von den klaffern gantz ungefert.
Brangel, bett im unter die stiegen.
Vor meiner kamer sol er liegen.

alle ab. Auctrat, Rudolff unnd Wolff gehn ein.
Auctrat spricht:

Ir herrn, wie dünckt euch umb den narren?
Er thut gar lang zu hoff verharren
In seiner nerrischen gebär.
Wie, wenn der narr Herr Tristrant wer?
Er ist ja stäts im frawenzimer.

Graff Rudolff spricht:

Es dunckt mich auch ie und imer,
Es sey kein recht geborner narr.

Graff Rudolff geht ab. Graff Wolff spricht:

Wie künd wir das erfaren harr?
Wir drey wöllen beint unterd stiegen

12 *

In suchn, ob er im bett sey liegen.
Findt wir in nit im bett allein,
So wird er bey der köngin sein.
So ists Trißrant; so woll wir eben
5 In bey der königin auffheben.
Wenn er schleichet auß ihrer kamer,
[K 3, 2, 99] Denn wöll wir in fahen alsamer
Und denn ins gfencknüß legen in.
Als-denn lest gewiß richten hin
10 Der könig, wenn er kumet wider.

     Graff Rudolff kumbt, spricht:

Die köngin hat sie gelegt nider
Und ist der narr nit in seim bett.
Verziecht da! wenn er von ihr geht,
15 So platzt in an fornen und hinden!
So wöll wir in fahen und binden.

Herr Tristrant gehet ein, und sie platzen in mit u——
an. Auctrat spricht:

Du schalck, du must hie sein gefangen
20 Und an galgen werden gehangen.

Herr Tristrant reist sich von ihn, schlecht mit den——
unter sie, biß sie alle entlauffen, unnd Tristrant sp——

Isald, Gott bhüt dir leib, seel und ehr!
Nun sichst mich in deim landt nit mehr.

Herr Tristrant geht ab mit seinem kolben, die drey——
kumen wider. Auctrat spricht:

Alle drey sind wir worden geschlagen.
Doch dürff wir Tristrant nit verklagen.
Man würd uns halten für verzagt,
30 Das uns ein narr all drey hat jagt.
Wir wöllen sagen nichts darvon,
Sonder wöllen gleich alle thon,
Samb uns gebissen hab der hon.

     Sie gehen alle drey ab.

7 K Dann.

Actus 7.

Gein mit herr **Tristrant**, seinem schwager, und Cainis
spricht:

Herr Tristrant, schwager, reit mit mir!
Da will ich warhaft zeigen dir
Gardalego, die königin,
Der ich in lieb verhafftet bin.
Nampeconis, der könig, ihr herr,
Ist auff das jaid geritten ferr;
Derhalb die zeit wir sicher sein.

Herr Tristrant spricht:

Ja wol, ich will mit dir hinein.
Wöllen mit uns nemen ein knecht,
Den ich bracht in diß landt gerecht.

Gab. **Isald**, der gemahel herr **Tristrants**, geht ein und
spricht:

Mir ist gleich beint mein hertz gar schwer.
Wenn nur meim herren nichtsen wer,
Der mit meim bruder ist geritten!
Wer lieber mir blieben vermitten.
König Nampeconis ist ein man.
Erfert er sie, so greift ers an.
Er weiß meins bruders bullerey wol
Mit seinem weib gar unverhol.
Villeicht wird es sein wol und recht.
Was bringt für mär der reissig knecht?

Gh, der ghreissig knecht, kumbt unnd spricht:

Gnedige fraw, klag uber klag!
Uns hat ereillet in dem hag
Nampeconis, uns angerent,
Wiewol wir mit gewerter hendt
Uns haben gewert ir vil erschlagen.
Zu letzt doch müd halb wir erlagen,
Das ewer bruder gieng zu grundt.
Tristrant, ewr herr, der ligt todt-wundt
Von eim scharpfen vergiften sper.

Ietrand bringt man in gleich da her.

Man bringt herr Tristrant auff einem sessel blutig, der spr

>Ach. bringt mir einen artzet her!
Ich bin wund mit vergiftem sper.
5 Desselben warhaft ich entpfindt.

[A 3, 2, 49] Der artzt kombt, beschaut die wunden und spr

>Wenn die wunden vergiftet sind,
So kan ich ihr gar heilen nit.

Tristrant spricht krencklich:

10 So ist an dich mein hertzlich bit:
Fahr hin in curnewelisch landt
Zu der königin, Isald genant!
Sag ir von mein vergiften wunden!
Bitt, das sie kumb in kurtzen stunden,
15 Mich heil und errett mir mein leben!
Wo nit, muß ich mein geist auffgeben;
Wann sie allein kan diese kunst,
Heilen verwunter gift inprunst.
Das sie der fart hab kein abschew,
20 Bedenck all meiner lieb und trew,
Die ich ir ie erzeigt, und bring
Ir zu warzeichen diesen ring!
Und fert sie mit, so hab gut fleiß,
Spann auff das schiff ein segel weiß!
25 Bringst du sie aber nit herwartz,
So spann auff einen segel schwartz!
Eyl und richt auß die botschaft mir!
Gar reichlich will ich lohnen dir.

Der knecht nimbt den ring, geht ab. Herr Tristrant spr

30 Ich bit: schick iemand zu dem see,
Das stätigs bey dem uffer steh,
Wenn das schiff wider geh herwartz,
Das sag, ob sey weiß oder schwartz
Wider meins knechtes segel sey,
35 Das ich vermercken künd darbey,
Ob die köngin kumb oder nicht!

Isald, sein gemahel:

Die hut ist schon dahin gericht.
Will selb auch schauen zu dem see,
Ob deins knechts schiff wider hergeh.

geht wider ab. Tristrant redt wider sich selber unnd spricht:

O Isald, wißtest du mein not,
Das mir so nahet wer der todt,
Du würdst mich warhaft nit verlassen,
Sonder dich machen auff die strassen.

Isald, Tristrants gemahel, kumbt und spricht:

Mein lieber gmahel, sey guter ding!
Gute botschaft ich dir hie bring.
Dein knecht kumbt wider gfaren her.

Tristrant richt sich auff, spricht:

15 Sag mir bald! wie hat ein farb der
Segel am schiff, so fert herwartz?

2,101]　　**Isald, sein gmahel, spricht:**

Das segel-tuch am schiff ist schwartz.

ristrant lest hend und haubt fallen, spricht krencklich:

20 So mag ich kein heil mehr erwerben.
Ich muß deß bittern todes sterben.

**streckt sich unnd stirbt, man tregt in auff dem sessel ab
tregt ein verdeckte todenbar ein. Isald, sein gmahel,
spricht:**

25 Hertzlieber gmahel, an dem ort
Hat dich getödt das einig wort,
Das ich gar unbesunnen redt,
Dich nur darmit versuchen thet,
Da ich sagt, der segel wer schwartz
30 An dem schiff, welches fuhr herwartz,
Wiewol der segel doch ist weiß.
Nun werden mein tegliche speiß
Seuftzen und zagen, wein und klag.
Doch mich das als nit helffen mag.

Da geht ein Isald, die königin, sein bulschaft, w
sich auff die baher mit der brust unnd spr

> O fraw, geht von der todtenbar!
> Wann tausent mal mir lieber war
> 5 Herr Tristrant. Last mich in beweinen,
> Wann ich nun aller trost hab keinen!
> Derhalb mag ich auch nit mehr leben.
> Ich muß meins lebens geist auffgeben,
> Das er mit im von hinnen fahr,
> 10 Bey im bleib ewig imerdar.

Isald, die königin, sinckt todt hin. Isald, sein gema

> O, erst ist mir mein hertzlaid new,
> Weil ich sich die groß lieb und trew
> An dieser königklichen frawen,
> 15 Die also in hohem vertrawen
> Verlest ihrn königklichen standt,
> Ihren gmahel und vatterlandt,
> Raist meim herrn nach weit uber see,
> Weil sie in weiß in todtes weh,
> 20 Zu heilen im sein wunden rot.
> So sie in laider findet todt,
> Mag weiter sie an in nit leben
> Und hat da iren geist auffgeben.
> Nun tragt sie hin in Gottes namen
> 25 Und legt sie in ein grab zusamen,
> Weil sie haben den todt erlieden,
> Auff das sie hie und dort mit frieden
> Ewigklich bleiben ungeschieden!

Man tregt die bahr ab, und gehen alle person in or
> 30 Der ehrnholdt kumbt, beschleust:

> So hat die tragedi ein endt.
> Auß der wird offentlich erkendt,
> Wie solche unorndliche lieb
> Hat so ein starck mechtigen trieb,
> 35 Wo sie einnimbt ein junges hertz
> Mit bitter angst, senenden schmertz,
> Darinn sie also heftig wüt,
> Verkert hertz, sin, vernunft und gmüt,

Wird leichtfertig, verwegen gantz,
Schlecht seel, leib, ehr, gut in die schantz,
Acht fürbas weder sitzen noch tugent,
Es treff an alter oder jugent,
Wer sich in solche lieb begeit,
Welche ist vol trübseligkeit.
Diogenes nent sie argwönig,
Lieb sey ein süß vergiftes hönig.
Petrarcha thut die lieb nit breissen,
Nent die lieb güldene füßeysen,
Ein kurtze freud und langen schmertz,
Darmit gepeinigt wird das hertz,
Vol seuftzen, wain und jamer kleglich,
Wann es befind in liebe teglich
Eyffer, senen, meiden, abscheiden,
Vil klafferey und heimlich neiden.
Auß dem folgt mancherley unglück,
Eins bringt das ander auff dem rück,
Armut, kranckheit, schandt und schaden,
An leib und seel gottes ungnaden.
Auß dem so laß dich treulich warnen,
O mensch, vor solcher liebe garnen
Und spar dien lieb biß in die eh!
Denn hab ein lieb und keine meh!
Dieselb lieb ist mit Gott und ehren,
Die welt darmit fruchtbar zu mehren.
Darzu gibt Gott selb allewegen
Sein gnad, gedeyen und milten segen.
Das stäte lieb und trew aufwachs
Im ehling stand, das wünscht Hans Sachs.

Die person in die tragedi:

1. Ehrnboldt.
2. König Marx in curnewelsch landt.
3. Fraw Isald, die köngin, sein gmahel.
4. Brangel, ihr hofjungkfraw.
5. Tristrant, des königs vetter.
6. Curnefal, sein hoffmeister.
7. Hertzog Thinas,
8. Hertzog Auctrat,
9. Graff Rudolff,
10. Graff Wolff, rath und diener.

11. Priester Ugrim, des königs beichtvater. .
12. Zwerg.
13. Wilhelm, könig in Irlandt.
14. Hildegart, die köngin, sein gmahel.
15. Morholdt, der heldt, des königs veter.
16. Peronis, sein kemerling.
17. Isald, ein gemahel herr Tristrants.
18. Cainis, ein ritter, ihr bruder.
19. Heinrich, der Irlender.
20. Friderich, der Irlender.
21. Ulerich, der ghraisig knecht.
22. Der artzt.
23. Der hencker.

Anno salutis 1553, am 7 tag Februarii.

ragedia mit 22 personen, der Fortunatus mit dem
wunschseckel, unnd hat 5 actus.

Der ehrnholdt tritt ein, neigt sich unnd spricht:

    Hochweiß, erbar unnd ehrenvest
5 Und außerwelte' werde gest!
    Zu ehren sein wir zu euch kumen,
    Ein bistori uns für genumen,
    Tragedien-weiß zu agiren,
    In teutscher sprach zu eloquiren,
10 Wie auß Zippern, dem königreich,
    Ein jüngeling gantz adeleich,
    Mit nam Fortunatus genandt,
    Raist zu erforschen frembde landt.
3, 2, 103] Kam doch in armut und trübsal,
15 Gieng irr in einem wald zu thal,
    Darinnen im fraw Glück bekam,
    Die in genedigklich auffnam.
    Gab im ein glückseckel darnach,
    Dem nimer golt noch geldts gebrach.
20 Mit diesem seckel obgenandt
    Durchzog vil königreich und landt,
    Kam auch zu dem könig Soldan,
    Der im vil grosser ehr legt an,
    Thet ihm all sein kleinot vertrawen,
25 Liß in auch sein wunschhütlein schawen.

●

1 Über das mährchen vom Fortunat s. Görres, deutsche volksbücher.
de, lehrbuch der litterärgeschichte 2, 3, 1; sagenkreise s. 191. Liebrecht,
lop s. 478. Gesta Romanorum c. 120. Grimmelshausens Simplicissimus 1,
. 2, 329. Uhlands bearbeitung scheint Gräße übersehen zu haben.

Das het die kraft: wer es aufhet,
Darmit im luft hinfaren thet,
Wohin er wolt und hin begert,
Im augenblick und unbeschwert.
5 Solch baide kleinat erbten da
Ampedo, Andolosia
Nach seinem tod, sein söhne baid.
Was wunders freund und hertzenlaid
Sie mit den kleinoten habn begangen,
10 Werd ir hie sehen mit verlangen.
Seit still! so wird man gleich anfangen.

Der ehrnholdt geht ab. Fortus, der vatter Fortunat
redt mit ihm selber unnd spricht:

Ach Got von himel, ich dir klag,
15 Wie hab ich meine junge tag
So ubel und unnütz verzert.
Gott bett mir groß reichthumb beschert,
Die hab ich so unnütz verthan.
Ich wolt all mal sein vornen dran
20 Zu hoff mit rennen und mit stechen;
Ietz alt erkenn ich erst mein brechen,
Weil ich nichts mehr hab in der hendt.
Es sind verkauffet und verpfendt
Mein heuser, güter, rent und zinst,
25 Das ich ietzund nit hab das minst,
Darmit ich doch möcht helffen thon
Fortunato, meim lieben sohn.
Das betrübt mich im hertzen mein,
Das ich nit mehr mag frölich sein,
30 Da thut geleich mein sohn hergehn;
Darff gleich nit wol ansehen den.

Fortunatus, der sohn, kombt unnd spricht:

Vatter, wie bist du so betrübt?
Sag mir, was dich doch darzu übt!
35 Ist dir ein unglück zu-gestanden?

Fortus, der vatter, spricht:

8 K frewd.

Ach, ich hab nit vil unter handen,
Darmit ich möcht gehelffen dir.
Ich bin in abfal kumen schir.
Dasselbig kümert mich so sehr.

Fortunatus, der sohn:

Umb mich solt du nit sorgen mehr.
Ich bin jung und kan in der ferrn
Wol dienen graffen, fürsten und herrn.
All hofzucht hab ich wol gelert.
Wer weiß, wo mir glück ist beschert?
Es ist hie gleich ein graff auß Flandern,
Wellicher graff ist mit vil andern .
Gewesen bey dem heiligen grab.
Mit dem ich mut zu faren hab.
So hast du, vatter, deß köngs gunst
In Zippern hie, dem du auch sunst
Gedient hast und zu hoff geritten,
Seinthalben vil unrats erlitten.
Derselb dich nit verlassen kon.
Du hast järlich provision,
Darmit du wol erheltst dein hauß.
Ich will gehn zu dem schiff hinauß,
Wann der graff will abfahren eben.

Fortus, der vatter, spricht:

Mein son, ich will dirs gleid nauß geben.
Sey frumb! thu Gott vor augen hon
Und sey getrew bey iedermon!
Red wenig und hör aber vil!
Meid fürwitz, böß gselschaft und spil,
Füllerey sambt allen bösen stücken!
So mag es dir noch wol gelücken.

beide ab. Wilhelm und Rupert, die zwen reuter, kumen. Wilhelm spricht:

Seit wir kumen sind vom heiling grab,
Nimbt dein und mein gunst gar sehr ab
Beim graffen, unserm gneding herrn,
Weil er von Zippern her von fern
Mit. im den schendtling Walben bracht,

Der uns all hat zu schandt gemacht,
Als wir die ghreising knecht mit stachen,
Auff der hochzeit die spieß zubrachen
Und er das best kleinat gewun.
5 Gib rat, wie wir im sollen thun,
Das wir in von dem hoffe brechten!
Weil er unter den ghraising knechten
Allein dem graffen ist angnem.

Rupert, der ander reuter:

10 Mein Wilhelm, ich weiß rath zu dem.
Ich weiß ein ranck, wird mir nit fehln.
Darmit will ich dem Walhen streln,
Das er selber vom hoff sich macht,
Heimlich bey eitler finster nacht.
15 Das soll auch kurtzer zeit geschehen.
Du solst bald deine wunder sehen.

**Sie gehen beide ab. Fortunatus geht ein, redt mit ih:
unnd spricht:**

Gott sey gelobet und geehrt,
20 Der mir in Flandern hat beschert
Den graffen, der mich ehrlich helt,
Zu eim kämerling hat erwelt!
Dem ich auch trewlich dienen will,
Mich haltn einzogen, frumb und still.

Rupert, der reuter, kumbt unnd spricht:

Mein Fortunate, laß dir sagen!
Weist auch, morgen, eh es wird tagen,   -
Das man euch, die ir im frawenzimer
Bestellet seit zu dienen imer,
30 Als kämerling euch allen viern
Außschneiden wird die ewren niern,
Auff das das frawenzimer sey
Sicher vor ewer bulerey?
All ding ist schon bestelt darzu.

35 #### Fortunatus spricht:

Ach, mein Rupert, was sagest du?
Ich denck, du thust nur mit mir schertzen.

Rupert, der reuter:

Ich sag dir das auß trewem hertzen,
Darmit als meinen freund zu warnen
Vor sollichen trewlosen garnen,
Ob du darvon entrünst dein strassen.

Fortunatus spricht:

Eh ich mir wolt außschneiden lassen,
Wolt gleich so mehr verliern das leben.
Ich danck dir deiner trewe eben.
Da bleib ich nit; eh wolt ich garten.
Deß segens will ich nit erwarten.

gehet ab. Wilhelm, der ander reuter, kumbt unnd
spricht:

Was lachst, mein Rupert, so allein?

Rupert, der reuter:

Mein Wilhelm, solt ich nit frölich sein?
Wir sind unsers Walhen abkummen.
Er zeucht dahin gleich einem stummen,
Hat den ring an der thür gelan.

Wilhelm spricht:

Ey lieber, sag! wie hast im than?

Rupert, der reuter:

Ich hab gsagt, man wöll in verschneiden;
Das hat er gar nit wöllen leyden.
Verzeicht sich eh des graffen dienst.
Zu hoff da in nun nicht mehr finst.

Wilhelm spricht:

Du hast im recht thon, ey, wie recht!
Es werden dir all ghraisig knecht
Dancksagen, das du auff die nacht
Den Walhen hast vom hoff gebracht
Mit listen und spötlichen sachen.
Ist aber deß nit gut zu lachen,
So muß man narren krapffen bachen.

Sie gehen beide ab.

Actus 2.

Fortunatus kombt wie ein wanderer unnd spric

Ach du unstät waltzendes glück,
5 Wie hast du mir gewent den rück!
Seit ich bin von dem graffen kumen,
Hab ich böß gselschaft angenumen
Wider meins vatters lehr zu vorn,
Mit den hab ich mein geldt an worn
10 Mit spilen und mit schönen frawen.
Zu Lunden thet nach dienst ich schawen,
Fand auch ein herrn an diesem ort.
Nach dem geschach ein heimlich mord
Zu Lunden in meins herren hauß.
15 Da nam man uns gfencklich herauß,
Thet herrn und knecht unschuldig hencken.
Du, glück, thetst aber mein gedencken,
Dieweil ich uber feldt war auß.
Weil diß mord geschehen war im hauß,
20 Da ward ich loß, solt doch zu handt
Raumen das köngreich Engellandt.
Also eilt ich darvon gar baldt
Hieher in diesen wüsten waldt.
Darinn ich nun muß hungers sterben
25 Oder von wilden thiern verderben.
Ach Gott, dort sich ich in der wild
Ein innigkliches frawenbild.
O glück, du gedenckst aber mein.
Hoff: du wirst aber mit mir sein.

Fraw Glück kombt, unnd Fortunatus redt sie

Ich bitt dich durch die Gottes ehr,
Du wölst mir geben weiß und lehr,
Das ich kumb auß dieser wildtnuß,
Darinn ich sonst verderben muß,
[K 3, 2, 106] Wann ich drey tag und nacht darinn
Hin und wider irr gangen bin,
Hab kein menschliche speiß entbissen.

Auch het mich schier ein bär zurissen,
Den ich doch hab umbbracht durch list.

Fraw Glück spricht:

Sag mir an, wann du bürtig bist!

5   Fortunatus spricht:

So wiß! in Zippern, dem köngreich,
In der statt Famagusta gleich
Bin ich unglückhafter geborn.

Fraw Glück spricht:

10   Was hast in diesem landt verlorn,
Das du dich wagst, du junges blut?

Fortunatus spricht:

Ach fraw, darzu zwingt mich armut.
Ich such, ob mich Gott wolt beraten
15   Und mein armut mit glück erstaten,
Zeitlich narung zu uberkumen.

Fraw Glück spricht:

Ich merck: du bist einer der frumen.
So wiß, und das ich bin fraw Glück!
2]   Will dich begaben mit eim stück
Durch einfluß der sieben planeten,
Die mir solche begnadung theten,
Das ich frey auß-zuspenden hab
25   Diese sechs hoch und wirdig gab:
Weißheit, reichthumb und sterck darneben,
Schön, gsundtheit oder langes leben.
Der stück erwel dir eins ietzund,
Eh verlauft die glückhaftig stund,
Dir und dein nachkumen zu gut!

30
Fortunatus spricht:

Weil mich dringet so groß armut,
So bitt ich: mir zu hilfe kumb
Mit dem glückseligen reichthumb!

Fraw Glück gibt Fortunato den glückseckel und spricht:

So nimb du diesen seckel hin,
Darmit ich dich begaben bin!
So oft du darein greifst, so solt
Finden darinn zehen stück golt
5 Landtswerung, in was landt du bist.
Der seckel dieser tugent ist,
Das in gar niemand kan verderben,
So lang du lebst und dein leibs-erben.
Darauff du mir gentzlich vertraw!

Fortunatus entpfecht den beutel, neigt sich unnd

O Glück, du aller-miltste fraw,
Weil du mir schenckst so groß reichthumb,
Warmit soll ich dich widerumb
Verehren zu einer danckbarkeit?

15   **Fraw Glück spricht:**

Zu widergelt solcher gutheit
So thu drey ding auff disen tag
All jar hernach, wie ich dir sag!
Den tag feyer vor allen dingen!
20 Thu auch kein ehlich werck verbringen
Und gib einer jungkfraw in armut
Vierhundert stück goldts zu heirat-gut,
Auff das sie darmit werd erfreut,
Wie du auch bist erfrewet heut!

25   **Fortunatus neigt sich, spricht:**

Fraw, diese drey ding will ich thon,
Dieweil und ich mein leben hon,
Ehrlich auff glauben und auff trawen.
[K 3, 2, 107] Doch bitt ich dich, miltreiche frawen,
30 Wölst mir anzeigen, wie ich bald
Wider kumb auß dem wilden wald.

      Fraw Glück spricht:

So geh nur strax den weg für dich
Und schaw nit nach mir hindersich,
35 Wo ich bleib und wohin ich kumb!
So kombst auß dem wald widerumb.

beide ab. Fortunatus kombt wider, greift in den seckel und spricht:

Nun will ich greiffen in seckel frey.
Ob gwiß diese verheisung sey.

:ht zehen krona herauß, schaut die und spricht:

Diß sind ie zehen krona gut,
Da noch zehen. Fraw Aremut,
Hab urlab und bald von mir kher!
Keins geldts mangelt mir nimmermehr.
Nun will ich roß und harnisch kauffen,
Nicht mehr wie vor zu fussen lauffen.
Da kombt gleich ein geraisig knecht.
Will er dienen, so kombt er recht.
Hör, guter gsell! hast du ein herren?

ɔoldt, der alt edelman, kumbt unnd spricht:

Ich bin geraiset gar von ferren
Landen und hab durch-zogen gleich
Zweintzig christlicher königreich.
Da hab ich wunders vil erfarn.
Nun bin ich auch ein man bey jarn,
Gut, edel und blutarm darzu.
Wolt geren setzen mich zu ruh
In Hipernia weit bin hinder.
Darinn hab ich mein weib und kinder.
Kan dienstes mich nit unterwinden.

Fortunatus spricht:

Möcht ich ein diener an dir finden,
Weil du in sieben jaren gleich
Durch-fahrn hast so vil königreich?
Nun bin ich auch ein junger man,
Vil landt lust zu erfaren han.
Wölst mein gfert sein auff dieser straß,
So will ich dir verbeissen das,
Du sollest sein mein tisch-genoß.
Will auff dein leib halten ein roß,
Auch einen knecht dir halten eben,
Darzu ein guten soldt dir geben

Und dich als meinen bruder halten.

Leupoldt, der alt edelman:

Ich bin wol einer auß den alten.
Wo ir stat gebt ewrem zusagen,
5 So will ich die raiß mit euch wagen
Durch alle köngreich, mir bekant,
In Schotten und in Engelandt,
In Franckreich und Hispania,
In Aragon und Navarra,
10 Auch in das köngreich Portugal
Und ins römisch reich uberal,
Auch in Neapolis mit nam,
Auch ins köngreich Siciliam,
Ins reich Posna und in Croacien,
15 Auch in das köngreich Dalmacien,
Auch in Beham, Ungern und Poln,
In Denmarck, Schweden unverholn,
Auch in das köngreich Nordwegen,
Entlich ins köngreich Zippern legen.

[K 3, 2, 108]   Fortunatus spricht:

Dasselb ist gleich mein vatterlandt.
Da will ich heiraten zu handt.

Leupoldt, der edelman:

Ist es euch darnach lieb darbey,
25 Ich durch-raiß mit euch die Türckey,
Dergleich zu dem grossen Soldan.

Fortunatus spricht:

In Gottes namen fach wir an!
Kumb! so kauff wir harnisch und pferdt
0 Und als, was unser hertz begert.
Ich weiß zu der raiß zu alln dingen
In iedem landt geldt auff-zubringen.
Gott wöll uns lassen wol gelingen!

Sie gehen beide ab.

35   Actus 3.

natus geht ein wolgekleidt mit Leupoldt und spricht:

Nun sey wir zu Constantinopel.
Da finden wir allen bracht doppel,
Weil man den jungen keiser krönet.
.5 Die gantze statt in frewden dönet.
Kumb! laß uns gehn hoff alle zwen
Zu dem türckischen keiser gehn!

‹3| Der wirt kombt, spricht:

Junckher, ir ligt nun hie acht tag.
10 Nit lenger ich euch halten mag.
Gebt etlich ducatn auf rechnung mir!

natus greift in den seckel, zelt ihm herauß, spricht:

Da hab fünftzig ducaten dir!
Wilt mehr haben, ich gieb dirs auch.

15   Der wirt spricht:

Nein, es ist gnug zu meinem brauch.

...tus und Leupoldt gehen ab. Der wirt redt mit ihm
selber unnd spricht:

Ich hab ein gast, der hat groß gut.
20 Darumb hab ich in meinem mut,
Ich wöll mich in sein kamer verhäln
Und wöll im beint sein beutel stäln.
Glaub, das er vol ducaten sey.
Denn wird ich meiner armut frey.

...t gehet ab. Fortunatus kombt mit Leupold unnd spricht:

Heint hab wir gsehen grossen bracht
Bey des türckischen keysers macht.
Wir sahen in keim königreich
Kein pomp und pracht dem heuting gleich,
30 Der wir doch haben durch-zogen vil.
Zu schläffen ich mich schicken will.

...en sich beid nider unnd entschlaffen, der wirt schleicht
..., schneidt in beutel ab, Leupoldt erwacht unnd schreit:

Wer da? wer da? o dibigo!

Mein beutl ist mir abgschnitten do.
Liej. du must mir lassen dein leben.
Ich will dir das valete geben.

[K 3. 2. 109] **Er haut den wirt, er felt. Fortunatus** ⟶ gre'
5   **seim beutel unnd spricht:**

Ach Gott, mein seckel ist auch hin.
Zündt baldt ein liecht! laß suchen in!
Verlühr ich den, so wer das glück
Vast mit mir auß in allem stück.

Leupoldt find den beutel und greuft den und sp ⟶ pric

Da ligt der beutel, ist aber lär.

Fortunatus spricht:

Er ist mir darumb nit unmär.
Ein wechßel-brieflein ligt darinn.
15 Mit dem wer all mein hoffnung hin.

Leupoldt schaut zum dieb:

Da ligt der dieb im blute rot.
Ich merck wol, das er schon ist todt.
Botz leichnam. es ist unser wirt.
20 Der hat sich mit diebs-negeln dirt.

Fortunatus spricht:

So laß uns in bald tragen nauß
Und werffn den schelm in das sprachhaus
Und laß uns morgen frü auffstohn
25 Und uns vor tags machen darvon!
Wir wöln noch etlich köngreich bsehen
Und denn gehn Famagusta nehen
Und uns der langen raiß ergetzen.
Alda will ich mich ehllich setzen.
30 Bald ich zwen erben uberkumb,
Wöll wir uns rüsten widerumb.
Wöllen darnach durchraisen da
Zum soldan in Alexandria,
Auch die heidnischen landt beschawen.

35   **Leupoldt, der edelman:**

Ja, ich will geren mit auff trawen.
Da künd wir durch des soldans glaid
Durchraisen sein landt weit und brait,
Dergleichen das gantz Persia,
Siria, beide India
Und auch priester Johannis landt
Auch manche insel unbekandt.
Doch wenn ir sollichs woltet than,
Würd grosser unkost drüber gan,
Das denn ein fürst kaumb möcht verlegen.

Fortunatus spricht:

Leupold, diß läß dich nit bewegen!
Zu Venedig wöll wir kleinot kauffen,
Das wir ein zerung mit erlauffen.
Geldts gnug hab wir auff diese reiß.
Wöllen morgen auf sein, eh es wird heiß.

beide ab. Der soldan geht ein mit seim admirald und einem Mammalucken. Soldan spricht:

Man sagt, es sey ankumen da
Ein schiff in Alexandria
Mit kaufmanschatz, köstlichen kleinaten.
Da wöll wir etlich tausent ducaten
Anlegen, wenn sie uns gefallen.

Admiralde, sein stathalter:

Daus ist einer von kaufleutn allen,
Der bringet etlich kleinot her.
Wens ewr mayestat gefellig wer,
So wolt er euch die lassen sehen.

Der soldan spricht:

Geh! heiß in herein! das soll geschehen.

Fortunatus kombt, küst die erden unnd spricht:

Großmechtiger herr der gantzen erdt,
Hie hab ich etlich kleinot werdt.
Erwehle dir zwey auß in allen,
Die dapfersten, so dir gefallen!
Die bhalt von mir zu einer schenck!

Darbey im besten mein gedenck!

Der soldan beschaut die kleinot, spricht zu seim admiral:

Der kaufleut hab ich in vil jaren
Vorhin in meim reich kein erfaren.
5 Was du von nun begerst von mir,
Soll auch sein unversaget dir.

Fortunatus spricht:

Ich beger ein glaid in deim landt,
Unterschrieben mit eigner handt,
10 Das ich darinn müg sicher reisen.

Der soldan spricht:

Ja, das will ich dir gwiß verheisen.
Geh, admiralde, int cantzley!
Laß schreiben ein glaid sicher frey!

**Fortunatus greift in beutel, gibt Admiraldo ein han-
caten unnd auch dem Mammalucken. Der spr:**

Hab danck! diß ist ein kostfrey man.
Dergleich wir kaum gesehen han.

Die zwen Türcken gehen ab. Der soldan spric:

[A 3, 2, 54] Auff köngklich glauben und vertrawen,
Nun solt du auch mein kleinot schawen.
In jem kasten du mercken solt,
Da steht lauter gemüntztes goldt.
Schau! die zwen stein sind zwen carfunckel;
25 Kein nacht auf erd war nie so dunckel,
Das sie nit gaben so klares liecht,
Das man im gantzen sal gesicht.
Sonst liegen in dem kasten gmein
Allerley sort edelgestein,
30 Rubin, diamanten, saphir,
Schmaln, berlein zu aller zir.
Auch hab ich gülden halßband und ketten,
Daran zwölff pferd zu ziehen betten
An gülden schewren und trinckgschir.
35 Iedoch sag ich in warheit dir:
Ich hab ein kleinot ob den allen,

Thut mir für ander alle gfallen.

Fortunatus spricht:

O das möcht ich auch geren sehen.

Der soldan stelt ein hut herfür und spricht:

5 O, das soll auch willig geschehen.
Schaw zu! diesser harlosser hut
Ist lieber mir, denn alles gut.

Fortunatus spricht:

Was tugent ist im hut

10   **Der soldan**

Er hat die kraft abent
So bald und ich setz a
Und das ich denck in
Ein ort, da ich wolt g
15 Weit oder nahe im hei
Zu handt fahr ich im i
Im augenblick daselben
On alle mühe an dieser stat.

111]   **Fortunatus spricht:**

20 O das ist ein edel kleinat.
– Ach, laß mich das wunschhütlein schauen!

Der soldan gibt ihm den hut und spricht:

Keim man thet ich so weit nit trawen.
Seh hin und schaw dir deß genug!

Fortunatus setzt den hut auff und spricht:

O der hut wer auch wol mein fug.
Er hat groß kraft, ist doch nit schwer.
Wolt Gott, das ich in Zippern wer!

atus fert darvon. Der soldan schlecht beid hendt o
30   dem kopff zusamen, spricht:

O weh deß liebsten kleinots mein!
Wer mag nur dieser bößwicht sein?
Was hab ich im so weit vertrawt

Und auff diesen landtfahrer bawt!
Ich schwer bey Gott und Machomet,
Und wenn ich ietz den trügner het,
Ich wolt in lassen radbrechen.
5 Auff das ich mich an im kan rechen,
Wolauff und nembt all ewer wehr!
Rüst ein galleen auff dem meer,
Das wir im nach in etlich meilen
Das wunschhütlein mögen abeilen
10 Und in zu todt schiessen mit pfeilen!

Der soldan lauft auß mit allen den seine

Actus 4.

Fortunatus geht ein mit seinen beiden söhnen, setzt
spricht:

15 Nun hab ich gar in wenig jaren
Schier alle königreich durchfaren,
Vil wunder gsehen in der zeit,
Erstanden manch geferligkeit,
Auch volkumen gwalt, ehr und gut.
20 Nun nimb ich ab an kräft und muth,
Weil ich Casandra wolgeborn,
Mein liebe gmahel, hab verlorn.
Nun mag ich ie bey all dem mein
Auff erden nit mehr frölich sein.
25 Mich dünckt, es nahe meinem endt.
Ich will machen mein testament.
Ihr lieben söhn, folgt meinem rat!
Ich verlaß euch die zwey kleinat,
Den glücks-beutel, darauß ir solt
30 Geltes nemen, so vil ir wolt.
Zu notturft, zu nutz, freud und ehr
Zurint euch geltes nimermehr.
Doch hat er die kraft nit lenger eben,
Denn so lang ir beid seit im leben.
35 Zum andern habt ir den wunschhut;
So den ein mensch auffsetzen thut,
So fehrt er mit, wo hin er will.

Die zwey kleinot die habt in still!
Sagt niemand ihre kraft und tugent .
Und brauchet die in ewrer jugent!
Behalt die kleinot beidesander
5 Und zertheilt sie nit von einander!
Sonst würd ir beid kumen darumb.
Das ist meins hertzen-willens summ.
Ach führt mich naus (ich bin gar schwach),
Das ich ein burgatzen entpfach!

:] Die zwen söhn führen den vater auß, sie kumen
beide wider unnd Andolosia spricht:

Bruder, unser vatter ist todt.

Ampedo, der elter sohn, spricht:

Ja, mein bruder! genad im Gott!
5 Er hat uns zwen groß schätz verlassen.

Andolosia spricht:

Mein bruder, wöll wir auch dermassen
Durch-ziehen all köngreich und stett,
Wie unser lieber vatter thet,
10 Wie er solch fart und wunderthat
Fein ordenlich beschrieben hat,
Auff das wir zwen in jungen jarn
Auch etwas sehen und erfarn,
Dardurch stellen nach ruhm und ehr?

15 Ampedo, der elter:

Mich glustet keines reisens sehr.
Ich will zu Famagusta bleiben,
Mein zeit in rhu und freud vertreiben
In dem hauß, welches uns auff trawen
20 Hat unser vatter aufferbawen.
Wilt du wandern, so wander hin!

Andolosia spricht:

Ja wol, du hast ein solchen sin,
Wilt auff dem bolster sitzen bleiben,

*

ı ? wo.   33 K wol hast du.

Die birn in der kachel umbreiben,
So theil die zwey klenot mit mir!

Ampedo, der elter:

Ist denn so bald vergessen dir
5 Unsers vatters trewer rath,
Zu theilen nit die zwey kleinat?
Wir werden sonst umb beide kumen.

Andolosia spricht:

Ich hab dasselb gleich wol vernumen,
10 Iedoch ich mich nichts daran kehr.
[55] Ich will raisen nach rhum und ehr.
Drumb theil mit mir! das ist mein sin.

Ampedo reicht im den wunschhut unnd spr.

Nimb den wunschhut und fahr mit hin!
15 Ich will den glückseckel behalten.

Andolosia spricht:

Ja ja, deß müst der teuffel walten!
Bhalt dir den hut! lang mir den beutel!

Ampedo spricht:

20 Mir nit; das thu ich gar kein meutel.
Es ist mein gleich als wol als dein.

Andolosia spricht:

Ich weiß ein rath, o bruder mein!
Nimb den beutel, zel darauß wol
25 Ducaten zwo eysern thruhen vol!
Dieselbigen behalte dir
Und gib den glückesseckel mir!
Den will ich bhalten auff sechs jar,
Das ich darmit die welt durchfahr,
30 Wie unser vatter hat gethan.

Ampedo spricht:

Ja, dieses will ich nemen an.
Ich will geh auß dem beutel zeln.
So thu auff dein hinfart besteln,

Was dir darzu ist nutz und not!
Darzu wünsch ich dir glück von Gott.

rüder gehen ab. [K 3, 2, 113] Die königin von Engel-
*in mit ihrer tochter und kamerfrawen, sie spricht:

Man sagt, es sey auß frembden landen
Ein junger ritter hie vor handen
In Lunden, der mechtign haubtstat,
Der ein brechtig hoffhalten hat,
Als ob er sey ein junger fürst.

Agripina, der köngin tochter:

Ja, er ist auch kün und gedürst.
Mit rennen, thurnieren und stechen
Thut er gar manig sper zerbrechen
Für allen adl in Engellandt.

Die alt königin:

Wie ist dieser ritter genandt?

Der köngin tochter:

Man nent in Andolosia,
Geboren zu Famagusta
In Zippern; ein junger, milter herr,
Der auch in Hispania ferr
Dem köng beygstanden ist im krieg,
Mit hundert pferden erlangt den sieg,
Die er all auff sein kosten hielt.
Auch ist er so kostfrey und milt,
Das er oft kochen lest und braten
Ob zimatrörn und mußcaten.

Die alt königin:

Der ritter muß sein reich und mechtig,
Weil er sich helt so hoch und brechtig.
Er wird sein eines königs sohn.
Rath, wie den dingen wer zu thon,
Das man erführ den rechten grund!

Irmeldraut, die kamerfraw:

Fraw königin, mir ist gar wol kund,

Das er hat Agripinam lieb.
Darumb mein rath ich darzu gieb,
Wenn er geltn hoff kumb, das sie da
Freundtlich schmeichel Agripina.
5 Die kan sein heimligkeit erfarn.

Agripina, die tochter:

Er hat mirs schon thun offenbarn.
Ich weiß sein reichthumb ubermaß.
Ich weiß; was hilft mich aber das?

10 ### Die königin spricht:

Hast du denn seinen schatz gesehen?

Agripina, die tochter:

Er hat mir aber selb verjehen,
Er hab ein glücksbeutel, auß dem
15 Er täglich so vil crona nemb,
Als vil er wöll, wird doch nit lär.

Irmeldraut spricht:

Wo hat denselben beutel er?

Agripina, die tochter:

20 In seim wammes ist angnet er.

Irmeldraut spricht:

Agripina, so folg du mir!
Ich hilff hinter den beutel dir.
Ich will im ein tranck richten zu;
25 Bald er dasselbig trincken thu,
Soll er entschlaffen in einer ecken,
Das in kein mensch kan auffgewecken.
Da mögt ir im sein glücksbeutel nemen.
Deß diebstals dörft ir euch nit schemen.
30 Fraw königin, ist das nit war?

[K 3, 2, 114] ### Die königin spricht:

Richt zu das tranck! kein müh nit spar!
Gerett die schantz, du hast von mir
Hundert crona, die schenck ich dir.

Doch sey darzu still ie und imer!
Komb! laß uns in das frawenzimer!

alle drey ab. Andolosia kombt, redt mit im selber
unnd spricht:

Das glück will mir von hertzen wol,
Seit das ich ietzund reden sol,
Mit der mein hertz in liebe brandt,
Deß königs tochter auß Engelandt,
Mit meiner lieben Agripina,
Welche mich hat beschieden da
Auff diesen sal, auff sie zu warten.
Ich sich die außerwelten zarten
Her glantzen wie der sunnen glast,
Zu mir her tretten in pallast.

kombt mit der alten und tregt ein gülden schewren
unnd spricht:

Andolosia, trinck mit mir,
Mein hertzlieb! ein trunck bring ich dir.

ein wenig, gibts im, er trincket und setzt sich. Agri-
pina spricht:

Hertzlieber Andolosia,
Ich hab dich lassen fordern da,
Zu offnen dir mein wundes hertz,
Das senet sich nach dir in schmertz.
Ich bit: sag, hertzlieb, ob auch dir
Dein hertz auch also steh gegn mir!

hengt den kopff und schleft, sie nemen im den beutel
auß dem busen und Irmeldraut spricht:

Wenn du erwachst und wirst auffstehn,
So wird dir wol dein pracht vergehn.
Wenn du dein seckel nicht mehr hast,
Wirst du sein ein unwerder gast.

Die zwue gehen mit dem beutel darvon. Andolosia
greift nach dem beutel in den busen, schlecht die
hendt ob dem kopff zusamen und spricht:

Weh mir! ich hab mein beutel verlorn.

Wolt Gott, das ich nie wer geborn!
Kein man soll frawen noch jungkfrawen
Nimer kein heimligkeit vertrawen.
Sie künen falsch und freundtlich sein.
5 Het ich gefolget dem vatter mein,
Ietzund vertreust mich gleich zu leben.
Ich muß meim hofgsind urlaub geben.
Will zu fussen haim machen mich,
Weil meines beutels darbe ich.

Er gehet trawrig ab. Ampedo, sein bruder, geht ein
spricht:

Mein bruder Andolosia zwar
Ist nun auß in das zehendt jar.
Er solt nur sechs jar auß sein blieben.
15 Nun hat er mir seit her nichts gschrieben.
[K 3, 2, 115] Het er nur nit schaden genumen
Oder wer umb den glückseckel kumen!

Andolosia kombt, felt seim bruder zu fussen und ⁝ **spri**

O bruder, bruder, wie wöl wir than?
20 Den glückseckel ich verloren han.
Ich will das ubel an mir rechen,
Das messer durch mein drossel stechen.

Ampedo felt seim bruder mit der handt in das mess
spricht:

25 () bruder mein, das selb nit thu!
Wolst noch mehr unglücks richten zu?
Ach, wo bist umb den beutel kumen?
Hat man dirn mit gewalt genumen?
Oder hast in sonst verlorn?

30 **Andolosia spricht:**

Ach, ich bin drumb betrogen worn
Von einer arglistigen frawen.
Doch hab ich noch zum glück mein trawen,
Ich wolt in noch zu wegen bringen,
35 Wenn du wolst helffen zu den dingen.

Ampedo spricht:

Was hilff must ich denn thon darzu?

Andolosia spricht:

Ach, leich mir das wunschhütlein du!
So will versuchen ich mein heil.

5   Ampedo spricht:

So brechst uns gleich umb beide theil.
Das wunschhütlein gib ich dir nit.
Du bleibst auch etwan aussen mit.

Ando

10 Laß mich nur da   hen!

Amp

Ja, bruder, dasse
Da hast du den l   ol!

o geht ab. Andolosi   uff unnd spricl

15 Der hut dir nit r
Biß das mein hei
Ich will in luft auffschwingen mich,
Will hinfaren gehn Jenua,
Ghen Florentz und Venedig, da
20 Will ich umb köstlich kleinot kauffen.
Wenn ich dieselben leg zu hauffen,
Will ich mit farn in Engellandt,
Mich wol machen gantz unbekandt,
Mein angsicht versteln mit einer nasen
25 Und mich verkleiden aller masen,
Samb ich ein kleinot-kremer sey,
Ob ich möcht kumen dem beutel bey,
Ein schaden auff den andern wagen.
Ich hoff, glück wer mirs nit versagen.

30   Andolosia geht ab. Ampedo spricht:

Ich glaub, mein bruder sey hinweck.
Er ist verwegen und zu keck,
Wird uns umb beide kleinot bringen.
Nit wunder wer ob diesen dingen,
35 Das ich im brunnen mich ertrencket

Oder an einen balcken hencket,
So hat mich der groß schaden krencket.

[K 3, 2, 116]   **Ampedo geht traurig ab.**

Actus 5.

Andolosia kombt verkleidt, legt seine kleinot auß und sp ·

Glück walt sein! ich steh unerkandt
Zu Lunden hie in Engellandt
Und hab hie mein kleinot feil.
Hoff, Agripina werd mir zu theil.
10 Wird bald hieher von kirchen gohn.
Der beut ich meine kleinot on.
Wo sie denn mit mir kombt zu kauff,
Wenn sie thut mein glückseckel auff,
So will ich sie umbfahen thon
15 Und mit ir schnel faren darvon
In ein wald und öde wiltnuß,
Da sie mir den beutel lasn muß.

**Agripina geht für, schickt die alten Irmeldraut hindersi
Die spricht:**

20 Gutter man, sind die kleinot feil,
So nembt sie gar oder ein theil,
Kombt mit zu meinr gneding jungkfrawen!
Die will sie kauffen und beschawen.

**Andolosia legt seine kleinot ein, geht mit ihr ab. Der e
holdt kombt, redt mit im selber unnd spricht:**

Mein gnedig fraw kauft kleinot vil.
Will gern sehen, wo zu sies will.
Sie solt billig die kästen leren.
Ich glaub, sie werd verheirat weren.
30 Rüst sich mit auff die hochzeit zu,
Das sie sich darmit schmucken thu!

**Der ehrnholdt geht ab. Irmeldraut kombt geloffen, schle
ir hendt ob dem kopff zusamen und schreit:**

O weh! der kleinot-kremer on zweiffel

Gewesen ist der laidig teuffel.
Bald meinr frawen gnad die kleinot anrürt,
Hat ers umbfangen und hin geführt
Zum fenster naus hoch in die luft.
5 Was sie weinet, schrey oder ruft,
Noch führt er sie eilendt darvon.
Ach Gott, ach Gott! was soll wir thon?

Iosia kombt mit Agripina, der jungen königin, die sitzt nider, hebt ir hendt auff und spricht:

2, 57] Ach lieber man, ich bit dich: halt!
Wie sind wir kumen in den waldt?
Ich weiß nit, wie mir ist geschehen.
Wir sind gefaren in der jehen.
Wie hart hat mich der wind geschniten!
15 Umb Gottes willen thu ich bitten
(Ich bin sehr schwach): mich nit versaumb!
Steig doch auff diesen opfelbaum!
Brich ab ein apfel! gib mir den!
Ich muß sonst in onmacht entgehn.

20   **Andolosia spricht:**

Sitz still! so will ich auff hin steigen,
Ein apfel brechen von den zweigen.
Sitz dieweil auff das hütlein mein
Vor der sonnen hitzigen schein!

olosia steigt auff den baum. Agripina, die königin, spricht:

Ach Gott, wo bin ich in der welt?
,2, 117] Ietz geb ich darumb all mein geldt,
Das ich wider daheimen wer.
Von hertzen ich das wünsch und beger.

ipina fert mit dem wunschhütlein dahin. Andolosia schlecht sein hendt ob dem kopff zusamen und spricht:

Verflucht sey der tag und die stundt,
Da ich das untrew weibßbild fundt
In irem königklichen sal,
35 Die mich betreugt zum andern mal!
Führt mir ietz hin die kleinot beide.
Weh meinem grossen hertzen-laide!

Wolt Gott, mein bruder wer bey mir!
So wolt ich in erschlagen schir,
Mich hencken an ein baum hernach,
Dem falschen weib zu einer rach,
5 Das der glückseckel verlühr sein kraft.
Wie bin mit hunger ich behaft!
Ich will gleich diesen apfel essen,
Meins hertzenlaids ein theil vergessen.
Ach, ich, der unglückhaftigst man,
10 Muß ich in diesem wald vergahn?
Ach wie thut mir der kopf so weh!
Ich muß greiffen, wie das zugeh.
Ach Gott, es sind mir ungelachsen
Zwey hörner auß dem kopf gewachsen.
15 Erst spür ich Gottes grime blag.
Der horn ich keins abreissen mag.
Herr Gott, laß von mir ab dein zorn!
Ich bin leicht ein Satirus worn.

Der einsidel kombt, spricht:

20 Mich düncket, wie ich dort vernimb
Von eim menschen ein kleglich stimb.
Dort sich ich wol umbgehn ein armen.
Ich will zu im, mich sein erbarmen.

Der einsidel tritt zu Andolosia unnd spricht:

25 Mein freund, wie bist du hieher kumen?
Ich hab doch warlich hie vernumen
In dreissig jarn in dieser wiltnuß
Kein lebendig menschliche biltnuß.

Andolosia spricht:

30 Wolt Gott, das ich auch nit da wer!
Ein gsponst hat mich gebracht hieher,
Von Lunden her auß Engellandt
In diese wiltnuß unbekant.
O vatter, sag mir, wo ich sey!

35 ### Der einsidel spricht:

Mein freundt, wiß, das die wüsteney
Hundert meil ist von Engellandt,

In Hipernia, dir unbekant,
Nit weit von sanct Patritzn fegfewr!

Ach Gott, erst ist all freud mir thewr.
5 Hab ich so weit zum selben leuten?
Sag mir, was die hörner bedeuten,
Und gib rat, wie ich ir ab kumb!

Der einsidel spricht:

Die hörner sind gewachsen drumb,
⊃ Das du ein apfel hast versucht.
Das ist so ein vergifte frucht,
Darvon die hörner wachsen thund.
Wilt du ir werden laß und rund,
So ißs du dieses apfels körner!
⊫ So verschwinden dir deine hörner.

⁝] **Andolosia ißt die körner vom gratapfel, die hörner
fallen ab und er spricht:**

Herr Gott, ich sag dir lob und ehr,
Das ich nun hab kein hörner mehr.
Man würdt mich fliehen wie ein meerwunder.
Nun will ich mit tragen ietzunder
Beider art öpffel, böß und gut,
Ob ich mein glückßbeutl und wunschhut
Möcht wider bringen. Nun bit ich:
Weiß aufs nechst auß dem walde mich,
Das ich wider zum leuten kumb!

Der einsidel spricht:

So geh schlecht für dich (kehr nit umb!)
Strax gegen der sunn nidergang
Und laß nit nach, zu gehn so lang,
Biß du kumbst auß diesem wald
Zu einem hohen thurn bald!
Daran stembt von dem meer ein flut.
Da wart, biß sie ablauffen thut
Gantz trucken! denn geh nüber mit eyl,
Eh dich ergreiff die flut! dieweyl.
Da findst ein dorff, nach dem ein stat,

Da findest speiß und tranck mit rath.
Do magst auch auff das meer zu hand
Sitzen und farn in Engelland.

Andolosia beut im die handt unnd spricht spricht:

Nun gsegen dich Gott, o bruder mein!
Gott danck dir aller trewe dein,
So du hie hast bewisen mir!

Der einsidel spricht:

Zeuch hin! Gott, der Herr, sey mit dir!
Der belaid zu den leuten dich!
Nun bit Gott auch forthin für mich!
Dergleich will für dich bitten ich.

Sie gehen beide ab.

Actus 6.

Andolosia kumbt türckisch gekleidet, wie ein aro mat-kr
hat ein aug verleumbt, legt sein opffel auß und spricl

Da will ich stellen mich zu marck
Dem falschem weib, entwicht und arck,
Wenn sie ietzundt von kirchen trit.
Sie kauft ein apfel, sie lest sein nit.
Bald sie haim kumbt, so ißt sie den.
So werden ir hörner auffgehn
Am kopf. Bald ir die sind aufgangen,
So iß mein eigen und gefangen.
Dort kumbts; ich will schreien also:
Gut rot opfel von Damasco!
Gut rot opfel von Damasco!

Agripina, die königin, kumbt, sicht die opfel, geht f fc
Irmeldraut hindersich. Die spricht:

[A 3, 2, 58] Was hat der man für opfel feil?

Andolosia spricht:

Sie wachsen dem menschen zu heil
Im paradeiß, sein dieser art:

Machen das angsicht schön und zart
Und scherpfet deß menschen vernunft
Und bleibet also in zu-kunft.

]
Irmeldraut spricht:

Wie gibst du dieser opfel einen?

Andolosia spricht:

Umb drey crona und neher keinen·

Irmeldraut spricht:

Da hast sechs crona; gib mir zwen! ·
Nun will ich mit gehn hoff eingehn.

geht mit den opfeln ab. Andolosia spricht:

Ietz denck ich an das sprichwort hewr,
Das fürwitz macht jungkfraw thewr.
Ich mein, sie soll den ketsch dran fressen.
Ich gilt ir, wie sie mir hat gmessen.
Wenn ir nur bald die hörner wüchsen!
Denn wolt ich mit salben und büchsen
Und kleidung mich verstellen gleich
Als ein artzet hoch künstenreich,
Ir hörner künd zu vertreiben.
Da wolt ich so lang bey ir bleiben,
Biß ich mein hütlein uberkhem.
Den ich sie sambt dem beutel nem
Und führt sie hin mit diesen dingen.
Denn müst sie mir mein liedlein singen.
Nun ich mich samb ein artzt zuricht.
Hoff, mein kunst soll mir fehlen nicht.

**geht ab. Agripina kumbt mit ihrer kamerfrawen
und spricht:**

Ach Herr Gott, wie ist mir geschehen!
Laß mich doch in ein spiegel sehen!
Was greiff ich doch auff meinem kopff?
Zwey hörner? o ich armer tropff!
Erst ich kein gmahel uberkumb.
O liebe Irmeldraut, lauff umb
Und mir umb ein artzet besich!

Ich will gen zu bett legen mich.
Ich bin von gantzen hertzen schwach.
Ich förcht, es sey die göttlich rach,
Das ich meim Andolosiam
5 Sein gluckßbeutel stal und nam.
Lauff bald, es kost gleich, was es wöll!

    Agripina geht ab. Irmeldraut spricht:

An eim artzt es nit fehlen söll.
Ein frembder artzt thut dort herghan.
10 Ich will in darumb reden an.

Andolosia kumbt wie ein artzt, mit einer grossen nase,
      spricht:

O herr doctor, ewr begert
Ein person, der sind on gefert
15 Zwey grosse hörner ungelachsen
Auß ihrem kopf jelinng gewachsen.
Und wo ihr künd darzu ein kunst,
Das ihr sie vertreibet auß gunst,
Tausent gülden wird euch zu lohn.

20   **Andolosia spricht:**

O solche hörner ich wol kon
Vertreiben, das on allen schmertz.

     Irmeldraut spricht:

So kumb mit mir gehn hoff einwertz!
25 So führ ich euch zu der person.

     Andolosia spricht:

[K 3, 2, 120] So geh vor! ich will dir nachgehn.

Sie gehen mit einander ab. Der bostbot kumbt m
      spricht:

30 Es sind zu hoff seltzame mär,
Wie das der jungen königin her
Hörner wachsen auß irem haubt.
Het ich nit gsehen, ich hets nit glaubt.
Es ist ein seltzam fantasey.
35 Es muß zugehen mit zauberey.

Hab durchriten vil königreich,
Doch nie gehört dergeleich.

Irmeldraut kumbt geloffen und schreit zum bostboten:

    Sag, ob du den artzet nit kenst!
5 Er geht umb mit teuffels gespenst.
    Bald er ist in die kamer kumen,
    Hat er die jung königin genumen,
    Ist mit ir zum fenster außgfarn,
    Hoch int luft. Was wir schreien warn.
10 Das halff als nit.
    Ir hin kumet, weil
    Reit bald zum kön
    Verkündt im das
    Das er auffbiet un
15 Auff das man den

ostbot und sie gehen   dolosia bringt Ag
m, würft sein nasen u   on im und schneid
      ir den glück   ht:

    Ach, du trewloß v
20 Es muß dir kosten deinen leib,
    Weil du hast in der liebe schein
    Gestolen mir den beutel mein
    Durch deine falsche zauberlist.
    Ietz du in meinen handen bist.
25 Wolt Gott, dein alt hetz entwicht
    Wer da, die das tranck het zugricht!
    Beid müst ir sterben on erbarmen.

  Agripina hebt ir hendt auff unnd spricht:

    Vergecht euch nit an mir vil armen,
30 Andolosia, frumer ritter!
    Vor ängsten ich seuftze und zitter.
    Und wenn ir gleich ein weibesbild
    Umbbrecht in dieser ainöd wild,
    Deß het ir kein ehr, sonder schand
35 Weil ir ewr kleinot wider handt,
    So verschonet mir meinem leben!
    Thut umb Gots willen mir vergeben

Uns anhanget zu aller zeit.
Die hat mich angereitzet eben.

Andolosia spricht:

Nun, ich will schencken dir dein leben
5 Doch zu gdechtnuß deiner untrew,
Das sich täglich dein leid vernew,
Solt du dein hörner mit getrang
Forthin tragen dein leben lang.
Ich will hinfaren schnelligklich
10 Und im wald sitzen lassen dich,
Das du kein mensch siehst nimermehr.

Agripina spricht:

Ich bit durch aller frawen ehr,
Ir wöllet euch doch mein erbarmen,
[K 3, 2. 121] Mich ellende verlaßne armen
Mit führen auß der wiltnuß schir.

Andolosia spricht:

[A 3, 2, 59] Nun, so führ ich dich gleich mit mir
In dem lande Hipernia
20 In ein reich frawenkloster. Da
Beschleuß forthin zu buß dein leben!

Agripina spricht:

Ja, dasselbig ist mir auch eben.
Ich thu mich doch der hörner schamen.
25 Nun fahr wir hin in Gottes namen!

Sie gehen eilend ab. Ampedo, der elter bruder, geht
mit im selber unnd spricht:

Mein bruder ist aber lang aussen.
Ich förcht, er thu nit gar wol haussen.
30 Kombt er zum beutel umb das wunsckhütel,
So wird ich heissen nicht der gütel.

Der bostbot kombt, spricht;

Vester juncker, seit guter ding!
Sehr gut new zeitung ich hie bring.
35 Andolosia kombt geritten,

Ewr bruder, nach fürstlichen sitten,
Etwas mit vier und zweintzig pferden.

Ampedo spricht:

Nun kan ich nit mehr trawrig werden.
5 Nimb dreissig crona zu bottenbrotl
Gelobet sey mein Herr und Gott!
Ich merck: sein sach steht wider wol.
Nun bin ich aller freuden vol.
Biß mir zu tausent mal willkumb!
10 Mein bruder, kombst du widerumb?
Wie hat es gangen auff der reiß?

Andolosia spricht:

Ey wol. Gott lob! Jetzund ich weiß
Zu sagen von glück und unglück,
15 Wie ich dir will von stück zu stück
Gar wol erzelen mit der zeit.
Mein bruder, hie der glück-beutel leit.
Dergleich auch das wünschhütlein da.

Ampedo spricht:

20 Ach, du mein Andolosia.
Beleib nun furbas hie bey mir!
Da wöllen alle beide wir
Uns aller grossen sorg entschlagen
Und gfehrligkeit, so bey dein tagen
25 Erlitten hast, dergleich auch ich
Und wöllen leben rhuosamblich.
Mein bruder, wilt dasselbig thun?

Andolosia spricht:

Ja, deß raisens ich genug hab.
30 Will mich nun in ein gut vertreib,
In ein kurtzweilig freuen leben,
Mit rennen, stechen und tournieren
Mit jagen, baissen und spatzieren
Auß königs hof mit andern adel
35 Weil wir an geld haben kein tadel

Ampedo spricht:

Ja, darzu will ich helffen dir.
Bleib zu Famagusta bey mir!
Da gantz brüderlich leben wir.

Sie gehen beide ab.

[K 3, 2, 122] ## Actus 7.

Theodorus, der graff auß Engellandt, geht ein mit **d**
von Limosi und spricht:

Hör, graff! es ist zu hoff ein ritter,
Deß rhum ist mir gar herb und bitter.
10 Der heisset Andolosia.
Der hat schier allen preiß alda
Erworben mit stechen und rennen.

Graff von Limosi:

Ja, ich muß die wahrheit bekennen.
15 Ich bin im auch von hertzen gram,
Dieweil und er an alle scham
Treibet so grossen ubermut.

Graff Theodorus:

Sag! ist er auch von adel gut,
20 Das er sich also hoch her bricht?

Graff von Limosi:

Dasselb weiß ich auff glauben nicht.
Sein anherr der war ie nit reich.
Ritt eim schlechten edelman gleich.
25 Wo der so vil gelts hat genumen,
Mit abenthewer uberkumen,
Das muß haben ein sondern sin.
Grosser unkost geht mit im hin.
Er führt ein pracht gleich einem fürsten.

30 **Graff Theodorus:**

Wilt du, wir wöllen im wol bürsten.
Wöln im heimlich in busen blasen.
Er muß uns ein schwunck-federn lasen,

Auff das sein hochmut im vergeh.

Graff von Limosi:

Ja, dein meinung ich wol versteh.
Der könig hat in lieb und werd.
5 Er brecht uns beide in gefert,
Wenn er uns thet beim köng verklagen.

Graff Theodorus:

Wer wolt solches dem könig sagen?
Wenn wir im feld erwischen in
0 Führten in gfencklich mit uns hin,
Gehn Limosi bald auff dein festen.

Graff von Limosi:

Ja, dein rat düncket mich am besten.
So wöll wir biß auff morgen beiten.
5 Wird er gehn Famagusta reiten
Und zu uns nemen etlich man,
So wöll wirn im feld greiffen an
Und erstechen all seine knecht.

Graff Theodorus:

0 Ja, der anschlag wird gut und recht.
So meint man, der Türck hab es than,
Sey in der insel kumen an.

gehen bede ab. Ampedo geht ein und spricht:

Mein bruder solt gester sein kumen,
Wie ich gwiß hab von im vernumen
In der stat Famagusta her.
Mein hertz ist mir heut immer schwer.
Ich fürcht, die sach geh nit recht zu.
Ich lauff hin und her, hab kein rhu.
Dort kombt her eilend ein bostbot.
Was der halt bringt für bottenbrot!

Der bostbot kombt, spricht:

Ach herr, ich bring laidige mär.

Ampedo spricht:

Das wöll Gott nicht! was iß? sag her !

Der bostbot spricht:

Ewr bruder ist dauß in dem wald
Angriffen worden mit eim gwald.,
5 All sein knecht sind erstochen worn
Und ewer bruder ist verlorn.
Fürcht, er sey gefangen oder todt.

[A 3, 2, 60]   Ampedo spricht:

Ach, so reit eilend, lieber bot,
10 Zum könig und zeig im das an,
Auff das er gute spech laß han
Auff die mörder und auch darbey,
Wo mein bruder hinkumen sey!

selber

Der bostbot geht ab. Ampedo redt mit ihm
15   spricht:

Herr Gott, was soll ich fahen an,
Weil ich mein lieben bruder han
Sambt dem glückesseckel verlorn?
Sind die mörder deß innen worn,
20 Das ich noch das wunschhütlein hab,
So werdens auch nit lassen ab,
Biß sie mich auch umbs leben bringen.
Ich will vorkumen diesen dingen,
Zerhauen dich, wunschhut unghewr,
25 Und dich denn werffen in das fewr,
Verbrennen dich zu pulver und aschen,
Das dich kein mensch mehr soll erhaschen.
Denn will vor hertzlaid sterben ich,
Auff das die kraft deß glücksbeutels sich
30 Verlier, den mördern nit komb zu gut
Zu rach meins lieben bruders blut.

Ampedo zerhaut den wunschhut, geht darmit trawrig ab
zwen graffen gehen ein, Theodorus spricht:

Sag, wie es mit dem gfangen steh!
35 Thut im die gfencknuß noch so weh? .
Hast im den glücksbeutel abgschreckt?

Graff von Limosi spricht:

O, ich hab in sehr hart gestreckt,
Das im sein leib dent gleich einr sennen.
Wolt lang deß beutels nit bekennen,
Auß dem man zalt deß geldts, so vil
Ein ieder darff und haben will.
Ich hab all mein schuld drauß bezalt.
Fort du den glückseckel auch bhalt!

Graff Theodorus spricht:

Weist, das den gfangen ich zu nacht
Heint in der gfencknuß hab umbbracht?
An meinr gürtel must er erworgen.
Nun dörff wir uns nit mehr besorgen
Vor im und seiner zauberey.
Im luft hat er künd faren frey.
Wer er uns auß dem kercker kumen,
So het wir beid schaden genumen.

Graff von Limosi spricht:

Ey, du solt nit haben anglegt handt.

Graff Theodorus spricht:

Ein todter man der beist niemandt.
Nun lang mir den glückseckel her!
Mich dünckt, wie er sey öd und lär.

Er greift in beutel, spricht:

Diß ist der recht beutel nicht.
Gib mir den rechten, du bößwicht!
Wolst umb den beutel triegen mich?

Von Limosi greift an das schwerdt und spricht:

Schweig! ich stoß sonst das schwerdt durch dich.
Du, morder, hast erwürget da
Den frummen Andolosia.

Sie beide zusamen und sie werden beide gefangen und
Der könig von Zippern geht ein, setzt sich unnd
spricht:

Weil man zwen graffen hat gefangen,
Welche haben das mordt begangen
Am ritter Andolosia
Und an all seinen knechten da,
5 So bringet die mörders-bößwicht
Hieher für das strenge gericht!

Man bringt die zwen gebunden, der könig spri̶c̶h̶t̶ richt:

Hie werd ir gestelt für gericht
Und auff ewer beider vergicht,
10 Und nach königklich strengen recht
Solt ir beid werden geradbrecht.

Sie fallen dem könig zu fussen, der graff von Limo̶s̶i̶ sp

Ewr mayestat bit wir umb das schwerd.

Der könig spricht:

15 Deß solt ir bleiben ungewert.
Weniger gnad euch werden söll,
Denn werd ir in abgrund der hell.
Bald für sie von mein augen hin!
Verbring das streng urteil an in!

20 ### Der hencker spricht:

Ich will euch stossen mit dem rad,
Weil ir on schuld, auß neid, ohn gnad
Andolosiam und sein knecht
Ermörd habt widr Gott, ehr und recht.

Der hencker führt sie ab. Der könig in Zippern̶ sprich

Darnach auch alle ghraisig knaben
Der beider mörder, so in haben
Geholffen zu ir mörderey,
Nembt an alle gfencklich darbey!
30 Thut sie all zu dem schloß außhencken,
Nach dem ein weiters nach gedencken,
Das man Limosi, das vest schloß,
Mit flammendem fewer anstoß,
Darinnen Andolosia
35 Gefencklich wurd ermördet da!
Sein todten leib den bringt herein,

Das man in zu dem bruder sein
Ehrlichen bestät zu der erd
In der stift und der kirchen werd,
Die ir vatter gebawen hat
5 Zu Famagusta in der stat!
Gott ir aller seele genad!

nen alle ab. [K 3, 2, 125] Der ehrnholdt beschleust:

So sich diese tragedi bschleust.
Darauß ein gute lehr uns fleust,
10 Wie wanckel sey das waltzendt glück,
So schlüpfferig, unstät und flück
Mit allen seinen hohen gaben;
Wenn mans meint am festen zu haben,
Dem menschen es sein gab abkürtzt,
15 In von gelück in unglück stürtzt.
Wen das gelück heut hebet hoch,
Den stürtzt es morgen wider doch.
Derhalben, wer dem glück vertrawt,
Derselbig auff ein eyse bawt.
20 Und ob es gleich ein weil besteht,
Das eim nach all seim willen geht,
Muß er doch stehn in grossen sorgen,
Das unglück kombt heut oder morgen,
Nemb wider im gwalt, gut und ehr
25 Und der-gleich seiner gaben mehr,
Wann das alt sprichwort sagt verborgen,
Wer vil hab, der müß vil. versorgen,
Wann neid wechst all mal bey dem glück
Und setzt im zu in manchem stück.
Auch rauber, mörder und die dieb
Haben wider das glück ihren trieb,
Bringen sein herrn oft in gefert,
Wie bey den dreyen ist bewert.
Der halb soll niemand dem glück trawen,
Sonder auff Gottes güte bauwen
Und sich an dem lassen benügen,
Was Gott täglichen zu ist fügen,
Und fein ordenlich darvon leben
Und Gott als in sein handt ergeben,
Das uns kein schaden darauß wachs,

Wann glück ist wanckel, spricht Hans Sac

Die person in die tragedi:

1. Ehrnholdt.
2. Maximus, könig in Zippern.
5   3. Fortus, der vatter Fortunati.
4. Fortunatus, der glückselig.
5. Ampedo,
6. Andolosia, die 2 söhn Fortunati.
7. Leupoldt, der alt edelman.
10   8. Soldan zu Alexandria.
9. Admirald, sein stathalter.
10. Ammaluck.
11. Fraw Glück.
12. Königin auß Engellandt.
15   13. Agripina, der königin tochter.
14. Irmeldraut, die kamerfraw.
15. Einsidel.
16. Wilhelm,
17. Ruprecht, zwen ghreisig knecht.
20   18. Graff Theodorus,
19. Graff von Limosi, die zwen mörder.
20. Der diebßwirt zu Constantinopel.
21. Der bostbot.
22. Der hencker.

25   Anno salutis 1553, am 4 tag Martii.

it 11 personen, von dem ehrenvesten haupt-
lo mit dem untrewen schulmeister in der statt
Valisco, und hat 3 actus.

Der ehrnholdt tritt ein, neigt sich unnd spricht:

Heyl unnd gelück so sey euch allen
Euch zu sonder gunst und wolgefallen!
Gebetten sey wir zu euch kumen,
Haben zu spilen fürgenumen
Ein wahrhaftig römisch histori,
Wol wert zu bhalten in memori,
Wie solches Titus Livius
Jnd dergleichen Plutarchus,
Wie der Römer Camilus hat
Belegert Valisco, die stat,
Darinn ein schulmeister (versteht!)
Die reichsten burgers-kinder het
n seiner schul, der auß untrew
Die knaben führt on alle schew
Fürs thor in der feindt läger nan
Camillo, der Römer hauptman,
Mit den er möcht ihr vätter zwingen,
Die stat in sein gewalt zu bringen,
Jnd darfür sein lohn begert.
Aber der hauptman ehren wert
Wolt nit durch solch verreterey,
Sonder die stat gewinnen frey
Mit dem schwerdt, mit ehren und rhumb,
Ließ den schulmeister widerumb
Sein schuler in die stat nein bawen.
Da die burger an theten schawen

15 *

Deß hauptmans ehrliches gemüt,
Ergaben sie die statt in güt
Willig dem römischen senat,
Wie ir solchs wert mit wort und that
5 Vernemen, wies verloffen hat.

us, der römisch haubtman, geht ein und spr

Meine Marce, sag! wie bedünckt dich?
Meinst du auch, ob in kürtze ich
Die statt Valisco müg bezwingen
10 Und sie zu der ergebung dringen?
Wann sie ist warlich starck und vest.

Marcus Varrius, der tribun:

Ja, darumb so deucht mich das best,
Das wir ängsten die vesten stat
15 Mit dem sturmzeug früh und auch spat,
Mit böcken, schleudern und mit bleiden
Die maur fellten, und gebn ein kreiden
Dem kriegßvolk, an zu treten ein sturm.
Denn möcht wir sie in solchem furm
20 Gwelting und mit dem schwerd gewinnen.

Camillus, der haubtman:

Sie sindt sehr starck an volck darinnen,
Wiewol wir sie vor kurtzen tagen
Auß dem feld drey mal haben gschlagen,
5 Derhalb sie triebn in die statmauren.
Darinn wöllen wir sie auß dauren,
Uns halten in dem läger stil,
Nichts handlen, weder weng noch vil,
Allein verlegen alle strassen
10 Und wöln in gar nichts zu gehn lassen,
All proviant in abzustricken,
Die ghraising von weitn herumb schicken.
Also wöll wir in kurtzen tagen
Die stat allein mit hunger schlagen,
15 Das sie den Römern sich ergeben,
Unsers kriegßvolcks schonen darneben.
Marce, wie dünckt dich der anschlag?

Marcus, der tribun:

Mein Camille, ich kan und mag
Den anschlag tadeln gar mit nicht.
Du bist der kriegßsach baß bericht,
27] Dann ich, wie man solches wol hat
Gespüret an Vejum, der stat,
Die man belegert zehen jar,
Sie zu gwinnen verzweifelt war,
All haubtleut kunten ir nit gwinnen,
10 Es thet in macht und kunst zurinnen,
Biß man dich, du theurer haubtman,
Für diese stat auch schicket an,
Darvor du denn hast angehaben
Unter der erd hinnein zu graben
15 Und machest ein verborgen gang,
Dardurch dein volck die stat bezwang.
Also mit sonder krieges-list
Gar keines dein geleich nit ist.
Lob sey den göttern allensant,
Die Roma, unserm vatterlandt,
Dich, du teurer haubtman, han geben!

Camillus, der haubtman:

Ein man soll weder leib noch leben
Sparn zu dinst dem vatterlandt.
Kumb! laß uns beschauen beidsandt
Die wach, wie man sich darinn halt,
Auff das nit eins nachts mit gewalt
Die feind herauß falln in den sachen
Und uns ein blinden lermen machen!

beide ab. Licinius und Lucius, zwen burger zu Va-
lisco. Lucius spricht:

Der feindt ligt sehr still vor der stat.
Nicht weiß ich, was er im sinn hat.
Er thut nicht, samb im sey zu sinn,
Die stat mit dem schwerd zu gewinn.
Ich thu nur meine wunder schawen.
Die bawren sihe ich ecker bawen
Auch gehn unser burger spacirn

Vor unserem statthor umb refirn,
Vom läger ein armbrost-schuß weit.
Iedoch helt sich zu aller zeit
Der feindt in seim feldläger still.

5   **Lucius spricht:**

Villeicht er auff uns lauschen will,
Ob wir uns geben zu weit hindan
Von der statt, das er uns grieff an,
Fieng uns burger und thet uns schetzen.

10   **Lucinius spricht:**

Ich glaub, der feind schlaf und thu netzen
Oder förcht auch der seinen heut.
Die Römer sind ie auch nur leut,
Haben eben so weich beuch als wir.

15   **Lucius spricht:**

Nun komb du und iß heut bey mir!
So wöll wir haben ein guten muht.
Weil der feindt ie so kindisch thut,
So bleib wir vor im sicher lang.
20 Wir leiden ie von im kein trang,
Wiewol er uns schlug im anfáng.

       Sie gehen beide auß.

Actus 2.

ąch schulmeister tritt ein, redt mit ihm selber
25   spricht:

Es liget der feindt vor der stat.
Ich west wol zu wagen ein that,
!8] Darmit ich groß gut uberkhem,
Wenn ich der burger kinder nemb,
30 Die ich in meiner schulen hab,
Und führet sie zum läger nab
Der feind mit guten schmaichel-worten
Und ubergeb sie an den orten
Camillo, der Römer haubtman.

Ich glaub, er würd herwider than
Mir ein verehrung groß und herrlich,
Ob gleich die that nit wer fast ehrlich,
Da fragt ich nit vil nach geleich,
5 Wenn ich nur würd mechtig und reich.
Die armut hat mich lang vexirt.
Ob ich gleich zu einem schalck wirt,
Bin ich nit der erst noch der letzt,
Der sein ehr auff die uberthür setzt.
10 Da kumen ebn die schuler mein.
Ich wils wagen, es muß so sein

Die schuler kumen, un   weitter :

Ihr schuler, euch von
Ich will euch geben lu
15 Ich will mit euch ein
Dausen vor dem stattt
Und in deß schönen m
Unser melancolisch ge
Erfrischen, unser schw
20 Von unserm ubrigen st
Mit der ban lauffen und mit ringen,
Den balen schlagen und mit springen
Und wöllen in der grüne weit
Dauß bleiben biß vesper-zeit.

25   **Johannes, der schuler:**

O preceptor, ich mag nit nauß.
Mein vatter sagt, der feindt sey dauß

     Der falsch schulmeister:

O, der feind thut uns nichts nicht.
30 Allein wider die alten ficht.
Die schuler sind all zeit frey.

    Paulus, der ander schuler:

Ich will mit, er sey gleich wie im sey.
Ich hab all mein schusser bey mir

35   **Antonius, der drit schuler:**

Mein Paule, ich will auch mit dir

Uud mit nemen mein rechenpfennig.

Livius, der vierdt schuler:

So bleib ich weder vil noch wenig.
Ich wil auch mit hinauß fürs thor,
5 Und wern tausend feindt darvor;
Wird ich gleich gefangen von den,
Dörft ich nit mer gehn schul gehn.

Der falsch schulmeister:

Ja, trutz einem, der uns das wehr!
10 Wir wöllen gehn biß zu der feindt beer,
Trutz das man einem krümb ein har.
Wir gehn sicher herheim und dar.
Ich will uns all zu diesen sachen
Durch die schwartz kunst unsichtig machen. — ¹
15 Ich bin ein nigromaticus.
Der feindt uns gar nit sehen muß.
Drumb kumbt mit mir on alle scheuch!
Ich will gar wol beschützen euch.

Sie gehen alle auß. Camillus und Marcus, der tr▬
20   ein. Marcus spricht:

[K 3, 2, 129] Die burger Valisco, der stat,
Die panckatiren frü und spat
In feier-kleidern uns zu eim spot,
Als ob sie Bacho, dem weingot,
25 Täglich ein hohes fest halten.

Camillus, der haubtman:

O, laß die jungen sambt den alten
Nur ihren wollust und hochmuth treiben,
Unser spotten mit mann und weiben!
30 Es wird ins gspött in busen rinnen.

Marcus, der tribun:

Es dünckt mich in all mein sinnen,
Wie das dort proceß-weiß her kumb
Der knaben gar ein grosse sumb.
35 Ich merck wol: sie fragen nach dir.

Camillus, der haubtman:

So geh hin und weiß sie zu mir! ·

;eht. **Araso, der falsch schulmeister, kumbt mit den knaben und spricht:**

5 Ist der Camillus der haubtman?

Camillus, der haubtman:

Ich bins. Was wilt mein? sag du an!

Der falsch schulmeister:

Ich het ein heimlich wort zu reden,
.0 Einig allein zwischen uns beden.

, der haubtman, geht mit im auff ein ort und spricht:

Sag an! was ist denn dein beger?

Der falsch schulmeister:

Hör, haubtman! ich bring dir da her
5 Der aller-reichsten burgers-kind,
Die alle meine schuler sind,
Mir befolhen in höchster trew.
] Die magst du hie on alle schew
In deinem gwalt gefencklich halten.
10 Darmit so magst du wol die alten,
Ir vätter, nöten und bezwingen
Und die statt in dein handt bringen
On alle schwerdtstreich und groß gfer.
Zur widergeltung ich beger
·5 Ein verehrung, weil die armut
Mich wolverdienten reiten thut,
Weil doch die Römer aller massen
Kein trewen dienst unblohnet lassen,
Wie das alt sprichwort von in gicht.

◻   **Camillus, der haubtman:**

O du verzweiffelter bößwicht,
Meinst du, das ich herkumen sey,

*

▶-80. Vergl. bl. 63, s. 235 f.

Durch trewlose verreterey
Zu gwinnen Valsern, die stat?
Mir hat bevolhen der senat,
Ich sol sie gwinnen mit dem schwerdt,

5 Gar ritterlich und ehren werd
Und nit durch solch untrew und list,
Welcher du ein anstifter bist.
Überantwortst die knaben mir,
Welliche sind bevolhen dir

10 Zu trewhanden durch ire vätter?
Du blutverkaufer und verräter!
Ihr knaben, entblöst im sein lendt
Und bindt im auf den rück beide hendt
Und nemb ieder ein ruten drat

15 Und haut in wider in die stat!
Zeigt darmit ewren vättern an,
Wie das Camillus, der haubtman,
Die stat will mit dem schwerdt gewinnen,
[K3.2, 130] Nit mit solch verreterisch sinnen.

Als sie ihn binden und die ruten nemen, spricht L⸺J

Ich will dem schalck sein haut erperen
Und mit der ruten mores leren.
Wolt er uns gebrr auff die fleischbenck?

Paulus schlecht zu, spricht:

25 Ich will im sein auch ingedenck:
Er hat mich oft umb unschuld gstrichen.
Schaw! wie ist der bößwicht erblichen!

Antonius, der dritt, spricht:

Bist uns auch kumen in das garn,
30 So wöllen wir dir auch mitfarn,
Wie du uns in der schul hast than,
Du verreterisch trewloser man!

Camillus, der haubtman:

Nun streicht zu, lieben söhn, streicht zu!
35 Last dem schalck weder rast noch rhu!

Sie hawen ihn hin. Marcus, der tribun, spricht:

Wer ist gwest öberster haubtman,
Ich het das glück genumen an,
Den schulmeister verehrt darzu.

Camillus, der haubtman:

Ja, wenn ich wer gewesen du,
So möcht ichs auch leicht haben than.
Ich aber, Camillus, der haubtman,
Wolt mich deß in mein hertz nein schemen,
Das ich solch schelmstück an wolt nemen,
Sie mit ihrn gstolen kindern zwingen,
Die stat in römischen gwalt bringen.
Ich hoff, es wern der kinder vätter
Gar wol bezalen irn verräter,
Die im ir söhn theten vertrawen.
Kumb! laß uns fürs läger und schawen,
Wie sie den bößwicht int stat bawen!

Sie gehen beide ab.

Actus 3.

inius und Lucius kumen, Licinius spricht:

O Luci, man sagt böse mär,
Wie Traso, unser schulmeister,
Die knaben hab geführt ins feldt-
Läger der feindt und für das zelt
Camilli, der römisch haubtman.
Nun wird er uns mit zwingen than,
Das wir im müssen aufgebn die stat.

Lucius spricht:

Ey, schaw zu der untrewen that!
Wie ist er gwest so wol gehalten,
Beide von jungen und den alten!
Der schelmstück het ich im nit getraut.

Dromo, der knecht, kumbt unnd spricht:

*

Ir erbarn herrn, hört und schaut!
Die schüler, vier junge knaben,
Trau, ir schulmeister, bunden haben
Und haben in jäher mit ruten.
Mit strumen groß sein leib im bluten.

Die schüler hawen in jäher. Livius, der 4 schüler, spri

Ir herrn, unser schulmeister hat
Uns umsunst geführt auß der stat
In der feindt das römisch heerläger
Und wolt uns übergeben weger
Camillo, der Römer hauptman,
Der uns biet die wolt nemen an,
Seit seine verrecherey mißfallen
Und saget darnach zu uns allen.
Wir soltn in binden, mit ruten schlagen
Und ihn und unsern vättern sagen,
Es wer gar nit der Römer sit,
Ihrer feindt stet zu gewinnen mit
Solcher untrew und schelmerey,
Nudier mit dem schwerdt sagt darbey,
Des schulmeisters solt ir nit schonen,
Nudier seiner schelmstück im lohnen.

Licinius spricht:

O du verreterischer boßwicht!
Drumb geh! zu dem todt in richt
Und in vier theil sein leib zu-schneid
Und henck in auf die vier wegscheidt!

Der knecht führt ihn hin, Licinius spricht:

Laß, sind die Römer so redlich leut,
Das sie handlen so gar vertrewt
Und so redlich sind in allen sachen,
Was wollen wir denn darauß machen,
Das wir uns je lang wolten weren,
Die wir billig mit preiß und ehren
Annemen als unser obrigkeit,
Die iren unterthonen kein leidt

Thut, sonder allein alles gut
Halten in treweu schutz und hut
Und in beyston iu aller not?

Lucius spricht:

> Ja, bey Jovi, dem höchsten gott,
Es soll uns ein solch obrigkeit
Lieber sein, denn unser freiheit,
Die es so gut und trewlich meint,
Wie auß der einig that erscheiut.
10 Derhalben ist mein rath auch eben,
Das wir unser stat ubergeben
Sambt unserm ungelegnem landt
Gutwillig in der Römer handt.
Doch wöll wirs eim rath zeigen an.
15 Verwilligt er, so wöll wirs than.

a beide ab. **Camillus geht ein mit Marco, der spricht:**

4] Hör, haubtman! es laut die nechst bost,
Es geh mit uns auff groß unkost.
Thut doch darmit nit vil außrichten.

20   **Camillus, der haubtman:**

Ey, laß dich deß tauren mit nichten!
Weist du nit, die zeit rosen bringt?
Durch eil oft ein sach mißlingt.

Der ehrnholdt kumbt, spricht:

>5 Herr haubtman, Valisco, die stat,
Ein botschaft her gesendet hat,
Hat ein werbung an euch zu than.

Camillus, der haubtman:

So geh und heis sie einher gan!

und Lucius gehn ein, neigen sich. **Licinius spricht:**

Die gantz gemein und auch der rath
In Valisco, der belägerten stat,
:] Die haben wahrhaftig erkendt,

Sine.

Das dem römischen regiment
Vil lieber sey die ghrechtigkeit,
Erbarkeit, trewe und wahrbeit,
Denn uberwindung oder sieg
5 In irem raisen oder krieg.
Drauß hab wir glert in kurtzen stunden,
Das wir wöln lieber sein uberwunden
Von euch, denn das wir blieben frey.
Bekennen offentlich darbey,
10 Das ir uns nicht allein mit macht
Hat uberwunden durch drey schlacht,
Sonder habt uns vor kurtzen stunden
Mit warer tugent uberwunden.
Derhalben wir euch ubergeben
15 Unser stat, ehr, leib, gut und leben
Sambt unsern weiben und kinden
Und uns auch ewigklich verbinden
Zu dem römischen gemeinen nutz.

Camillus, der haubtman:

20 Rohm soll euch halten trewen schutz.
Ihr solt ewr gutwilligkeit geniessen.
Nun wöll wir die fried-stück beschliessen,
Wie und warbey es soll beleiben.
Solchs wöll wir dem senat zuschreiben
5 Gehn Rohm und morgen mit dem heer
Abziehen mit harnisch und weer.

Lucius spricht:

Nun nembt die nachtsel in die stat,
Da ewr die gemein und rath
10 Gantz hertzlichen begeret hat!

n alle ab. Der ehrnholdt kumbt, beschleus
spricht:

So hat die comedi ein endt,
Auß der drey lehr werden erkendt:
5 Die erst bey Furio Camillo,
Dem tewren haubtman, das also
Auch soll ein redlicher haubtman
Kein schelmerey nit nemen an,

Sonder redlich auffrichtig kriegen
Nach krieges-brauch ehrlich gesiegen,
Auch mehr leut mit seinr tugent wert
Bezwingen sol den mit dem schwerdt,
5 Dadurch bekumbt sein namen sehr
Gantz untödtlich lob, preiß und ehr.
Zum andern bey dem schulmeister
Und seiner schelmerey gefer
Lert ein ambtman wol den bescheid,
10 Das er nicht wider treu, ehr und eid
Brauch solche verräterisch stück.
Darbey ist weder heil
Wann bald solchs kni   ʒ,
So volget im schandt,   ag
15 An seel und leib, au
Darob er auch bekum
Ein ewigen trewlosen
Bleibt ein fluch dem   ʲcll.
Zum dritten bey eim
20 In Valisco, der bleger
Ein oberkeit hie lerne
Das sie sich darnach richten sol,
Im krieg den friede zu erlangen,
Ob ir gleich etwas ab ist gangen,
25 Weil krieg verderbet leut und landt
Mit gefencknuß, mord, raub und brandt,
Im fried aber und stiller rhu
Nimbt landt und leut fruchtbarlich zu.
Auff das ein stäter fried erwachs
30 Durch gantz Teutschlandt, das wünscht Hans Sachs.

133]   Die person in die comedi:

  1. Ehrnholdt.
  2. Camillus, der Römer haubtman.
  3. Marcus Varrius, der tribun.
35 4. Licinius,
  5. Lucius, die 2 burger von Valisco.
  6. Dromo, der trabant.
  7. Araso, der falsch schulmeister.
  8. Johannes,

? Traso.

media mit 7 personen: Persones, die königin,
reit den philosophum Aristotelem, und hat 5 actus.

Der ehrnholdt tritt ein, neigt sich unnd spricht:

Seit all gegrüsset in gemein!
5 Es wird zu euch kumen herein
Der mechtig könig Alexander.
Da werden reden mit einander
Er und Aristoteles weiß,

*

1 Mit Aristoteles beschäftigt sich Hans Sachs auch in dem 4, 94 abge-
...kten gedichte zehen frag. Die hier behandelte sage gehört zu den belieb-
...n, die das mittelalter dem griechischen alterthum entlehnt hat. Über die
...atur vgl. Valentin Schmidt zu Petrus Alfonsi, Berlin 1827, s. 106. Loi-
...rs essai sur les fables indiennes s. 51. Liebrecht, Dunlop s. 483. F. H.
...d. Hagen gesammtabenteuer 1, lxxv. Fastnachtspiele aus dem 15 jahr-
...ert s. 138. 150. 354. 1488. K. Gödeke, Pamphilus Gengenbach s. 601.
...e altdeutschen handschriften 2, 82. 16, 160. J. V. Zingerle in Pfeiffers
...chs Germania 17, 306 ff. Anspielungen auf die sage sind sehr häufig.
...bei Niclas von Wyle, translationen s. 32, 6. in den fastnachtspielen aus dem
...jahrhundert s. 126, 32. Von bearbeitungen der sage nenne ich das lai,
...istote, das die sammlung von Barbazan 3, 96 ganz, die von Legrand d'Aussy
...73 ff. im auszuge mittheilt; eine mhd. bearbeitung in kurzzeilen steht in F.
...v. d. Hagen gesammtabenteuer 1, 21 ff.; eine dramatische in einer hand-
...ift in der Augsburger stadtbibliothek, in meinen altdeutschen handschriften
...16, bl. 160: ain spil von mayster Aristotiles. Fastnachtspiele aus dem
...jahrhundert s. 138 ff. Ein anderes älteres deutsches drama über diesen
...r habe ich veröffentlicht in der nachlese zu den fastnachtspielen aus dem
...jahrhundert s. 216 ff. R. Hildebrand bezeichnet dasselbe als einen Erfurter
...dtenschers. S. 217, 6 ist zu lesen Gispersleben. Vgl. daselbst s. 332.
...e makame über den gegenstand bringen die Münchener fliegenden blätter b.
...n. 312, s. 1185. Ein kupferstich darüber von Georg Penz findet sich in
...kupferstichsammlung des germanischen Museums in Nürnberg.

Der dem könig da rätt mit fleiß,
Er soll sich von seim weib abziehen
Und ir stäte beywonung fliehen,
Bas außwarten seim regiment..
5 Das weib aber listig behendt
Reitzt den meister durch schmeichlerey
Und süsse wort zu bulerey,
Betrog sie also beidesander,
Das der groß köng Alexander
10 Sein trewen zuchtmeister wolt erstechen. — ⬛.
Also vermeint das weibe zu rechn
Den rath, den er dem köng het geben.
Iedoch errett der weiß sein ieben,
Thet bey dem könig gnad erlangen.
15 Nun schweigt und hört, wenn man anfanger ⟵⟶ ꙅer
Thut, wie das alles ist vergangen!

Der könig Alexander geht ein mit Aristoteli, setꙅ ⟶ ⟶tzt
spricht:

[A 3, 2, 65] Den göttern sey lob ehr und preiß,
20 Die mich so glückseliger weiß
Begabt haben mit gwalt und ehr
Für alle andre könig mehr,
Das ich fast gantzes orient
Gewaltig hab in meiner hendt.
25 Ich hab erlegt den könig Porrum
Und auch den könig Darium,
Deß tochter ich hab zu eim weib.
Die ist mir lieber wann mein leib,
Persones, die zart innigklich,
30 Welliche thut erfrewen mich
Mit holtseling wort und geberden.
Mein hertz trösten in den beschwerden.
Drumb bin ich umb sie frü und spot.

Aristoteles spricht:

35 Besser wer mein herr könig todt,
Sich etwas von seim weib abziehen,
Ihre beywonung zimlich fliehen,
Mit ir nit stät in wollust leben.

[K 3, 2, 134]   Alexander, der könig:

Warumb dasselbig? sag mir eben!

Aristoteles spricht:

Da werden dir durch die wollüst
Dein krefft, sin und vernunft verwüst.
Das ist dir gift und mechtig schedlig
Und versaumbst dardurch mainig redlich
That im köngklien regiment.

Alexander, der könig:

Wie möcht ich meiden an dem endt
Die, die sich mir hat gar ergeben,
Mich lieb hat wie ir eigen leben?
Sie ist die erst ob allen frawen.

Aristoteles spricht:

O köng, es ist keim weib zu trawen.
In trew keine bestendig ist.
Sie stecken all vol hinderlist.
Vol neids, rachsal, grim und zorn,
Zu triegen die menner geborn.
Ihr lieb ist nur im augenschein,
Im grundt aber so ist sie klein
Und reichet auch nit weiter mehr,
Denn so weit reicht freud, nutz und ehr.
Denn hat ir lieb und trew ein endt.
Drumb deim köngklichen regiment
Wart besser auß und laß dein weib
Nit also gwalt uber dein leib!
Doch zimlich, das nichts werd versambt
In deinem königklichen ambt,
Magst zeit in freud mit ir verzeren.

Alexander, der könig:

Nun ich will volgen deinen leren,
Weil Philippus, der vatter mein,
Gab dich, mein zuchtmeister zu sein,
So bald und ich geboren wur,
Weil du hast erkendt die natur

sim.

Der menschen, vögel, visch und thier.
So redst du auff das weißlichst mir.
Derhalb ich mich abziehen will
Von meinem weib, doch in der still.
5 Will heut des tages fahen an.

Aristoteles spricht:

Ja, mein herr köng! das solt du than.
Kumb! ich will dir deß wollusts gift
Probiren durch treflich geschrift,
10 Welche wollust uns an schamröten
Umbfahen, das sie uns ertödten.

Sie gehen beide auß. Triton, der erst tr▬▬abant

Mein Craton, wie gefelt dir, das
Aristoteles sollicher mas
15 Die königkliche mayestat
So meisterlich beredet hat,
Von seinr gmahel sich zu entziehen
Und ir state beywonung fliehen?
Was geht solchs an den alten knecht?

20 ### Craton, der ander trabant:

Mein Triton, er thut nit unrecht,
Ob er im gleich die lere giebt.
Der köng ist gar zu hart verliebt
Zu Persones, der königin,
25 Und legt darauff hertz, mut und sin,
Auff das er ir nur mög gefallen
Und will fort ir gleich gar in allen
Mit jagen, baisen, banckatieren,
Mit tantzen, stechen und thurnieren,
[K 3, 2, 135] In summa: er thut, was sie wil.
Darmit versaumbt der köng vil,
Sein hendel nit außrichten mag.
Deß ist im reich sehr grosse klag
Und allein der köngin schuld geben.

35 ### Triton spricht:

Soll denn der köng Carteuser leben
Führn und sich in clausen speren,

Sein zeit on alle freud verzeren?
Das wer eim köng ein spötlich ding.
Er wird gehalten gar gering,
Wenn er folgt dem wonwitzen alten.

Craton spricht:

Nein, der köng soll sich köngklich halten,
Freud und wollust mit maß gebrauchen,
Doch das sie in nit nider stauchen,
Das er in wollust thu versincken,
Mit uberfluß darinn ertrincken,
Sonder soll sich halten im zaum,
Nötiger gscheft nicht mit versaum.
Also mein es der weise man.
Drumb ich ims nit verargen kan.
Solch lehr wer lengst gewesen not.

Triton spricht:

Das mag sein, bey Jove, dem gott.
Es dünckt mich aber kurtz nit recht,
Das er also die weiber schmecht,
Samb sey kein lieb noch trew in in
Und sonderlich der königin,
Die er scharpf angreift mit schmechworten.

Craton spricht:

Der weiß man redet an den orten
In gmein von weiblichem gschlecht nur,
Das blöder art ist von natur,
Wanckel, zu zorn bald geneiget,
Wie das der täglich brauch anzeiget.
Das er aber die köngin schmech,
Denck ich, das auß dem grund geschech,
Weil er durch ir phisonomey
Erkendt ir eigenschaft darbey,
Ihr begir, neigung und affect,
Was tück in ir verborgen steckt.
Derhalb den könig warnt vor ir.

*

Triton spricht:

Mein Craton, noch eins sag du mir!
Wenn das die köngin wird innen wern,
Meinst nicht, mit trutzigen gebern
5 Sie sich am alten rechen wer.

Craton spricht:

Wer wolt ir ansagen die mär?
Ich glaub nit, das der köng sag.
Sonst sis nit innen werden mag.
10 Der weiß man bleibet wol vor ir.

Triton spricht:

Wolauff, Craton! nun müsen wir
Mit dem köng in den tempel ghon,
Wann er wird heut ein opffer thon.
15 Das hofgesind sich samlet schon.

[A 3, 2, 66]   ## Actus 2.

Persones, die königin, geht ein mit Parasita, der hof⚓
setzt sich und spricht:

Parasita, soll ich dir nit klagen?
20 Ich gieng zum köng, im was zu sagen,
[K 3, 2, 136] Da er dort in eim buche laß
Und mich gar nit entpfahen waß
Und gab mir auch an diesem ort
Nit wie vor holdselige wort.
25 Ich weiß nit, wie ichs soll verstohn.
Nun hab ich im ie nichtsen thon.
Wie soll ich darinn halten mich?

Parasita spricht:

Fraw königin, da wolt ich mich
30 Gegn dem könig gantz traurig stellen,
Seuftzen sencken und zeher fellen.
Wenn denn der köng fragt, was mir wer,
Wolt ich in weinent fragen her
Der ursach, ob er mir wer feindt.

Denn werd ir' wol erfaren heint,
Was solliches die ursach wer.
Dort geht der könig eben her.
Redt in an und nit lenger beit!
Da habt ir eben stat und zeit.
So will ich auß dem sal hin weichen,
Auß zu der hindern thür schleichen.

Der könig geht ein, spricht:

Persones, wie so traurigklich?

Die königin spricht weinend:

Mein herr könig, wie das ir mich
Heut nit entpfiengt in ewrem sal?
Stelt euch gantz unfreundtlich zu mal,
Samb ob mein herr zürnet mit mir.

Der könig spricht:

Mein Persones, ob ich mich dir
Ein wenig entzeuch mehr denn vorhin,
Deß sey on trauren, mein königin!
Ich hab dich doch lieb in meim hertzen,
Wiewol solchs meiden mir bringt schmertzen.
Doch muß ich folgen weisem rath.

Die königin:

Wer hat köngklicher majestat
Ein so thörlichen rath gegeben,
Der muß feind sein menschlichem leben.
Was wer das leben on die lieb?
Der mensch on lust und freude blieb,
So wer er gleich lebendig todt.

Der könig spricht:

Aristoteles mir gebot,
Der hochgelert zuchtmeister mein,
Ich solt mich etwas massen dein,
Nicht also stätigs sein umb dich
In lieb so uberflüssigklich,
Sonder außwartn dem regiment,
Das brecht mir ein lobwirdig endt.

Doch laß solches bleiben bey dir!
Ungeschieden bleiben beide wir.

Die königin:

Schau einer zu dem alten dieb!
5 Weil er abgstorben ist der lieb,
Ers ander leuten auch verbeut.
Maint ir, er handel gar vertreut?
Wist ir, herr könig? die gelerten
Sind gwongklich in trew die verkerten.
10 So ist auch Aristoteles
Der schalckheit ein volles gefes.

Der könig spricht:

Du irrest dich; ich traw im wol.
Er ist ein man der weißheit vol.
15 Weil es ist auff den tag nun spät,
Muß ich hinein gehn in die rät.

Alexander geht ab. [K 3, 2, 137] Parasita, die hofmeister
und spricht: .

Fraw köngin, habt ir die sach erfarn?

20 ### Die königin:

Ja, nun hilff mir kein list nit sparn,
Das ich mich widerumb mög rechen
An Aristoteli, dem frechen!
Der hat den könig geleret an,
25 Er soll meiner lieb müssig gahn.
Weil zu hoff ist der alte knab,
Ich kein freundtlichen könig hab.

Parasita spricht:

So bit den könig, das er in
30 Von seinem hoff abschaffe hin!
Der könig gewert euch der bit.

Die königin:

Ja wol, der könig thut sein nit.

*

8 Vgl. 6, 117. 11, 11.

Er hat in lieb, das weiß ich wol.
Den sachen man nach gründen sol,
Wie man möcht sein wort oder that
Bey königklicher mayestat
Beklagen eines lasters schwer,
Samb er dem könig untrew wer.

Parasita spricht:

Wie, wenn ir euch gegn im erzeiget,
Samb werd ir im in lieb geneiget,
Ob ir den alten brecht int sprüng,
Das im durch den list mißgelüng,
Das er khem ins königs ungnaden
Und durch sein handt nem weiter schaden?

Die königin:

Ja, mir gefelt wol dieser rat.

Parasita spricht:

Wölt ir, ich will des abents spat
Noch heint gehn zu dem alten lappen,
An hals im hencken die narren-kappen.
Ich weiß fein mit im umb-zugehn.

Die königin:

Geh! kanst du mir aufsetzen den
Alten kempfer durch kuplerey,
Das er glaub, das im also sey,
Das er in lieb nach henget mir,
Zwölff darisch gülden schenck ich dir.
Das wir in an die sprüng bringen,
So nimb deinen ring zu diesen dingen!
Geh! such in in der liberey
Und rede in on selbgen frey
Meinthalben solcher bulerey!

Sie gehen beide auß.

an selbert s.

Actus 3.

Aristoteles geht ein mit einem offnem buch, redt mit im
unnd spricht:

  In diesem buch Propleumatis
5 Ich find warhaftig und gewiß
  Sehr vil der frawen heimligkeit,
  Die unbestendig alle zeit
  Sind in ihrer liebe und trew.
  Derhalben ich mich heimlich frew,
10 Das ich von der weiber gefer
  Bin unbetrogen blieben biß her.

[A 3, 2, 67] **Parasita, die hofmeisterin, kumbt unnd s**

[K 3, 2, 138] O Aristoteles, ein gruß
  Ich dir albie ansagen muß
15 Von Persone, der königin.

Aristoteles spricht:

  Ja, danck du ir und geh nur hin!

Parasita spricht:

  Ich hab noch ein befelch an euch.
20 Sie entbeut euch on alle scheuch
  Ihr hertzliche lieb und gunst,
  Welch lieb-flammenden fewres brunst
  Sie euch tregt in irs hertzen grund.

Aristoteles spricht:

25 Geh weck, du alter kettenhund!
  Was darfst mit lügenhaften worten
  Die königin an diesen orten
  Für ein ehrloses weib dargeben?

Parasita spricht:

30 Philosophe, so war ich leben
  Bin, so sind warhaft diese ding.
  Nimb zu warzeichen den gmahel-ring
  Der edlen zarte königin!

Aristoteles spricht:

Du teuffel, weich bald von mir hin!
Der köngin lieb mich nit anficht.
Ich darff auch ihres ringes nicht.
Du berentreiberin, droll dich hin!
Wolst du verkuplen die königin,
Welche dir doch vertrawet ist,
Weil du ir hofmeisterin bist,
Für all ander im frawenzimer?
Kumb mir unter mein augen nimer
Mit sollichen trewlosen dingen!

Parasita spricht:

Ich wird ein traurig bottschaft bringen
Der liebhabenden königin.

Aristoteles spricht:

Du cuplerin, geh!ʻdroll dich hin!
In eim sack dir am besten wer,
Eh du vil leut brechst in gefer.
Nun will ich in den tempel gon,
Denn man musse ein opfer thon,
Deß sie durch irer weißheit trieb,
Mich schützen vor solch falscher lieb.

**geht ab. Triton und Craton gehen ein. Triton
spricht:**

Mein Craton, hast du nechten gehort
Heimlich die süssen schmeichelwort
Von Parasita, der hofmeisterin,
Wie sie kupplet der königin
Bey Aristoteli, dem alten?
Lieber was thust du darvon halten?
Mich dünckt, es sey ein lauter betrug.

Craton, der ander trabant:

Ja freilich, und wer er nit so klug,
Der alt, so fürsichtig und weiß,
Sie würd in führen auff ein eiß,
Das er in alles unglück khem.

Denck wol, er sey nit so angnemb
Der köngin, das sie seine lieb beger,
Sonder das in brecht in gefer
Beim könig auß rach grimmigen zorn,
5 Weil sie etwan ist innen worn,
Das er den köng warnt vor der zeit.

Triton, der erst trabant:

Ich sorg, zu schwach sey sein weißheit,
Der köngin list zu widerston;
[K 3, 2, 139] Und ir hofmeisterin voron,
Welche ist gar arg und verrucht,
Wird nichtsen lassen unversucht,
Im so mancherley weiß nach steln,
Biß sie in in die wolfsgrubn feln,
15 Und das in kürtz, denck mein darbey!

Craton, der ander trabant:

Nein, es gschech denn durch zauberey,
Sonst wird der man nit uberlist.

Triton, der erst trabant:

20 Der schwartzen kunst ein meister ist.
Die alt wird in mit diesen dingen
Der köngin wol int kluppen bringen.
Wenn er am besten steh dermassen,
Muß ern ring an der hofthür lassen
25 Oder kumbt als bald gar umbs leben.
Doch gschicht im nit unrecht darneben.
Er hat zu hof wol halb regiert
Und ein nach dem andern vexirt,
Mehr laids uns, denn der könig, than.

Craton spricht:
30

Mich tauert aber der frumb man,
Das im ein laid solt widerfaren.
Er ist dem köng her in vil jaren
Gewest ein nützer weiser rath,
35 Vil unglücks unter-kumen hat

*

23 K wann.

Und hat auch auff-gerichtet gut
Policey, gesetz und statut
Am königklichem regiment,
Das der gmein hauff gar nit erkendt,
5 Der also zaumloß lebt allein
Und begert, ungestraft zu sein.
Wie meinst du, zu letz ergieng,
Wenn man allen mutwillen verhieng
Zu hof, im landt durch alle stät?
10 Darumb warhaft von nöten thät,
Den frumen man heimlich zu warnen
Vor der köngin betrug und garnen.
Und redtst du das, so wöll wirs than.

Triton spricht:

15 Ey nichts! was gehts mich und dich an?
Würd solchs die köngin auff uns innen,
So müsten wir deß landts entrinnen,
So uns anderst so gut wern thet.
Kumb zum frümal! man ietz dromet.
20 Der hunger hat mich lang gefret.

Sie gehen beide ab.

Actus 4.

Parasita geht ein mit der königin und sp

Ich bin der sach gentzlich verdrossen,
25 Weil ich hab ein guckgu geschossen.
Fraw köngin, da habt ir den ring.
Die sach ist gar lurtsch aller-ding.

· Die königin spricht:

Hast du denn nichtes auß-gericht?

30 ### Parasita spricht:

Gnedige fraw, kein dinglein nicht.
Ich glaub, der alte man allein
Sey nichts denn eitel stein und bein.
Ich glaub nit, das er hab ein hertz.

Er lebt on freud, lust, schimpf und schertz.
Er gab kein gutes wörtlein mir.

Die königin spricht:

Mein Parasita, was sagst mir?
[K 3, 2, 140] Ist denn der alte narr so hart,
So hultzen, gefrorn und erstart?
[A 3, 2, 68] Harr, harr! ich kan in lebendig machen
Ich will in fein freundtlich an lachen,
Mit mein holtseling augen-plicken
10 In fahen und sein hertz verstricken.
Der-gleich mit süssen senften worten
Will ich in zemen an den orten.
Er stell sich so wild, als er wöll,
Er wol zam und weich werden söll.
15 Da kumbt er selb; schleich du darvon!
Ich will in selber reden on.

Parasita gehet ab. Aristoteles kumbt, die köni
zu ihm:

Mein trost, sag mir an, was doch macht,
20 Das ich bey dir bin so veracht,
Das du so schmechlich schlegest ab
Mein liebe, die ich zu dir hab!
Villeicht hast meiner hofmeisterin
Vertrawet nicht; nimb war! ietz bin
25 Ich bey dir selb, der liebe schmertz
Offne dir selb mein senent hertz,
Wie es gegn dir in liebe brinn.

Aristoteles spricht:

O durchleuchtende königin
30 Für all königin auff erden her,
Wolt ir vermacklen ewer ehr
Mit frembder lieb? es zimbt euch nicht,
Dieweil ir ehlich seit verpflicht
Alexandro Magno, dem werden,
35 Dem mechtigsten könig auff erden,
An dem ir euch halt billich trewlich.

Die königin spricht:

Ach, mein herr könig ist mir newlich
Unfreundtlich worn und acht mein nicht.
Derhalb hab ich mein lieb gericht,
Du mein einiger trost, auff dich.

Aristoteles spricht:

Zart edle köngin, wist, das ich
Bin bey den sechtzig jaren alt,
Geruntzelt, heßlich und ungestalt!
All kreft habn abgenummen mir
Zu solcher lieb-lust und begir,
Unfreundtlich in wort und gebert,
Solch hoher liebe gar unwert.
Drumb wölt ir ie solch ubel than,
Edle köngin, so nembt euch an
Zu hof umb einen jungen schönen!

Die königin spricht:

Ich bitt: thu dich selber nit hönen!
Ich acht nit der schön, noch der jugent,
Sonder deß verstandts und der tugent,
Durchleuchtiger weißheit und kunst.
Derselben trag ich lieb und gunst.
Die find ich bey dir uberschwencklich.
Derhalben hab ich dich anfengklich
Für all man in lieb außerwelt,
Meiner lieb dich wirdig gezelt.
Darumb sag mir dein liebe zu!

Aristoteles spricht:

Aller-schönste köngin, ich thu·
So ubel an meinem herrn nicht.
Der ist befolhen in mein pflicht
Durch sein vatter köng Philippum
Von Macedonia; darumb
Last zu frieden mich alten man!
Ein solch ubel will ich nit than.

Die königin spricht:

Lest du mich nit dein huld erwerben,
So wiß, das ich vor leid muß sterben!

So bringst mich umb mein leben frey.
Meinst, das ein ringes ubel sey?
Ach, thu so ubel nicht an mir!

Aristoteles spricht:

5 O zarte köngin, wenn den wir
Beide in lieb theten begeben,
So kost es beiden uns das leben,
Bald solichs würd der könig innen.

Die königin spricht:

10 Mein hertzlieb, mit weißlichen sinnen
Weiß ich wol zeit, zil. stat und rath,
Das die köngkliche mayestat
Soll unser lieb nit innen wern.
Wo du mich thust der lieb gewern,
15 Solt zu freud, ehr und reichthumb kumen,
Die von dir werden nit genumen.
Ach, setzt mein senent hertz zu rhu!
Wilt du das thon, so sag mirs zu!

Aristoteles spricht:

20 Holdtseligste köngin auff erdt,
Weil ir mein so hertzlich begert,
Kan ich es lenger nit abschlagen,
Sonder ich thu euch hie zu-sagen
Mein lieb, gunst und hertzliche trew.

25 ### Die königin spricht:

Nun ich mich deß von hertzen frew.
Nun beint zu abendt wil ich dein warten,
Mein einigs lieb, in den thiergarten,
Die frücht zu niessen unser lieb.
30 Darauff ich dir das ringlein gieb.
Unser lieb bleib ewig und immer!
Ich muß gehn in das frawenzimer.

Die königin geht ab. Aristoteles spricht:

35 Ich hab mein ehr, gut, seel und leib
Dem königklichem schönsten weib
In inbrünstiger leib ergeben;

Und ob es mir gleich kost mein leben,
So soll es mich doch nit gerewen.
Ach wen solt aber nit erfrewen
Die lieb der köngin obgemelt?
5 Die mechtigst fraw der gantzen welt!
Wiewol mein gwissen sagt darzu,
Wie ich darinn nit recht thu,
Iedoch dennoch muß es nun sein.
Die lieb hat mir das hertze mein
‣ Entzündt mit Cupidinis flammen,
Der auch die götter allesammen
Nit haben mögen widerstehn.
Wie möcht denn ich der lieb entgehn?
Ich will gehn machen von der gschicht
Der köngin ein schön lob-gedicht
Und ir das bringen in thiergarten.
Ich geh und kan nit lenger warten.

geht ab. König Alexander gehet ein unnd spricht:

Ich hab heut und gester in nehen
Aristotelem nit gesehen,
Meinen zuchtmeister trew und frumb.
Wo geht er nur in büchern umb?
Etwan ein newes buch zu machen
Von der natur und der-gleich sachen?

Die königin kumbt, spricht:

O mein herr köng, ich muß euch klagen
Von ewrem Aristoteli sagen,
Den ir lieb habt, und frü und spat
Im alles volgt, was er euch rath.
Habt mich seinthalben oft gemiden.
So hat er euch von mir geschieden
Und das durch gschwinde list gethan,
Wann ietz derselbig trewloß man
Hat unverschambt gebult umb mich
Mit worten gar unzüchtigklich,
Mich gebeten, bey im zu schlaffen.
Den bitt ich nach der streng zu straffen.

Alexander spricht:

Das glaub ich nit, o königin,
Er sey denn beraubt seiner sinn,
Das er ein solichs an mir thu.

Die königin spricht:

5 Großmechtiger könig, secht zu!
Dacht wol, ir würd mir glauben nicht.
Derhalb so hab ich mich verpflicht,
Er söll spat kumen inn thiergarten.
Darinn will ich allein sein warten,
10 Da zu er-fülln den willen sein.
Hab aber das gethon allein,
Auff das ir kombt auff ware that.
Darumb so stellet euch heint spat
In garten an ein heimlich ort!
15 Da solt ir alle werck und wort
Sehen und hörn, was der vertrawt,
Auff den ir habt so vil gebawt,
Wird uben da on alle schew,
Darmit ir selb secht die untrew,
20 Die er tregt in dem hertzen sein
Verdeckt mit einem guten schein.

Alexander spricht:

O königin, und find ich das
An im, wie du sagst aller maß,
25 So soll er on alle gnad sterben,
Von meiner eigen handt verderben.
Nun ich will mich gemelter stund
In thiergarten verstellen rund,
Selb erfaren den waren grund.

30   **Sie gehen beide auß.**

Actus 5.

Craton unnd Triton gehen ein, Craton spricht:

Schaw, mein Triton! heut nach mittag
Dem könig in den oren lag
35 Die köngin und dem köng klagt.

Kundt doch nit hören, was sie sagt,
Denn, das der könig ernstlich sach
Und gleich grimig und zornig sprach,
Er selb erfaren wolt den grund.
Nit mehr wort ich von im verstund.
Da fiel mir heimlich ein nach dem,
Es gieng ubr Aristotelem,
Wann der könig geleich darnach
Wol zwir in trutzlich ansach.
Mein Triton, hast dus nit gemercket?

Triton spricht:

Dein sag mir gleich mein meinung stercket.
Hab deß handels auch gnumen acht
Und mir auch gleich wie du gedacht,
Es würd ubr Aristotelem gehn.
Der köng pieß gleich zusam sein zen,
Nach der Parasita zu hof
Auch gar sehr hin und wider loff.
Ein arger balck an haut und har,
Der ich bei eid nie günstig war,
Mit der die köngin redet heftig.
Sie waren ie all beid gescheftig.
Was darauß wird, wer wir wol sehen.

Craton spricht:

Die köngin thut sich dort hernehen
Mit ir hofmeisterin; kum! laß
Uns stilschweigend gehn unser straß!

Beide ab. Die königin geht ein mit ihrer hofmeisterin,
die spricht:

Fraw königin, ach, saget mir!
Was habt doch außgerichtet ir
Bey Aristoteli, dem alten?

Die königin spricht:

Ach, ich hab so lang angehalten,
Biß ich endtlich den alten schuler
Uberredt hab zu einem buler,
Der erstlich war wild, rauch und hert

Und sich mein treffentlichen wehrt
Mit manchem scharpffen argument,
Die ich mit listen ihm abwendt,
Mit süssen worten und geberden,
5 Es möcht ein münich tantzen werden.
Dem hab ich zilt in den thiergarten.
Da wird der könig in verwarten,
Hören sein bullerisch wort und that,
Alda in königklich mayestat
10 Selb straffen wird mit eigner hendt.
Denck wol, es werd sein letztes endt,
Deß alten lappen, diese nacht.

Parasita spricht:

Habt ir den fuchß int fallen bracht,
15 So wird es kosten seinen balck,
Wann es wird gwiß der alte schalck
Von köngklichr mayestat erstochen.
So seit ir wol an im gerochen,
Der mit seinem rathen und dichten
20 Begeret heimlich anzurichten
Bey euch ein unfreundtliche eh.
Deß in trüß und hertzlaid angeh,
In, den alten wonwitzen narren!

Die königin spricht:

25 Nun, geh hin! ich will sein da harren,
In follendt zu eim narren machen.
Wie gscheid er sich dünckt in den sachen,
Ich will in noch zamen und reiten,
Mit sporen stopffen in sein seiten.
30 Ich merck: der könig steht schon dort,
Verstelt, zu hören seine wort.

ta geht ab. Aristoteles geht ein, gibt ihr den brieff
spricht:

Fraw königin, herrliches lieb,
35 Meiner lieb ich euch ein zeugnuß gieb
Durch das hertzliche lob-gedicht,
In ewrem dinste zu-gericht.
Wolt das in gnaden nemen an!

Die königin spricht:

Kein hoher freud ich nie gewan,
Denn das ich find in lieb geneiget
Dein hertz zu mir, wie das anzeiget
Dein süß gedicht. Doch ich beger,
Das mein begir noch grösser wer,
So hauch darnider in das graß
Luff alle viere, und auff das
ch auff dich sitz und auff dir reit!

Aristoteles spricht:

O schönes lieb, zu aller zeit
Du mich gar unverdrossen findst.
Was ich dir kan zu lieb und dienst
Thon, solt du mich finden gutwillig,
Als dein liebhaber und dir billig.
Deß will ich nach deiner begert
Ietzt sein dein zeltner und dein pferdt.

haucht auff alle viere nider, die königin thut im
s maul, sitzt auff ihn, reit in mit sporn. Der könig
umbt, die königin geht ab und er spricht:

Aristoteles, zuchtmeister mein,
Sag mir! ist das die trewe dein?
Ich hab dir vertrawt in dein handt
Mein regiment, leut und auch landt
Und mich als guts zu dir versehen.
Wilt du mir da an ehren schmehen
Die köngin, mein hertzlieben gmahel,
Die ehrenvest ist, wie der stahel?
Deß must du lassen mir dein leben.
Schick dich! du must dein geist aufgeben.

zeucht von leder, Aristoteles felt auff die knie, spricht
mit auffhebenden henden:

Durchleuchtiger könig, ich bit:
Vergech dich alhie an mir nit!
Steck ein dein schwerdt unnd mit geduld

*

en = kauern. Schmeller-Frommann, bayer. wörterb. 1, 1041.

Hör vor an mein grosse unschuld!

Alexander spricht:

Die sach kein entschuldigung hat,
Weil ich dich find an warer that.
5 Ich hab gehöret deine wort.

Aristoteles spricht:

O köng, ich bin worden bethört
Von deiner frawen hinderlist.
Derhalb keim weib zu trawen ist.
10 Sie hat durch ir hofmeisterin
Entboten mir, sie flamm und brinn
Inbrünstigklich in meiner lieb.
Weil ich mit ungestümb sie abtrieb,
Kam die köngin selber an mich
15 Mit süssen worten listigklich.
In lieb sich also gegn mir eiget,
Sich lieblich und freundtlich erzeiget.
Als ich ir ir beger abschlug,
Die sach noch höher sie anzug,
20 An meiner liebe stünd ir leben;
Thet mir drauff irn gmahel-ring geben.
Also hat sie mich hintergangen,
In lieb verstricket und gefangen
Und mir zilt in thiergarten her.
25 Nun merck ich: sie hat mit gefer
Dich auch in garten her gestelt,
Das du mich da hinrichten sölt,
Das sie gerochen würd an mir,
Das ich, mein herr könig, hab dir
30 Geraten, solt ir beywonung fliehen,
Gemachsam dich von ir abziehen,
Bas außwarten deim regiment.
Schaw, könig! das die ursach sendt,
Das diß spiel dein weib hat anghricht,
35 Mit irer falschen lieb erdicht.
Schaw! also hats betrogen mich,
Mein herr könig, und darzu dich
[K 3, 2, 145] Durch ir practick und hinderlist.
Darumb keim weib zu trawen ist.

Sind unbestendig, wanckelmütig,
In rachsal, grim und zoren wütig,
Sind ein wütig und boßhaft thier
Und den mannen aufsetzig schier,
Künnens mit gsehenden augen blenden,
Was sie wöllen arglistig enden.
Derhalben thet ich dich trewlich warnen.
Vor deines weibs arglisting garnen
Ist mir die thorheit widerfahren.
O könig, so thu dich bewaren
Und schaw du dest baser für dich!
Ich bitt: nimb zu genaden mich
Betrognen! laß dein zoren ab,
Weil ich dir trewlich dienet hab
Von anfang deinr blüenden jugent,
Dich zogen auff gut sitten und tugent,
Wie du das bißher hast entpfunden.

könig steckt sein schwerdt ein unnd spricht:

Nun, weil du durch list uberwunden
Bist worden so tückisch von ihr,
So will ich das verzeihen dir.
Steh auff! laß dirs, zuchtmeister mein,
Ewiger zeit ein witzung sein!
Laß nit mehr uberwinden dich
Der frawen list! so will auch ich
Mich vor ihrer bey-wonung büten,
Mich abziehen von ir in güten
Und außwarten meim regiment.
Du bleib bey mir biß an dein endt
In vorigem stand, wird und ehr!
Gedenck mir solichs nimermehr
In arg! dergleich will ich auch than
Und niemand solichs zeigen an
Der ding, die sich begeben han.

Beide ab. Der ehrnholdt geht ein, beschleust unnd spricht:

Also endet sich die geschicht,
Comedi-weiß kurtz zu gericht,
Auß der drey lehr man mercken sol,

Welche sind zu behalten wol;
Erstlichen, das oft trewer rat
Eim mann zum ubelsten außgaht,
Dardurch erlanget neid und haß.
5 Deß man im feindt wird uber das,
Wiewol ers gut und trewlich meint,
An Aristoteli erscheint.
Zum andern, das auch frawen list
Unzelich und ungründtlich ist,
10 Die männer können machen zu lappen,
In anstreiffen die narren-kappen
Und als in einem guten schein,
Darunter wöllen ungschlagn sein,
Iedoch so sind alhie die frummen
15 Erbern frawen außgenummen,
Den ehr und tugent lieber ist,
Denn solch untrew und hinderlist.
Zum dritten man hie klerlich sicht,
Alter helff für kein thorheit nicht
20 Und wie auch einem weisen zwar
Kein kleine thorheit widerfahr,
Wie Aristoteli geschach,
Der durch weißheit die list hernach
Fürsichtigklichen uberwandt.
25 Derhalb die weißheit hat bestandt.
Darauß uns heil und glück erwachs,
So wünschet zu Nürmberg Hans Sachs.

Die person in die comedi:

    1. Ehrnholdt.
30 2. Alexander magnus, rex Macedonie.
    3. Persones, sein gemahel.
[K 3, 2, 146] 4. Aristoteles, sein zuchtmeister.
    5. Parasita, die hofmeisterin.
    6. Triton,
35 7. Craton, die zwen trabanten.

Anno salutis 1554, am 20 tag Januarii.

1. Comedi mit 6 personen, der kampff mit Armut unnd fraw Glück, unnd hat 1 actus.

Der trew Eckhart geht ein unnd spricht:

Seyt all gegrüst, ihr erbarn leut!
5 Mir ist verkundtschaft worden heut,
Fraw Armut werd heut zu euch kummen.
Ich bitt: gebet herberg der frummen,
Wann sie ist aufrichtig und redlich,
Mit worten und wercken unschedlich!
10 Darzu wird auch kummen fraw Glück,
Die wanckelmütig, voller tück,
Und will fraw Armut treiben auß
Mit irem gwalt auß diesem hauß.
Fraw Armut wehrt sich an den orten
15 Und kempfen lang mit wechßel-worten,
Wann iede will die beste sein.
Endtlich sie sich beld geben drein
Und wöllen mit den feusten kempffen.
Und welche thu die ander dempffen,
20 Die soll den inhalten den plan,
Der andern soll sein unterthan.
Nun höret zu und seit fein still,
Wie sich das als verlauffen will!

Fraw Armut gehet ein unnd spricht:

Ich bin die ehrlich fraw Armut.
Ob ich gleich nit bin reich an gut,
So bin ich aber reich an tugent,
Die für all schetz die reichen wugent,
Die mich den weisen angnem macht.

Wiewol ich bin der welt veracht,
Die mich thut uberal außtreiben,
Will schawen, ob ich hie künd bleiben
Frey unvertrieben an den orten
5 Vor dieser köngklichen pforten,
Ob etwan her ein weiß man khem,
Der mich kennet, sich mein annemb
Und mich brecht in dem hof zu ehren,
Das ich da möcht mein zeit verzeren
10 Und mich als unmuts möcht ergetzen.
Ich will mich zu dem eingang setzen
Und haben da ein stille rhu.
Schaw, schaw! wer schwantzet dort herzu,
Wie ein keiserin reich und mechtig,
15 Beklaidt und geschmucket hochbrechtig,
Mit hohen augen, stoltzer geber?
Ietz kenn ich, wer dort branget her.
Es ist fraw Glück, die auffgeblasen.
Sie wird mich kaumb zu friden lasen,
20 Wann sie ist mir von hertzen feind.
Der zorn ir auß den augen scheint.
Ich merck wol: sie hat mich gesehen.
Fecht sie was an, ich laß geschehen.

Fraw Glück kumbt unnd spricht:

25 Was machst du hie, fraw Armut,
Zu hof bey ander leuten gut?
Du bist heiloß, nichtig und schnöd.
Du solst nur sein in der einöd
Oder gar unden in der hell,
[K 3, 2, 147] Deß teuffels ewiger gesell.
Du solt nit bey den leuten wonen,
Weil du ir keines thust verschonen,
Denn wo du eingehst und regierst,
Die hertzen quelst und tribulierst,
35 Bringst sie in argwon, spot und schandt.
Kein freund hast du im gantzem landt.
Man ist dir feindt, wo du eingehst.
Veracht bist, wo du sitzt und stehst,
Das dich die hundt oft pellen an.
40 Darumb weich nur von diesem plan

ist Armut mit eim fuß, die steht auff und

Fraw Glück, schweig und laß mich mit rhu!
Wiß! ich bin vil besser, wann du.
10 Ich halt im zaumb alter und jugent,
Zwing die leut zu sitten und tugent,
Keusch, züchtig, schamhaft und demütig,
Fridsam, sitsam, still und gütig,
Gehorsam, arbeitsam und rund,
15 Halt sie nüchter, mässig und gsund.
Du machst sie stoltz und aufgeblasen,
Dein diener all tugent verlasen,
Wann wer dich hat, das waltzend glück,
Übt darnach vil der bosen stück.
20 Hoffart, pracht und unrechten gwalt,
Krieg und thyraney manigfalt,
Wucher, spil und bulerey,
Ehbruch, fraß und die füllerey.
Du bist schedlicher vil, denn ich.

25   **Fraw Glück spricht:**

Hör, Armut! warumb schmechst du mich?
Ich bin auff erd der irrdisch gott.
Mein diener heb ich auß dem kott
In wollust, ehr, gwalt und reichthumb.
30 Ich bin gantz werd, wo ich hin kumb.
Solt ich denn nit vil besser sein?

      Fraw Armut spricht:

Hör zu, fraw Glück! die diener dein
Erhebst gleich wie ein zederbaumb,
Entlich verschwindst gleich wie ein traumb
Und stürtzt sie von all irem pracht,
Von ehren, reichthumb, gwalt und macht
In armut, kranckheit, schandt, ellendt.

Schav. Glück! das ist dein greulich endt,
Wie Johannes Bocatius
Beschrieben hat in uberfluß
Etlich hundert in einem buch
  ₅ Der Glück, zu ein ewigen fluch,
Die du mit dein scheinbaren gaben
Schier in den himel hast erhaben,
Darnach plötzlich wider gestürtzt
Ins ellendt, das er dir aufs kürtzt
  ₁₀ Anbehn: du führst ein grossen schein
Und sind doch all die gabe dein
Vergengklich, wie rauch oder dampf.
Darumb beut ich dir an den kampf,
Und welche unter uns erlieg,
  ₁₅ Sich darnach vor der andern schmieg
Und bleib ir entlich unterthan!

Fraw Glück sicht auff gen himel unnd spricht:

Ir götter, secht den frewel an
Der Armut, die sich trutzigklich
  ₂₀ Hie darf auffbaumen wider mich,
[K 3, 2, 145] Sich unterwindt mit mir zu kriegen,
Weil sich vor meinem gwalt muß schmiegen
Keiser, könig, hertzog und fürsten!
Babst und bischof thut nach mir dürsten,
  ₂₅ Weil ich bin so kreftig und prechtig.
O Armut, kraftloß und anmechtig,
Darfst du so trutzig mit mir scharren?

Fraw Armut spricht:

Hör zu, fraw Glück! allein die narren
[A 3, 2, 72] Dich loben, fürchten und auff dich gaffen.
Die machst du all zu thoren und affen.
Die weisen achten dein nit vil.
Drumb ich dir auch nit weichen will,
Wann ich fürcht mich gar nichts vor dir.

  ₃₅ **Fraw Glück spricht:**

Sag her! wie wilt kempfen mit mir?
Im harnisch, zu roß oder fuß?
Das selb ich von dir wissen muß,

Das ich mich darm rösten kan.

Fraw Armut spricht:

Fraw Glück, wiß von mir, das ich han
Weder schilt, harnisch oder pferdt,
5 Weder spieß, steinaxt oder schwerdt!
Sonder mit dir ich kempfen muß
Mit blosem leib also zu fuß,
Mit freier handt, da denn beweiß
Iede ir kraft zu' sieg und preiß.
10 Welche obligt, die hab gewunnen!

Fraw Glück spricht:

Wie handelst du so unbesunnen!
Du kraftlose, wo wilt du bleiben?
Ich will dich mit einr handt umbreiben,
15 Das du daumelst in jene ecken.

Fraw Armut spricht:

Dein stoltze wort mich nit erschrecken.
Du bist vol stoltz, hofart und brenck,
Von leib dick, faist und ungelenck;
20 Ich bin von leib mager und gsund,
Gelenck, thetig, hurtig und rund.
Darumb sprich auß das kleinot drinn,
Welche unter uns den sieg gwinn,
Was ir die ander sey verpflicht!

25   **Fraw Glück spricht:**

Kempf wir, so will ich anderst nicht,
Denn wellicher theil lieget oben,
Dem soll der ander theil angloben
Auff glauben, trew bey eides pflicht,
30 Das er getreulichen außricht,
Was im der ander theil gebit.

Fraw Armut spricht:

Hör zu, fraw Glück! warumb deß nit?
Ich will mein glübt halten in wahrheit.
35 Hie wird ans liecht kumen mit klarheit

Fraw Glück stürtzt ihr erwel hinder sich und spricht:

Nun, so schick zu dem kampfe dich!
Ich will dich mit mein feusten plewen,
Das dich der kampf muß bald gerewen.

Fraw Armut stürtzt ihr erwel auch hinder sich, spricht tru

Nun, so kumb her! da wart ich dein.
Wiß! ich will gar dein zag nit sein.

Sie greiffen einander an, schlagen und jagen einander, e
noch wirft fraw Armut das Glück nider, kniet auff sie
spricht:

K. 2. 149' Wie nun, fraw Glück? thust du dich geben
Auf gnad, zu erretten dein leben?
Gibst du den kampf gewunnen mir?
Und was ich wird auflegen dir,
13 Wilt aubrichten on unterscheid?
So schwer mir deß ein herten eid
Bey allen göttern, all solche stück
Zu leisten on all list und tück!

Fraw Glück reckt zwen finger auff unnd spricht

20 Bey allen göttern ich dir schwer,
Ein eid zu halten bey trew und ehr.
Ach, was du gebeutst groß und klein,
Deß will ich dir gehorsam sein.

Fraw Armut lest fraw Glück wider aufstehn und s

25 So merck du, uberwundens Glück,
Hernach dein straff von stück und stück!
Die götter haben dir zugeben,
Das du uber das menschlich leben
Die gab des guten glücks außschütest
30 Dergleich das unglück, so du wütest.
Nun ietz nimb ich dir halben gwalt.
Dein frölig glücklich gab behalt,
Damit dem menschen kumbst zu heil!
Aber dein andern bösen theil,
35 Nemlich das unglück und unfal,
Den bindt an diesen aichen pfal

Vor iederman auff freier straß!
Verknüpf und bewars selber bas
Mit ketten und newen stricken,
Das es mit seim ernstlichen plicken
5 Keim menschen mehr kumb in sein hauß,
Sonder ewigklich bleibe dauß,
Es sey denn ein mensch selb so thumb,
Das es mutwilligklich herkumb
Und löß im selb das unglück ab,
10 Uber den selben es macht hab,
Das es in reit und uberfall.
Nun, das gebot thu enden ball!

lück bindt an den pfal ein fatzilet und ring, spricht:

Da bindt ich an die bulerey,
15 Darinn ist unglücks mancherley.

w Glück bindt ein schwerd an pfal und spricht:

Da bindt ich an rach, trutz und zorn,
Draus all mal vil unrats ist worn.

ück bindt ein engster mit wein an pfal und spricht:

20 Da bindt ich an die trunckenheit,
Die vil unrats bringt alle zeit.

raw Glück bindt ein sack an pfal und spricht:

Darinn bindt ich unglücks vil,
Als faulkeit, hoffart, geitz und spil,
25 Liegen, triegen, raub, mord und has.
Wer will, mag selb ablössen das,
Im schaffen unglück und unrhu.
Selber ich niemand nöt darzu.

Fraw Armut spricht:

30 Das thu und halt dein trew und eid!
Alde! mit wissen ich abscheid.

7 Armut geht ab. Der buler kumbt und spricht:

O du holdselige göttin,

*

ad mit.

Fraw Glück, zu der ich kumen bin.

[K 3, 2, 15?] Ein bule bin ich zu dir hab.

Ir wölst mit mir theilen dein gab

Der schöne und hochprächtig,

5 Das ich werd angenem alle zeit

Den schönen frawen und jungkfrawen,

Der dienst in bulschaft zu erbawen.

Darzu hilf du, holdseligs Glück!

Fraw Glück spricht:

10 Jüngling, du bittest umb ein stück.

Der bulschaft halb dich zu begnaden,

Welchs doch bringt lauter schandt unnd schaden,

Das man wird ehrloß und veracht.

Solch gab steht nit mehr in meinr macht,

[A 3, 2, 73] Sonder ist an dem pfal anbunden,

Weil ich bin siegloß uberwunden.

Drumb kan ich dir solch gab nit geben.

Der buler spricht:

So gieb mir nur den rath darneben,

20 Das ich solch gab bekumb darmit!

Fraw Glück spricht:

Wilt du unglücks geraten nit,

So löß dirs selber von dem pfal

Und trag dir selb heim dein unfal!

Der buler löst das facilet und den ring ab vom pfeil,

Erst bin ich der frölichst auff erdt,

Bin ich der hohen gab gewert.

Der buler geht damit ab. Der kriegßman kumbt und

O du gwaltige königin mechtig,

30 Fraw Glück, rhumretig und hochbrechtig,

Ich bitt, wölst mir in meinem leben

Künheit, sterck und freidigkeit geben,

Das ich werd unverträglich, frech,

Trutzig, stoltz, uppig, gschwind und gäch,

35 Beide in fried und auch in kriegen,

Das ich mich vor niemand dürf schmiegen,

Und aeghaft werd auf kurtzis plan
Und werd meins leibs ein küzer hckl.

Jüngling, da hast dir außerwelt
Ein trutzig unverzagten mut.
Das ist ein gab, doch nit sehr gut
Sonder bringt mit ir auff dem rück
Leibschäden und on zal unglück,
10 Dir schedlich durch dein gantzes leben.
Solch böb gab kl   ben
Sind angebunden
Wilt dus ablösen,   !
So nimb zu dem   erdt!

er kriegßman nimbt (a pfal, spricht:

Nun bin ich dies
Die mir erfrewet
Und mich gar na

kriegßman geht mit ab. Der trincker kumbt, spricht

20 O süsse göttin du, fraw Glück,
Gewer du mich in diesem stück!
Bescher mir all zeit gut wein,
Das ich müg frisch und frölig sein,
Mit guten gsellen banckatiern,
25 Tag und nacht hinnein burschiern
151] Und all sorg schlagen mag zu rück,
Das bitt ich dich, du süses Glück,
Weil ich sunst nichts von hinnen bring.

Fraw Glück spricht:

30 O schlemer, wiß! mit diesem ding
Als mit fraß und unmessigkeit
Lockst du der armut und kranckheit
Wiß, das ich solichs unglücks gab
In meinem gewalt nit mehr hab,
35 Sonder habs an dem pfal anbunden,
Als mich Armut hat uberwunden!
Darumb kan ich dirs geben nicht.

So bin ich ...

Wie ich dem weil ...

Wenn ich hab ...

Dann ...

Wenn du in lust so gut ...

Mit füeng den ...

So ...

Und mich mit dir ...

Der tröncker tut den ... ab, trinckt und spricht:

Kumb her, du edle ...

Du ...

Mein herr und alle mein gebieder

Und schlecht mir all mein trauren nider.

... all meine tag

Gern leiden ich, was ich leiden mag.

Der trincker grüsst und durchelt dahin. Frau Glück sicht

nach unnd spricht:

Wie ist menschlich geschlecht so blind!

Eigen ...

Wie viel die ...

Mich überwunden hat auf erd.

Gerret, das ich ... unglücks-fal

Gebunden hab an disen pfal

Zu gut garten menschlichen geschlecht.

Das es darvon bleib ungeodt.

So kumbt doch her der menschen Hauf ...

Lassen ir unglück selber auf

Durch ir böß begier und affect,

Der ir hertz und gmüt vol steckt,

Darmit in freuden sie hingebet.

Doch wird sich finden an dem nächt

Wie thörlich sie gehandelt haben

Mit den unglückhaftigen gaben,

Wie ir das kurtzliches werd sehen.

uler geht krencklich und traurig daher, und dan ...g...
und trincker:

    Weh mir, weh mir, da wanckelt Glüc...
5 Wie hast du mir durch deine tück
    Gezeigt so ein nichtige gab?
    Elr und trew ich verloren hab.
    Das ich ver spot, schanden und laster
    Letz ka... ...
10 Wann man zeigt mit ...ern auf ...
    Vil ermer bin ...
    Mit schmeck und ...
    Mit be... und ...
    So hab ich ...
15 Und was ich ...

152] Von ...
    Von ...
    Auch ...
    Das ich ... nicht ...
20 Doch ...
    Mit dem Franzosen ...
    Das ... bringt mich erst in ...
    In unaussprechen angst und qual.
    Dieweil ich ... auf studieren.
25 Du ... Glück ...
    Mit deiner unseligen ...

Der krieger hat ein arm in banden ...

    Dergleichen wer mir das ...
    Dem gar aufgelöst ...
30 Die hat mir bracht in allen ...
    Unfal und verderbliche schaden.
    Vil neid und haß auf mich geladen
    Ich bin in diesem ...
    Kummer gar umb ...
35 In gleichmut und grosse gefar
    Gar oft ich auch getroffen war
    Im krieg wolt ich der ...

nd...samt ...

Hab mein theil oft genumen ein.
Wo ich loff auff die beut und raubt,
Kam oft wider mit bluting haubt,
Doch wer solchs alles zu verklagen,
5 Wer ich nit worden lam geschlagen.
Darmit ist auß mein trutz und pracht,
Bin zu eim botenlauffer gmacht
Und gericht an den bettelstab.
Schaw, das hab ich von deiner gab,
10 Du unglückhaftiges gelück!

Der trincker an den zweien krucken spricht:

Also gehts mir auch an dem stück,
Du unseliges Glück, von dir.
Das ich hab feierabendt schir
15 Durch mein trunckenheit, füll und schleck,
Ist mein handel und gwerb hin weck,
Weil ich vor füll drauff het kein acht,
Sonder ich prasset tag und nacht,
Entlehent vil auff borg und bitt,
20 Macht grosse schuld und zalt ir nit.
Die glaubiger mich oft verklagen,
Betgwant und mein haußrat außtragen.
Erst thet mir not arbeiten sehr.
So bin ich alt und kan nit mehr
25 Der arbeit vorstehn an dem endt,
Wann es zittern mir füß und hendt.
Hüsten, reispern, rewden und kretz
Und schwindsucht sind ietzund mein schetz
Auch reist mich hart der harmstain.
30 Darzu hab ich rinnende bain,
Rotte augen, sausende ohrn
Und geh daher gleich einem thorn.
Mir schwindelt, bin gar unvermüglich,
Zu nirgent mehr nutz oder täglich
35 Und ligt mir warlich streng und hart.
Bin kranck und schwach, darff guter wart
So ist hin haußrat sambt dem hauß
Und ist dem schimpf der boden auß
Und ist die katz mein bestes viech.
40 Darzu, fraw Glück, so bringst du mich,

Das ich dein gab löst von dem pfal.
O, wer ich ietz in eim spital,
So deucht ich mich im himel sein.
Zu der hartsel bringt mich allein,
5 O fraw Glück, dein verfluchte gab.

Fraw Glück spricht:

All drey ich euch gewarnet hab,
Erzelet euch zukünftig rach.
Ihr aber wolt nit las----- ----
153] Und löst euch das u
All drey selber ab v
Sind sie euch nu nit
In gedanck, worten
Und habt nun ein hu
15 So dörft ir mir die s   ),
Sonder gebt euch nu   ld!
Tragt ewer trübsal n
Secht! dort kumbt d
Wird euch zeigen di
20 Wiewol er ist mit w
Iedoch den rechten weg er lert.

Der trew Eckhart kumbt unnd beschleust:

Nun höret zu, ir alle drey,
Auch wer sunst hie entgegen sey!
25 Erstlich, das glück ist ein schwach ding
Und auch zu uberwinden ring,
Weil es gibt unbestendig gab,
Nimbt gehling auff, denn wider ab.
Darumb darauff nichts ist zu bawen.
30 Auch soll man eigentlich anschawen,
Das an dem pfal als unglück
Anbunden ist und all sein tück,
Das es gar niemandt mehr kan schaden,
Denn dem, der es selber thut laden
35 Und im selb ablöst von dem pfal.

Füllerey, tragheit, uber das
Wollust, bulen, geitz und spil
Schaft im der mensch selb unglücks vil,
Auß den und der-gleich laster springen,
5 Gleich samb auß einer wurtzel dringen
Armut, kranckheit, schandt und schaden.
Mit der-gleich unglücks uberladen
Wird der mensch oft mit ungeduld
Und ist doch selbert nur sein schuld,
10 Samb hab ers selb vom pfal gelöst.
Auß dem allen so wird getröst
Der weiß man, der anricht sein leben,
Und thut auff tugent sich begeben,
Veracht das wanckelmütig glück.
15 Fallen im aber zu die stück,
Als ehr, gewalt, gunst, kunst und gut,
So hengt er doch sein sin und mut
Nit dran, sonder Gott dancket frey
Und mert auch alle stück darbey,
20 Darvon unglück entspringen mag.
Der man lebt sicher sein lebtag.
Wo aber unglück on sein schuld
Herfelt, das tregt er mit geduld,
Als sey es im von Gott gesendt
25 Auß seiner vätterlichen hendt,
Seiner seel zu einer ärtzney,
Dardurch zu uberwinden frey
Die sünd, das sie nit in im wachs,
Sonder absterb, das wünscht Hans Sachs.

Die person in die comedi:

1. Fraw Glück.
2. Fraw Armut.
3. Der trew Eckhart.
4. Der buler.
5 5. Der krieger.
6. Der trincker.

Anno salutis 1554, am 5 tag Septembris.

4] Tragedia mit 13 personen, die zerstörung tatt Troya von den Griechen, unnd hat 6 actus.

er ehrnholdt tritt ein, neigt sich unnd spricht:

Erbar unnd ehrenveste herren,
5 Zu euch kumb wir auff ewr begeren,
Ein tragedi bey euch zu halten,
Die haben beschriben die alten
Gschichtschreiber Dictis Cretensis
Und Dares Frigius gewis,
Wie sich vor Troya, der stat,
In der blegrung begeben hat,
Das Achilles, der griechisch fürst,
Ein thurer held, kün und gedürst,
Lieb hab gwunnen Polixena,
Des königs tochter zu Troya,
Und ir zu gmahel hab begert,
Acht er aber blieb ungewert
Und Hector im hernach bracht umb
Sein aller-besten freund Patroclum.
Zu rach hat Achilles umbbracht
Hectorem auch in einer schlacht,
Der junckfraw bruder, des köngs son.
Dergleich hat er umbbringen thon
Troylum, einen helden kün,
Auch einen auß deß königs sühn.
Von wegen solch geübter that
Het Hecuba, die königin, raht
Mit zweien söhnen, bschloß also,
Sie wolt mit list berüffen do
Achillem in dem tempel alt,

Der vor der stat lag in dem walt,
Samb wolt sie im die tochter geben.
Da soltens nemen im das leben.
Das auch nach dem anschlag geschach,
5 Wie ir solchs als klerlich hernach
Wert hörn und sehen nach der leng.
. Seit still und steht fein on gedreng,
Biß man die gschicht an tag hie breng!

Der ehrnholdt geht ab. Priamus, der könig, gehet ein mit
dreien söhnen, setzt sich und spricht trawrigklich:

Ihr lieben söhn, hört meine wort!
Ir secht Troya an allem ort
Belegert mit der Griechen heer,
Beide zu land und auch zu meer.
15 Hat nun gewert ein lange zeit
Auff beiden theil mit krieg und streit.
Nun bin ich ie für mein person
Ein alt und unvermüglich mon,
Zu uben ritterliche that;
20 Aber mit fürsichtigem raht
Da will ich euch trewlich vor gehn,
Dem grimmen feindt zu widerstehn.
Darumb, ihr lieben söhne mein,
Müst mit der handt deß dapfrer sein
25 Und alle kriegßordnung verwalten,
Troya vor dem feindt zu behalten.
Ich hab mein trost auff euch gesetzt.
Hoff, ir werd euch halten zu letzt,
Wie ir denn bißher habt gethon.

Hector, der eltst sohn, neigt sich unnd s ⟍━━

Herr vatter, da habt kein zweiffel on!
[K 3, 2, 155] Wir wöln mit ritterlicher handt
Noch schützen unser vatterlandt,
So lang uns leib und leben wert.

35   **Paris, der ander sohn:**

Herr vatter, ich hab nie anders gert,
Denn an dem feindt sieg zu erwerben,
Aber ehrlich im feld zu sterben

In eim scharmützel oder schlacht.

Plewphebus, der dritt sohn:

Ich hab auch nie anderst gedacht,
Denn auch mit helden-theurem mut
5 Drein zu setzen leib, gut und blut.
Deß solt, herr vatter, mir trawen.

Priamus, der könig, spricht:

Kumbt, lieben söhn! last uns beschawen,
Wie man auffwerff den blinden graben,
10 Weil wir ietz gleich ein anstant haben
Mit den feinden auff dreissig tag,
Der uns zu heil erschiesen mag!

Ira, deß königs tochter, kumbt. Der könig spricht:

Casandra, tochter, sag an! weist,
15 Weil du hast den warsager-geist,
Wie wird es der stat Troya gehn?
Wird sie vor den feinden bestehn?

die tochter, schlecht ir hendt zu samen und spricht:

Ich bitt, o mein herr vatter, treib
Auß Helena, das griechisch weib,
Die königin auß Griechen-landt,
Die Paris mit raubischer handt
Hat her in die stat Troya bracht!
Wo nit, so wird der Griechen macht
Troya, die grossen stat, zerstörn,
Dich und all mein brüder ermörn,
Wo du Helena nit wider geist.

Priamus spricht:

Ich merck, das du unsinnig seist.
Legt sie in kercker untert erdt,
Biß das sie wider sinnig werdt!

die jungkfraw ab. Der könig mit sein söhnen geht ah. Achilles kumbt, setzt sich unnd spricht:

Ach, wie ist mir mein hertz verkert,
Mit dem fewrigen strahl versert

... er gsetn der lieb.

... mit summen trieb

... der alten lust zum kriegen.

... zu zu sagen.

... mir allein

... der ... meister mein.

... unterwisen.

... zeit werd geprisen

... zu griechen-landt!

... man theure handt

... worden uberwunden.

... gefangen und gebunden.

... krigs-ehr mehr acht.

... in nachtracht.

... nit ruhen mag.

... und gunst er-jag.

Di

Al

In

H...

5 M

U...

So

Da...

10 *Kein*

Denn

Und

Weil

Mit i...

15 Und

Ob i...

20 Wilt,

Patroclus der fürst auf Griechen, kombt unnd spricht:

... in ...

In einer ... was ligt dir an?

25 Wie ... betrübet,

... herz ...

... Wie schans dein gestalt anzeiget?

Achilles spricht:

Patrocle, du bist mir geneiget

30 Ru... gewest in aller trew.

Derhalb hab ich vor dir kein schew,

Mein schweres anliegen zu sagen.

Weil wir jetzund bey dreissig tagen

Ein anstat mit den feinden han,

35 That gester ich gegn Troya gan

Aufs fest in den tempel auff trawen,

Der feindt gotsdienst auch zu beschaw...

Drinn die königin Hecuba war

Mit irem frawenzimer gar.

35 Darunter ich erblickt in scham

Ihre tochter Polixenam,

Gebildt so zart und uberschon,

Als ob sie auß der götter thron

Auff erden wer zum menschen kumen.

Hab ich die gantzen nacht durchwacht

5 Mit seuftzen und ir schön betracht;
Und wo mir die nicht wird zu theil,
So weiß auff erden ich kein heil,
Dardurch gefristet werd mein leben.

Patroclus spricht:

10 Kein bessern rath ~~~~ ~~~~ ~~ ~~~~.
Denn: ich will bei
Und mit der köni
Weil ietz fried ist   eden.
Mit ir allein zwisc
15 Und dir umb Poli:
Ob ich mit unterk
76] Wilt, so wilt ich v

Achil

Patrocle, höchster
20 Hab fleiß! dein botschaft wol außricht!
Wirst mir gut botschaft bringen nicht,
So fürcht ich, es kost mir das leben.
Die götter wöllen dir glück geben!

lus geht ab. Achilles redt mit im selber unnd spricht

25 Wie unruhig ist mein gemüt!
In strenger lieb es tobt und wüt.
Zeit und die weil die ist mir lang.
Wo ich nur bin, da ist mir bang.
So starck hat mich die lieb angriffen,
30 Ich will ein weil nauß zu den schiffen,
Welche stehn an dem port am meer,
Zu dem grossen griechischen heer,
Auff das mir die lang weil vergeh,
Vergeß der lieb senenden weh.

es geht auch ab. Hecuba, die königin, geht ein mit Po
lixena, ihrer tochter. Die königin spricht:

O mein tochter Polixena.

Wie hat die edlen stat Troya
Überfallen so groß unglück
Allein umb das einige stück,
Das Paris hat, mein junger sohn,
5 Auß Griechenlandt herführen thon
Helena, das köngkliche weib!
Deß verleust mancher man sein leib.
Solchs hat Casandra weiß gesagt,
Dein schwester, war doch darumb plagt.
10 Es wird verderbt das gantze landt.

[K 3, 2, 157]   **Polixena, die jungkfraw:**

Fraw mutter, weil man ein anstant
Deß frieds hat gmacht auff dreissig tag,
Helt man darinnen kein rathschlag,
15 Das man widerumb machet fried?

Hecuba, die königin:

Ja, das gschech wol, wenn das nur lied
Hector, der starcke bruder dein.
Der will bewilling nit darein,
20 Sonder sich an den Griechen rechen.
Verhoft, in all ir macht zu brechen
Durch sein künheit und grosse sterck.

Polixena spricht:

Mein hertz-liebe fraw mutter; merck!
25 Muß man denn folgen im allein?
Wenn man betracht den nutz gemein,
Ist ie fried besser, denn der krieg
Oder gleich ein blutiger sieg.

Der ehrnholdt kumbt, neigt sich und spric

30 Fraw königin, Patroclus will,
Der griechisch fürst, ist in der still
· Gegn Troya heint kumen herein,
Und begeret mit euch allein
Ein mündtliche werbung zu than,
35 Wo ir die selb wolt hören an.

Hecuba, die königin:

Ja, heiß in herein auff den sal,
Sein werbung zu thun auff diß mal!

3, der griechisch fürst, kombt mit dem ehrnholdt,
spricht:

5 Fraw königin, vernembt gewiß!
Achilles, ein sohn Thetitis,
Der griechisch fürst und küner heldt,
Der hat in lieb im außerwelt
Polixenam, die zart jungkfrawen.
10 Bitt, sie im ehlich zu vertrawen.
Das will wider verdienen er.
In allem, was man von im bger,
Darzu will er gutwillig sein.

Hecuba, die königin:

15 .Solt ich die liebsten tochter mein
Einem auß mein todtfeinden geben,
Die uns nach stellen leib und leben?
Dasselb sey von uns ferr und weit!

Patroclus spricht:

20 Gnedige köngin, mit der zeit,
Wo solch köngklich heirat geschech,
Würd man auch haben ein gesprech
Beider bartey deß frieden halb,
Weil Achilles ist allenthalb
25 Der förderst von den Griechen allen.
Derhalb last euch die heirat gfallen!

Hecuba, die königin:

Wenn Achilles das griechisch beer
Wider heim schaft hinuber meer,
30 Das wir forthin mit frieden leben,
So will ich im mein tochter geben.
Soliches sagt im wieder an!

Polixena spricht:

Ja, sagt, ich wöll es willig than
35 Und folgen meinr fraw mutter bger,
Das nur fried in dem lande wer!

Hector, der elter sohn, tritt ein unnd spricht:

[K 3, 2, 158] Was habt ir mit dem feindt zu theidigen,
Der das vatterlandt thut beleidigen?
Patrocle, vetsch dich bald dein straß!

5   **Hecuba spricht:**

Hector, mein sohn, ich bit dich: laß
Den zoren! merck! Achilles wert
Zu einer gemahel begert
Polixenam, die tochter mein;
10 Er wöll zu fried ein mittler sein
Bey den Griechen, der theur haubtman,
Dem ich also entboten han,
Wenn er abschaff der Griechen beer,
Wider zu faren uber meer,   ,
15 Und ein frid zwischen uns aufricht,
Soll sie im sein versaget nicht,
Ich will ims zu einr gmahel geben.

      Hector spricht:

Ja wol, doch das er mir darneben
20 Die zwen Ayaces ubergeb;
Sonst gschicht das nit, so war ich leb,
Das ich im laß die schwester mein.
Das magst im anzeigen allein.
Will er das thon in zehen tagen,
25 So laß er mirs wider ansagen!

Patroclus neigt sich der königin, geht ab. Hec

Warumb habt ir im antwort geben,
Dem Griechen, die uns nach dem leben
Stellen und unser vatterlandt
30 Haben verwüst mit raub und brandt?
All ir ding handlens mit betrug,
Sie achten weder recht noch fug.
Deß soll man ir gar müssig gohn.

      Hecuba spricht:

35 Ich habs im aller-besten thon.
Der krieg verzeucht sich in die leng.

Die Griechen handeln hart und streng.
So oft wir die abtreiben thon,
Greiffen sie al mal wider on.
7] Wenn wir denn mit den heirat-sachen
5 Ein bstendigen fried künten machen,
Mainst, es wer schad dem vatterlandt?

Hector hebt sein handt auff unnd spricht:

Es muß mit helden-theurer handt
Geordnet werden und gericht.
0 Köngkliche heirat helffen nicht.
Ich selber hab in kurtzen tagen
In einer schlacht tausent erschlagen.
Wenn all mein ritter also theten,
Gar langest wir erleget hetten
Die Griechen, trieben von der stat.
Kombt mit zum könig! es ist spat,
Im auch anzeigen diese that.

Sie gehen alle ab.

Actus 2.

Achilles geht allein ein unnd spricht:

Mir ist gleich in meim hertzen bang.
Mein freundt Patroclus ist auß lang.
Ich thu mit senen seinr botschaft warten
Von der schön außerwelten zarten,
An welcher steht mein heil und leben.
Ich hoff, man werd mirs willig geben.
Wo nicht, so wird sie sein mein grab
Und ist all hoffnung todt und ab.
Dort kombt Patroclus eilendt her.
Ich hoff, er bring recht gute mär.

Pratroclus kumbt. Achilles spricht:

Wie steht die sach? sag mir bald an!

Patroclus spricht:

Ja, mein freundt, das will ich gleich than.

Ja, man will dir die jungkfraw geben,
Iedoch mit dem geding darneben,
Das du das gantz griechische heer
Wider heim schaffest uber meer
5 Und thust den krieg in gut vertragen.
Solchs lest die köngin dir zu-sagen.
Dergleich Polixena (merck du!)
Gab iren willen auch darzu.

Achilles, der held, spricht:

10 Nun, ich hoff, diese sach zu enden,
Den krieg in guten fried zu wenden,
Dieweil von eines weibes wegen
So vil tausent man sind erlegen
Von Troya und auß Griechen-landt,
15 Das es zu sagen ist ein schand.
Derhalb will ich mit billing sachen
Wol fried und einen abzuch machen,
Das das gantze gewapnet heer
Wider heim fahre uber meer,
20 Das mir nur diese jungkfraw wert.

Patroclus spricht:

Ja, aber das hat auch begert
Hector und ernstlich haben wolt,
Das du im ubergeben solt
25 Die zwen Ayaces, starck und kün,
Und darzu auch Plisteus sühn,
Die im groß schaden haben than.
Wo du solchs nit wilt nemen an,
Dich underwündest dieser that,
30 So geht die heirat nicht von stat
Und solt ir weiter nit begern.

Achilles, der Griech:

Solt ich zu einem bößwicht wern
An diesen theuren frumen fürsten,
35 Die stät nach redligkeit war dürsten,
Darmit die junckfraw zu erwerben?
Das thu ich nit; eh will ich sterben.
Und wird mir auch nit besser werden,

Dieweil ich forthin soll auff erden
Die außerwelten junckfraw meiden.
Vor der liebe inbrünstig leiden
So will mir gleich mein hertz verschwinden.

Patroclus, der griechisch fürst, spricht:

Ey, so thu dein lieb uberwinden,
Du küner held! veracht irn schertz
Und nimb an dich ein mannes-hertz,
Wie du das hast bißher gehabt,
Von dem höchsten gott Mars begabt!
Nimb wider dein waffen zu handt
Zu ehr und preiß dem Griechen-landt
Und laß die weibischen lieb farn!

Achilles, der Griech:

Ich merck, das dir bey all dein jaren
Kein lieb ist kumen in dein hertz,
Weil du meinst, die lieb sey ein schertz
Und steh ir kraft und ire bandt
In meinem gwalt, wilkör und bangt.
Ja wol, die lieb ist mir zu starck,
Sie durchdringt hertz, gebain und marck
Und nimbt gfangen sin und vernunft.
Derhalb der ·brinnenden lieb zukunft
Die götter mochten nicht widerstehn,
Sich ir erweren und entgehn.
Wie möcht denn ich die lieb außtreiben?
Derhalb muß ich verhaftet bleiben
In dieser beisen liebe glut.

Patroclus spricht:

Du küner held, sey wolgemut!
Eh kurtze zeit wird sein vergangen,
So wirst du mit gewalt erlangen
Troya, die gewaltigen stat,
Von der sich abgewendet hat
Gar manche stat in Asia.
Derhalben wird die stat Troya
Sich nit erhalten kurtzer weil.
Als-denn so wird dir noch zu theil

Die jungkfraw, der du thust begeren,
Und wirst ein herr darüber weren.
Darumb so laß dein tawren sein!
Richt wider auff das gmüte, dein!
5 Morgen so ist der anstant auß;
So werd wir wider führen nauß
Das beer und auch ein feldschlacht than.
Kumb! laß uns zu den schiffen gahn!

hen beide ab. Hector geht mit seinem bruder Pa
10   und spricht:

Paris, mein bruder, es ist gemacht
Ein anschlag, heut zu thun ein schlacht
Zwischen der stat und auch dem meer.
Ich hab ins felt geführt das beer
15 Und das getheilet in drey spitz.
Man wird geleich angreiffen ietz
Agamomnen, der Griechen haubtman.
Der zeucht mit seinem heer auch an.
Der hat auch drey gerüster hauffen,
20 Die ungestümblich anlauffen
Mit trometen und grossem gschel,
Als sie kemen auß der hell,
Und wöln mit gschrey uns all erlegen.
Doch wöll wir in auch begegen
25 Mit heldenreicher thewrer handt,
Zu erretten das vatterlandt.

Paris spricht:

Mein bruder Hector, sag mir ietz!
Wer ist der in der miteln spitz,
30 In dem glantzenden harnisch klar,
78] Welcher denn führt die selben schar?
Er tritt stoltz und hochmütig rein.

Hector sicht samb auff die feindt:

Ich glaub, es werd Patroclus sein.
35 Er ißt gewiß, ich thu in kennen.
Ich hab im sinn, in anzurennen
Und in zu fordern auß dem spitz,
Allein mit im zu kempffen ietz

Und im zu dempffen sein hochmut,
Weil er sich also prüsten thut
Und uns Troyaner gar veracht,
Der uns auch in der nechsten schlacht
Den dapfersten fürsten Sarpedon
Umbbracht, den künen theuren mon,
Der andern sonst ein grosse sumb.

Paris spricht:

Ach, Hector, mein bruder, warumb
Wilt du dein leben also wagen?
Und wo du von im würdst erschlagen,
Wer es gethon umb unser heer.
Denn hetten wir kein hoffnung mehr.
Derhalb schon dein und thu sein nit!

Hector spricht:

O bruder, ich hoff, wöll darmit
Dem kampf einlegen grosse ehr,
Verzagt machen das griechisch heer,
Wenn ich Patroclum leg nider,
Dieweil auff in hoffet ein ieder.
Drumb trit, bruder, von dem plan!
Er kumbt, ich will in reden an.

ab. **Patroclus, der griechisch fürst, kumbt. Hector
spricht:**

Patrocle, trit vom hauffen dein!
So wöllen wir kempfen allein,
Weil wir sind fast gleich an wehren,
Zwischen den zweien grossen heren.
Der keins soll anlegen handt!

Patroclus spricht:

Ja wol, zu ehr griechischem landt
Von aller dewren Griechen wegen
Will ich deß kampfs sein unerlegen.
Du starcker Hector, wehr dich mit
Dem schwerdt! haw her! ich schon dein nit.

n, treiben an einander lang umb, endtlich felt Pa-
- Hector zeucht im sein harnisch ab, spricht:

Weil ich denn feindt erleget hab,
Zeuch ich billich sein harnisch ab.
Will die arma zu eim exempel
In der göttin Minerva tempel
5 Zu einem sieg-opfer auffhencken,
Der ehr zu ewigen gedencken,
Und den todten leib mit mir nemen,
All Griechen darmit zu beschemen.

Achilles und Agax kummen gewapnet, greiffen⬛ in
10   Agax spricht:

Hector, back dich nur bald darvon!
Laß unberaubt den todten man!
Aber du wirst uns mit bewegen,
Unser hendt auch an dich zu legen.

15   Hector spricht:

Nun, ich will gehn frey-willig ab.
Ich hab in gefertigt zu dem grab.
Nun thut gleich mit im, was ir wölt!
Kein einred von mir haben sölt.

Hector geht trutzig ab. Achilles redt kle⬛gli

Patrocle, liebster freund und gsell,
Du warst ein halb-theil meiner gfell,
In schimpf, in ernst, in lieb und leid.
Trew hieldt wir ob einander beid.
25 Vest hieltst in freundtschaft dein gelübt.
Hast mich dein lebtag nie betrübt.
Wolt Gott, ich kündt mit dir ietz eben
Theilen mein seel und junges leben,
Mit dir halb wagen todes schmerzen.
30 Das wolt ich willig thun von hertzen.
Nun aber mags leider nit sein.
Deß bleibt trawrig das hertze mein.
Nun schwer ich bey Marti, dem gott,
Das ich will rechnen deinen todt,
35 So bald und es mir wird so gut,
An Hectori und seinem blut,
Darzu an all seinem geschlecht.

ᴤ]   **Agax, der griechisch fürst:**

O, das selb hast du fug und recht.
Mein hertz ist alles unmuts vol.
Schad ist es, das dein leib fauln sol,
5 Du küner held, in todes weh.
Es wer mein rath, o Achille,
Das wir den leib zum schiffen trügen
Und in allda wüschen und zwügen,
Darnach mit pracht den helden thewr
10 Zurichteten ein todtenfewr
Nach der Griechen cermonien.

Achilles, der Griech:

Ja, und bey dem wöll wir alßdenn,
Was man uns vor auß der feldtschlacht
5 Troyam hat gefangen bracht,
Bey diesem fewer würgen thon,
Mit in ein todtenopffer hon,
Dergleichen Pises und Evander.
Die sind gefangen beidesander,
10 Zwen söhn deß königs Priami.
Die wöll wir lassen würgen hie,
Die wilden hund lassen zu-reissen,
Darmit zu ehren und zu preissen
Patrocli abgeschidner seel.
O, wer ich bey dir in der heel,
Du höchster freundt! da wer mir wol.

Agax, der griechisch fürst:

Die seel man ruhen lassen sol
Und solch gedancken schlagen auß.
Kumb! laß uns zu den schiffen nauß
Den werden todten leibe tragen!
Da wird das gantze heer in klagen,
All seiner that rhumb und ehr sagen.

Sie tragen den toden cörper ab.

9 K dem.

Actus 3.

Hector, Paris und Plewphebus, deß königs drey söhn,
ein. Paris spricht:

  Ein bost ist kumen diese nacht,
5 Uns kumb zu bilff mit grosser macht
  Die königin Pentesilea,
  Soll die nacht kumen gegn Troya,
  Und bring mit ir auß vertrawen
  Zwey tausent Amasoner frawen,
10 Die streitbar sind mit irer handt,
  Welche den Sithia, ir landt,
  Erweitert haben lange zeit
  Mit küner handt ernsthaftem streit
  Und nachtbaurn zu ghorsam bracht.
15 Nun ist der fürschlag heint zu nacht,
  Du solt sie in die stat beleiten,
  Sie führen auff der rechten seiten
  Und umbziehen der feinde heer,
[A 3, 2, 79] Welche herligen umb das meer.

20   **Hector spricht:**

  Derhalb ich heimlich in der still
  Mich nauß zu ir verfügen will.
  Ihr zwen aber habt gute acht,
  Das die statthor werden bewacht,
25 Auch kein meuterey werd angericht,
  Wann dem feindt ist zu trawen nicht.
  Er setzet uns gefehrlich zu.

  Plewphebus, der dritt sohn:

  Hertzlieber bruder, wilt denn du
30 Dich nauß wagen in diesem stück?
[K 3, 2, 163] Die götter geben dir gelück,
  Das du die köngin bringst herein!
  Darmit wir aber stercker sein
  In unserm lieben vatterlandt,
35 Den Griechen zu thun widerstandt,
  Hoff, glück uns nit verlassen sol.

Paris, der ander sohn:

Hector, bruder, versich dich wol,
Das du nit kummest in gefer!
Glück ist mit dir gewest biß her.
Versuch das nit zu hoch und tieff,
Auff das dich nit der feindt ergrieff!
Wann arglistig ist Achilles,
Agax, der-gleichen Ulisses.
Auch ist sehr groß die verreterey,
Auch vil gefehrlicher meuterey.
So ist auch unfreundtliche die nacht.
Derhalb hab dich sehr wol in acht,
Du aller-liebster bruder mein!

Hector spricht:

Es muß die gefahr gewagèt sein,
Weil solches ist aller-massen
Also bein kriegßleuten verlassen.
Nun ich muß gehn; habt ir wol hauß!

Plewphebus spricht:

Glück zu! wir wöllen auch hinauß
Und auff heint die nachtwach bestellen.
Mars zu dem loß wir geben wöllen.
Hoff, der selb werde uns beystehn,
Nun, es ist zeit; wir wöllen gehn.

alle drey ab. Agax geht ein mit Achilli unnd spricht:

Achille, ein gewiß kundtschaft
Hab ich, das heint mit heers-kraft
Die königin Pentesilea
Zu hilff kumet der stat Troya,
Zwey tausent starck Amasoner weiber,
Sehr wol gerüst und starcker leiber.
Auch hab ich durch kundschaft vernumen,
Hector werd in entgegen kumen,
Sie führen ein heimliche straß.

freundlich. 16 K s. schon.

Wenn man kündt unterkumen das,
Den Hectorem thet niderlegen,
Deß kraft und sterck ist uns entgegen,
Er ist uns ·der heftigste feindt.

5 -   **Achilles spricht:**

Soll solchs gewiß geschehen heint.

Agax, der griechisch fürst:

Ja, gwiß, also die kundtschaft laut.

Achilles spricht:

10 So will ich etlich wol vertraut
Nemen zu mir mit den streitparten
Und Hectorem heimlich verwarten,
Fürkumen in zu tode schlagen,
Darmit nachkum'en meim zu-sagen,
15 Das mein Patroclus werd gerochen,
Den Hector bößlich hat erstochen.
Nun bleib du bey der Griechen heer!
Sag von dem anschlag niemandt mehr!
Ich will in bey deß wassers fluß
20 Verwarten, da er uber muß.

hen beide ab. Achilles kumbt wider, verbirgt
Hector kombt, redt mit ihm selber und spricht:

164] Der mohn her durch die wolcken leucht.
Ist mir recht, so hat mich bedeucht,
25 Wie ich dort von ferren sich ietzen ·
Ein glantzenden planckharnisch glitzen.
Es wird gleich sein die köngin her.
Ich will ir zu eilendt dest mehr,
Sie entpfahen und führen ein,
30 Vor den Griechen sicher zu sein.

Achilles schlecht auff ihn unnd spricht:

Hector, wehr dich, bist du ein man!

Hector zeucht von leder:

Ja, Achilles! das will ich than,
35 Dir brechen dein hemische tück.

Darzu soll helffen das gelück.

mpffen, treiben an einander lang umb, biß Hector fell.
So spricht Achilles:

Liegst du ietz auch, du grimmer löw?
5 Deinr sterck dich nit mehr uberheb,
Dardurch du hast vor kurtzen tagen
Vil fürsten auß Griechen erschlagen,
Mein Patroclum und Poetem,
Philippum und Palemonem,
10 Morionem, Polixour
Xantippum und Av
Dein gfangne brüd
Will beide lassen a
Und schicken in di
15 Dein tode zu verk

Der ehrnhold

Köng Priamus mic
An dich ist sein f
Wölst im den tode
20 Hectoris, auff das er in eben
Begraben mag nach landes art.

Achilles spricht:

Soliches wirst du erlangen hart.
Sonder den cörper will ich binden
25 Mit stricken an mein streitwagen hinden
In lassen schleiffen durch das feldt,
Ringweiß umb der heiden gezelt
Die in von der hohen statmauren
Die seinen mit senftzen und tauren
30 Sollen mit weinenden augen sehen

Der ehrnholdt spricht.

Polixena, dein bul thut sehen
Wo du sie liebest in deim hertzen,
Solt du nicht mehren ren schmertz.
35 Mit unmut sie weiter betrüben,
Sonder den todten cörper schicken

Das sie in bestett zu der erdt.

Der ehrnholdt neigt sich, Achilles spricht:

Ey, wie kündt ich ir das versagen?
Geh! heiß her schaffen einen wagen!
5 Der cörper soll der liebsten mein
Gentzlich und gar geschencket sein.

Der ehrnholdt geht ab. [A 3, 2, 80] **Achilles spricht:**

Erst geht mir heimlich gnaw zu hertzen
Der zarten jungkfraw pein und schmertzen, ,
10 Die ich betrübet hab so hoch.
Wolt Gott, der held der lebet noch!
So möcht mir die zart noch auff erden
[K 3, 2, 165] Ehlich zu einer gmahel werden.
Nun aber erst ist es versaumbt.
15 Mein küner mut der sey verdambt,
Dardurch ich nun verloren hab
Der, die meim hertzen frewden gab!

Achilles geht trawrig ab. Hecuba, die königin, un
kumen in klag - kleidern, fallen bey dem cörper =
königin spricht:
20
Hertzlieber sohn, ligst du ietz todt,
Gewalget in dem blute roth?
Dein löblichs antlitz ist erblichen,
Dein manlich kräft sind dir entwichen.
25 Wie ellendt ligt dein theure handt,
Welche beschützt dein vatterlandt!
Du warst ein trost der gantzen stat,
Die all ir hoffnung auff dich hat.
Weil du nun bist beraubt deß lebens,
30 Ist all unser hoffnung vergebens.
Es muß die stat zu drümern gehn.
Wer will den feinden nun vorstehn?
Deß steht die gantze stat in trawren.

Polixena wischt sein angesicht unnd spricht:

35 Ach, wen solt doch dein todt nicht tawren,
Du hertzenlieber bruder mein?
Wann du bist in dem leben dein

Freundtlich gewest der burgerschaft
Und gegen den feinden ernsthaft,
Die sich entsetzten ob deim namen,
Mit streit nit gern an dich kamen.
5 Wie. trewlich hast du uns gemeint!

Hecuba spricht:

Wie bist du durch den bittern feindt
So unversehens angerent,
Mit vortheil erlegt an dem endt,
10 Den doch oft forcht ein gántzes heer!

Polixena spricht:

Vor leid mag ich nit weinen mehr.
Vor laid will mir mein hertz zubrechen.
Ich hoff, die götter werden rechen
15 Den aller-liebsten bruder mein.
Es hat geant den gmahel sein,
Andromacho, die in sehr bat,
Er solt beleiben in der stat,
Es het die nacht ir schwer getraumbt.
20 Ey, nun ist aller rath versaumbt!
Hertz-liebe fraw muter, was sol wir thon?

Hecuba spricht:

Da wöllen wir meinen todten sohn
Auff dieser todenbohr hin tragen
5 Und legen auff den todten-wagen,
Das die gantz stat wain unde klag,
Wenn man in zu dem grabe trag.
Weh mir, das ich erlebt den tag!

Sie tragen Hectorem ab.

Actus 4.

ht trawrig ein, setzt sich, redt mit ihm selber unnd
spricht:

Ich bin gelegen heint die nacht
Und hab meiner lieb nach-gedacht,

Die ich so hoch het außerkorn,
[K 3, 2, 166] Und hab die so schendtlich verlorn
Und die jungkfraw so hart bekrencket,
Die doch nach meiner lieb gedencket.
5 Ey, was hab ich geziegen mich?
Bin ich nit gewest unsinnich?
Ich muß mich vor mir selber schemen,
Umb solch laster mich ewig gremen.
O, meiner liebe trew und ehr,
10 Polixenam, sich ich nit mehr!

Agax, der griechisch fürst, kombt und spricht:

O Achille, du küner heldt,
Vor allen Griechen außerwelt,
Du hast erworben preiß in dem,
15 Das du den starcken Hectorem
In einem kampf erleget hast,
Das ist erfrewet hoch und fast
Das gantze griechische heer.
Haben erkennet dir zu ehr
20 Zu halten ein köstlich kampffspil,
Sonst ritterlicher kurtzweil vil,
Als thurnieren, fechten und ringen,
Steinstossen, wettlauffen und springen.
Darzu will Menelaus geben
25 Und Agamennon auch darneben
Kleinot und köngnigkliche schenck,
Dein darbey sein gar ingedenck,
Weil du die künheit hast begangen.
Komb! du wirst schön von in empfangen.

**Sie gehen beide ab. Hecuba, die königin, Polixena, Pa
Plewphebus komen. Hecuba spricht:**

Ir lieben söhn, last euch erbarmen
Ewer brüder, der ellendt armen,
Die Achilles vor kurtzen tagen
35 So mördigklichen hat erschlagen,
Hectorem, unsern künen heldt!
Und hat auch Troylum gefeldt,
Welcher an sein stat würd haubtman.
Nun ratet, wie im werd zu than,

Das man solch todt an im möcht rechen,
In was weiß im werd ab-zubrechen,
Das man auch deß Achilles seel
So blutig schicket ab gehn heel,
5 Darmit sein leib auch khem ins grab,
Das man deß greuling feindts komb ab.

Paris spricht:

Fraw mutter, er ist mit der handt
Freidig und hat grossen beystandt
10 Mit trabanten versorget wol.
In der slacht, wenn man schlagen sol,
Im kan man nit wol kumen zu.

Hecuba, die königin:

So rahtet, wie man im sonst thu,
15 Das man im etwan sonst nach stelt
Und durch heimliche list in felt!

Plewphebus spricht:

Fraw mutter, dasselb wer nit recht,
Wenn man in mit arglist umbbrecht.
0 Wider all kriegßordnung es wer.

Paris spricht:

Trieglich hat auch gehandelt er
Mit Hectori und in verwart,
Erschlagen gantz tückischer art,
5 Auch Troylum mit list umbbracht,
An in gschickt sein gantz heers-macht.
Drumb kündt wir im zu, wer wies wolt,
Von unser handt er sterben solt,
Weil er unser auch nit verschonet.

Hecuba, die königin:

Ietzund wird ich wider gemonet,
Das er der Polixena fert
Zu eim ehgmahel hat begert
Und verhieß dardurch fried zu machen.
Doch gar nit nach kam seinen sachen.
Weiß noch nit, wie ers gemeinet hab.

Polixena, die jungkfraw:

Sein lieb ist noch nit todt und ab,
Wann noch innerhalb dreyen tagen
Hat er mir ein gruß lassen sagen,
5 Entboten sein hertzlich beger,
Mit mir allein zu reden wer,
Wo ich das selb wolt' hören an.

Plewphebus spricht:

Weil die sach ist also gethan,
10 Wie redtst du, mein lieber bruder,
Wenn wir dem feindt legten ein luder
Mit unser schwester, das er khem,
Denn ob der bulschaft schaden nemb?

Paris spricht:

15 Ja, da möcht wir in richten hin.
Doch ich nit gscheid den sachen bin,
Wie man die that solt greiffen an.

Hecuba spricht:

Ihr söhn, also ist im zu than.
20 Morgen geht in das fest gewiß
Deß zimbrischen Appolinis,
Der sein tempel hat vor dem thor
Im wald! tochter, da must du vor
Hinauß entbieten durch Idrum,
25 Das er zu dir in tempel kumb,
Da wölst dich mit im unterreden,
Freundtlicher weiß zwischen euch beden
Und wir alda mit im außrichten,
Bündtnuß zu halten bey eids pflichten,
30 Da will ich dich im zu gmahel geben.
Secht, lieben söhn! da möcht ir eben
Denn vor dem tempel sein verborgen.
Wen er den kombt, möcht ir on sorgen
Den feindt beid richten von dem brodt
35 Und rechen ewer brüder todt,
Darmit helffen dem vatterlandt.

Paris spricht :

Der that fürcht ich kein sünd noch schandt.
Ist es euch lieb, so wöll wirs thon.

Plewphebus spricht:

5 Ich rath auch selbert nicht darvon,
Solchs zu verbringen mit der that.
Fraw mutter, last zu abendt spat
Soliches Achilli ansagen!
So wöll wir das spiel mit im wagen.

10 **Hecuba spricht:**

Polixena, du must im schreiben,
Das er komb und thu nit auß bleiben.
Auff morgen frü setz im das zil!
Doch halt all ding heimlich und stil!

5 **Polixena spricht:**

Fraw mutter, ich wils geren than,
Auff das wir uns mit rechen an
Achilli, der mit list on fug
Mir zwen lieber brüder erschlug.
0 Pises und Evander auch starben
Durch sein gescheft, ellendt verdarben.
Wird er gleich vor meim angesicht
Von euch erschlagen und hin gericht,
Das jammert meines hertzen grundt
3] So wenig, samb wer er ein hundt.
Wo er mich hertzlich het geliebt,
Er het mich nit so hoch betriebt.
Derhalb sein lieb ist falsch und kalt,
Wird im gleich auff seim kopff bezalt.

Paris spricht:

Komb, schwester! schreib! wann es ist spat.
Schick im den brieff, das wir die that
Morgen enden nach unserm rath!

Sie gehen alle auß.

Actus 5.

geht ein, tregt den brieff inn der handt unnd spricht:

Erst ich wahrhaftig brüff und merck
Der liebe grosse kraft und sterck
5 In dem zart jungkfrewlichen hertzen,
Die solch trawrigkeit und schmertzen
Umb ir geliebtes vatterlandt,
Auch umb ir brüder allesandt.
Der ich zwen selb erwürget hab,
10 Dennoch gar nicht kan tilgen ab,
Sonder bleibt in hitziger brunst.
Das schaft, o Venus, dein gunst,
Darmit sie bleibt an mir verhaft.
Wann wir ein heimliche botschaft
15 Ist kummen von meiner hertzlieben,
Der brieff mit irer handt geschrieben,
Darmit sie mir thut ubersummen,
Ich soll heut frü in tempel kummen
Deß cimbrischen Appolinis,
20 Da wöll man einen bundt gewis
Sambt der heirat mit mir auff-richten,
Bestetten das mit eides pflichten
Zwischen mir und Polixena,
Deß köngs tochter zu Troya.
25 Wol mir, das ich erlebt den tag!
Der stund ich kaumb erwarten mag.
Nun will ich schleichen in den walt
Zu diesem öden tempel alt,
Da ich Polixenam, die zarten,
30 Sambt der köngin auff mich find warten.
Doch muß solchs als heimlich geschehen,
Das die Griechen fürsten nicht sehen
Und mich verdencken einr meuterey.
Venus, in deinem namen das sey!

geht ab. Polixena und die königin ge
ir hendt auff zum gebet. Hecuba spra

Appollo, durchleutiger gott,
Hilff, das gerochen werd der todt
Hectoris und auch Troily
Und aller meiner söhn allhy
5 Sambt dem verderbten vatterlandt
An Achilli mit thewrer handt
Meiner zwen söhne, so noch leben!
So will ich dir ein opffer geben
Nach meiner königklichen wirdt,
10 Das dein heiligen tempel zirt.

Polixena spricht:

Fraw mutter, wo bleiben die zwen,
Das sie auch nit in tempel gehn?
Es ist geleich unheimlich hin.
5 Gantz forchtsam ich entsetzet bin.
Ich schaw mich umb in alle ecken.

Hecuba, die königin:

Sie sind verborgen in der hecken,
Daus vor dem tempel in der nech,
Auff das sie Achilles nicht sech.
Sonst würd er sich zu rucke ziehen,
Auß dem wald zu den Griechen fliehen.
Bald er aber kombt in tempel nein,
So werden sie bald bey im sein
Und in erlegen mit dem schwert,
Das er lengst wer gewesen wert.
Schweig still! steh bey mir! thu zu sehen?

Polixena spricht:

Fraw mutter, mich dünckt, es thu sich nehen
Etwas her zu deß tempels pforten.
Schweig! Achilles der kumbt gleich dorten.

Der heldt, kombt, tritt zu der königin, beut ir die
handt, darnach Polixena und spricht:

Hecuba, köngin, sey gegrüsset!
Du Polixena, übersüsset,
Meines hertzen einiger trost,
Welichs ligt auff der liebe rost

18. *XII.* 20

Und schmiltzet samb in fewres glůt,
Weil mich berůffen thut dein gůt,
So ist gesint mein hertz und seel
Und hat endt all mein angst und quel.

Paris kombt mit Plewphebo, zeucht von leder und spric

Du hast erwůrgt zwen brůder mein
Und wolst auch unser schwesterlein
Umb ir ehr bringen an den orten
Mit deinen falschen schmeichel-worten.
10 Das must bezalen mit deim todt.
Wehr dich unser! es thut dir noth.

Achilles wendt sich, zuckt unnd spricht:

Ist denn solichs glauben gehalten?

Plewphebus zuckt, spricht:

15 Die hell-götter sollen dein walten!
Wir haben dir kein glait her geben.
Wehr dich und rett dein leib und leben!

Sie kempffen lang und treiben Achillem in alle ecken, b
ihn niderschlagen. Wenn er ligt, so spricht Paris

20 Nun ziech wir ab sein wappen-zier!
Denn wöll wir für die wilden thier
Sein leib werffen, das in zerreissen
Und sich die vögel von im speissen
Zu schmach, das kein Griech wiß darbey,
25 Wo sein leib doch hin kummen sey.

Polixena hebt ir hend auff, spricht:

Ach nein, er tawret dennoch mich,
Weil er mich liebt so hertzigklich,
Hat nun meinthalb verlorn sein leben.
30 Deß laß ich in geniessen eben.
Ich bitt für in: last sein leib werden
Dem todten fewr und küler erden!

Plewphebus spricht:

Ja, ich rath auch, wir thůn sein nit.
35 Wir möchten uns hie saumen mit,

Das unser würd der feindt gewar.
So khem wir in todes gefahr.
Darumb rath ich, das wir uns bald
In die stat machen auß dem wald,
5 Ein ander straß, eh man uns sech
Und uns in dem tempel außspech.

170] **Hecuba deckt den todten cörper zu unnd spricht:**

Nun deck ich deinen todten leib,
Auff das dein todt verborgen bleib,
10 Weil nun auch dein mördische seel
Ist abgestiegen in die heel.
Für dein brewtbett wird dir ein bahr.
Darauff unter die erden fahr!

hn alle ab, sie lassen in liegen. Ayax kombt mit Nestori,
15 **dem fürsten, und spricht:**

Sag, Nestor! hast du nit vernummen,
Wo heut Achilles hin ist kummen?
Der ist geschlichen auß dem heer
In seim bantzer, harnisch und weer.
20 Den hab ich gesucht durch den wald.
Komb auch her in den tempel alt,
Zu suchen in. Schaw, was dort gar
Verdecket lieg vor dem altar!

geht, deckt den cörper auff, schlecht sein hendt ob dem
25 **kopff zusammen, spricht:**

O, es ist leider Achilles,
Verwundet hart, dem todt gemeß.

Ayax schlecht sein hendt zusammen und spricht:

O Achilles, bist du denn todt?
30 Oder liegst du sonst in der noth?
Ist noch in dir dein seel und leben,
So thu mir doch ein antwort geben!
Gib doch ein zeichen! Kanst das auch nicht?
Du bist durch arglist hin gericht
35 Von Paridi und Plewphebo,
Die ich im wald sach lauffen do,
Und auch die königin Hecuba

20*

Und ir tochter Polixena,
Der falsche lieb hat dich bethört,
Das du hie liegst ellendt ermördt,
Darvor ich dich gewarnet hab,
5 Trewlich darvon zu lassen ab.
Nun schwer ich bey Marti, dem gott,
Zu rechen dein ellenden todt
An iren brüdern beidensandt,
Wo ich kan mit eigener handt
10 Auff iren kopff zalen dein blut.
Nun wöllen wir baid in unmut
Den cörper in das läger tragen,
Da in wern alle fürsten klagen
Sambt dem gantzen griechischen heer.
15 Die wern im auff-richten zu ehr
Ein köstliche grebnuß zu stewr
Sambt eim gwaltigen todtenfewr,
Darzu auch etlich todten-spil.
Laß eilen uns (das ist mein wil,
20 Wann die sunn ist hoch rauff am tag),
Auff das kein feinde uns nach.jag,
Sich mit uns umb den cörper schlag!

Sie tragen den todten cörper ab.

Actus 6.

\elemus, ein sohn Achilli, kombt, redt mit ihm s
unnd spricht:

Mit schmertzen ich beschawet hab
Achilli, meins herr vatters, grab,
Der durch betrug und hinderlist
30 Im tempel ermördt worden ist
Durch Paridem und Plewphebum.
Seinen todt ich zu rechen kumb
171] An in und an Polixena,
Deß köngs tochter zu Troya,
35 Von der lieb wegen der kün heldt
Verretterlichen ward gefeldt.

*ax, der griechisch fürst, kombt unnd spricht:

Neoptheleme, sey getröst
Und dein hertz nit in unmut röst
Umb Achilli, den vatter dein,
5 Der alle Griechen in gemein
Fürtraff in ritterlicher that,
Für uns alle den vorpreiß hat,
| Die wir sein todt mit grosser klag
Begangen haben sieben tag
o Mit solchem pracht, solemnitet,
Dergleich kein fürst ein grebnuß het,
Als dein vatter, der werd und thewr!
Auch weil man brandt das todtenfewr,
Die Nimphe und die wasserfrawen
15 Liessen sich ob dem meer anschawen,
Wunden ir hendt, raufften ir har
Und weinten mit grosser schar.
Sein todt die götter haben grochen.
Paris geschossen und erstochen
20 Schon ist von Philocteta worn.
Also wird auch der götter zorn
Sein todt auch an Polixena,
Plewphebo und der stat Troya
Rechen und das gar kurtzer stundt.

25 **Neopthelemus spricht:**

Herr Agax, mir ist heimlich kundt,
Wie Eneas und Athenor,
Die zwen troyanisch fürsten, vor
Haben durch ir verreterey
30 Und durch ir heimliche meuterey
Den Griechn die stat wöln ubergeben.

Agax spricht:

Ja, all sach ist beschlossen eben,
Das Eneas und Athenor
35 Werden heint öffnen das stathor
Und uns ubergeben die stat.

Neopthelemus spricht:

Das ist nit fast ein ehrlich that.
'Sind die zwen fürsten hochgeborn
An irem köng zu schelmen worn,
Wöllen verraten ir vatterlandt,
5 Ich wolt, das ich mit eigner handt
Selb hencken solt die zwen verretter,
Die bößwicht, schelck und ubeltheter.
Uns steht nit wol an ein solcher sieg.

Agax spricht:

10 Wir haben nun geführt den krieg
Sechs monat und neun gantzer jar,
Nit vil daran gewunnen zwar.
Derhalben muß man nemen an
Den sieg, gleich wie man mag und kan.
15 Wir haben mit listigem beschied
Mit den Troyanern gmacht ein fried,
Uns ein groß summa geldt zu geben.
Es wird das griechische heer eben
Thun, samb wöll es gar ziehen ab
20 In sein schiffen mit aller hab.
Doch ist ein heimlich verstandt gmacht
Mit den zweien fürsten zu nacht,
Die werden mit anzüntem fewr
Ein zeichen gebn auff der stat gmewr.
25 Denn bist verordnet du darzu,
So bald man das stathor auffthu,
Das du mit deim zeug solt einbrechen
Und in deß königs hof erstechen
Die wach. Denn wird das griechisch heer
172] Einbrechen on all gegen-weer,
Weil alles kriegßvolck ligt und schleft,
Kein sorg mehr hat auff kriegßgescheft,
Ringweiß in alle gassen fallen,
Den köng sambt den burgern allen
35 Erschlagen und plündern die stat.
Nun komb ins läger! es ist spat.

hen beide ab. Hecuba, die königin, gehet ein m
ena, ihrer tochter, hebt ihr hendt auff und spric

Nun sey den göttern lob und danck,

Das ein endt hat deß kriegß notzwanck
Und. wir ein fried erlanget hon,
Doch mit schwerer condition!
Doch müß wirs als geschehen lassen,
5 Weil nun der feindt abfert sein strassen.

Polixena, die jungkfraw:

Fraw mutter, mein hertz ist mir schwer.
Wenn nur kein btrug darhinter wer!
Mich antet warlich nichtßen guts.

10 **Hecuba, die königin:**

Mein Polixena, sey guts muts!
Wann Eneas und Anthenor
Haben sich wol gehalten vor.
Die zwen haben den krieg verricht.

15 **Polixena spricht:**

Ach, mein fraw mutter, weist du nicht,
Das grosser köng verheissen und schencken
Thund oft trew, eid und ehre krencken?
Derhalb niemandt zu trawen ist.
20 Die welt steckt vol untrewer list.
Die götter wöllens zam besten wenden!

Hecuba, die königin:

Nun, es steht in der götter henden.
Die wöllen gnad geben darzu!
25 Wir haben lang gehabt kein rhu
Vor deß grimmigen feindes waffen.
Heint wöllen wir mit rhu schlaffen.
Mein Polixena, geh vor an
Gegn bett! ich will gleich mit dir gahn.

unnd ihr mutter gehen ab. Priamus, der könig zu
'oya, geht ein, setzt sich frölich nider, spricht:

Lob sey den göttern, so die nacht
Wider haben zu friden bracht!
Der nächt ich keine het fürwar
35 Sechs monat und neun gantzer jar
Vor der schweren kriger unrhu.

Vor müd gehn mir die augen zu.

Der könig schleft mit geneigtem haubt. Plewphebus, deß k⁻
sohn, kombt geloffen, mit auffgehabnen armen, und spri

    O herr vatter, zetter, waffen!
  5 Wacht auff und fliecht! wie kündt ir schlaffen?
    Troya, die stat, die ist verlorn.
    Unser fürsten sind zu schelmen worn.
    Eneas und auch Athenor
    Haben geöffnet das stattbor,
  10 Dardurch die feindt sind einbrochen
    Und haben unser wach erstochen.
    Fallen ietz in all gassen ein.
    Darumb fliecht bald, herr vatter mein,
    Und verbergt euch in Jovis tempel!
  15 Hört ir nit das gstöß und getrempel
[K 3, 2, 173] Von roß und leuten? auch allerley
    Lerman, lerman und mord-geschrey
    In allen gassen lang und breit?
    Fliecht, fliecht, herr vatter! es ist zeit.

König Priamus fehrt auff, hebt sein arm ubern k⸺opff, sp

    O Jupiter, du höchster gott,
    Steh du uns bey in dieser noth!
    Ich will fliehen zu deim altar,
    Erwarten da aller gefahr.

Der könig gehet sambt Plewphebo ab. Neopthele⸺emus geht
    mit blossen blutigem schwerdt, spricht⸺t:

    Nun hab ich meinen mut verbracht
    An den Troyanern diese nacht
    Und mein vatter an in gerochen,
[A 3, 2, 84] Den köng vor dem altar erstochen,
    Auch der Troyaner ein grosse schar
    Und die stat auch geplündert gar,
    Darnach angestecket mit fewer.
    Dewphebum hab wir ungehewer
  35 Ein glid nach dem andern abgsnitten,
    Der mein vatter mördischer sitten
    Im alten tempel halff erschlagen.
    Nun hoff ich, eh es gar werd tagen,

Ich wöll all die bringen in noth,
So schuld habn an meins vatters todt.

der griechisch fürst, bringt Polixenam, deß königs tochter,
unnd spricht:

5 Noeptheleme, Agamennom,
Der könig, hatte gesehen on
Dein und deins vatters mannlich that
Und dich albie verehret hat
Mit der jungkfraw Po
10 Deß königs tochter zu
Sambt irer königklich
Die wölst zu bewt fül
Sieghaft heim in dein

Neopthelem

15 Agax, sie muß von m
Auch eins blutigen to
Deß soll ir kein man

Agax, der grie

Ach nein, du küner helde gut!
20 Was wolst zeihen das köngklich blut?
Nimb sie zu einer gmahel an!

Neopthelemus spricht:

Agax, das wird ich wenig than,
Weil durch ir untrew liebe eben
25 Mein vatter kumen ist umbs leben.
Derhalb so komb eilend hinab,
Das ich auff meines vatters grab
Dir dein milchfarben hals abschlag,
Auß dir ein todtenopffer mach!

bindt ihr die hendt, die jungkfraw Polixena spricht:

Auch wol sechzehen brüder mein·
Umbkumen und erschlagen sein,
Mein liebe mutter Hecuba
Und auch mein schwester Casandra
5 Gefencklich geführt in das ellendt,
174] Auch in Troya an allem endt
Die burgerschaft lieget ermört,
Die stat geblündert und zustört,
Im aschen liegen alle tempel.
10 Solch grausam erschröcklich exempel
An meim geliebten vatterlandt
Hat verursachet allesandt
Venus mit ir verfluchten lieb,
Die Paridem, mein bruder, trieb,
15 Das er Helena, die köngin,
Auß Griechenlande führet hin,
Solch schnöd lieb, das den vatter dein
Auch gbracht hat umb das leben sein.
Nun wasch dein hendt und kül dein mut
20 Auch in meinem jungfrewling blut
Und schick mein unschuldige seel
Zu meinen brüdern in die heel!
Die rach wird schreien uber dich
Hie und dort immer ewigklich.

25   **Neopthelemus spricht:**

Geh, das ich mit dem schwerdt dich richt!
Dein trowen mich gar nicht anficht.

     Polixena spricht:

Nun, gsegn dich Gott, mein vatterlandt,
30 Das in dem aschen ligt verbrandt!
Gesegn dich Gott, liebste mutter mein,
Und Casandra, mein schwesterlein!
Gsegn dich himel, erd, sunn und mon!
Euch wird ich nit mehr schawen on,
35 Weil ich hin in den todt muß gon.

ıelemus führt sie gebunden ab. Der ehrnholdt trit
neigt sich unnd beschleust:

Zu warnung zwo getrewer lehr,
Die erst, das man vor krieg sie hüt,
Was man vertragen kan in güt,
Wann dem krieg volget all zeit nach,
5 Das ein rach bringt die ander rach.
Endtlich wird drauß ein tyranney.
All gut burgerlich policey
Recht und gericht da wancken thundt,
Zucht und erbarkeit gehn zu grundt,
10 Samb güter, gwonheit, sitten und tugent
Wild, unzembt wird a⸝⸍⸍⸍ ⸍⸍⸍ ⸍⸍⸍⸍⸍.
Denn volgt mord, rach, ⸍   randt,
Verderbung beide leu⸍
Und welche part oblig
15 Gewindt nichts denn ⸍
Zum andern vor der
Hüt man sich und vo⸍
Welche sinn und gem
Das der mensch nit b   lt,
20 Sonder gleich samb b⸍
Schlecht er leib, ehr ⸍   ⸍nantz,
Ist vol arglist und böser tück,
Dardurch man kumbt in als unglück.
Derhalb halt man die liebe in zaumb
25 Und laß ir weder stat noch raumb,
Das sie ins hertz nit wurtz und wachs
Außerhalb der eh, wünscht Hans Sachs.

Die person in die tragedi:

1. Der ehrnholdt.
30 2. Priamus, der könig zu Troya.
3. Hecuba, die königin zu Troya.
4. Polixena,
5. Casandra, zwo königklich töchter.
6. Hector,
35 7. Paris,
8. Plewphebus, 3 köngklich söhn.
,175] 9. Achilles, ein griechischer fürst.
10. Neopthelemus, ein sohn Achillis.
11. Patroclus,
40 12. Agax,

13. Nestor, 3 griechisch fürsten.

Anno salutis 1554, am 28 tag Aprilis.

85] Tragedia mit 14 personen, die mör(königin Clitimestra, und hat 5 actus.

er ehrnholdt tritt ein, neigt sich unnd spricht.

Gelöck unnd heil so sey euch allen!
5 Auß sonder gunst, euch zu gefallen,
Gebetten, sey wir zu euch kummen,
Ein histori uns fürgenommen,
Tragedi-weis bey euch zu spilen,
Welche beschriben ist von vilen
10 Fürnemblichen durch Homerum,
Virgilium, Bocatium,
Dictin Cretensem und ander mehr.
Nach dem uber das griechisch heer
Der mechtig küng Agamemnon
15 Micenarum war ein haubtmon
Vor Troya, als er uissen war
Etwas bill in das zehendt jar,
Dieweil Clitimestra in schmach
Die königin, er ehe brach
20 Mit Egisto, sein grester intruob,
Als nun er künig cham widerumb,
Sieghait heim von der tat _____
Bracht mit die ungetrew _____
Die weissagerin, welche _____
25 Er solt unheimlin _____
Er vrm von seinem _____
Solche weissagung _____
Cham heim, _____
Ermürten _____
30 Wolt auch _____

Heimlich lassen umbbringen nun.
Der heimlich wurd errett also
Bey einem freundt zu Corintho.
Als der knab kham zu seinen tagen,
5 Het von den göttern ein zusagen,
Da ward er dieses mordts ein recher,
Erstach sein mutter und den ehbrecher.
Als der selb het mit gwalt regiert,
Sieben jar sehr tiranisiert,
10 Herestes ward für ghricht gestelt,
Doch ledig zum könig erwelt.
Nun schweigt! so werd irs in der nehen
Als wie in einem spiegel sehen,
Mit worten und mit der that gschehen.

Clitimestra, die königin, gehet ein mit Egisto, dem p
und sie spricht:

Ach, mir ist in meim hertzen bang,
Das mein herr gmahel ist so lang
Im krieg nun in das zehendt jar,
20 Und ich weiß gentzlich nit fürwar,
Ob er ist lebendt oder todt,
Weil mir so lang ist kein bostbot
Von im kummen. Mein Egiste,
Du priester Jovis, eilendt geh
[K 3, 2, 176] Und richt ein herrlich opffer zu
Jovi, dem gott, auff das er thu
Kundt, wies Agamemnon, meim herrn,
Geh in griechischen landen ferrn,
Ob er sey lebendt oder todt!

30 **Egistus, der priester, spricht:**

Fraw königin, nach ewrm gebot
Will ich es als außrichten fein.
Drumb geht auch in den tempel nein
So will ich eilendt richten zu,
35 Das ich ein herrlich opffer thu
Sambt der priesterschaft an dem ort,
Das wir entpfahen ein antwort
Von Jovi, dem aller-höchsten gott,
Ob er noch sey lebendt oder todt,

Unser könig Agamemnon.

Clitimestra, die königin:

Nun will ich in den tempel gohn
Mit allen meinem frawenzimmer
5 Und anrüffen die götter immer.

stra gehet ab. **Egistus redt mit ihm selber unnd spricht:**

Ich merck: die edel köngin zart
Die senet sich gar sehr und hart
Nach ihrem herren uberauß,
10 Dieweil er ist so lang von hauß,
Villeicht ir freudt mit im zu hon,
· Wie sie denn solichs thet gewon,
Wann sie ist schön und jung von leib
Und von natur ein geiles weib
15 Und kinder zu zeugen geneiget,
Wie solichs ihr complex anzeiget.

s gehet ab. **Dion und Cleon, die zwen kemmerling, kummen. Dion spricht:**

Egistus thut ein opffer halten
20 Im tempel mit jungen und alten,
Da im die götter solln antwort geben,
Ob todt sey oder noch im leben
Agamemnon, der thewer fürst,
Der so hertzenhaft und gedürst
25 Vor Troya groß that hat gethon,
Der Griechen öberster haubtmon.

Cleon, der ander kemmerling:

Mich wundert gar oft heimeleich,
Das er so lang ist auß seim reich
30 Micenarum von wegen deß kriegs,
Zu erlangen blutiges siegs
Von wegen Helena, der köngin,
Die Paris hat geführet hin,
Da von wegen deß einig weib
35 Manch küner man verleust sein leib,
Das nun wert in das zehendt jar.

Dion, der erst kemmerling:

Ich hoff ie dennoch immer dar,
Das unser köng Agamemnon,
Dieweil er ist ein frummer mon,
5 Der landt und leut gütig regiert,
Weißlich und trewlich guberniert,
Werd widerumb kummen zu landt
Gesundt mit sieghafter handt.
Komb! laß uns auff den dienst schawen!
10 Ich sich die königklichen frawen
Dort auß dem tempel gehn eilendt.
Ich merck: das opffer hat ein endt.

[K 3, 2, 177] **Die kemmerling gehen ab. Clitimestra, di ——ie köi
gehet ein, setzt sich nider und spricht:**

15 Nun hab wir das opffer verbracht
Im tempel mit grosser andacht.
Doch weiß ich nit, was an dem ort
Gewest ist die göttlich antwort.
Da kombt Egistus, Jovis priester,
20 Mit seinem geschrieben register.
Egiste, sag! ich hab verlangen,
Was du für antwort hast entpfangen
Vom allerhöchsten gott Jove,
Wie es umb meinen herren steh.

25 **Egistus, der priester, spricht:**

O durchleuchtige königin,
[A 3, 2, 86] Also ich gwiß berichtet bin,
Ewer gmahel sey noch im leben
Und im ist zu bewt worden geben
Die schöne jungkfraw Casandra,
30 Deß königs tochter zu Troya.
Die hat er hertzlich lieb und wert.
Derhalb nit eilendt beim begert.
Hat ewer lieb und trew vergessen
Und ist mit frembder lieb besessen
35 Und helt Casandra für sein brawt.

Clitimestra spricht:

Ach, wer het solichs im vertrawt?
Ich het in lieber, denn mein leben.
Hat er auff frembde lieb sich geben
Und meiner lieb und trew vergessen?
5 Wenn ich im auch dergleich thet messen
Und in bezalt mit gleicher maß,
Ey, wer kündt mir verargen das?
Mich hat lang peinigt der argwon.
Nun ich erst nit mehr ruhen kon,
10 Wie das ich an im rech die schmach.
Ich will den sachen dencken nach.

Egistus spricht:

Durchleuchtige fraw, das mügt ir than.
Darzu ich euch nit rathen kan.
15 Der götter antwort ist gewiß war.
Daran kein mensch nit zweiffeln dar.

gin gehet ab. Egistus redt wider sich selber unnd spricht:

Die königin die ist entsetzt.
20 Ich hab sie auff den köng verhetzt,
Die sach grösser gmacht, denn sie ist,
Durch mein practick und gschwinde list,
Wann die köngin ist mir nit feindt.
Das hell und klar auß dem erscheint:
25 Sie thut oft allein nach mir schicken
Und mit holdtseling augenblicken
Und süssem gesprech mich auff helt,
Sich aller sach gantz freundtlich stelt
Gegn mir, für all diener gemein,
30 Die am köngklichen hoffe sein,
Das mir mein hertz oft hat bewegt.
Nun, weil sich eben das zu tregt,
Das sie beklagt den köng auß haß
Und ein alt sprichwort saget das,
Bald ein fraw uber irn man klagt,
Hab sie eim buler gnug gesagt,
Drumb will ich versuchen mein heil,
Ob mir die köngin würd zu theil
In freundtlicher lieb und bullerey.

178] Ich hoff, sie zu erwerben frey.
Denck, das da keins abschlagens sey.

Egistus geht ab.

Actus 2.

Die zwen kemmerling kummen. Dion spricht:

Hör, Cleon! wie gefelt dir das?
Ich hab zu hof gemerckt etwas,
Ietzunder erst vor zweien tagen,
Wiewol es nit ist gut zu sagen,
10 Von unser königklichen frawen.

Cleon spricht:

Sag her! du darfst mir wol vertrawen.
Was hast du denn zu hof gemercket?

Dion spricht:

15 Der argkwon mich ie herter stercket,
Wie Egistus, der priester, bin
Bule umb unser königin.
Er het mit ir ein heimlich gesprech.
Doch thet ich, samb ich das nit sech.
20 Nach dem er sie freundtlich umbfing.

Cleon spricht:

O, ich hab langst gemerckt die ding
Sambt dem anderen hofgesind.
Mich wundert, das sie ist so blindt,
25 In bulschaft mag haben zu schaffen
Mit dem verzagten lausing pfaffen.
Weil sie ie wolt solch ubel than,
Fündt sie manich adelichen man
Am hoff von adelichem stamen,
30 Das nit so schendtlich wer allsamen,
Als sich an den pfaffen zu hencken.

Dion spricht:

Ich glaub, sie thu also gedencken,

Der pfaff künd durch sein gleißnerey
Verbergen solch büberey.
Mich tawrt der frumb thewer mon,
Unser könig Agamemnon,
5 Der mit eim solchn weib ist erschlagen.
Mich düncket wol, vor wenig tagen
Oear, deß Nawply sohn,
Hab den könig verklecken thon
Gegn der köngin auß neid und haß,
10 Als er nun hie zu Arges was.
Nun ist sonst unser königin
Unbstendig leichtfertiger sin,
Derglcichen alle frawen sen.

Cleon spricht:

5 Wie meinst aber, das es werd gehn,
Wenn die götter helffen dem frummen
König, das er wird wider kummen?
Ich hoff, er werd die unzucht straffen
An der köngin und an dem pfaffen,
10 Und gschicht in beiden nit unrecht,
Ob iedes gleich sein lohn entpfecht.

Dion spricht:

Dort geht geleich die königin.
Komb! laß uns beid weichen von hin!
5 Laß für dein mund kein solche red!
Wir müsten sonst sterben all bed.

Derling gehen ab. [K 3, 2, 179] Die königin geht ein
to, setzt sich nider, zeiget ihm den brieff unnd
spricht:

Egiste, nun hast du vernummen,
Wie der könig zu landt werd kummen.
Rath, wie den sachen sey zu than!
Wann wo im wird gezeiget an
Unser bulerey und ehhrechen,
Meinst nit, er werd es ernstlich rechen,
Uns beiden die haubter abschlagen?

Egistus spricht:

Wer meinst, der solichs an dürff sagen
Dem könig, der dich hertzlieb hat?
Sein königkliche mayestat
Würd es eim haben nit vergut,
5 Der solichs von dir ansagen thut,
Wann er trawt dir keins argen zu
Und mir der-gleichen. Aber du
Halt dich zu im lieblich holdtselig!
Thu, was im ist lieb und gefelig,
10 Vil mehr denn vor! so will auch ich
Aufs aller-geistlichst stellen mich,
Ob wir in darmit blenden mügen,
Das er es alles halt für lügen,
Was man im von uns zeiget an.

15   **Clitimestra spricht:**

Du sagst recht, doch int leng ich kan
Verbergen nit mein schwangerheit,
Wann ich muß .noch in kurtzer zeit
[A 3, 2, 87] Uber vier monat ein kindt gebern.
20 Das selbig wird verraten wern
Unser heimliche bulerey.
Rath, wie wem zu fürkummen sey!
Es kost uns sonst beiden das leben.

      Egistus spricht:

25 So will ich von Arges die flucht geben
Heimlich in Persia, das landt,
Da ich und du wol beidesandt
Wöln bleiben, wilt anderst mit mir.

      Clitimestra spricht:

30 Ob ich gleich nemb die flucht mit dir
Und geb mich in laster und schandt,
Wer wir doch sicher in keim landt,
Er stellet unserm leben nach. .
Da müst wir dulden pein und schmach.
35 Wir müssen suchen ein ander straß.

      Egistus spricht:

*

22 wem] K dem. .

Mein Clitimestra, sag, durch was
Weg wir enttrinnen diesen dingen!

Clitimestra spricht:

Da müß wir den könig umbbringen,
5 Darnach das köngklich regiment
Einnemen mit gwaltiger hendt.

Egistus spricht:

Ja, wie kündt aber das geschehen?

Clitimestra spricht:

10 Schaw! erstlich must du dich versehen
Mit schmeichlerey, gaben und schencken
Alles hofgesindt an dich hencken,
Den adel und die kemmerling
Und auch die quardi aller ding
15 Und dir die alle günstig machen.
Schaw! das fördert dich zu den sachen,
Das du kombst zu dem königthumb.

Köngin, du gibst ein guten rath.
Dem will ich volgen mit der that.
Sag! was wird aber darzu thon
Herestes auch, dein junger sohn,
5 Wenn er ein mal kombt zu den jaren?

Clitimestra spricht:

Vor dem wöll wir uns wol bewaren.
Ich will in heimlich ablassen than.
Denn dörff wir kein sorg auff in han.
10 Doch schweig bey leib zu diesen dingen,
Biß das wir sie ins werck bringen!
Ich hoff, uns soll nit misselingen.

Sie gehen beide ab.

Actus 3.

König Agamemnon kombt mit Taltibio und Idomen
spricht:

Ich frey mich auff die heimfart,
Das ich die edlen köngin zart
Clitimestra, mein ehgemahel,
20 Der trew ist vest und hert wie stahel,
Ein mal umbfahen soll für war,
Der ich ietz in das zehendt jar
Mit augen nie gesehen hab.
Ich bring ir köstlich schenck und gab
25 Von dem troyanischen krieg,
Die mir ist nach erlangtem sieg
Worden von gold und edelgstein.
Auch ist die gabe nit gar klein
An der jungkfrawen Casandra,
30 Deß königs tochter von Troya,
Welche hat der weissagung geist,
Die sehr vil zukünftig ding weist.
Geh! heiß sie auß dem schiff zu mir,
Das ich erfaren thu an ir,
35 Was glückes uns werd allensand,
Wenn wir kummen ins vatterlandt!

lasandra, die jungkfraw, kombt. Der lönig spricht:

Casandra, nun sey wir geleich
Zu landt im micenischem reich.
Ietz wir gleich von dem meer abste in.
5 Weissag! wie wird es uns ergehn
In userm reich und vatterlandt,
Das wir hertzlich begeret handt?

Casandra spricht:

O könig Agamemr--- ------
10 Nicht in dein sta
Darinn wirst kum   .n.

Der k

Durch wen? du n

Casar

181] Eben von deinem
Die wird nach-ste

Der könig spricht:

Das selbig kan und mag nit sein,
Weil der liebest gemahel mein
20 Mir erst so freundtlich hat geschrieben.
Du wirst vom schwindel-geist getrieben,
Der dir dein vernunft hat geblendt,
Die so thörhafte ding bekendt.
Du bist zu-rütt an deinen sinnen.

25 Casandra spricht:

Du wirst es leider werden innen,
Was ich ietzund weissage dir.
Nit besser wird es gehn auch mir.
Dein weib wird mich auch lassn umbbringen.

30 Der könig spricht:

Es wird besser in allen dingen.
Drumb, mein Casandra, komb mit mir!
Kein leid wird gschehen mir noch dir.

Sie gehen ab. **Die zwen kemmerling gehen ein.** Dion sp

    Mein Cleon, was meinst, das bedeut,
    Das uns allen die köngin heut
    Iedlichem ein marck goldts thet schencken
  5 Im aller-besten ir zu gedencken?
    Sie wöln umb uns kerling verschulden.

        Cleon spricht:

    Der-gleichen thet die gwardi hulden
    Egisto und der königin.
  10 Was aber das hat für ein sin,
[A 3, 2, 88] Das weiß ich nit; hab doch vernummen,
    Der könig werd zu landt heut kummen.
    Sie soltn im wol ein tuck beweissen.

        Dion spricht:

  15 Nun, wir wöln uns nit darumb reissen.
    Wir können nit helffen noch schaden.
    Iedoch wünsch ich deß königs gnaden
    Gelück und wolfart in sein reich.

        Cleon spricht:

  20 Und ich, mein Dion, der-geleich
    Hab unsern könig lieb und holdt.
    Wolt Gott, das ich im dienen solt!
    Komb! ich hör auff-drometen von weiten.
    Laß dem könig entgegen reiten?

Die kemmerling gehen ab. **Die königin kombt mit** gisto
        spricht:

    Itzunder wird der könig kummen.
    Halt dich, wie du nun hast vernummen!
    Schmück dich in diesen winckl herzu!
  30 Und wenn der köng den rock anthu
    Und darinn steckt mit beiden armen,
    So durch-stich in on als erbarmen!

        Egistus spricht:

    Mir grauset aber hart dargegen,
  35 Mein handt an meinen herren zu legen.

Vor forcht und zittern ich kaumb steh.

Clitimestra spricht:

Wilt du nit, so will ich dich eh
Selber vor dem könig beklagen,
5 Wie das du mich hast vor den tagen
Notzwungen, betrogen und geschendt.
Drumb bring nur die ding zu endt!

] **Der könig gehet ein, die königin umbfacht ihn,
spricht:**

0 Hertzlieber gmahel, sey mir willkumb
In dein königreich widerumb!
Wie magst du sein so lang von mir?
Wie oft hab ich geseuftzt nach dir!
Nepthuno, dem gott, sey lob, ehr,
5 Der dich beschützt hat auff dem meer,
Das du kombst widerumb gesundt
In dein köngkreich! Von hertzen grundt
Mein seel ob deinr zu-kunft frolocket.
An jubel, frewd mein hertze schocket.
:0 Wie hat es in dem krieg dir gangen?

Der könig spricht:

Mit grossen senen und verlangen
Hab ich erraicht mein vatterlandt.
Nach dem ich mit siegbafter handt
25 Die Troyaner erleget hab,
Von den ich bin geschieden ab,
Hab ich erlitten auff dem meer
Groß ungestümb mit meinem heer.
Wenn es nur wol het gangen dir,
30 Das wer die höhest frewde mir.
Ietz werden bringen die schiflewt
Auß den schiffen sehr köstlich bewt,
Darmit dich, köngin, zu verehren.

Clitimestra spricht:

35 Die götter wöllen dein reich mehren!
O mein herr köng, ich hab ein bitt:
Die wirst du mir abschlagen nit.

Der könig spricht:

Hertzlieber gmahel, sag nur her!
Sey was es wöll, ich dich gewer.

Clitimestra spricht:

5 Du hast an ein troyánisch gwant,
Darinn bist mir samb unbekandt.
Nun hab ich mit hertzlicher freid
Dir zu-gericht diß purpur-kleid
Auff dein zukunft. Ich bitt allein,
10 Wölst umb der lieb und willen mein
Das frembde kleid von dir than
Und diß purpur-kleid legen an.

Der könig zeucht sich ab unnd spricht:

Hertzlieber gmahel, warumb nit?
15 Das het nit dörft so hoher bit.

Er nimbt das purpur-kleid, stöst beid arm in die erwel,
es uber den kopff. Egistus lauft zu, sticht ihn, der kön
sie greiffen all an die weer, so spricht Egistus :

Ir herrn, sich keiner rhüre mit!
20 Diß ist on ursach gschehen nit,
Wie ich das will erzelen eben.
Wer sich entpört, kost es sein leben.

Casandra schlecht ihr hendt zusammen und spric :

O ihr götter, last euch erbarmen
25 Deß unschuld des ellenden armen
Frummen königs Agamemnon,
Welcher den feinden thet entgohn
Wol zehen jar in mancher schlacht!
Ligt da gantz mörderisch umbbracht
30 Durch meutrey seiner mördischn frauen,
Der er so hertzlich wol thet trawen,
Vor der ich in gewarnet hab,
Der mir doch keinen glauben gab
Und. mein weissagung gar veracht.
[K 3, 2, 183] Gleich als da gehn Troya bracht

*

35 K Geleich.

Paris die schönen Helena,
Weissaget ich in auch, Troya
Würd von deß weibs wegen zerstört,
Der könig und burger ermördt;
5 Da wurd ich gschlagen und gfangen;
Ist hernach doch also gangen,
Wie ich der stat hab weißgesagt.

itimestra, die königin, lauft zu unnd spricht:

Wer ist, die hie so weint und klagt?
10 Ich merck wol: du bist Casandra,
Deß königs tochter zu Troya,
An der der köng Agamemnon
Gehangen ist, der schendtlich mon.
Geh! erwürg mit eim strang mein geln
15 Und schick sie auch hinab gehn heln,
Auff das ir weissag nemb ein endt,
Darmit sie hat die lewt geblendt!

merling führt Casandra mit dem strick am halß ab,
Egistus spricht:

o Ihr herrn, nun seit zu rhu und still!
Morgn ich als volck versamlen will
Auff den marck und ihn zeigen an,
Warumb ich solichs hab gethan.
Nun tragt den todten könig nab,
5 Das man in königklich begrab
Und ein herrlich begengknuß hab!

Sie tragen ihn auß und gehen alle ab.

Actus 4.

us und Idomeneus gehn ein. Taltibius spricht:

Schaw, mein Idome, der grosn untrew,
Die allhie ubet on alle schew
Clitimestra, die königin!
Sie ist beraubet ihrer sinn,
Hat sich an Egistum gehangen
Und durch in das mordt begangen,

Hat sich nun in das köngkreich drungen,
Welicher auch Heresti, dem jungen,
Deß alten königs sohn darneben
Auch heimlich stellet nach dem leben,
5 Welchen ich hab in meinem hauß
Verstossen und laß in nit herauß.
Dir will ich heimlich geben in.
Führ den mit gen Corintho hin,
Das wir bey leben in erhalten,
10 Auff das er mit der zeit den alten
Thu seinen frummen vatter rechen!

Idomeneus spricht:

Ja, ich will in on widersprechen
Nemen und mit im entfliehen
15 Und zu Corintho in auffziehen
Und zu der ritterschaft in halten,
Weil wir sonst in keim weg dem alten
Mehr können helffen; er ist ermördt
Und hat sich Egistus entpört
25 Mit gwalt in das köngkreich gesetzt
Und als hofgsind darauff verhetzt
Mit vil verheissen gaben und schencken.
Nun will ich mich von dannen lencken
Mit Heresti, dem jungen schönen,
20 Eh man Egistum zu köng thut krönen
Und hochzeit mit der königin hab.
Ich will auff-sitzen und fahren ab.

Sie gehen beide ab. Die zwen kemmerling geht
spricht:

[K 3, 2, 184] Hast du heut hören umb blasen,
Das man Egistum aller-massen
Soll für regierenden köng halten,
In form und maß geleich dem alten,
Unserm könig Agamemnon,
35 Der den adelich thewren mon
Verretterlich hat gerichtet hin
Auß gheiß der falschen königin?
Der mich tawret im hertzen mein.

Cleon spricht:

Weil wir nun Egisto allein
Als einem könig sind geschworen,
So ist all nach-rechen verloren,
5 So müß wirn für ein könig halten.
Iedoch thut mir mein hertz erkalten,
So oft den mörder ich an-sich,
So geht mir an mein hertz ein stich
Und ob dem ehbrecherischen weib,
10 Die iren herrn umb seinen leib
Hat bracht mit den mördischen stücken.
Denck an mich! es wird im nit glücken.
Die götter wern nit lang zu-sehen
Solch ehbrecherisch mordt geschehen.

15   **Dion spricht:**

Ich will dir wol ein ergers sagen.
Die köngin hat vor zweien tagen
Herestem, iren eyning sohn,
Auch heimlich wöllen lassen abthon,
20 Den man nit fandt, als man in sucht.
Also verbosset und verrucht
Ist das untrew weib ob dem ort.
Sie fürcht heimlich, des königs mordt
Werd der sohn rechen widerumb,
25 Wenn er zu seinen jaren kumb,
Wiewol er ietzund ist verlorn.

Cleon spricht:

Die köngin hat ein frewlein geborn
Dem newen köng im ehbruch.
30 Dem gib ich heimlich manchen fluch.
Das zeucht man auff alle hoffart.
Er kombt von keiner guten art.
Derhalb wird auch nichts guts darauß.
Nun komb! so wöll wir ins hof-hauß
35 Solch unser gespręch thun verpeissen,
Uns würd sonst beid der teuffel bscheiss
Wann der new könig kurtzer frist
Rauch und thyrannisch worden ist;

Meint, sein reich zu erhalten sey
Mit gwalt und lauter thyranney.

Sie gehen beide ab. Herestes geht allein ein unnd spᵣ

O ich armer ellender waiß!
5· Schier auff der gantzen erden kraiß
Ich an keim ort recht sicher bin
Vor meiner mutter, der königin
Clitimestra, der mördischen atter,
Die ermördt hat meinen vatter
10 Durch Egistum, iren ehbrecher.
Kein mensch deß mordes ist ein recher.
Besitzen beide kreftigkleich
Micenarum das königreich,
Mein vätterlichen erbtheil schlecht,
15 Wider gott, billigkeit und recht,
Und ich ellender waiß also
Schmuck mich im ellendt zu Corintho
Gleich einem armen aller armen.
Ihr götter, last euch deß erbarmen!

20   **Mercurius kombt, spricht:**

Hereste, mich schickt zu dir her
Der öberste gott Jupiter.
[K 3, 2, 185] Sagt, du solt fahren gehn Athen!
Da-selben da werd dir beystehn
25 Strophus und ander freunde mehr.
Denn fahr mit gewapnetem beer
Inn die königkliche stat Micena,
Drinn die königin Clitimestra,
Dein mutter, würg mit eigner handt
30 Sambt dem ehbrecher beidesandt!
So wirst du denn erwelt geleich
Und gesetzt in das königreich
Von der herrschaft frey aufgeschossen.
So ist es bey den göttern bschlossen.

Mercurius geht ab. Idomeneus, der ander sch
          Herestes spricht:

Mein Idomeneus, ich bit,
Du wölst mich lassen fahren mit

Gehn Athen zu Strophe, dem frummen.
Der wird da selb zu hilff mir kummen
Mit volck, ob ich möcht kummen gleich
Wider inn meins vatters köngkreich.
5 Solch antwort hab ich mit verlangen
Selb von Mercurio entpfangen.
Ich bit, wölst sein behilflich mir.

domeneus beut ihm die handt unnd spricht:

Mein Hereste, ich will mit dir.
10 Hab dich erzogen sieben jar,
Biß du nun bist worden manbar.
Will helffen dir mit leib und gut
Und zu dir setzen fleisch und blut.
Zwölff schiff schon an der porte stehn.
15 Ich will mit fahren gehn Athen
Und darnach hin gehn Micena,
So wöll wir uberfallen da
Mit etlich tausent gwaptner mannen,
Zu würgn die hurn sambt dem thyrannen,
20 Auff morgen faren wider von dannen.

Sie gehen beide ab.

Actus 5.

**Egistus geht gekrönet ein mit der königin Cliti-
mestra unnd spricht:**

5 Nun hab ich regiert sieben jar
Und unser reich befestigt gar
Mit gwalt und grosser tyranney
Trutz eim köng, dem das wider sey.
Iedoch so fürchte ich allein
Herestem noch, den sohne dein,
Den du Agamemnon hast geborn,
Der sich hat auß dem landt verlorn.
War ein trutziger junger frecher.

Clitimestra spricht:

Wie kündt Herestes sein *ein* recher

[text heavily faded and illegible]

Harestes spricht:

Ich will hie angefangen sein,
Sonder verbrachte thate mein
Ohn alle gefencknuß und bandt
35 Verantworten mit freyer handt
Vor dem königlichen hof-ghricht.

Derhalb leg handt an keiner nicht!

ˌhen ihn, die herren lauffen zu, **Erigona** spricht:

Ihr herrn, ich mohn euch bey ewr pflicht,
Ihr wölt besitzen ein blut-ghricht.

5   **Mnesteus, der richter :**

Weil sie uns mohnt auff unser pflicht,
So müß wir sitzen ein blut-ghricht
Und dieser sach hie werdn ein schlichter
Mit mir, dem königklichen richter.
o Wer nun zu klagen hab, der klag!
Ein gerecht urtheil im werden mag.

e drey setzen sich zu gericht. **Erigona klagt:**

Ihr lieben getrewen, umb die missethat,
So Herestes begangen hat,
5 Erwürgt könig und königein,
Welche auch war die mutter sein,
Doch sie mit eigner handt ermördt
(Wer hat unchristlicher sünd erhört?),
Schawt! diesen mutter-mörder eben
ₒ Klag ich an auff leib und auff leben.

       Herestus spricht:

Es ist wissentlich iedermon,
Das mein vatter Agamemnon
Erstochen ist mördischer weiß
5 Von Egisto, durch rath und fleiß
Clitimestra, der mutter mein.
Ach, wie möcht ich den tode sein
Also lassen hin gehn ungerochen?
So würd mir billich ubel gsprochen
▸ Von allen menschen in dem landt.
Derhalb hab ich mit eigner handt
Nach der götter weissag und bscheid
Trutzig erstochen alle beid,
Den mörder und die mörderin.
Hoff ie, das ich darumb nit bin
Den todt zu leiden hie verfallen.
Das urtheil setz ich zu euch allen.

Mnesteus, der richter:

Menelae, ich frag deß rechten dich:
Was soll zu urtheil sprechen ich?

187]   **Menelaus, der erst schöpff:**

5 Richter, du weist wol das gsetz.
Ein mutter-mörder man zu letz
Soll in ein lidern sack einfangen
Und zu im hinnein thun ein schlangen,
In darinn werffen auff das meer,
10 Das in die slang im sack verzer.

Mnesteus, der richter:

Ideme, sag auff deinen eid,
Niemandt zu lieb oder zu leid,
Was ich zu urtheil fellen sol!

15   **Idomeneus, der ander schöpff:**

Menelaus hat geredet wol.
Dieweil aber die königin
Selb ist gewest ein mörderin
An irem selb ehlichen mon,
20 Seim vatter köng Agamemnon,
Und er seins vatters blut hat ghrochen,
So ist er dem gesetz entbrochen
Und ein gut löblich werck hat than.
Mit recht man in nit tödten khan.

25   **Mnesteus, der richter:**

Auff beide antwort und auff klag
Und auff beider schöpffen ansag,
Weil sonst den mord und das ehbrechen
Im landt hat niemand wöllen rechen,
30 So hat er als ein küner man
Solcher rach sich genummen an,
Hat die mördisch ehbrecherin
Mit eigner handt gerichtet hin,
Darzu auch den mörder erstochen,
35 Darmit seins vatters todt gerochen,
Sich mit gerochen auch der-gleich

An dem, der im seins vatters reich
Inhielt mit gwalt und tyranney.
Und zu den stücken alle drey
Haben im die götter allsandt
5 Hilff gethon und trewen beystandt.
Derhalb von aller anklag bloß
Sprich ich Herestem frey quitloß
Und sprich im hie mit zu der-gleich
Micenarum das gantz köngkreich,
10 Sein vätterlich erb, das er schlecht
Besitz mit gott und auch mit recht.

it Herestem in stul und gibt im kron und zepter.
Erigona schreit:

Zetter, waffen schrey ich schlecht.
] Mir gschicht heut gwaltigklich unrecht
An diesem gar falschen gericht,
Das man solches mordt straffet nicht
An Heresti, der mir allein
Ermördt vatter und mutter mein,
20 Sonder lest in ledig der-gleich
Und spricht im zu das königkreich.
Also komb ich heut in unmut
Umb vatter, mutter, ehr und gut.
Deß ist mir also angst und bang,
25 Das ich geleich mit diesem strang
Will enden mein trawrigs leben,
Das wir die götter haben geben.

gehet mit dem strang auß. Mnesteus, der richter,
spricht:

o Nun wöllen wir ruhen die nacht.
All sach ist wol und recht verbracht
Durch Herestem mit küner handt.
Morgen wöll wir im gantzen landt
Vil frewden-fewer schüren lassen
5 Und allem volck den fried auff-blasen
Und verkünden die frewd darbey,
] Das Herestes gefunden sey,
Hab könig und königin erstochen
Und seines vatters todt gerochen,

22 *

Den alten könig Agamemnon,
Und trag ietz auff die köngklich kron.
Deß wird sich frewen iedermon.

len alle ab. Der ehrnholdt beschleust unnd spricht:

5 Also die tragedi sich endt.
Auß der werden fünff lehr erkendt;
Erstlich bey köng Agamemnon,
Das sich ein iedlicher ehmon
Sich auff das nechst halt zu seim hauß,
10 Von seim weib nit zu lang sey auß,
Dieweil die frawen haben leider
Ein kurtzen mut und lange kleider,
Sind unbestendig wanckler sin,
Fürwitzig glauben bald dahin.
15 Zum andern lehr ein fraw hiebey,
Wo ir man nit anheimisch sey,
Das sie sich innen halt und stil.
Beywonung machet unrats vil.
Wenn sie glaubt aller buler sag,
20 Gar leicht zu fall sie kummen mag.
Bald sie verleust ir weiblich ehr,
So acht sie keiner tugent mehr,
Wird verrucht und verwegen gantz,
Schlecht scham und zucht als in die schantz,
25 Leib, seel, kinder und irn ehman.
Was sie erdenckt, das darff sie than.
Als-denn so bringt ein unglück
Das ander unglück auff dem rück.
Zum dritten merck bey Egisto,
30 Das ein man oder priester also
Nit nach-suche der bulerey,
Durch betrug, list und schmeichlerey
Frawen und jungkfrawen zu fellen.
Thut er in so gfehrlich nach-stellen,
35 So begibt sich denn an dem ort
Durch solchen fahl main und auch mordt.

•

ʒl. Fastnachtspiele aus dem 15 jahrhundert s. 1375
216. 4, 327. Hans Sachs 2, 169. 4, 332. 373.
lands schriften zur geschichte der dichtung und

Zum vierdten durch Idomeneum,
Der Herestem heimlich auffnumb,
Merck, das eim biderman zu-steht,
Das er ellendt waisen errett,
5 Vor solcher untrew und unglück
Sie warn und schütz und halt in rück!
Zum fünften bey dem Heresti
Man soll leren beschließlich hy,
Das die kinder stät sollen halten
10 Kindtliche trew gegen den alten,
So thut in Gott ehr und gut geben
Und auff erden ein langes leben,
Auff das ehliche zucht und trew
Kindtlich lieb und gehorsam new
15 Bey jungen und alten aufferwachs.
Das wünschet von hertzen Hans Sachs.

Die person in die tragedi:

1. Ehrnholdt.
2. Agamemnon, könig Micenarum.
20 3. Clitimestra, die mördisch königin.
4. Herestes, ihr beider sohn.
5. Egistus, der ehbrecherisch priester.
6. Erigona, sein tochter.
7. Casandra, deß königs tochter von Troya.
25 8. Mercurius, der götter bott.
9. Taltibius, der getrew fürst.
10. Mnesteus, der köngklich richter.
11. Idomeneus,
12. Menelaus, die zwen schöpffen.
30 13. Dion,
14. Cleon, die 2 kemmerling.

Anno salutis 1554, am 2 tag Januarii.

Der ehrnholdt tritt ein, neigt sich unnd spricht:

5 Heil sey den erbern, ehrenvesten,
Ersamen, außerwelten gesten,
Züchtigen frawen und jungkfrawen
Und all, so wöllen hie zu-schawen,
Den wir zu ehren her sind kummen,
10 Uns ein bistori für-genummen
Comedi-weiß zu recediern,
Welch gschicht vor langst thet preschribiern
Homerus, der griechisch poet.

Und nach seim vatter haben frag.
Da machtn die werber ein anschlag,
In zu ermörden auff der straß.
Minerva unterkam doch das.
5 In dem kam Ulisses zu landt
In betlers gstalt gar unerkandt.
Allein erkennet in sein hundt
Und sein sohn, dem er sich macht kundt.
Seinr lieben gmahel Penelope
10 Gab er sich nit zu erkennen eh,
Biß er die werber all erschlug.
Darzu halff im trewlich genug
Sein lieber sohn Thelemachus,
Ewmeus und Philecius,
15 Sein sewhirdt und sein ochßenhirt.
Nach dem er sich schmucket und zirt
Als ein fürst, gab sich erst zu kennen
Seiner Penelope benennen,
Die in mit grosser frewd umbfing.
20 Nach dem er ir erzelt all ding,
Was er erlieden het die zeit
Für erschröcklich gefehrligkeit.
Nun seit still, wenn man an thut fangen!
Höret und sehet mit verlangen,
25 Wie alle ding seyen vergangen!

lemachus, ein sohn Ulissi, gehet ein unnd klagt:

Ach, ich ellendt verlaßner waiß!
Der armutseligst ich wol haiß,
Wann ich hab, bald ietz ward geboren,
30 Mein vatter Ulissem verloren
Vor Troya in der Griechen heer,
Oder ist etwan in dem meer
Ertruncken, als er heim wolt faren.
Ich hab in ie in zweintzig jaren
'0] Nit gsehen noch kein gwises wort
Von im vernummen noch gebort,
Deß ich und die fraw mutter mein,
Penelope, und der vatter sein,

*

] K ich.

Laertes, biß her unser zeit
Verzert haben in trawrigkeit.
Dort steht ein gast; den will ich fragen,
Ob er mir doch etwas kündt sagen
5 Vom hertzen-lieben vatter mein.
O gast, trit baß zu mir herrein!
Wer bist du und wann kombst du her?
Weist du nit etwan gute mär
Von Ulissi, dem thewren fürsten,
10 Den ie nach redligkeit war dürsten,
Ob der sey lebendt oder todt?

Minerva, göttin der weißheit:

Thelemache, ich schwer bey Gott,
Dir warhafte kundtschaft zu geben,
15 Das dein vatter noch ist im leben.
Wird auff gehaltn in einer inseln
Wider sein willn mit wain und winsseln,
Ietzundt biß in das siebendt jar.
Darumb so ist mein rath: du fahr
20 Gehn Pillum zum fürsten Nestor,
Der mit im ist gelegen vor
Troya und auch mit im abgfarn!
Und kanst du bey im nichts erfarn,
Zeuch gen Sparta zu Menelao,
25 Dem könig, und erkundt aldo,
Wo Ulisses, der vatter dein,
Hin kummen sey! In gemein
Die Griechen fuhrn von Troya ab,
Weil er, als ich vernummen hab,
30 Auch erst newlich ist kummen heim.
Und wenn du denn erforscht in gheim,
Wo dein vatter sey in dem landt,
So such in! führ in heim zu handt!
Den göttling rath will ich dir geben.

35 **Thelemachus spricht:**

O gast, ich will dir volgen eben
Und das auff den morgigen tag.

Minerva spricht:

Deinr mutter gar nichts darvon sag!
Ich will selber raisen mit dir,
Mein Thelemache! sag du mir!
Was ist das für ein frölicher schal
5 Von den gesten in dem innern sal?
Oder ist es nur dein hofgesind?

Thelemachus spricht:

Ach nein, laider, dieses sind
Der landtherren söhn obgenandt
10 Alhie in Itaca, dem landt,
Und ander lender, so herumb sein,
Die werben umb die mutter mein.
Der sind von adel außgesundert
Vier und zweintzig und darzu hundert.
15 Die kummen nach einander her.
Von den mein hof ist selten ler
Und haben alda futer und mal.
Die schlemen und demmen auff dem sal
Gar trutzigklichen von dem mein.

20 #### Minerva spricht:

Was thut darzu die mutter dein?

Thelemachus spricht:

Die hat vor in gleich gar kein rhu,
Slecht in nichts ab, sagt in nichts zu,
25 Thut sich durch einen list auff-halten.
Hat in zu gsagt, bald sie dem alten
Laertes, irem schweher, hab
Sein tuch hab außgewürckt zum grab
3, 2, 191] Und wo in mitler zeit nit kumb
Haim Ulisses, mein vatter frumb,
Als-denn wöll sie nemen ir einen
Zu eim gmahel on als verneinen.
An dem leichtuch würckt sie all tag
Gar künstliche arbeit (ich sag),
35 Und als, was sie beim tag thut wiffeln,

*

18 **Ph.** Dietz, wörterbuch zu M. Luthers deutschen schriften 1, 393

Thut sie bey nacht wider auff-triffeln.
Darmit blendt sie der werber schar,
Helts darmit auff ins vierdte jar
Mit lerer hoffnung immer zu.

                Minerva spricht:

Nun, Thelemache, ordne du
Heimlich all notturft in das schieff,
Das wir uber das meere tieff
Morgen fahren auff Pilum hin!
Darzu ich denn dein mitgfert bin
Und laiste dir trewe gselschaft.

Minerva gehet ab. Thelemachus redt mit ihm selber
               spricht:

Ich entpfind gleich ein göttlich kraft
Und künheit in dem hertzen mein.
Diß wird warhaft Minerva sein,
Die zarte göttin der weißheit;
Will mir in widerwertigkeit
In mennlicher gestalt beystehn.
Nun will ich bald und eilendt gehn,
Zu bereiten unser schiffart,
Was uns denn not ist aller art.

Thelemachus gehet ab. Die vier werber gehen ein.
               spricht:

Hört! Thelemachus, der jung fürst,
Redt so verwegen und gedürst
Heut mit troworten unbescheiden,
Wir werber sollen sein hof meiden
Und im abzeren nit das sein,
Sonder wir sollen all gemein
Ieder heimziehen in sein herrschaft,
Das wir nit wern eins mals gestraft.
Rath zu ir werber! was hat er im sin?

[A 3, 2, 93]   **Ewrimachus spricht:**

Man saget, er sey gefahren hin

---

1 auftriefeln] s. Grimms wörterbuch 1, 764.

Gen Sparta und auch gen Pilum.
Wie, wenn er da ein grosse sumb
Kriegßleut bestelt, uns uberzüg,
Und uns auß seinem hoff all schlüg?
5 Wann er hat ie in seinem zorn
Uns werbern allen den todt gschworn.
Derhalb dürff wir nit lenger bleiben.

Agelaus spricht:

O er wird uns langsam außtreiben,
0 Er müst nur gschnitzte mennlein bringen,
Die für in stritten in den dingen.
Wer mainst, der sich sein neme an,
Der uns allen wolt widerstahn
Und unser feindtschaft auff sich laden?
.5 Glaub eh, das er, uns zu schaden
Mit gift, sey gen Ephira gfaren,
Da die vergiften krewter waren,
Darmit uns im tranck zu vergeben,
Also tückisch nemen das leben.
20 Drumb last uns triackes einnemen!

Amphinemus spricht:

Mich wundert, das dich nit thust schemen.
Mein Agelae, auff mein eid,
Der jung fürst ist nit so gescheid,
2] Das er mit gift west umbzugehn
Und uns darmit zu widerstehn,
Auch nit so kün und keck fürwar,
Das er unser eim krümbt ein har.
Weßhalb hast denn ob im ein grauß?

30 Agelaus spricht:

Ich treib nur mein fatzwerck darauß.
Er ist ein kindt bey allen weisen.
Dörft mich kaum in ein finger beisen.
Er ist ein milchling, zag und schlecht.

ᵓ Ewrimachus spricht:

Ihr herrn versteht der sach nit recht.
Thelemachus fehrt umb allein,

Zu erforschen den vatter sein.
Denck aber wol, der kumb nit wider,
In führt denn ein rab im kropf her.
Wenn nun der sohn auch schaden nemb,
5 Sambt dem vatter nit wider khem,
Was müsten denn wir werber than?

Anthinous spricht:

Wenn fraw Penelope kein man
Auß uns werbern ir erwelt,
10 Wie sie selb hat ein zil gestelt
Mit dem leichtuch, so wolten wir
Werber nit ablassen von ir,
Biß wir verzerten all ir gut
Mit schlemmen, prassen und guten mut.
15 Wird uns die fürstin nit zu thail,
So hat sie zwölff magd, die sind gail;
Mit den so treib wir bulerey,
Die uns tag und nacht wohnen bey.
Ihr hofgsind hat uns nit ungern,
20 Uns auch gar nit außtreiben wern
Die burgerschaft in dieser stat,
Die unser grosse nutzung hat
Nun täglich her bey vier jarn.

Ewrimachus spricht:

25 Anthinoe, ich hab erfarn
Von einer dirn im frawenzimmer:
Was die fürstin thut würcken immer
Beim tag an diesem leichtuch macht,
Triffelt sie wider auff zu nacht,
30 Führt uns also umb bey der nasen.

Agelaus spricht:

Ich hab mich lengst beduncken lasen:
Sie würckt an dem leichtuch zu lang.

Amphinemus spricht:

35 Ich hab wol gemerckt im anfang,

*

Das sie hat wenig lust zu uns,
Leicht auß anleitung ihres suhns.
Derhalben seyen wir groß narren,
Das wir als lang albie verharren.
5 Solt Ulisses ietz wider kummen,
Uns würd allen das leben gnumen.
Besser wer, wir theten abziehen.

Anthinous spricht:

O, wer in fürcht, der mag wol fliehen!
10 Ich komb von dieser ziechen nicht,
Dieweil ein federn herauß sticht.
Ich will zu hof bleiben allein,
Essen, trincken und frölich sein.
Kombt! last uns zum nachtmal hinein!

15   **Sie gehen alle auß.**

Actus 2.

Nestor, der alt fürst zu Pilum, geht ein und sprich

Danck sey Nephtuno, dem meergot,
3, 2, 193] Das er mich hat vor wassers noth
20 Verwaret, als ich ab hin gschiden,
Vor Troya kummen bin mit friden,
Gen Pilum heim durchs wütendt meer
Zu meinem fürstenthumb mit ehr,
Glücklich vor andern Griechen allen!
25 So hat es den göttern gefallen.

Der ehrnholdt kombt, spricht:

Gnediger herr, es sind zwen mon,
Gar zwo adeliche person,
Im vorhof, begerten zu euch.

30   **Nestor spricht:**

Heiß sie herrein on alle scheuch
Und mir anzeigen ir begeren!
Ist es müglich, ich will sie gweren.

Minerva und Thelemachus treten ein, Nestor spricht:

> Ihr lieben gest, wann kombt ir her?
> Wer seit ir? was ist ewr beger?

Thelemachus neiget sich unnd spricht:

> 5 O Nestor, du gar thewrer mon,
> Aller Griechen ein werde kron,
> Auß Itaca, dem fürstenthumb,
> Auß grossem vertrawen ich kumb
> Zu dir, bin der sohn Ulissi, .
> 10 Bey dir gwiß zu erfaren hy,
> Wo Ulisses, mein vatter, sey,
> Der dir doch hat gewonet bey
> In der belegrung vor Troya,
> Ob du doch weist, wie oder wa,
> 15 Ob er vor Troya het schaden gnumen
> Oder wo er doch hin sey kumen,
> Wann seit er raist auß Itaca
> Im griechischen heer vor Troya,
> Hab wir gar nichts von im gehort,
> 20 Seit doch all fürsten an dem ort
> So gsundt sind blieben und im leben,
> All widerumb haim kummen eben,
> Denn außgnumen der vatter mein.

Nestor spricht:

> 25 Thelemache, der vatter dein
> Und ich haben sehr vil erlitten
> Unfals und gfehrligkeit durchstritten
> Vor Troya, darvor Patroclus,
> Achilles und Antilochus,
> 30 Mein son, und manch griechischer held
[A 3, 2, 94] Von den Troyaner ward gefelt,
> Da ich und dein vatter mit nam
> Uns allmal trewlich hielten zsam
> In allen scharmützel frü und spät.
> 35 Dein vatter gab die weisten räth
> Für alle fürsten in dem krieg.

29 Antilochos, Nestors sohn, fiel vor Troja. Horaz od. **2, 9, 14.**

Durch sein list erlangt wir den sieg,
Als die stat wurd gschlaift und zerstört,
Priamus und sein sohn ermördt
Und wir mit der bewt wol beladen
5 Abfuhrn, doch mit der Gotes ungnaden,
Wann etlich Griechen böser art
Die hetten sich versündet hart.
Deß machtens sie durch groß ungwitter
Unser heimfart sawer und bitter,
o Das ir vil gangen sind zu grund.
Dein vatter.auch abfuhr zu stund,
Fuhrt dreyzehen nauen mit in.
Wo er aber ist kummen hin,
Dasselbig ist unwissendt mir,
15 Wann von einander kamen wir
Kurtzer zeit im ungstummen meer.
Derhalb, mein sohn, volg meiner leer
14] Und eilendt hin Sparta fahr
Zu könig Menelao dar
20 (Der selb ist auch bey etling jarn
In der irr auff dem meer umbgfarn),
Ob der selb etwan het vernummen,
Wo doch entlichen hin wer kummen
Ulisses, der lieb vatter dein!

5   **Minerva spricht:**

Ja, das ist auch die mainung mein,
Die sach da klarer zu erfragen.
Nun, morgen frü, bald es ist tagen,
Wöll wir auff sein und faren darvon.

D   **Nestor spricht:**

Nun thüt hinein die thürnitz gohn!
Da wöllen wir essen zu nacht.
Und bald das nachtmal ist verbracht,
Wöll wir zu bett euch leuchten nider,
5 Auff das außruhen ewr glieder,
Das ir morgen mögt wider reisen.
Iedoch so müst ir mir verheissen,

In gen Sparta.

Das ir auff der irrfart allein
Bey mir wölt wider keren ein.

hen alle auß. **König Menelaus sú Sparta geht ei**
spricht:

5 Wie wol thut mir ietzundt die rhu,
Das ich bin wider kummen zu
Mein lacedemenischen reich,
Hab auch wider die innigkleich
Helena, mein holdselig weib,
10 Von zart und adelichem leib,
Die mir Paris entführet da,
Deß königs sohn, gen Troya,
Von der wegen ich an dem endt
Bawt auch vil jar das ellendt!

15 **Der ehrnholdt kombt, spricht:**

Großmechtiger köng, vor dem sal
Stehn zwen ehrlich menner zu mal,
Begern, ein einigs wort mit dir
Zu reden auß hertzlicher begir,
20 Wo es dir wolt befüglich sein.

Menelaus spricht:

Ja, heroldt! bald laß sie herein!
Wer weiß, was in felt an dem endt?
Wann wer umbzeucht in dem ellendt,
25 Dem thut wol in der frembd allzeit,
Wird im beweist gut willigkeit.

ehrnholdt führt sie beide ein, Thelemachus spricl

Großmechtiger köng, wir bitn dich,
Wölst mich anhören günstigklich.

30 **König Menelaus spricht:**

O jüngling, sag an, wer du seist!
Dein gestalt uns klerlich außweist,
Geboren gar von edlem stamen.

Thelemachus spricht:

Ulisses, ein fürst zu Itaca,
Welcher im krieg vor Troya
Ist außzogen mit Griechenlandt.
Herr könig, ist dir der bekandt?

5   **König Menelaus spricht:**

O sohn, solt ich den kennen nicht,
Der mit weißheit mehr hat außghricht,
Denn etlich tausent mit der handt?
Sag an! ist er noch nit zu landt?

5]   **Thelemachus spricht:**

Ach nein; darumb komb ich zu fragen,
Ob du mir was von im künst sagen,
Ob er wer lebendt oder todt,
Wann ich leid daheim angst und noth.
15 Von den werbern mein hof ist bsessen,
Die mir das mein mit gwalt abfressen,
Das mir endtlich reicht zu verderben,
Unverschembt. umb mein muter werben.
Nun bitt ich: weist, thu antwort geben,
o Ob mein vatter noch sey bey leben!
Dist ist an dich mein höchste bit.

     König Menelaus spricht:

O mein sohn, ich weiß anderst nit
Von deim thewren vatter zu sagen,
' Denn als ich war vom windt verschlagen
In ein insel, Pharus genandt,
Ein tagraiß von Egipten-landt,
Da ich mit meinr armada lag,
Etwas da biß auff zweintzig tag,
Als wir betten an provant mangel,
Da gieng ich ans meer mit dem angel,
Da ein göttin aufschoß im meer,
Idothea, gab mir ein leer,
Wie ich möcht iren vatter fangen,
ʼ Protheum, da möcht ich erlangen
Ein antwort, wie es mir soll gehn.

Diß.

Obs. XII.   23

Dem kam ich nach ; als ich fieng den,
Bandt in, und wiewol sich der alt
Verkert in mancherley gestalt,
In löwen und trachen unghewer,
5 Auch in ein groß erschröcklich fewer,
Noch hielt wir in gebunden vest.
Solch sein verwandlung ich vor west
Und nött in, das er mir must sagen,
Als unter andern ich thet fragen
10 Von meim bruder Agamemnon.
Da sagt er mir, in het abthon
Egistus auß seins weibes rath,
Clitimestra, welch untrew that
Wurd durch Herestem noch gerochen.
15 Durch den wurdens beide erstochen.
Vor trawren so klopff mir mein hertz.
Darnach sagt er mir auch on schertz,
Ayax ertruncken wer im meer,
Als er den göttern nit gab die ehr,
20 Als er auß dem schifbruch außschwumb,
Drumb in Nephtunus widerumb
Und in wider ins meere stürtzt.
Von deim vatter sagt er aufs kürtzt,
Er het dein vatter gsehen mit nam
25 Inn der insel Ogigiam
Sitzen, gantz trawrig uberauß,
In der göttin Calipso hauß,
Und er het durch der götter zorn
All sein schiff und gferten verlorn,
30 Müst also widr sein will ungern
Seins lieben vatterlandts entbern.
[A 3, 2, 95] So vil hört ich vom vatter dein
Vom meergot, darumb solt du sein,
Mein Thelemache, guts muts,
35 Weil noch zu hoffen ist als guts
Von Ulisse, dem vatter dein.
Das er noch muß im leben sein
Und heim kummen in kurtzer zeit
Auß der götter fürsichtigkeit.
40 All ding gschehen nach irem rath.

Thelemachus spricht:

Ich danck köngklicher mayestat
Der guten mär, der-gleich ich ie
Von keinem menschen höret nic.
5 Nun wöllen frölich scheiden wir.

196] **König Menelaus spricht:**

Bleibt ein tag oder zwölff bey mir,
Biß ihr außruhet! das ist mein bit.

Minerva spricht:

10 Lenger hab wir zu bleiben nit.
Wir müssen gleich wider auff sein.

Menelaus reicht ihm ein schewern und spricht:

Thelemache, o sohne mein,
Nimb von mir zu schenck die credentz
15 Deinem vatter zu reverentz,
Der, ob Gott will, noch ist im leben,
Wie mir Protheus saget eben.
Ich will euch das gelaid nauß geben.

Sie gehen alle auß.

Actus 3.

➤ **vier werber gehen ein. Anthinous spricht:**

Ihr werber, ich berichtet bin,
Thelemachus und der sey hin
Gen Pilum und Sparta gezogen,
Sein vatter zu suchen verwogen
Und den bringen herhaim zu landt.
Ich rath, wir werber allesandt
Machen uns auff und im verlegen
Alle port und clausen dargegen
Jnd richten in heimlich vom brodt;
o kummen wir denn on alle noth

In seinem hof prassen und schlemen,·
Biß unser eim thut ehlich nemen
Penelope, die fürstin zart.

Amphinemus spricht:

5 Ey, solten·wir mördischer art
‑Umbbringen das jung fürstlich blut?
Das wer ie unrecht und nit gut.
Nein, ich bewillig nichts darein.
Er soll geniessen der unschuld sein!
0 Er hat uns nichts darzu than,
Ob er uns gleich oft redet an,
Wir sollen im raumen sein vesten.
Mainst du, er hab denn von uns gesten
Ein klein unruh? ich schweig den schaden,
5 Darmit er täglich wird beladen,
Das wir in seinem hof auff zeren
Und im das wengst nit wider ehren.
Das laß wir in zu frieden billich.

Agelaus spricht:

:0 Ey lieber, er ist gar unwillig.
Ich glaub: möcht er uns richten hin,
Als wol wir möchten hinrichten in,
Fürwar er würd uns das nit sparen.
Er ist vergebens nit außgfaren,
:5 Das er sich thut umb hilff bewerben,
Das allein zu unserm verderben.
Kündt wir im nun kummen zuvor,
Wer das nit thet, wer ie ein thor.
Derhalben rath ich nit darvon.

:0 ### Ewrimachus spricht:

Ja, lieben herrn, das wöll wir thon.
Kombt! last uns eilen ans gestat
Und sitzen in ein schiff gar spat
Und faren auff das hohe meer!
:5 Es ist auff der widerfart sehr
Thelemachus, das wir in hencken,

Erstechen oder in ertrencken.

„Bring wir gleich umb den jungen man,
97] Ich glaub, es kre nach im kein han.
Es darfs gar niemandt von uns sagen.
5 Darauff wöll wir es künlich wagen.

n all vier auß. Penelope geht ein mit Ewriclea, ihrer
hofmeisterin, und spricht:

Ewriclea, ist dir bewist,
Wo mein sohn Thelemachus ist?
10 Hab den in zwölff tagen nit gsehen.

Ewriclea spricht:

Er ist gezogen auß, zu spehen
Ulissem, seinen vatter frum,
Gen Sparta und auch gen Pilum.
15 Ein gefehrliche raiß gewagt!

Penelope spricht:

Nun hat er mich nit rath gefragt
Und hat das thun on meinen rath.

Ewriclea spricht:

20 Es wer das wenigst diese that.
Ich weiß noch vil ein bösers gschrey.

Penelope spricht:

Ewriclea, sag, was es sey!

Ewriclea spricht:

25 Die werber habn durch heimisch tück
Unterstanden ein mördisch stück,
Thelemachum, den jungen herrn,
Verwarten auff dem meer von ferrn
Und ungewarnt den umbzubringen.
30 Sind auch schon hin gerüst zu den dingen.
Ich hab iren anschlag gehort.

Die schlecht ihr hendt zusamen unnd spricht:

O mord, mord uber alle mord!
O zetter, waffen uber waffen!

Erst merck ich, 'das mich haben bschaffen
Die götter zu unglück geborn,
Weil ich mein gmahel hab verlorn,
Deß gleich nie lebt in Griechen-landt,
5 Und nun auch mit mördischer handt
Die werber wöllen mich auff glauben
Auch mein eynigen trosts berauben,
Meins sohns. O schmertz ob allem schmertz!
Nit wunder wer, mir brech das hertz,
10 So es anderst müglichen wer.
Lauff! klag eilendt die laiding mär
Laerti, meinem schweher alt!

Ewriclea spricht:

Du edle fürstin, dich enthalt
15 Dich solcher schweren trawrigkeit!
Die götter mügen kurtzer zeit
All dein hertzlaid zu frewden wenden.
Es steht ie als in iren henden.
Rath, wölst Laertem, den schweher dein,
20 Die ding ietz noch verborgen sein
Und in nit gebling mit betrüben,
Der sich sonst thut in hertzlaid uben
Und ist samb lebendig gestorben,
All frewd und mut in im verdorben!
25 Drumb geh hin, laß dein trawrigkeit!
96] Minerva, die göttin der weißheit,
Wird wol erretten Thelemachum,
Das er frisch und gsundt wider kumb
Sambt Ulisse, seim vatter eben.

30 **Penelope spricht:**

Ach, das wöllen die götter geben,
Zu den ie all mein hoffnung steht!
198] Nun ich geh trawrig hin gen beht,
Das innerhalb zweintzig jaren,
35 Seit mein gmahel ist außgefaren
Für Troya und seit ist verlorn,
Vor zehern nie ist druckn worn,
Vor betrübnuß und hertzenleid,

auß. **Ulisses geht ein, gekleidt** wie ein betel
redt mit ihm selber unnd spricht:

ich hartseliger und armèr!
gott warhaft ist mein erbarmer.
5 Ich bin mit dem griechischen heer

Bin ich mit dreyzehen naue abgfarn
Und hab nun fast bey zehen jarn

Der ich doch dir thet opffer vil!
O göttin, hilff mir, ißt dein wil,
Das ich komb in mein vatterlandt!

Minerva spricht:

5 Ulisse, ist dir unbekandt,
Das ich nie hab verlassen dich.
War bey dir, doch unsichtbarlich,
Zu landt und auff dem meer tieff.
Ich fuhr mit dir auch in dem schieff
10 Biß in dein lande Itaca.

Ulisses spricht:

Ist diß mein vatterlande da?
Nun sicht es im ie ungeleich!
O du göttin der weißheit reich,
15 Nit betriege mich ellenden man!

Minerva spricht:

Mein Ulisse, nun schawe an!
Sichst du denn nit an diesem ort
Phertino, die köstlich meerport?
20 Sichst nit den olbaum und das hol,
Darinn wohn die meergöttin wol,
199] Naiades? sichst nit darumb
Den waldigen berg Neritum?
Sag Ulisses, erkenst du dich?

25 **Ulisses spricht:**

Minerva, ietz erkenn ich mich,
Das ich bin in meinem vatterlandt.

Minerva spricht:

Ich will dich machen unbekandt
30 Von gestalt, geberden und leib,
Das dich niemandt kenn noch dein weib,
Auch dir verwandeln dein angsicht.

Ulisses spricht:

Warumb? das selb verhalt mir nicht!

Minerva spricht:

Da wiß! es sind in deinem hauß
Der edlen söhn vil uberauß,
Die all werben umb dein gemahel.
5 Die keusch, ehrenvest wie der stabel
Hoft noch stetigs auff dein zukunft
Und zeucht auff mit list und vernunft
Die werber all ins vierdte jar.
Nun, die werber must du fürwar
0 All bestehn und zu todt schlagen.

Ulisses spricht:

So wird es mir in kurtzen tagen
Ergehn wie könig Agamemnon,
Der in seim hauß ward abgethon,
5 Als er heimkom, von seinen weib.

Minerva spricht:

Ulisse, gar on sorge bleib!
Dein gmahel ist stät, frumb und trew.
Derhalben so hab kein abschew!
0 Ich will dir bey gestehn durch rath,
Zu enden die treffenlich that,
Der werber dich frey zu erwehren.
Und du must erstlichen ein kehren
Ermklich in eines betlers gstalt
15 Zu Ewmeo, deim sewherten alt.
Bleib bey im, biß wird kummen thun
Thelemachus, dein lieber suhn!
Dem selben gib dich zu erkennen!
Must du keim menschen dich auch nennen,
0 Biß ich widerumb zu dir kumb,
Dir weiß und lehr gib widerumb.
Nun geh und saumb nit lenger dich!
Gen himel will ich schwingen mich.

geht ab. Ulisses hebt sein hendt auff unnd spricht:

5 Der göttin sey lob, ehr und preiß,
Die mich so fürsichtiger weiß
Verkert hast mein gestalt all den,

Das ich mich gleich ietz selb nit kenn,
Zu gut mir und meim lieben suhn.
Mit fleiß will ich dir dienen nun,
Ein hundert-hewbtich opffer thun.

Ulisses gehet ab.

Actus 4.

Ewmeus, der sewhirdt, gehet ein und redt wider sich also:

Ich hab aber ein saw geschickt
10 Int stat, das die selb werd verschlickt
Von den werbern, den unnützen gesten,
[A 3, 2, 97. K 3, 2, 200] Den ich kaumb genug sew kan mesten.
Ich wolt, das sie den ketsch dran fressen,
Auff das sie darnach nichts mehr essen.

15   **Ulisses kombt und spricht:**

O alter, ich bitt dich durch Gott:
Gib mir ein suppen und ein brodt,
Auff das deß hungers ich mich wehr!

Ewmeus, der sewhirdt:

20 Komb herein, gast, und mit mir zer!
Ich theil dir mit, was ich vermag.
Ich sitz gleich da und seuftz und klag,
Das mein frumer fürst Ulisses
Auch etwan betlers-weiß dir gmeß
25 Umb zeucht, muß sich in armut nehren,
Dieweil mit uberfluß verzeren
Im frembde freßling all sein gut.
Das selb bekümert mir mein mut,
Das ich mag nit mehr frölich sein.

30   **Ulisses spricht:**

Sag mir! wer ist der herre dein?

---

13 Vgl. Grimms deutsches wörterb. 5, 278. Im Schwäbischen ist das ad-
jectiv kätschich (kætsịh) sehr gebräuchlich; z. b. kätschiges d. h. nicht gares
fleisch.

Wann ich zeuch auch weit umb im landt,
Ob er mir etwan stieß zu handt.

Ewmeus spricht:

Ach Gott, er ist vor zweintzig jaren
5 Mit den Griechen für Troya gfaren.
Nun hat man seit her nit vernummen
Ein bottschaft, wo er hin sey kummen,
Ob er sey lebendt oder todt.

Ulisses hebt zwen finger auff unnd spricht:

10 Hör, alter! ich schwe|
Das Ulisses, der fürst
Verhanden ist und le|
Und wird auch noch i
Haim kummen in sein
15 Und sich auch an all
Die in seim hof schle|
Und seim gmahel und
So schwerlich belaidi|
Gwiß und fürwar ich

20   Ewmeus spricht:

O, solt ich erleben den tag,
Das mein Ulisses wider khem
Und sein herrschaft wider einnemb,
Kein grösser frewd kündt ich mehr haben.
25 Denn so er die unverschembten knaben
Hinrichtet zu irem verderben.
Denn wolt ich dester senfter sterben.
Ich hab aber sorg, du felest weit,
Weil vil landtfahrer diese zeit
30 Haben gsagt, sie haben in nehen
Mein herren Ullissem gesehen,
Doch als erlogen und erdicht.
Welches doch in dem grundt war nicht
Zu erlangen gut bottenbrodt.

35   Ulisses spricht:

*

sein.

Ich merck: es ist on alle noth,
Das ich vil schwür in dieser frist,
Weil du so gar unglaubig bist.
Nun hab ich ie gar in der neben
5 Dein herren frisch und gsundt gesehen,
Der sagt mir auch von seinem suhn
Thelemacho. Sag mir auch nun,
Wo der selb sohn ietzundt ist,
Das het sein vatter gern gewist!

10   **Ewmeus spricht:**

Man sagt, er sey in kurtzen tagen
Gefahrn, nach seim vatter zu fragen,
[K 3, 2, 201] Gen Pilum und auch gen Sparta.
Nun ist die sag, von Itaca
15 Sein die werber gezogen auß
Ulissi, meines herren, hauß,
Den jungen fürsten umbzubringen.
Bin deß bekümert in den dingen.
Wird der jung fürst auch hin gericht,
20 So wolt im landt ich bleiben nicht.
Möcht der werber unblid nit sehen.

Thelemachus, der jung fürst, kombt. Ewmeus s

Schaw, gast! da thut sich zuhernehen
Der junge fürst Thelemachus,
25 Den ich mit frewd entpfahen muß.

       Ewmeus umbfecht in, spricht:

O Thelemache, lob sey gott,
Der dich errettet auß der noth!
Ich hab warlich gefürchtet sehr,
30 Ich werd dich sehen nimmermehr.
Gar böß anschleg waren verhanden.

       Thelemachus spricht:

Ewmee, mir ist bey gestanden
Minerva, die göttin der weißheit,
35 Das ich deß meerstücks bin gefreit.
Ewmee, sag du mir! was hast
Du da bey dir für einen gast?

Wer ist er und wann kombt er her?

Ich merck, und es wer sein beger,
Das du in nembst gen hof mit dir,
Wann er sagt, es wer kummen schir
Ulisses, dein hertzlieber vatter,
Dem landt der aller-höchst wolthater.

Thelemachus spricht:

Die zeitung hört ich von im gern.
Iedoch kan ich in nit gewern
Zu führen haim in mein hauß,
Wann er wird veracht uberauß
Und müst der werber spotvogel sein.
Darumb bhalt in bey dir allein!
Du, Ewmee, mach dich auft straß!
Sag heimlich meiner mutter, das
Ich wider zu landt kummen sey,
Frisch und gsundt, on alle meutrey,
Das umb mich nemb ein endt ir klag!

Ewmeus lauft ab, spricht:

Ich lauff und die gut bottschaft sag.

mbt, winckt Ulissem. Der geht zu ir ab, kombt
wider verkleidt. Thelemachus spricht:

Du bist nit der vorig arm gast.
Dein kleid und angsicht geit ein glast.
Du bist kein mensch, sonder ein gott,
Von himel abgestigen on spot.
So will ich dir ein opffer thon.

Ulisses umbfaacht in, spricht:

O Thelemache, lieber sohn,
Ich bin kein gott, sonder allein
Ulisse, der lieb vatter dein,
Von deß wegn du trübsal und klag
Du hast gehabt vil jar und tag,
Das sich nun wird zu frewden wenden.

Thelemachus spricht:

Mein vatter, wie hast an den enden
Dein arme gstalt so gschwind verkehrt?

Ulisses spricht:

5 Das selb hat thon die hoch geehrt
Minerva, göttin der weißheit,
[K 3, 2, 202] Die für uns sorg hat alle zeit,
Wie du leicht auch oft hast vernummen.

Thelemachus spricht:

[A 3, 2, 98] O vatter, wie bist du her kummen?

Ulisses spricht:

Alcineus, der könig gleich
In Pheacia, dem königreich,
Der hat mich lassen bringen her.
15 Mein sohn, nun hör ich böse mär,
Die werber unser hoff und hauß
Gwaltig besitzen uberauß
Und sey ir gar ein michel schar.

Thelemachus spricht:

20 Herr vatter, das ist leider war.
O, wie sollen wir der ab kummen?

Ulisses spricht:

Ich hab von der göttin vernummen,
Sie wöll uns helffen und beystehn.
25 Darumb so thu gen hof nein gehn!
So will ich morgen mit dem frummen,
Unserm sewhirten nachhin kummen,
In betlers gstalt, wie ich vor war.
Und laß dich nit bekümern gar,
30 Ob gleich die werber spotten mein,
Das ich muß ir spotvogel sein,
Mit scheltworten sich an mich lainen,
Werffen mit delern oder bainen!
Das leid und nit der-gleichen thu,
35 Samb du mir etwas ghörest zu!

Auch nimb ich da ein eid von dir,
Das du keim menschen sagst von mir,
Biß das Minerva wappent mich.
Denn will ich rechen mich und dich
5 Und mein hertz-aller-liebsten gmahel,
Die ehlich trew helt vest wie stahel,
An den werbern allen gemein.
Die müssen mir bezalen fein
Mit irem blut den külen wein.

Sie gehen beid auß.

Actus 5.

ie vier werber gehen ein. Anthinous spricht:

Wir sind gar zu langsam gezogen.
Uns ist warlich der vogel entpflogen,
15 Dem wir die sprintzen betten gstelt.

Amphinemus spricht:

Die götter haben nit gewelt,
Unschuldiges blut zu vergiessen.
Das werden sie uns lassen geniessen.

20 **Agelaus spricht:**

Ihr werber, schickt euch all gemein!
Es tritt Penelope herein.
Die erleucht den gantzen paliast,
Recht als der liechten sunnen glast.

ιelope tritt ein mit ihrer Ewriclea und spricht:

Anthineo, du und dein gsellen
Habt meim son heimlich nach thun stellen
Mit untrew und mördischem betrug.
Hab wir nit uberlasten genug
o Von euch, das ir in ubermut
Auffrest und verzert unser gut
Wider Gott, billigkeit und ehr?
Wölt uns belaidigen noch mehr?
Das werden noch die götter rechen

Und ewer jung leben abbrechen,
Es gschech geleich heut oder morgen.

[K 3, 2, 203] **Ewrimachus spricht:**

Penelope, sey du on sorgen,
5 Das einer nemb ein solchs in sin!
Wann ich selber bereitet bin,
Für dich und deinen sohn zu sterben.
Ich hoff, dein huld zu erwerben
Für diese werber alhie zu mal,
10 Wer ir noch so ein grosse zal.

Penelope spricht:

Ich het ewr freundtschaft aller gnug.
Wer ich ein man und het sein fug,
Ihr solt mir nit lang hinnen sein.

15 **Amphinemus spricht:**

Penelope, o nimb dir kein
Beschwert ob uns in deinem hauß!
Wo nit, so gehn wir all hinauß.

Anthinous spricht:

20 Ja, morgen komb wir aber wider,
Wann auff dich so hoffet ein ieder.

**Die vier werber gehn auß. Thelemachus kombt fürstlich
nelope spricht:**

Thelemache, weil ietz allein
25 Die werber nit entgegen sein,
Sag mir, was du von deim frummen
Vatter Ulissi vernummen,
Ob er sey todt oder im leben!

Thelemachus spricht:

30 Nestor kundt wenig kundtschaft geben.
Aber von könig Menelao
Hört ich, wie er von Protheo,
Dem meergott, het gehört gemeß,
Wie mein herr vatter Ulisses
35 Seß bey der göttin Calipso

In irem hauß trawrig also,
In einem schifbruch außgeschwumen,
Würd bald zu seim vatterlandt kumen
Mit gunst und gnad der götter willen.

5   Penelope spricht:

O sohn, das thut zum theil mir stillen
Mein jamer, trawrig hertzenlaid.
Nun auff den frewdenreichen bschaid
Will ich, ob Gott will, schlaffen die nacht,
10 Der ich durch trawren hab durch-wacht
Vil tausent in trübsal wehklagen
Und beweinet, biß es wolt tagen,
Meins lieben gmahels angst und noth.
Das ist gewest mein täglich brodt.

.ope und Ewriclea gehn ab. Die vier werber kummen.
          Anthinous spricht:

Sey uns wilkomb auß frembden landen!
Was antwort ist dir zu-gestanden
Von deinem vatter hin und her?

20   Thelemachus spricht:

Ey, Gott lob, eitel gute mär.

          Ewrimachus spricht:

Magden, trag uns ein schlaftrunck auff,
Das im ieder ein polster sauff,
25 Darauff er ruhen müg die nacht!

          Agelaus spricht:

Du hast mir hewt noch keines bracht.
Dacht schon ein weil, du werst mir feind.

, 204]   Ewrimachus spricht:

30 Zwen dobelt trünck bring ich dir heint,
Das der alt groll aller hin sey.

          Anthinous spricht:

*

³ K Mägden.
aß Sachs. XII.   24

Bald wein kombt, so bring ich dir frey
Zu eim khůfuß ein gantz kleblat,
Das dir der wilkomb drauff gerath.

[A 3, 2, 99]   **Amphinemus spricht:**

5 Mägden, lang würffel und karten her,
Das einr dem andern den beutel ler
(Ich mag so bald nit schlaffen gon),
Biß zum dritten mal kret der hon!

Ewmeus, der sewhirdt, kombt mit Ulissi, der kombt in b
10   **gestalt. Anthinous spricht:**

Schawt zu, ir werber, on gefer
Wie ein feins gsindlein kombt daher!
Ein fauler schelm den andern führt,
Darbey man das alt sprichwort spürt,
15 Gleich und gleich gesell sich gern.

Ewrimachus schreit:

Hör, sawhirdt! thu uns bald erklern,
Wann kombst mit dem schmarotzer her?
Vor grosser faulkeit stincket er.
20 Vil bawrn-heuser hat er umbgstosen.

Agelaus spricht:

Hör, alter in den geflickten hosen!
Kanst du singen oder pfeiffen?

Anthinous spricht:

25 Ich glaub, er künn wol zu-greiffen,
Findt ein ding, ehs verloren wirdt.
Mit diebs-negeln er den bawrn schirt.
Was nit will gehn, thut er tragen,
Wie denn das alt sprichwort thut sagen.

30   **Amphinemus spricht:**

Ey lieber last den alten frey!
Ich glaub, das er geschicket sey
Von Ulisse auß der heel herauß,
Zu sehen, wie wir halten hauß,
35 Ob wir werber nit schier habendt

Mit seim gut gemacht feyer-abendt.

Anthinous wirft Ulissem unnd spricht:

Seh! nimb von mir das bottēnbrodt!
Hat dich geschicket her der todt?
5 Gehin und sag im widerumb,
Es sey nun wol zeit, das er kumb!
Wir haben lang auff in gewart.

Thelemachus spricht:

Hört auff! ir habt in gnug genart.
10 Billicher solt ir euch erbarmen
Deß ellenden, verlaßnen armen.
Es ist deß fatzwercks heint genunck.
Gebt auff den sal zu dem schlaff-trunck
Und legt euch darnach an die bett!

15 **Amphinemus spricht:**

Thelemachus hat war geredt.
Kombt! last uns trincken und schlaffen gehn.
Morgen künn wir umb mittag aufstehen.

ie vier werber gehn ab. **Thelemachus spricht:**

20 Ewmee, sag der mutter mein,
Das sie ein genglein thu herrein!

15] **Ulisses spricht:**

Thelemache, o sohne mein,
Bald ich heint kam in hof herein,
25 Da erblicket mich zu der stundt
Auff dem mist dort mein alter hundt.
Der kendt mich in der warheit gantz.
Loff gen mir, wechelt mit dem schwantz
Und fiel gleich als-bald umb und starb.
30 Und als ich sach, das er verdarb,
Giengen uber die augen mir
Ob dem alten getrewen thir.

Thelemachus spricht:

Her vatter, das ist ein groß wunder,
35 Das dich noch kennet hat besunder

24 *

Der hundt und dich sunst niemandt
Weder zu hof noch auff dem landt.
Laß sehen, ob dich die mutter kenn!

Ulisses spricht:

O Thelemache, mich nit nenn
Und meld mich gar nit, das ich es sey!
Doch will ich mit ir reden frey.
Ich will ir wol mit meiner kunst
Machen ein seltzam bloben dunst,
Samb hab ich Ulissem gesehen.
Will ir mit worten das verjehen,
Das ir hertz in frewden thu brennen.
Iedoch so soll sie mich nit kennen.

Penelope, die fürstin, kombt unnd spr

Thelemache, sag! was hast
Du da für einen frembden gast?
Ewmeus der hat mir verjehen,
Wie das er hab Ulissem gseben.
Hör, gast! sag an! ist solichs war?

Ulisses spricht:

Ja, wolgeborne fürstin klar!
In Creta, meinem vatterlandt,
Hab ich gesehen und erkandt
Ulissem in meins vatters hauß,
Als er gleich zug vor Troya auß.
Lag da zu herberg auff drey tag.

Penelope spricht:

Mein gast, mir zu warzeichen sag,
Wie Ulisses bekleidet war!

Ulisses spricht:

Er trug ein purpur-mantel zwar
Oben mit einer gülden spangen,
Het gülden knöpff vorn hinab hangen.
Ein saumb het er (auff meinen eid),
Künstlich gesticket ein gejaid,
Wie ein hund fing einen rechbock,

Het unter dem mantel an ein rock
Von gar zarter sübtiler seiden.

Penelope spricht:

O gast, du hast mich recht bscheiden.
5 All diese obgenante kleider
Hab ich im angeleget leider,
Als er für Troya ist gefarn,
Nun etwas vor zweintzig jarn.
Hab seit in meins hertzen grund
10 Gehabt gar kein frölicke stund,
Bin auch noch stetigs trawrens vol.

Ulisses spricht:

Ach edle fraw, gehabt euch wol!
Ich hab gehört von leuten hoch,
15 Der thewr Ulisses lebe noch,
Ziecht also umb in betlers gstalt,
16] Und wer auch anheims kummen baldt,
Und noch eh das verscheint ein jar.

Penelope spricht:

20 O gast, du hast erkückt für war
Mein hertz. An deinr adelichen complexion
Ich auch gar wol erkennen kon,
Das du kein betler bist geborn.
Wie dich etwan der götter zorn
25 Hat untertrückt, west ich auch gern.

Ulisses spricht:

O fürstin, thu mich nit beschwern,
Zu mehren mir mein trawrigkeit.
Darinn ich lieg ein lange zeit!
30 Mir gschwindt, wenn ich dran thu gedencken.

0]   **Penelope spricht:**

Nun, ich will dich nit mit bekrencken.
Thelemache, o sohne mein,
Laß dir den gast bevolhen sein
5 Und thu im zu hof alles guts
Und halt im vor dem werbern schutz

Und leg im an ein hofkleid!
Er hat geringert mir mein leid.
Frölicher ich von euch abscheid.

Sie gehen alle auß.

Actus 6.

achus und **Ulisses** gehn ein. **Minerva** bringet den
bogen, spricht:

· Ulisse, held, nun ist es zeit.
Zu dem kampf dich heimlich bereit!
10 Laß spieß und schwerdter uberal
Tragen auß deim fürstlichen sal
Und in die harnisch-kamer bschliessen,
Das die werber ir nit geniessen!
Also ist es der götter will.

15   **Ulisses spricht:**

O göttin, zeig uns in der still,
Wie wir es sollen greiffen an!

        Minerva spricht:

Thelemache, du junger man,
20 Deins vatters hörnen handtbogen,
Den er oft hat gspant und aufzogen,
Den trag zu den werbern nein
Und sag, wer unter in allein
In einem zug den spannen kan,
25 Der soll sein deiner mutter man!
Den handtbogen keiner spannen mag.
Als-denn zu deinem vatter sag,
Das er den hörnen bogen spann!
Bald er den spant, mag er als-dann
30 Angreiffen mit gschütz der werber roth,
Sie alle richten zu dem todt.
Darzu wird im behilflich sein
Du und auch die zwen birten dein.

ra gehet ab. **Ewmeus**, der sewhirdt, unnd **Philedic**
ochßenhirdt, gehn ein. **Ewmeus** spricht:

Ach, mich tawret der herre mein,
So ich sich den handtbogen sein,
Der etwan ist gstorben im ellendt.

Philecius, der ochßenhirdt:

Ich rauff mein har und windt mein hendt.
7] Wenn ich an mein herren gedenck,
Von gantzem hertzn ich mich bekrenck.
Er hat regiert so senftmütig
Gegn armen und reichen gütig.
10 Ich glaub, das in keim königreich
Auff erd ietzund sey sein geleich.
Er war lieb und wert iederman.
O, er hat mir vil guts gethan.

Ulisses spricht:

15 Ihr zwen, sagt mir auff ewren eid!
Was wolt ihr ietzundt thun albeid,
Wenn ewer fürst herwider khem?

Philecius spricht:

O, nichts wer mir so angenemb.
20 Ich wolt die werber an dem endt
Auch sehen lassen meiner hendt,
Was kraft darinn verborgen wer.

Ewmeus spricht:

O all ir himlischen götter,
25 Thüt uns Ulissem wider schaffen!
Ich hilff im diese werber straffen,
Und solt es kosten mir das leben.

Ulisses spricht:

Ihr lieben getrewen, merckt eben!
So wist, das ich Ulisses bin,
So von euch ist gezogen hin
Für Troya mit der Griechen beer!

Ewmeus spricht:

Den göttern sey lob, danck und ehr!

Sie trücken und küssen beide Ulissi sein handt und was
vor frewden. Ulisses spricht:

Last vom geschray und ewrem weinen,
Auff das wir nit etwan von einen
5 Werbern alda verkundtschaft wern!
Ich will euch mein gemüt erklern.
Ietz wenn die werber einher gehn,
So beschliesset die thür als-den
Uberal in dem gantzen hauß,
10 Das niemandt ein mag oder auß!
Du Thelemache, nach dem bschaid
Verwapne dich und sie all baid!
Denn habt alle drey acht auff mich!
Bald die werber angreiffe ich,
15 Als-denn so steht mir alle drey
Unverzagt und kecklich bey!
Als-denn wir die werber und spötter
Wöllen würgen mit hilff der götter.
Der sieg uns schon versprochen ist.

20   **Thelemachus spricht:**

Nun, so wöl wir in schneller frist
Alles verbringen nach dein worten.
Geht hin und beschliest alle pforten!
Denn wöllen wir uns wappen allein,
25 Herr vatter, und bald bey dir sein.

Sie gehen alle drey auß. Ulisses setzt sich an die erdt.
vier werber kummen. Ulisses spricht:

Ihr edlen jüngling, ich beger:
Gebt mir ewer almussen her,
30 Das ich hab ein suppen zu essen!

      Anthinous gibt im ein blick:

Alter, wie, das du so vermessen
Und unverschembt unter uns tritest
Und uns umb ein almussen bittest!
[K 3, 2, 208] Du giengst zwar wol auß diesem hauß,
Eh wir dich beim har schlaiffen nauß.

Ewrimachus spricht:

Ey, laß binnen den geruntzeltn alten!
Er möcht uns in dem hof erkalten,
Das uns sein glatzete stirn leucht
5 Und das er uns die wendt befeucht
Mit spital-blumen uberal.

Agelaus spricht:

Er wer nützer in eim spital,
Das er drinn fieng die spitalmüß
0 Und tödtet den alten weibern die leuß
Und trüg in den bruntzscherben auß.

Amphinemus spricht:

Ach, hierinn felst weit uberauß.
Solt er andern die leuß tödten?
5 Es wer im selber hoch von nöten.
Ich wett, er hab in seinem rock
Der leuß selber mehr denn drey schock.
Er khem ir lieber selber ab.

101] Agelaus stöst ihn mit einem fuß unnd spricht:

20 Seh, alter! dir ein ehrtrunck hab!
Den nimb für ein brenten wein!
Mich dünckt, du wirst noch nüchter sein.

Telemachus bringt den handtbogen unnd spricht:

Ihr werber, von welchen wird aufzogen
25 Meins lieben vatters handtbogen,
Den hat mein mutter ir erwelt
Und zu eim gmahel zu-gezelt.

Athinous will den bogen spannen unnd spricht:

Der bogen ist mir zu hart und streng.
30 Zu spannen ist er gar ungeng.
Ewrimache, so spann du in!

Ewrimachus spant, lest nach unnd spricht:

Zu schwach ich diesem bogen bin.
Solt ich heyraten nimmermehr,

Agelae. dich mit verehr.

Agelaus spant ihn auch nit unnd spricht:

Wer den bogen spant. muß gewiß
Sein ein starcker held oder riß.
5 Amphileme. versuch dich dran!

Amphilemus versucht sich auch mit und spricht:

Den bogen ich nit spannen kan.
Ich glaub. es leb kein man auff erd,
Von dem der bog gespannet werd.

10   Ulisses spricht:

Ach, langt mir auch den bogen her,
Daran ich auch mein sterck bewer!

Anthinous spricht:

Schaw nur dem heilosen betler zu!
15 Hie frissest das almusen du,
Erferst all unser heimligkeit.
Ich merck wol, du wolst mit der zeit
Uns werbern all ding nach thon.
Reich keiner im den bogen non!

20   Thelemachus spricht:

Der handtbogen meins vatters ist.
Trutz einem, der in dieser frist,
Mir in dem fürstling hof zu wehren,
Den gast auch darmit zu verehren!

[K 3, 2, 209] Thelemachus gibt dem vatter den handtbogen,
spant ihn rincklich auff und spricht:

Ich bin nit so schwach, als ir meint.
Wiewol mir sind die werber feindt,
Will ich versuchen on verdriessen,
30 Mit dem handtbogen zu schiessen.

Ulisses legt ein pfeil auff, scheust, trift das zil und spr
zornig:

Ihr hund, wie habt ir mir mit trutz
Vorzert und verschlembt so vil guts,

Nach-gestelt dem gemahel mein
Und meim sohn nach dem leben sein
Und habt mir mein hauß geunehrt,
Mit ewer unzucht gar verkehrt?
5 Das müst ir zaln mit ewrn verderben.
Ihr müst von meinen henden sterben.

Ewrimachus spricht:

Wer bist, das du redts so gedürst?   .
Bist du Ulisses, der landts-fürst,
10 So verschon unser! bitten wir.
Als wöll wir wider-gelten dir,
Beide an ehr und auch an gut
All ding dir wider machen gut,
Was wir dir haben thon für schaden.

15   **Ulisses spricht:**

Von mir verhoffet keiner gnaden,
Biß das ich ewer aller seel
Hinab schick in abgrundt der beel!
Besser wird es euch nit ergohn,
20 Ihr kombt den mit der flucht darvon.

t **Ulisses an. Die drey kumen im zu hilff. Als-denn**
n sie die vier werber alle zu todt. Ulisses spricht:

Ihr zwen, saumbt euch nit in dem hauß!
Bald tragt die todten cörper nauß!
25 Darnach so hencket die zwölff maid,
Die mir zu schandt und hertzen-laid
Habn mit den werbern trieben unzucht,
Und auch Melancium verrucht,
Den gaißhirten, der mich auß verdrieß
30 Verächtlich mit sein ferssen stieß
Und den werbern weher zu-trug!
Den peinigt rechtlich wol und gnug
Und viertheilt in als ein verreter,
Den ungetrewen ubeltheter!
35 Wascht tisch und penck vom blut alsamen!
Trucknet sie ab mit eim badschwamen!
Macht gut geruchwerck in den sal
Und ziert die wendt uberal

Mit deppich! denn will ich mich eben
Penelope zu kennen geben,
Das ich sey frisch und gsundt im leben.

Ulisses geht ab mit Thelemacho. Die zwen hirten tragen
5 todten ab.

Actus 7.

Penelope, die fürstin, geht ein, setzt sich nider und klagt

Ihr götter, will denn mein ellendt
Auch nit ein mal nemen ein endt?
10 Man thut mir vil vertröstung geben,
[K 3, 1, 210] Mein lieber herr sey noch im leben.
Deß wart ich noch seiner zukunft.
O heint hat mir uber vernunft
Getraumbt ein holdtseliger traumb,
15 Wie ich unter ein feygenbaumb
Meinen Ulissem hab umbfangen
Mit lieb und hertzlichem verlangen,
Im gab ein kuß an seinen mund.
O, erlebete ich die stund,
20 Das solcher traumb mir war thet wern,
Darnach so wolt ich sterben gern.

Ewriclea, ihr hofmeisterin, kombt unnd spricht:

O, ich bring frewdenreiche mär.
Fürstin, saumb dich nit! komb bald her,
25 Zu sehen mit dein augen wert,
Das du mit seuftzen hast begert,
Dein Ulissem, den thewren frummen,
Der ist wider zu lande kummen
Und hat die werber all erschlagen,
30 Die im zu schaden allhie lagen!
Eil bald und komb zu sehen in!

Penelope spricht:

O mütterlein, der seinen sin

15 K eim.   33 K deinen.

Bist du von den göttern beraubt.
Ich het es aber nit geglaubt,
Das du mich also thetst betrüben,
In meinem hertzenlaid zu uben.
5 Dein schertz ist mir nit süß und ring.

102]   **Ewriclea spricht:**

Tochter, ich sag warhafte ding.
Er ist zu landt, der ehrenvest.
Thelemachus hats lengst gewest,
10 Hats doch nit offenbaren wöllen.
Biß so laug sie die we
Auch ich dir ein warz(
Ich hab im auff den h(
Sein fuß gwaschen und   wen
15 Die massen, die ins w   it ghawen
Auff Pervasum an dem
Darumb laß ab dein h
Komb zu dem lieben g

Penelope felt ihr umb d   **spricht:**

20 O hertzenliebes mütterlein,
Erst glaub ich dir gentzlich fürwar.
Nun ist verschwunden gantz und gar
Mein trawern und hertzliche klag.
Wol mir, das ich erlebt den tag,
25 Das ich meinen herrn sehen sol!

Ewriclea spricht:

Schaw! dort kombt er ietz. Kenst in wol.
Weil er ietz fürstlich ist bekleid,
Der vor in eins betlers bescheid
30 Zu hof vertrieben hat vil tag,
Unerkandt in trawren und klag?

s kombt. **Penelope lauft ihm entgegen, felt ihm uml
den hals unnd spricht:**

O mein hertzliebster gmahel frumb,
35 Biß mir zu tausent mal wilkumb!

*

K Pernasum.

Ich hab besorgt, du seist langst tödt
Vor Troya in dem blute roth
Oder auff der heimfart versuncken,
In dem wütenden meer ertruncken,
5 Wie dann vil Griechen ist geschehen,
Wie man das hört singen und jehen.
Het schier verzagt an deiner zu-kunft.
Es dünckt mich wider all vernunft,
Das du bist kumen so armer gstalt.
211] Ewriclea, lauff schnel und bald!
Bring Laertem, sein vatter, rein,
Den hertzenlieben schweher mein,
Der sich umb dich so hart hat kümert,
Das im ist all sein frewd zertrümert!
15 Hat sein wonung im weinbergen dauß!
Mocht nit mehr wohnen in dem hauß,
Dieweil du nit warst anheim mehr.
So ellend er sein zeit verzer
Und seuftzet tag und nacht nach dir.
20 Ach, mein Ulisse, sag doch mir!
Wo bist du doch gewest so lang?

Ulisses spricht:

So merck aufs kürtzt in dem anfang!
Als wir biß in das zehendt jar
25 Lagen vor der stat Troya zwar,
Die gwunnen, als ich heimwertz fuhr,
Mit mein schifn ich bestritten wur
Von den Cicones; auch ein ungestümb
Warff uns darnach auf dem meer umb
30 Neun tagraiß; darnach ich mit nam
In die heel deß Cicloppen kam,
Der meiner gsellen mir sechs fraß,
Den ich mit list doch blenden was,
Das ich im auß der heel entron.
35 Und nach dem fuhren wir hinon

Da sich aber erhub zu handt
Ein ungestümigkeit im meer
Und warff auch unser schiff so sehr
Zum volck in Lestrigoniam,
5 Das meine schiff zerwarff allsam
Mit steinen, das sie untersuncken
Und meine gferten all ertruncken,
Biß on das schiff, darinn ich saß.
Mit diesem schiff ich komb fürbaß
0 Zu fraw Circe, die mir verkert
Mein gselln in sew, der ich mich wehrt.
Nött sie, das sie in dieser wildtnuß
In wider gab menschliche bildtnuß.
Bey ir blieb wir ein gantzes jar.
5 Nach dem so zeiget sie mir dar
In die helle hinab zu fahren,
Tiresias zu offenbaren,
Wie ich doch wider heim möcht kummer
In der helle hab ich vernummen
0 Mein liebe mutter und der held vil,

Auff die heimfart ins vatterlandt.
Ich macht ein floß und fuhr zu handt
Von ir. Doch auß neid Nephtunus
[K 3, 2, 212] Bewegt das mer mit ungstümnus
5 Und mir auch meinen floß zutrümert.
Also schwam ich ellendt bekümert
Auff einem bret drey tag und nacht,
Biß ich mich doch zu lande bracht.
Inn dem lande Pheacia
10 Deß königs tochter Nawsica
Mich fand beim meer, die het ein wesch
Mit irem frawenzimmer resch.
Die mich bekleidt und schickt also
Int stat zu könig Alcineo,
15 Irem vatter, der mich zu gnaden
Nam, hat mich auff ein schiff geladen.
Der hat mich bracht ins vatterlandt
Mit hilff der götter allersandt.
So hast in kurtz die gantzen sumb
20 Der meinen irrfart umb und umb.
Nach leng so het ich dir fürwar
Darvon zu sagen ein gantzes jar.
Den göttern sey lob, preiß und ehr,
Die mich zu landt und auff dem meer
25 In solcher gfahr beschützet hon!
Denn wöll wir in den tempel gon,
Ein hundert-hewpich opffer thon.

Sie gehen alle auß. Der ehrnholdt beschleust:

So hat die comedi ein endt.
30 Auß der werden sechs lehr erkendt.
Erstlich bey fraw Penelope
Ein frumes bidrweib versteh,
Das sie mit scham, zucht und keuschheit
Ihr ehr bewar zu aller zeit
35 Als iren aller-höchsten schatz
Und geb keim buler stat noch platz,
Fliech ir verheissung, schmeichel und schenck,
Ihr cuplen, hoffieren und renck,
[A 3, 2, 103] Halt lieb und trew ihrem ehmon!
40 Da hat sie lob und ehre von.

Zum andern lehrt bey Ulissi
Ein biderman, das er alhy
In allem sein thun und wandel
Fein weißlich und fürsichtig handel,
Auff das er sich zu aller zeit
Hüt und fürsech· vor gfehrligkeit,
Wo er aber komb in gefahr,
Das er denn sein gebet nit spar
Zu Gott, der im erlösung sendt
o Und auch sein trübsal und ellendt
Starckmütig und gedultig trag,
Nit kleinmütig darinn verzag,
Biß sich glück wider zu im kehr,
Geb wider gsundtheit, gut und ehr.
5 Als-denn mag er sich wider rechen
Und gwalt mit gegen-gwalt brechen.
Zum dritten bey Thelemacho
So lehrt ein frummer sohn also,
Sein eltern trewlich vor zu gehn,
:0 Inn allen nöthen bey zu stehn.
Es treff an leib, ehr oder gut,
Soll er mit gehorsamen mut
Sein eltern sein in dienst ergeben;
So gibt im Gott ein langes leben.
25 Zum vierdten bey den zwey hirtn schon
Soll lehren hie ein unterthon,
Das er in not auch gleicher massen
Sein obrigkeit nit soll verlassen,
Sonder beystehn mit leib und gut
10 Und für sie kempfen auff das blut.
Zum fünften bey den untrewen maiden
Lehrt ein ehalt hie wol beschaiden,
Wo er auch helt untrewlich hauß,
Das im auch endtlich volg darauß
15 Schandt, laster und die göttlich rach,
Untrewes dienstes lohn entpfach.
3] Zum sechsten bey den werbern söllen
Mercken die frechen jungen gsellen,
Wo sie so unverschambt umbschawen,
40 Zu bulen umb frumme ehfrawen,
Mit listigen rencken und sachen

Ihrn ehmennern trewloß machen,
Dergleichen frumme töchterlein
Auch bringen in die schnurr hinein,
Absaugen mit untrewem mut
5 Auch zu der ehr ihr hab und gut,
Das solche stück, wie obgesprochen,
An in nit bleibet ungerochen.
Zalens sie es nicht mit irm blut,
Gott sie doch endtlich straffen thut
10 Mit schandt, armut oder kranckheit
Oder aufs wengst nach dieser zeit
In pein ewiges ungemachs.
Darvor bhüt uns Gott! wünscht Hans Sachs.

Die person in die comedi:

15 1. Ehrnholdt.
2. Menelaus, könig zu Sparta.
3. Nestor, ein fürst zu Pilum.
4. Ulisses, ein fürst zu Itaca.
5. Penelope, die keusch, sein haußfraw.
20 6. Thelemachus, ihr beider sohn.
7. Minerva, die göttin der weißheit.
8. Ewriclea, die kamerfraw Penelope.
9. Anthinous,
10. Ewrimachus,
25 11. Agelaus,
12. Amphinemus, die 4 werber.
13. Ewmeus, der sewhirdt.
14. Philecius, der ochßenhirdt.

Anno salutis 1555, am 20 tag Februarii.

*

3 Über schnurr s. Schmeller-Frommann, bayerisches wörterbuch 2, 5:
snûr oder snurr schwäb. = geilheit.

ragedia mit 7 personen, die getrew fraw Alcestis
mit ihrem getrewen mann Admeto, unnd hat 3 actus.

Der ehrnholdt tritt ein, neigt sich unnd spricht:

Seit all gegrüsset, ihr erbern leut!
5 Zu euch kummen wir beruffen heut,
Ein tragedi bey euch zu halten,
Welche beschreiben uns die alten,
Ovidius und ander, das,
Nach dem der könig Pelias
10 Von seinen töchtern ward umbbracht
Durch list, so Medea erdacht,
Samb in zu machen jung und schön,
Wie solichs rachen seine söhn,
Brachten auch ihre schwester umb.
15 Doch ir schwester Alcestis frumb
Flüchtig zu Admeto entrun,
Ihrm gemahel. Als man sie nun
Sucht, wolt er sie nit zeigen an,
Eh für sie sterben wolt der man.
20 Und als man in hinführt zum todt,
Sein trewes weib in solcher noth
Herfür gieng von irm sichern ort,
Dem hencker sich selber antwort
Und ließ sich willigklich abthan,
25 Darmit erlösset ward ir man.
Nun schweiget still und habet rhu!
Höret und sehet fleissig zu,
3, 2, 214] Wie sich das als verlauffen thu!

25 *

.s und Acastus, die zwen brüder, gehen ein u
.rnholdt und zweien knechten. Agialeus spricht

Acaste, lieber bruder mein,
Laß dir unser leid klaget sein,
5 Das Pelias, unser herr vatter,
Unser aller höchster wolthater,
In dem abwesen ist verschieden,
Hat ein ellenden todt erlieden.
Deß kau ich nit mehr frölich werden,
10 Dieweil ich leb auff dieser erden.
Mir weinet in meim leib das hertz.
Mein gantzer leib bidmet vor schmertz.
So oft ich seines todts gedenck,
Ich einen tieffen seuftzen senck.
15 Vor jamer möcht ich schier verzagen.

Acastus, der ander sohn:

Ach bruder, man muß das außschlagen,
Sich nit so heftig nemen an,
Was die götter haben gethan,
20 Die unserm herr vatter habn geben
Ehr, gwalt, gut und ein langes leben
Sambt dem griechischen fürstenthumb.
Ob die im das gleich widerumb
Nach lauff der gemein natur nemen,
25 Muß man sich nit so hart drumb gremen,
Ob gleich unser vatter uralt
Die natur mit dem todt bezalt,
Das von anfang war schuldig er.

Agialeus spricht:

30 Wenn er natürlich gstorben wer,
Würd deß laids mit der zeit vergessen.
Aber so bleibt mein hertz besessen
Mit unaußsprechlichem leid.

104]   Acastus spricht:

35 O mein bruder, mich klar bescheid!
Ist er nit natürlich gestorben?

Agialeus spricht:

Ach nein, er ist ellend verdorben.
Das selbig allein tawret mich.

Acastus spricht:

5 Sag, wie und wenh (deß bit ich dich),
Wie unsers vatters ende was!
Sag kurtz! nit lang verzeuch mir das!

Agialeus spricht:

Mein bruder, du hast wol erfarn
10 Wie unsr herr vatter vor vil jarn
Het ein weissag, wie in Jason,
Sein vetter, würd vertreiben thon.
Darumb unser herr vatter in
Int insel Colchys schicket hin,
15 Deß gülden flieh da zu gewinnen,
Meint darmit seim gwalt zu entrinnen,
Wenn Jason in Colchys komb umb.
Da sich aber umb in annumb
Medea, deß köngs tochter frey,
20 Und halff im durch ir zauberey
Schlagen stier, trachen und riesen nider,
Kam mit sieg lebendig herwider,
Bracht mit im Medea, die frechen,
Die meint, an unserm vatter rechen,
25 Das er Jason verschicket het,
Und selb gen hof her kumen thet
In gutem schein mit schmeichlerey,
Beredt unser schwester all drey,
Sie wolt unsern vatter uralt
30 Wider verjungen aller gstalt,
Wie sie iren schweher Eson,
5] Einen neuntzig-järigen mon,
Verjunget het vor kurtzen tagen.

Acastus spricht:

5 Was wunders thust du mir fie sagen?
Mein bruder, wie hats weiter gangen?
Sag! hat unser herr vatter entpfangen

Sein kreftig tugendt widerumb?

Agialeus spricht:

Ach nein, hör der histori sumb!
Medea, das falsch untrew weib,
5 Hat im nur gestelt nach seim leib
Und bat unser schwestern beredt,
Das sie nachts dem vatter im bett
Solten abschneiden sein kelen gut,
Herauß lassen sein altes blut,
10 Als-denn wolt sie durch lieb und gunst
Im durch ir hoch sinreiche kunst
Eingiessen ein salben solcher tugent,
Wider bringen sein blüendt jugent,
Samb wer er im zweintzigsten jar.

15 ### Acastus spricht:

Sag! hat sie das vollendet gar?

Agialeus spricht:

Ach laider nein, es thet als feln.
So bald unser schwester die keln
20 Unserm herr vatter schniten ab
Und mit dem blut sein geist aufgab,
Thet sich Medea flüchtig machen
Auß unserm hof auff zweien trachen,
Ließ unsern vatter also ellendt todt.

Acastus hebt zwen finger auff und spricht:

Ist das war, so schwer ich zu Gott,
An unsern schwestern das zu rechen
Und auch an Medea, der frechen.
Die will ich all mit strenger harter
30 Ungehörter grausamer marter
Umbbringen. Sag, bruder, wilt du
Mir beystendig helffen darzu,
So gelob mir das selbig an!

Agialeus spricht:

35 Ja, doch wöll wir mit recht das than,
Wann wir müssen habn einsehen,

Weil es unwissent ist geschehen˙
Von unsern schwestern samb betrogen;
Sind worden zu dem mord gezogen
Von Medea durch schwinde list,
5 Die solichs mordes anfang ist.
Die selb greulich zu straffen wer.

Acastus spricht:

Sterben müsen unser schwester,
Weil sie heimlich tückisch ohn rath
10 Haben verbracht solch ubelthat.
Als-denn soll auch mit heeres kraft
Medea werden auch gestraft,
In Thesalia nit sicher sein.
Pedon, geh mit dem gsellen dein
15 Und alle unser schwester facht,
In dem kercker in eysen schlacht
Und eilet, das euch unter in.
Keine heimlich darvon entrin!

Die trabanten gehen ab. Acastus spricht:

20 Bruder, nun wöll wir haben rath,
Mit was todt wir die ubelthat
Wöllen an unsern schwestern rechen.

Agialeus spricht:

Ja, komb! wir wöllen uns besprechen
6] Mit den alten im regiment,
Das man die rach nach recht vollendt,
Auff das man im nit thu zu vil,
Ubertrete das rechte zil.
Weil es ie unser schwester sein,
10 Soll wirs geben in todes pein,
Drumb der handel ist groß und schwer,
Tregt auff im schad, schandt und gefer,
Das schad nit mehr schadens geper.

Sie gehen alle ab.

Actus 2.

Die zwen trabanten kummen, Pedon spricht:

Ich main: die jungen fürsten vor zorn
Sind wütig und unsinnig worn,
Das sie on schuld die frewlein zart
5 Von edler wolgeborner art
Ihr eigne schwester laßn umbbringen.

Caton spricht:

Weist du denn nichts von diesen dingen,
Das die drey schwester in einer nacht
10 Ihren vatter haben selb umbbracht,
Wie in Medea hat verschaft?
Das wird so hart an in gestraft.

Pedon spricht:

Mein Caton, da weiß ich nichts von,
15 Der-gleich auch nichts gehöret hon.
Ich maint, der alt fürst wer gestorben,
Alters halb durch kranckheit verdorben,
So haben sein töchter umbbracht.

Caton spricht:

20 Ja, sie haben im bey der nacht
Heimlich abgeschniten sein keln.
Man hats lang heimlich thun verheln,
Biß es doch endtlich ist außbrochen.
Solch mord wird ietz an in gerochen.

105]   **Pedon spricht:**

Ey, wer hat solch ubel erhört?
Haben die töchter den vatter ermört?
Ey lieber, sag, auß was ursach
Solch unmenschlich ubel geschach,
30 Der gleich ich nie hört bey mein tagen!

Caton spricht:

Ey, es wer lang darvon zu sagen.
Ich will das thun ein ander mal.
Sie! dort gehn gleich her auff den sal
35 Die jungen fürsten mit dem heroldt,

Sehen uns ernstlich an; ich wolt,
Das ich wer etwan anderst wo.

Pedon spricht:

Ja, gsell, ich denck mir auch also.
5 Komb! wöllen auff die seiten weichen
Und zu der hindern thür außschleichen.

Die zwen brüder kummen. Acastus spricht:

Wie, das ir mit ghriechtn, gwalt und zwencknuß
Auch nit habt bracht in die gefencknuß
10 Alcestis, die eltst schwester mein,
Welch die recht schuldig ist allein?
An vatter hat geleget handt.

Pedon spricht:

Sie ist nechten flüchtig von landt
15 Zu Admeto, irm gmahel, entrunnen.
Derhalb hab wir ir nit gefunnen.

, 2, 217]   ### Acastus spricht:

So raiset baldt eilendt hinach,
Das man sie zu dem tode fach!
20 Nembt auch mit euch zwey hundert pferdt,
Wo sie euch vorgehalten werd,
Das ir mügt handlen mit gewalt!

Agialeus spricht:

Ehrnholdt, komb! geh mit uns bald
25 In die cantzley, da wir dir wöllen
Ein fürschrift und gewalt zu-stellen
An unsern schwager Admetum,
Das er on widerred kurtzumb
Euch stelle unser schwester zu,
30 Das man on einred würgen thu,
Wie man den zweien hat gethan!

Acastus spricht:

Ja. halt mit strengem ernste an!
Wo nit, so müst ir all drey sterben,
Eins solchn schröckling todes verderben.

Ach, ach und weh, was hab ich than,
Das ich mein hende leget an
5 Den aller-liebsten herr vatter mein,
In selb bracht umb das leben sein?
Wer hat ie gethan schwerer sündt?
Der götter zorn ist entzündt
Ob mir, das wird die göttlich rach
10 On zweiffel volgen bald hernach.

Admetus, ihr gemahel, gehet ein unnd spricht:

Alcesta, liebe gemahel mein,
Warumb magst du so trawrig sein,
Seit du von deinem vatterlandt
15 Herwider kombst in deinen standt?
Sag mir! was ligt so hart dir an?

Alcestis spricht:

Admete, hertzenlieber man
Und gmahel, hast du nit gehört,
20 Das mein herr vatter sey ermördt?
Das selb mordt hab ich laider than.

Admetus spricht:

Ach Gott, was ubels zeigst mir an?
Ich hab gemeint, sein hofgesind
25 Hab in ermördt, nit seine kind.
Weh mir und dir! Thu mir doch sagen!
Auß was ursach hat sie zu-tragen,
Das solch groß ubel gschehen ist?

Alcestis spricht:

30 Medea kamb durch falsche list
Und gab für in freundtlichem schein,
Sie wolt den altn herr vatter mein
Verjüngen, wie sie auch Eson,
Ihrm alten schweher, vor het thon.

*

K sichs.

Ich glaubt, ir kunst die würd nit feln,
Und schnidt meim vatter ab sein keln
Zu nacht, ließ auß sein altes blut.
Aber die arg auß argem mut
5 Fuhr hin auff zweien trachen roth,
Ließ liegen mein herr vatter todt.
Schaw! von dem mord wird ich im gwissen
So hart gemartert und gebissen.
Drumb mag ich nit meh

10   **Admetus s**

Ach, wie mochst an der
Hendt legn so mit mör

218]   **Alcestis weint u**

Meint nit, das so ubel s
15 Im schedlich zu sein an
Sonder im widerumb zu
Der jungent kreft, sich
Sein schweres alter zu
Wann Medea ein bock
20 Verjünget auch solcher gestalt
Und ließ von im sein altes blut,
Macht springet in und wolgemut.
Darauff wagt ich es gleich on laugen.
Mit meinen zugethonen augen
25 Und zitrenden füssen und henden
Gieng ich hin an den kamer-wenden
Und schnidt dem liebn herr vater mein
In dem bett ab die kelen sein.
Bald ich aber mein vatter gut
30 Also hört rasseln in dem blut,

Die flucht wir auß der kamer gaben.
Frü, als soliches mordt auffbrach,
Mein bruder mich zu todes rach
Sambt den andern zwo schwestern sucht.
5 Ich aber entron durch die flucht
Zu dir, mein hertzlieber gmahel!
Hoff, dein lieb und trew, vest als stahel,
Werst du nit abwenden von mir,
Ob mein brüder schicken zu dir,
10 Das du mich nit solst ubergeben,
Sonder mir erretten das leben
Vor der rach und den grimmen todt.

Admetus spricht:

Bey dem Gott, aller götter gott,
15 Mein hertzliebe gmahel, ich schwer,
Das ich will ietz noch nimmermehr
Dich dein brüdern will ubergeben,
Zu nemen dir dein junges leben,
Weil du das mordt on argen wohn
20 Unwissent hast im besten thon
[A 3, 2, 106] Am aller-liebsten herr vatter dein.
Komb mit mir in die kammer mein!
Da will ich dir ein bheltnuß zeigen
In der mawer, die sey dein eigen!
25 Wo es dir etwan sein wird noth,
Das man dich suchet zu dem todt,
So mach bald heimlich dich darein!
Darinn magst du wol sicher sein
Trutz dem, der dich drinn finden thut.
30 Darinn sey frölich wolgemut!
Für dich setz ich leib, ehr und gut.

Sie gehen beide auß.

Actus 3.

Admetus gehet ein, setzt sich nider unnd spricht

35 Ihr götter, o, wie soll ich than?
Mir ist warhaft gezeiget an,

Mein schweger haben gsendet her
Ein gwalt, und es sey ir beger,
Mein gemahel albie zu richten.
Das will ich gestaten mit nichten,
5 Wiewol ich auch gwiß hab vernommen,
Zwey hundert ghrüster pferd mit kummen.
Desselben gwalts ich mich nit wehr,
3, 2, 219] Will doch sunst retten trew und ehr.
Es geh mir darob, wie es wöll,
10 Man mir sie nit abtrohen söll.

r ehrnholdt kombt mit den zweien trabanten, tregt e
brieff unnd spricht:

Admete, zeig! wo ist dein weib?
Das wir greiffen nach irem leib
15 Und sie zum tode richten baldt.
Deß hab wir volkummen gewaldt.
Den magst du selber uberlessen.

Admetus spricht:

Mein gmahel ist wol hie gewessen.
20 Weil sie aber ewer zukunft
Gefürcht hat, ist sie mit vernunft
Geflohen. Sucht sie anderst wo!

Pedon spricht:

Wir haben gwiß kundtschaft also,
25 Wie du die hast in deinem hauß.
Wirst du sie nit geben herauß,
So werd wir dich on alles gremen
An ir stat gefencklich annemen.
Also thetens ir brüder schaffen.

30   Admetus spricht:

Wöllens mich denn umb unschuld straffen?
Was ubels hab ich ihn gethan?

Caton spricht:

So zeig uns dein gemahel an!

35   Admetus spricht:

Deß selbigen thu ich gar nicht,
Was laids mir halt darob geschicht.

Die trabanten fallen in an, Pedon spricht:

Verachtst du der herren gebot,
5 So werd wir dich richten zum todt
An deins weibs stat on alle gnad,
Wie einen mörder, mit eim rad.

Admetus spricht:

Und wenn ir mich gleich schnidt zu riemen,
10 So will es mir doch nit gezimen,
Mein 'gmahel zu gebn auft fleischbanck,
Weder uber kurtz oder lanck,
Die mir zu der eh ist gegeben,
Zu schützen ir gut, ehr und leben.
15 Das will ich halten stät und vest,
Denn in der eh ist ie das best.

Caton spricht:

Wirst vil an deiner trew gewinnen.
Du wirst morgen wol werden innen.

Sie führen ihn dahin. Alcestis kombt, schlecht ir hendt sammen und spricht:

Ach, ir götter, last euch erbarmen
Mein, einer armen aller armen,
Die ich auß einfalt unbedacht
25 Mein eignen vatter hab umbbracht!
Auch Admetus, mein lieber gmahel,
Der trew standthaft ist wie der stahel,
Auch nit in todt will geben mich,
Sonder eh sterben willigklich
30 Für mich, den man ietz thut außführen.
Nun will mit nichten mir gebüren,
Zu fliehen und retten mein leben
Und mein gemahel lassen eben
[K 3, 2, 220] Von meines mordes wegen sterben,
35 Eines ellenden todts verderben.
Das kan mein trewes hertz nit leiden.
Und solt man mich zu riemen schneiden,

So will ich mich selber dargeben,
Meim gmahel erretten sein leben,
Den man ietzundt wird führen für.
Ich will zu im nauß für die thür.

gehet ab. Sie führen Admetum daher. Pedon spri

Admete, zeig die frawen dein!
So solt du frey quit ledig sein,
Bleiben in gwalt, ehr und gut.
Dein weib muß zaln mit irem blut.

10   **Admetus spricht:**

Ach, thut nur solch red vermeiden!
Ich wolt eh hundert töde leiden,
Wenn ich mich hertzenlichen frew,
Das ich heut soll in lieb und trew
15 Für mein hertzliebe gmahel sterben,
Ihr leben mit meim todt erwerben,
Wann ein trew weib auff dieser erd
Die-ist ie aller ehren werd.

Alcestis kombt und spricht:

20 Ach, last gehn den unschuldig frummen,
Welcher durch lieb und trew ist kummen
In dieser schweren gfencknuß bandt!
Secht! das ist die unselig handt,
Die iren vatter hat umbbracht,
25 Unfürsichtig und unbedacht.
Richtet mich! ich bin die recht schuldig,
Will sterben willig und gedultig.
Last ledig mein unschulding man,
Der nie kein ubel hat gethan!

len die frawen an und lassen in gehn, er spricht:

Ach, last ledig die gmahel mein!
Billich leid ich des todes bein,
Wann uber mich ist schon gesprochen
Ein streng urtheil und der stab brochen.
Führt mich hin! ich will sterben gern.

r hebt sein hendt auff, Caton spricht:

Dein hie kind wir dich nit geuern.
Uns ist zu berauben zu tödten
Dein gmahel. Wo sie in den nöten
Aber nit hat offenbaret sich,
So heten wir gerichtet dich.
[A 3, 2, 107] Also wir die rechtschuldig straffen.

Admetus spricht:

Ach mein ehrenboldt, thu verschaffen,
Dieweil man ie solicher massen
10 Mein gmahel will nit ledig lassen.
Das ich mit der gerichtet werd,
Mit der ich hab gelebt auff erd
In lieb und trew, in frewd und laid,
Auff das ich auch mit ir abschaid
15 Von dieser hartseligen welt!

Der ehrnholdt spricht:

Geh dein weg, wie vor ist gemelt!
An dich legt niemandt weiter handt.
Regier und hersch in deinem landt
20 Und laß dem strengen recht sein gang!
Trit ab und mach es nit so lang!

Admetus beut ihr die handt unnd spricht:

Nun aller-liebster gmahel mein,
[K 3, 2, 221] Weil es ie kan nit anderst sein,
25 Das du must in den tode gehn,
Warhaftig wolt ich selber den
Gelieden haben willigklich,
Eh das ich het dargeben dich.
Erst erkenn ich dein trew und lieb,
30 Die dich zu offenbaren trieb,
Auß sichrem ort on alle not
Herfür zu gehn in bittern todt,
Dardurch mich von dem todt erledigt,
Das ich blieb lebendt unbeschedigt.
35 Ich danck dir deinr weiblichen trew.

Alcestis spricht:

Hertz-lieber gmahel, ich mich frew,

Das ich vor meines lebens endt
Dein ware trew auch hab erkendt,
Nicht in wort, sonder in der that.
Daran mein hertz nie zweiffelt hat. .
5 Deß will ich nun dest senfter sterben,
In diesem grimmen todt verderben.
Ich danck dir aller trewe dein.
Laß dir die kinder bevolhen sein!
Zeuch sie auff tugent, zucht und ehr!
10 Nun gesichst du mich nimmermehr.
Hertzlieber gmahel, gsegn dich Gott!
Ietzundt geh ich dahin in todt.

Pedon spricht:

Admete, trit ab! es ist zeit.
15 Der weg hinauß zum ghricht ist weit.
Kehr du wider gen hof hinein!
Das weib ist fort hin nicht mehr dein,
Sonder dem strengen ghricht ergeben,
Das sie zum todt bring von dem leben.

fangen einander, man führt sie ab, Admetus sicht gen
himel, hebt sein hendt auff unnd spricht:

Nun allen göttern ich das klag,
Das ich erlebet hab den tag,
Das mein hertz-aller-liebstes weib,
25 Die aller-trewst an seel und leib
Wird hin geführet in den todt,
Der ich nit helffen kan auß noth.
O grimmer todt, mit deinem stick
Komb her und mich im augenblick
30 Erwürg, das mein trawrige seel
Mit ir ietz abfare gen heel
Und bey ir bleibe ewigklich!
Nun kan auff gantzem erdterich,
Weil ich leb, nichts erfrewen mich.

'tus geht trawrig ab. Der ehrnholdt beschleust:

So endt sich die tragedia,
Auß dem drey stück wir leren da.
Erstlich bein töchtern Pelie

Ein iedliches weißßbild versteh,
Auß fürwitz nit glaub alle ding,
Was man ir für die ohren bring!
Schmeichlen hat vil weißßbild betrogen,
5 In schandt, schad und laster gezogen,
Beide an leib, gut und an ehr,
Oft widerbringlich nimmermehr.
Auß dem volgt ewige nach-rew.
Der halb all heimlich hendel schew
10 Außerhalb irer eltern rath,
Die sie vor mancher ubelthat
Fürsichtigklich bewaren thön!
Zum andern bey deß fürsten söhn,
[K 3, 2, 222] Die iren vatter theten rechen
15 An iren schwestern, den frechen,
Lehrt, das ein kindt sein kindtlich trew
Halt ob sein eltern on abschew,
Beschütz und helff an allen enden,
Thu auch ir schandt und schaden wenden
20 Allenthalb, wo es mag und kan!
Das selbig stät gar löblich an
Einr frommen tochter oder sohn.
Zu dem dritten wir lehren thon
Bey Alcestis und Admeto,
25 Dem getrewen ehvolck also,
Da eins wolt für das ander sterben,
Also soll auch ein ehvolck werben,
Das auch eins mit hertzlicher trew
Das ander gutwillig erfrew,
30 Das denn auch angezundet wirdt,
Ein trew die ander trew gebirt,
Der gleich ein lieb die ander lieb,
Die denn mit einem starcken trieb
Bestendig bleibt biß in das endt
35 In trübsal, kumer und ellendt.
Das lieb und trew grün, blü und wachs
Im ehling stand, das wünscht Hans Sachs.

Die person in die tragedi:

1. Ehrnholdt.
40 2. Agialeus,

3. Acastus, die 2 söhn deß fürsten Pelie.
4. Alcestis, ir schwester.
5. Admetus, ir gemahel.
6. Pedon,
5 7. Caton, die 2 trabanten.

Anno salutis 1555, am 30 tag Julii.

;edia mit 10 personen, die königin Rosimun
unnd hat 5 actus.

Der ehrnholdt geht ein, neigt sich unnd spricht:

Heil sey den edlen ehrenvesten
5 Wolgeacht und fürnemen gesten,
Den erbern herrn und züchtingn frawen!
Zu euch komb wir, beruft auff trawen,
Ein tragedi zu recediren,
In teutscher sprach zu eloquiren,
10 Ein kleglich trawrige geschicht,
, 108] Wahrhaft geschen und nit erdicht,
Wie die Albertus Krantz beschreibt,
In Denmarcker cronick einleibt,
Wie könig Albuinus da,
15 Der eilft köng in Lombardia,
Köng Ewrimundum uberwandt
In einer schlacht, nam ein sein landt,
Und sein tochter Rosimundam
Er im zu einer gmahel nam,
20 Ließ nach landtsbrauch in eim pocal
Einfassen seins schwehers hirnschal.
Der eines mals trunck, on gefer
Reicht seiner gmahel das pocal her,
Hieß sie auß irem vatter trincken.
25 Die schmach dem weib ins hertz thet sincken.
Ie lenger weer thet ir die schmach.
In zoren zu wütiger rach
Sie den ritter Hemelchildis
Den köng im schlaff umbbringen ließ.
2, 223] Mit dem floch sie gen Ravenna.

Mit dem köngklichen schatz alda
Wonbt sie ein zeit mit grossem bracht.
Longinus mit ir kundtschaft macht,
Der statbalter, sie solt nemen in
5 Und iren bulen richten dahin,
Der sein herrn het ermörden thon.
Mir ir wolt er die köngklich kron
Der Longoparder uberkumen.
Das hat sie mit im angenumen.
10 Hat irn bulen mit gift getödt.
Als ers erpfandt, er sie auch nöt,
Den halben theil gifts a   en.
Tödtlich thetens beide 1
Nun schweiget still und
15 Sehet und höret fleissig
Wie all ding sich verlat

Albuinus gehet ein mit sein   .ft und trabanten,
    setzt sich nider

Lob sey dem günstig gu
20 Das mit mir ist in aller
Mit Thwrisimundum hab ich kempft,
Deß königs sohn, und in gedempft,
Darmit die Gebide geschlagen,
Und darnach auch in kurtzen tagen
25 Ewrimundum, irn könig klug,
Ich auch mit eigner handt erschlug.
Zum siegzeichen ich sein hirnschal
Einfast in das gülden pocal,
Auß der man trinckt köstlichen wein
30 Nach landtsbrauch im königreich mein.
Auch sein tochter, die schönest von leib,
Rosimunda, hab ich zu eim weib
Sambt seinem königreich eingenumen.
Nach dem hab ich auch uberkumen
35 Mit meiner ritterlichen handt
Italia, das fruchtreich landt,
Hab ich ietz in poses mit rhu,
Bin glücklich wider kumen zu
Mein königreich gen Dietrichs Bern.

K Meim.

Wir da ein weil hofhalten wern
Und mit meinr gmahel frölich sein,
Die mir erfrewt das hertze mein.

Die königin Rosimunda gehet ein mit ihrem frawen
5   **unnd spricht:**

Ich bit köngkliche mayestat,
Sie wöll heint auff den abendt spat
Mit mir essen das abendtmal
In frawenzimmers gülden sal.
10 Das ist meines hertzen begert.

König Albuinus spricht:

Fraw köngin, du solt sein gewert.
Darauff hab ich zu dir ein bit,
Die wölst mir auch abschlagn nit.

15   **Rosimunda spricht:**

Deß seit gewert, sey was es wöll!
Es mich gar nit beschweren söll.

Der könig gibt das gülden pocal dem ehrnholdt un(

Geh, ehrnholdt! bring uns das pocal
20 Gar vol mit dem süssen reinfal,
Das wir zum frümal uber tisch
Reichlich trincken gar kül und frisch!

Der ehrnholdt bringt die schalen vol wein, gibt sie (
        und er spricht:

25 Fraw königin, da bring ich dir
Ein trunck auß deim vatter von mir.

[K 3, 2, 224] **Der könig trincket und beut ihr das :**
        trincket auch und der könig spricht:

Köngin, wie schmeckt der süß reinfal
30 Auß deines vatters hirnschal?

Die königin sicht in die schalen, gibt sie dem ehrn
    geht trawrig ab. Adoalphus, der erst rath, spr

Ach, königkliche mayestat
Gar uberhart betrübet hat

Mit dem trunck unser fraw köngin.
Sie geht stilschweigent von euch hin.
Ihr augen voller zeher stunden,
Ihr hendt hat sie zusam gewunden
5 Und thet vil tieffer seufftzen sencken.

Der könig spricht:

Ey, meinst, sie thu ein arg gedencken,
Das ihr bracht hab den reinfal
Auß ihres vatters hirenschal?
10 Wie kündts mir das in ubel han?
Ich habs gleich in eim trunck gethan,
In einem schwanck und guten schertz.

Gunipertus, der ander rath:

Herr köng, es krenckt ein weiblich hertz
15 Und nimbt es auff in schmach und spot,
So mans mont an ir eltern todt,
Sonder von den sie sind umbkumen,
Tödtlichen schaden haben genumen,
Wann weiblich gschlecht wird bald kleinmütig,
20 Das sonst von art ist weich und gütig.
Herr köng, ihr solts nit haben thon.

Der könig spricht:

Nun, sie wird mich doch leben lon.
Was kan sie auß den schlechten sachen
25 Vil wunders anrichten und machen?
Wolts mir nit habn ein schwanck für gut?
Von mir hats adel, ehr und gut.
Nun last uns gehn in die cantzley,
Ob die ordnung verschrieben sey!

en alle ab. Die königin gehet ein, setzt sich und
spricht trawrigklich:

Ich bin die hartseligst auff erd,
Dem könig veracht und unwerd.
Bin doch eins königs tochter geborn
35 Und hab meinen herr vatter verlorn
Darzu sein königreich und landt
Durch meins untrewen gmahels handt,

Der mich heut hönt, verspot und fatzet,
Mit meins vatters hirnschalen tratzet,
Darauß ich im hab trincken müsen!
Soliche schmach muß er noch büsen
6 Sambt meins lieben herr vatters todt;
Deß schwer ich im ein eid zu Gott.
Dran will ich leib, ehr und gut wagen
Und das aufs erst in kurtzen tagen,
[A 3, 2, 109] Will auch haben kein rast noch rhu,
10 Biß ich mich an im rechen thu.

Hemelchildis, der ritter, gehet ein und wendt sich wider.
königin schreit im und spricht:

Da kombt gleich ein rechter darzu.
Hör, Hemelchildis! sag! wilt du
15 Mir etwas zu gefallen thon?
Tausent ducaten hast zu lohn
[K 3, 2, 225] Und darzu auch mein lieb und gunst.

Hemelchildis spricht:

Nichts liebers ich auff erden sunst
20 Wolt than, denn euch zu lieb und gfallen
Thun ob all ander frawen allen,
Durchleuchtig edle königin!
Deß ich von hertzen gneiget bin.
Derhalb zeigt ewren dienst mir an!
25 Ich will es unverdrossen than,
So es anderst in meim vermügn ist.

Die königin spricht:

Hemelchildis, dir ist wol bewist,
Wie mich der köng verächtlich schmecht
30 Wider all billigkeit und recht,
Das ich hab müßn trincken reinfal
Auß meins herr vatters hirenschal,
Samb zu einr verachtung und schmach.
Deß beger ich zu uben rach
35 Von dir an unserm könig alt.

Hemelchildis spricht:

Fraw königin, welcher gestalt

Solt ich euch an dem könig rechen?

Die königin spricht:

Du solt in in dem bett erstechen
Oder wo es sonst fug mag haben.
5 Drumb will ich dich reichlich begaben.

Hemelchildis spricht:

Fraw köngin, das mag ich nit than.
Ich mag nit trewloß werden an
Am köng, der mir hat than vil guts,
10 Der wol regiert gemeinen nutz
Und groß lob hat bey iederman.
Ihr solt nit so arg nemen an,
Das euch der könig zu der zeit
Schertzweiß in seiner trunckenheit.
15 Drumb schlacht solch rachsal auß dem sin!

Die königin spricht:

Bey mir ich gar entschlossen bin:
Gerochen muß werden mein schmach
Mit einer blutdurstigen rach.
20 Kurtzumb der köng muß darumb sterben
Und solt ich sambt mit im verderben.

Hemelchildis spricht:

Fraw königin, ir solt euch schemen,
Ein solichen mordt für-zunemen
25 Gegen köngklicher mayestat
Umb solch kleine ursach und that,
Welches doch ist der red kaumb werdt.

Die königin spricht trutzig:

Weil du nit nützen wilt dein schwerdt,
30 So gelob an, das du wölst schweigen
Und keinem menschen wölst anzeigen,
Was ich ietz hab von dir begert,
Auff das es nit offenbar wert!
Sonst brechst du dich und mich in gfert.

35 **Sie gehen ab.**

Die zwen räth gehen ein, Adoalphus spricht:

Mein Gunipertus, sag mir an!
Wie meinst du, das die sach sey stan
5 Zwischn dem könig und der königin?
Mich dünckt, die königin hasse in,
Denn sie mocht in vor nit ansehen.

226]   **Gunipertus spricht:**

Und wenn ich soll die warheit jehen,
10 So hat im der köng zu vil thon,
Das er mit solchem spot und hon
Die königin angrieffen hat.
Darumb deucht mich, und wer mein rath,
Das der könig heint abendts spät
15 Der köngin diese schmach abbät,
Wenn er zu nacht heint mit ir eß,
Auff das sie solcher schmach vergeß,
Im das umb lieb willen vergeb.

      Adoalphus spricht:

20 Ja, es wer gut, als war ich leb,
Wann das weiblich gschlecht ist weichmütig,
Wird bald in zoren grim und wütig
Und ist geneiget zu rachsal,
Das sich nit zu-trag ein unfal
25 Bey in, wann von ringem anfang
Wert oft ein groll und feindtschaft lang
Und bringt ein trutz den andern trutz,
Auß dem den volget wenig guts.
Dort kombt der könig; red in an
30 In güt, die ding zu unterstan!

Der könig kombt mit den trabanten unnd spricht:

Wollauff! wir wöllen zum nachtmal
In der fraw köngin gülden sal.

Sie neigen sich beid, Gunipertus spricht:

Herr könig, wir haben ein bit
An köngklich mayestat, wöll uns nit,
Abschlagen unser bitlich begern.

König Albuinus spricht:

5 Zeig an! iß billich zu gewern,
So soll es euch sein zu-gesagt.

Gunipertus spricht:

Herr könig, wir haben beratschlagt.
Der heutig handel ligt uns im sin
10 Von wegen unser fraw königin,
Die königkliche mayestat
Heut schwanckßweiß hart belaidigt hat.
Drumb haben beratschlagt wir zwen rät,
Das ir der königin heut abbät
15 Die schmach, samb wers geschehen ohn gfer,
Schwanckßweiß, auß frölicher geber,
Ohn all verachtung, spot und hon,
Bätt, sich deß nit zu nemen on
In arg, sonder in schimpf und schertzen
20 Auß eim lieblichn freundtlichen hertzen,
Das ir wer gneigt in allen gnaden.

Der könig spricht trutzig:

Was wölt ir mich mit dem beladen,
Das ich ir solichs solt abbiten
25 Nach art der bewerischen sitten?
Hat sie ein adelich gemüt,
So helt sie mir nit in ungüt
Diesen meinen höflichen schwanck.
Will ir deß auch nit sagen danck.
30 Sie mach auß dem schwanck waß sie will!
Umb sie darff ich nit geben vil.
Hab umb groß könig nichtsen geben.
Ich will nit ihrer gnaden leben.
Drumb schweigt und mut mir nit mehr zu,
O] Das ich ir solchs abbiten thu!
Es wird sonst gar wol die geschicht
Ohn all schwerdtschleg werden gericht.
Nun macht euch auff! ir müst all zwen

Ietz mit mir zu der gastung gehn.

Sie gehen alle ab. [K 8, 2, 227] **Die zwen trabanten kun**
       Clephes spricht:

Maron, trawter geselle mein,
5 Wie schmeckt dir nechtn der trübe wein?
Ich het mirs ein guten kropff truncken.

Maron spricht:

Ich bin auch an wenden heim ghuncken.
Das hofgsind alles frölich war,
10 Brachtens einander immerdar.
Allein unser fraw königin
Am tisch stätigs trawrig erschin.
Und was sie mit dem könig redt,
Sie als samb uber das hertz thet.
15 Hönlechelt wol ob seinem schertzen,
Samb gieng es ir nit gar von hertzen.
Warumb, das kundt ich nit ermessen.

Clephes spricht:

Villeicht hat sie noch nit vergessen
20 Den trunck, den ir den könig bot
Gleich samb in einem hon und spot
Auß iren vatter hirenschal.

Maron spricht:

Von dem weiß ich nichts uberal,
25 Ich hab darauff gehabt kein acht.

Clephes spricht:

Sie gieng ie ab samb ungeschlacht,
Das in grosser ungnad auff nam,
Wann sie ist von geschlecht und stamb
30 Von einer strengheftigen art,
Helt oft dem könig widerbart.
Das merckt man oft an ir geber.
Ihr lieff nechten ein röten her,
Weil sie beim könig saß zu tisch.
35 Sie ist bald auff in dem harnisch,
Wie ich an kämmerling versteh.

Maron spricht:

Eim ieden thut sein schaden weh.
Weil königkliche mayestat
Ihren vatter erschlagen hat
5 Und sie nun mit fatzt und veracht,
Nit unbillich es ir verschmacht.
Doch werden sie on uns wol eins.
Het wir deß nächting trüben weins,
Ich wagt noch meinen halß daran,
10 Solt ich noch heim an wenden gahn,
Thet mir gleich noch der kopff nit wol.

Clephes spricht:

Ich war dennoch nit so gar vol.
Ich merckt diß heimlich und gewiß,
15 Das der ritter Hemelchildis
Bult umb Amata, die hofjungkfrawen,
Bey ir zu schlaffen auff gut trawen.
Vil süsser wort er ir da gab,
Sie aber schlug im solichs ab,
20 Sagt spotweiß, er solt kummen morgen.
Hört ich in eim winckel verborgen,
Darinnen ir mich keines west.

Maron spricht:

Laß gehn! es ist mit lieb das best
25 Und gar vil besser, denn mit zanck.
Freundtlicher ist ein umbefanck,
Denn mit der faust ein backenschlag.
Ich hab kein bulschaft, ist mein klag.
Ich wolt mich sonst auch nit mit saumen.

30 **Clephes spricht:**

Komb! man thut gleich die pferd aufzaumen.
Der könig will an das gejaid,
[8] Wie er uns nechten gab beschaid.
Wir trabanten müssen mit baid.

35 **Sie gehen beide ab.**

Actus 3.

Die königin Rosimunda geht allein ein, setzt sich und spricht

Dieweil ich bin so gar veracht
Beim könig, verhönt und verlacht,
5 Derhalb muß ich noch kummen nach
Der meinen fürgenummen rach.
Hemelchildis will das nit than.
Der wer darzu ein rechter man,
Er ist fraidig kün vor in allen.
10 Ietz ist mir ein sach ein gefallen,
Das der ritter Amata liebet,
Das mir ein gründtlich. ursach giebet,
Das mein anschlag von stat soll gehn,
Und kan darzu betroen den.
15 Da kombt sie gleich, der ich beger.
Amata, komb. eilendt hie her
Und bekenn mir, was ich dich frag!.
Dein hilff mir wol erschiessen mag.

Amata, die hofjungkfraw, kombt unnd spricht:

20 Durchleuchtig köngin, ich bin ewer.
Warmit ich zu bilff und zu stewer
Euch kummen mag, daran fürwar
Ich leib, lebn, ehr und gut nit spar.
Saget nur bald, was ir begert!

25   Die königin spricht:

Ich kan werden von dir gewert.
Merck! der ritter Hemelchildis
Der bult umb dich, weiß ich gewiß.
Nun darmit kanst du dienen mir.
30 Ziel im heint auff den abendt zu dir,
Weil der köng noch ist auff dem jaid!
So will ich heimlich in deim klaid
An deiner stat da bey im sein.
Darmit erfülst den willen mein.
35 Hab was heimlichs mit im zu reden,
Das wird unschedlich sein euch beden.

Amata spricht:

Durchleuchtig köngin, von hertzn gern
Will ich euch dieser bitt gewern.
Er hat oft lieb an mich begert,
5 Doch allmal blieben ungewert.
Ietz aber will ich solichs than.
Da solt ir keinen zweiffel han
Zu lieb und dienst ewren genaden.

Die königin spricht:

10 Es soll als gschehen on dein schaden.

Amata spricht:

Nun kombt! legt meine kleider an
Und thüt denn in mein kemat gahn!
Da solt ir finden den ritter dinn.
15 Denn redt mit im, was euch ist im sinn!

ehen beide ab. Hemelchildis, der ritter, geht ein, redt
mit im selber und spricht:

Wol mir, das ich erlebt die stundt,
Das mir so hertzlich wird vergundt,
20 Mit der aller-liebsten zu reden,
Heimlich allein zwischen uns beden!
Villeicht mag ich erlangen von ir
2, 229] Zu erfüln meines hertzen begir,
Das ich so lang zeit hab begert.
2, 111] O, würd desselben ich gewert,
So wer ich wol der seligst man.
Kein grösser frewd ich nie gewan.

:önigin kombt in der hoffjungkfraw kleidung, der ritter
geht ihr entgegen und spricht:

30 Du mein Amata, sey gegrüst!
Du bist, die mir alln kumer büst.
Dir hab ich warhaftig ergeben
Mein seel, leib, ehr, gut und mein leben.
Wie hab ich begeret so lang
35 Von dir ein freundtling umbfang,
Du mein aller-liebste amey!

Er gewalt nach ir, sie zu umbfahen, sie weicht und sprid
... wer ... ir, der ich sey?

Er gewalt ... nach ir und spricht:
Ja ... mein ...

Die königin spricht:

Ja ... ...
... ...
... ...
... ...
... kling wil ... verklagen doch,
... ... ein ... todt,
... ... für ein eid zu Gott,
Es sey denn, das in kurzen tagen
... alten kônig werst erschlagen
... ... wünst mit mir geleich
Regiern ... kling im gantzen reich.
... für kurz ... aus den zweien,
... tod ... ... Ich mag freien!
... vil ... kein ... in.

Er fellt ir zu fuß und spricht:

O ... königin,
Thut mich armen günstig begnaden!
... so eigenn ... schaden,
Weil ... das unwissent hab than?
So aber ich mein hendt legen an
Mein herr kônig, thu ich auch nit gern.
Weiß auch kein weg, euch zu gewern.
Darumb wolt mich erlassen das!

Die königin spricht:

Steh auff! ich zeig dir weg und straß.
Ich will die sach fleissig außspehen,
Das es soll liederlich geschehen.
Wenn der kông ob schwerem gescheft
Allein oft in dem sal entschleft,
So will ich im verknüpffen sein schwerd,
Das er darmit verhindert werd.

Wenn du in schlaffent greuffest an,
So magst du in leichtlich abthan.
Nach dem und so laß sorgen mich,
Wie ich verspriche mich und dich
5 Bey den räthen und dem hofgsindt!

Hemelchildis spricht:

Weil ich ewr gnad so bhilflich findt,
So will und muß ich euch gewern,
Doch, bey meiner seel, gar ungern,
10 Wann die sach bringt vil gfehrligkeit miter.

Die königin spricht:

Hab ein gut hertz, du strenger ritter!
Volbringst du das begeren mein,
König solt in Lomparten sein
15 Und mein gemahel außerwelt.
Darumb sey keck, du küner heldt,
Und hab gut acht zu aller zeit,
Das du seist zu dem kampf bereit!

230] Sie bewt ihm die handt unnd spricht:

20 So bleib es bey diesem bescheid!

Hemelchildis spricht:

Fraw köngin, ja bey ehr und eid,
Darauff solt ir euch gwiß verlasen.
Ich hör die jäger-hörner blasen.
25 Der köng kombt mit deß waidwercks bracht.
Alde, zu tausent guter nacht!

ahen beide auß. Der könig geht ein mit seinen räthen,
ibanten und ehrnholdt, setzt sich nider und spricht:

Ihr liebn getrewen, tretet ab!
30 Ein brieff ich hie zu lesen hab.

ihen ab, der könig bricht den brieff auff, list ihn und
ileft. Die königin kombt, verbindt im sein schwerdt
rinckt dem ritter, der kombt und steht vornen im sal
still, die königin geht zu ihm unnd spricht:

35 Nun greiff die sach nur dapffer an!

s Sachs. XII. 27

Hemelchildis spricht:

Fraw königin, ich mags nit than.
Mein gwissen straffet heftig mich.

Die königin spricht:

5 Ey, du verzagter man! schem dich!
Geh aber! ich will den köng wecken
Und im dein mörderey entdecken.

Er geht unnd gibt dem könig einen straich, der könig e
will von leder, kan nit, schlecht zu mit der scheiden,

10 Was wilt du thun, du bößwicht?
Deß het ich dir vertrawet nicht.

Sie kempffen, biß der könig felt. Die zwen trabante
vor dem sal. Clephes spricht:

Was ist für ein geschrey im sal?
15 Ich hab gehört ein klegling schal,
Auch etwas wie die schwerdter klingen.

Maron spricht:

Komb! laß uns schawen zu den dingen!

Die trabanten lauffen ein. Maron spricht:

20 Was facht ir für ein lermen an?
Wer hat dem alten könig than,
Der da gewalttzt ligt in dem blut?
Hast dus than, so thuts dir kein gut.

Die trabanten fallen den ritter an, die königin spri

25 Ey, leget nit handt an den frummen!
Er ist unschuldig darzu kummen
Und hat sich leibs noth müssen wehrn.
Ich will in wol mit trew und ehrn
Vertheiding vor dem gantzen reich.
30 Ihr aber tragt die todten leich
Von diesem sal eilendts hinab,
Das man sie königklich begrab!
[K 8, 2, 231] Fünftzig ducatn und zwey hofkleid
Solt ir haben von mir all beid.

Sagt weiter nichts von dem bescheid!

abanten tragen den toden könig ab, die königin und
der ritter gehen ab.

Actus 4.

112] **Die zwen räth gehen ein, Adoalphus spricht:**

Ach unsers alten frummen herrn!
Seins gleichen lebet nit in fern
Landen. O wie ist der frumb
So ellendt schendtlich kummen umb
10 Durch diesen tückischen bößwicht!
Wer hat nur die meutrey anghricht
Uber den köng? das west ich gern.

Gunipertus spricht:

Wir wöllen das bald innen wern.
15 Last dem bößwicht nach dem halß greiffen!
So muß er uns gar bald aufpfeiffen,
Wer im hab geben rath und that.

Adoalphus spricht:

Es taug nit, weil er an im hat
20 Das hofgsind und den gantzen adel.
An beystand würd wir haben zadel.
Es dörft bald werden ein aufrhur.
Es ist unwidersprechlich nur,
Das in die köngin hat angreitzt,
25 Die auff den könig ist verbeitzt.

Gunipertus spricht:

Ja, ich laß michs auch wol beduncken,
Sie habs dem könig zu getruncken.
Hab stets sorg ghabt auff ihre tück,
30 Sie werd anrichten ein unglück,
Wie sie denn ietz gwiß hat gethan,
Weil sie sich nimbt deß mörders an
Und für recht in vertheidign will,
Wie man zu hof sagt in der still.

27 *

Wird mit der zeit kummen an tag;
Kein mord sich nit verbergen mag,
Man wird sein mit der zeit wol inn.

Adoalphus spricht:

5 Still, still! dort kombt die königin.

Rosimunda, die königin, kombt mit ihr hofjung spricht:

Ihr lieben gtrewen köngklichn räth,
Ich het an euch ein fleissig bäth.
10 Ihr wist, wie sich vor kurtzen tagen
Ein ungelück da hat zu-tragen
Zwischen dem könig und dem ritter,
Welchen der köng anredt so bitter,
Auch mit der handt stelt nach dem leben.
15 Nun hat sich der unrath begeben,
Das der köng worden ist entleibet.
Nun solich sein unschuld mich treibet
Zu bitt für in, das man fürbas
In solichs nit entgelten laß,
20 Wiewol mir das gröst leidt geschicht.
Auch kündt ir in verdammen nicht,
Weil das hofgsind und ritterschaft
Urtheilt in quitloß ungestraft,
Weil er ein held ist seiner handt,
25 Ritterlich schützen halff das landt
Wider die Gebide im krieg.
Durch sein handt wurd erlangt der sieg.

[K 3, 2, 232]   **Adoalphus spricht:**

Gnedige fraw, solch ewer bit
30 Ist in kein weg zu hören nit,
Weil er durch dieses mordt geübt
Hat das gantz königreich betrübt.
Mag aber er das strenge recht
Leiden, so wird die sach bald schlecht.
35 Wo nit, so mach er sich heimleich
Bald auß der Lomparder köngreich
An sein gewar und sicher stat.
Kein platz im gantzen reich er hat,

Will er sicher sein vom blutghricht.

Die königin spricht:

Ey, es wird leicht so heftig nicht.
Saget! was wölt ir darzu thon,
5 Wenn der ritter noch köngklich kron
Tregt und zu könig wird erwelt,
Weil mir und dem hofgesind gfelt
Der heldt zu königklicher ehr?

Gunipertus spricht:

10 Das wird geschehen nimmermehr,
Das ein mörder die kron solt tragen,
Der sein eigen herrn hat erschlagen.
Es ligt nit am hofgsind geleich,
Sonder an fürsten in dem reich
15 Und an der landtschaft uberal,
Die hat stimb in deß köngs wäl.
Ich merck an ewer bit und rath,
Das ir mit-wissent seit der that.
Euch ist am nützten beidensandt,
20 Das ir euch bald macht auß dem landt,
Eh man das strenge recht an rieff
Und gfencklich nach euch beiden grieff.

gehen beide ab. Hemelchildis kombt trawrig unnd spricht:

25 Rosimunda, was hast außgericht?

Die königin spricht:

O mein hertzlieb, kein dingle nicht.
Sie trowen dir auff das streng recht
Und ich bin auch verdechtlich schlecht.
30 Weiß nit, wie im fort wer zu thon.

Hemelchildis spricht:

Ich will heimlich reiten darvon
In ferre landt in schneller eil,
Etwan in die zwey hundert meil
35 In ein gegent mir unerkandt,
Eh mich ergreiff deß ghrichtens handt.

Ich wil erwarten mit dem sagen.
Ich hab ien handel vor bewegen.
Er würde kein gutes ende nemen,
Ich muß mich vor mir selber schemen
5 Dieser schendtlichen that, da du
Mich in allein hast bracht darzu,
Das ich muß ins ellendt mit trawren.

Die königin spricht:

Hertzlieb, laß dich der that nit tawren!
10 Weil du in dem hast dienet mir,
Will ich selber raissen mit dir.
Nimb mit den konigklichen schatz!
So weiß ich auch schon stat und platz,
Da wir gar wol versichert sendt.

15 **Hemelchildis spricht:**

Fraw königin, sagt, an welchen endt!

Die königin spricht:

Wir wöllen in Italia
In die keyserlich stat Ravenna
[K 3, 2. 233] Zu Longino, dem stathalter,
Dem keyßrischen ambt-verwalter
Mit unserm königklichen schatz.
Da hab wir sicherheit und platz,
Das uns niemandt krümme ein har.
25 Geh du an dein heimlich gewar
Und bleib alda heimlich verborgen!
Denn wöllen wir vor tages morgen
Abfahren auff dem tieffen meer.
Schlaff heint wol! kümmer dich nit sehr!
30 Die sach kombt noch zu gutem endt.

Hemelchildis spricht:

Mein leben steht in ewer bendt.
Wolt ir, so muß ich leiden schaden.
Ich hoff zu ewrn königkling gnaden,
35 Sie wer mich nit lassen verderben.

Die königin spricht:

3, 2, 113] Ich wolt, hertzlieb, eh für dich sterben.
       Das solt gentzlich vertrawen mir.
       Geh hin! glück und heil sey mit dir!

Hemelchhildis gehet ab. Die königin spricht:

  5 Amata, geh und heiß herein
       Eilendt die zwen trabanten mein!

..e gehet auß, die trabanten kummen, die königin sprich..

       Clephes, geh zu dem schiff-patron!
       Sag, morgen vor ... wöll ich darvon,
   10 Das er zu-richt di
       Denn kombt ins f   !
       Helft die raißtruh   gen!
       Doch thut keim m   sagen!
       Ihr beide müst au

   15 ———   Clepl

       Durchleuchtig kön   ;?
       Alles, was ir von
       Werd ir gutwilligl

Die zwen trabanten gehen ab, die königin spricht:

   20 Amata, komb, wann es ist spat,
       Das wir kleider, schmuck und kleinat
       Sambt dem schatz werden eingeschlagen,
       Das man sie in das schif thu tragen,
       Auff das wir vor tag fahren hin!

   25   **Amata spricht:**

       O durchleuchtende königin,
       Ich het vermeint, Hemelchildis
       Würd gekrönter könig gewiß.

           Die königin spricht:

   30 Ach, uns ist gar in diesem stück
       Widerwertig das waltzendt glück.
       Ich het es warlich auch gehoft.
       Nun, das gelück verkehrt sich oft.
       Derhalb nemb ich kein trawren drum.
   35 Etwan scheint das glück widerumb,

Das wir kummen ins königthumb.

Sie gehen beide ab.

Actus 5.

Longinus, deß keysers statthalter, geht ein, redt mit im
5   unnd spricht:

Mir sind zu-kummen seltzam gest
Und het ich aber vor gewest,
[K 3, 2, 234] Das sie das mord hetten gethan,
Ich het ihr nicht genummen an.
10 Nun ob ich gleich ob in halt schutz,
Hab ich darvon doch guten nutz.
Sie haben grosse schätz von goldt.
Von den nemb ich auch meinen soldt,
Das ich sie halt in meinem glaid,
15 Es sey gleich lieb oder laid
Den Lompardern, leit mir nit an.
Glaid ich ihn zugesaget han.

Amata, die hofjungkfraw, kombt unnd spricht:

Gnediger herr, mein fraw köngin
20 Lest bitten euch, ir wölt dahin
Gehn und mit ir das nachtmal essen.
Das wöls in güt euch nit vergessen.

Longinus spricht:

Geht! sagt, ich hab ir bitt angnummen,
25 Wöll auff dem füßtrit nachhin kummen!

Die jungkfraw gehet ab, Longinus gehet hinach. Die
trabanten kumen. Clephes spricht:

Maron, wie schmeckt dir hie der wein
Zu Raphenna, da wir ietz sein?

30   Maron spricht:

Mein Clephes, er schmeckt mir so gern,
Als weil ich war zu Dietrich-Bern.
Ich bin hie auch noch nie erdürst.

Clephes spricht:

Longinus ist ein milter fürst.
Er sicht geren essen und trincken.
Er thet mir zu dem tisch hin wincken,
5 Bracht mir ein gantze schewrn mit wein.
Unser herr mocht nit frölich sein.
Glaub wol, er werd von seim gewissen
Deß mordts halb genagt und gebissen.
Er saß ie gar erschluchtzet zu tisch.

10   **Maron spricht:**

Die köngin aber war frech und frisch,
Bat Longinum freundtlicher geber,
Auff das er ir behilflich wer,
Unsern herren zu setzen ein
15 In ir köngkreich, so solt er sein
Im all sein tag sein unterthon.

Clephes spricht:

Longinus aber wolt nit tron.
In daucht die einsetzung zu schwer.
20 Lompardia zu starck im wer.
Nit weiß ich, waß noch gschehen wirdt.

Maron spricht:

O wie gar senft, süß und geschmirt
Sind unser fraw königin wort,
25 Scharpf durch-dringent deß hertzen pfort.
Uberredt die leut, was sie will.
Longinus, der fürst, kombt; schweig still!

·en sich beid und gehn ab. Longinus kombt, redt mit
im selber unnd spricht:

30 Ich merck gewißlichen und spür:
Das glück thut mir selb auff die thür.
Rosimunda mir freundtlich nach-henget,
Mit süssen worten mich ansprenget.
Ich glaub, sie hab mich hertzlich holdt.
5] Sie hat ein grossen schatz von goldt,
Auch ist sie uberschön von leib.

Weil nur erschieden ist mein weib
vor kurtzen tagen in kindes-weh.
so gunn, so gemb mich za der eh
die ... wagne Rosimunda.
Mit ... in Lompardia
das ... raut zu uberkommen.
... meines frummen.
... hertz sey mir geneiget,
... geberdt erzeiget.
... Wird es sich schicken than,
... halb reden an.

Rosimunda rett ein, ... jungkfraw von ir und

... getrewer fürst.
... niff mich hertzlich dürst,
... vor ... betten oft.
... antwort von euch hoft.
... mein heil geleich.
... in mein köngkreich.
... verttiben bin.

Longinus spricht:

... königin.
... ein andern weg.
... mit hülf nit treg.

Rosimunda spricht:

... mit reibt kein schertz!

Longinus spricht:

... vertrawen in ewer hertz.
... zu offenbarn schwer.

Die königin spricht:

... auf guten glauben her!
... es hat kein not.

Longinus spricht:

Wann Helmeichildis nur wer todt,
... der den könig erschlug,
so möchte mein ratschlag haben fug.

Die königin spricht:

Durch welchen weg? das zeigt mir on!

Longinus spricht:

So ir mich nembt zu eim ehmon,
5 Wolt' ich erlangen wol das reich
Durch mein anschleg gar listigkleich
Und on all schwerdtschleg könig werden
In Lompardia on beschwerden
Und der-gleich in Italia,
10 Dieweil ietzundt in Persia
Der keyser ist mit krieg beladen,
Tiberius, leit grossen schaden.
Durch den weg kombt ir in das reich,
Würd ein königin gwaltigkleich.

15   **Die königin spricht:**

Darff ich mich lassen gwiß daran,
So will den dingen ich bald than.

Longinus spricht:

Ja, zu bestetigung der ding
20 Habt euch meinen bettschier-ring!
Doch solichs gar nit gschehen kan,
Ewr buel werd denn vor abgthan.
Dem tracht nach, wie ir das wölt enden!

Die königin spricht:

25 Sein leben steht in meinen henden.
Doch last euch mercken keiner ding,
Biß ich die sach zu endtschaft bring!

n beide ab. [K 3, 2, 236] **Amata, die hofjungkfraw,
kombt, redt mit ir selber und spricht:**

30 Was wird nur die köngin anfangen?
Sie ist heut lang mit gift umbgangen
Und fleissig zu-samb distilirt.
Wen sie halt mit begaben wirdt?
Villeicht ist es mir zu-bereit,
35 Wann ich weiß vil ir heimligkeit,

Das nit werd von ir offenbar.
Ich will mich vor ir huten zwar,
Wann sie ist worden gar verwegen,
Thut weder nach trew noch ehrn fregen.
5 Wolt, ich wer von ir hundert meil.
Was steh ich, das ich nit heim eyl?
Wann es sizt meines herren gnad
Da heim zu hauß in eim volbad.
Wird nun außgehn und auff dem sal
10 Mit der königin nemen das nachtmal,
Das ich den bstrey mit grünen graß
Und auff sein haubt auß einem glaß
Das wolriechende wasser spreng,
Verloren kreft herwider breng.

**Die hofjungkfraw geht ab. Die königin kombt mi
schewren, die hofjungkfraw mit eim glaß. Die königin**

Ietzundt trag ich in meiner bendt
Ein anfang zu dem regiment,
Von welchem reich ich ietzundt bin
20 Eine vertriebene königin.

**Hemelchildis kombt auß dem bad, die königin beut
handt unnd spricht:**

Ach, Gott gesegne ewer gnad
Das schön wolschmeckent mayenbad!
25 Nembt diesen trunck zu einer kraft!
Darauff legt euch ein weil und schlaft,
Mein außerwelter köngklicher fürst!

Hemelchildis nimbt die schewren unnd sprich

Es hat mich lang im bade gedürst.
30 Langt her! ich bring euch einen trunck.

Die königin spricht:

Trinckt auß! ir habt allein kaumb gnunck.

**Er trinckt auff halb, erschut sich, greuft an die brust
ihr die schewren dar und spricht:**

35 Fraw königin, trinckt ir das ander!

Die königin spricht:

Ey, mich dürst gar nichts mit einander,
Wann ich bin nit gewest im bad.
Es trinck es gar auß ewer gnad!

kt das schwerdt, setzt ihr auff die brust und spricht:

Trinck auß, aber es gilt dein leben!
Merck: du hast mir mit gift vergeben.
Wann ich brüff wol, das ich muß sterben,
Durch dich, du falsches weib, verderben.

inckt auß und sinckt darnider. Hemelchildis spricht:

Also must du auch sein mein gsell
Und gfert hinab in die tieff hell
Nach dem strengen Gottes gericht,
Der kein mordt lest ungstraffet nicht.

felt auch nider. Amata, die hofjungkfraw, schreit:

237] O zetter, waffen der herrschaft mein!
Sie zwingt beide des todes pein.
O lauff zu eilendt iederman
Und helff da, wer nur helffen kan!

is, der stathalter, kombt mit den zweien trabanten, spricht:

Amata, thu mir klar verjehen,
Wie ist deiner herrschaft geschehen!

Amata spricht:

25 Mein edle köngin ist verschieden,
Den todt sambt irm herrn erlieden,
Das sie da liegen beide todt.

Longinus spricht:

Was hat sie bracht in solche noth?

30 Amata spricht:

Sie haben nach einander truncken,

Trincks auß oder.

Sind darnach beide nider gsnncken.
Ich glaub, sie haben truncken gift.

Longinus spricht:

Ey, ey, was habens da gestift,
5 Sich selber bracht in todes noth?
Ich merck: sie sind schon beide todt.
Ihr todt bekümert fürbas mich,
Dieweil ich leb auff erdterich.
[A 3, 2, 115] Ihr trabanten, nun tragt hinab
10 Ewer herrschaft, das mans begrab
Beide nach königklichem sit,
Und aller adel geh auch mit,
Die priesterschaft auch mit gesang
Mit der proceß und glocken-klang
15 Begraben in die capellen mein
Unter mein eigenen grabstein!
Gott wöll ihrn seelen gnedig sein!

Man tregt die todten ab. Der ehrnholdt beschleust:

So hat die tragedi ein endt,
20 Auß der fünff lehr zu mercken sendt.
Erstlich bey köng Albuino
Ein biderman gedenck also,
Das er nit treib zu grossen schimpff
Mit seinem weib on fúg und glimpff,
25 Wann weiblich gschlecht das wird bald schwirig,
Durch kleine ursach oft rachgirig
Und ubt gech unbesinte rach,
Die sie oft lang zeit rewt hernach.
Zum andern bey der königin
30 Ein biderweib schlach auß dem sin
Solch böß schendtlich ubel einfell,
Sey nicht gech, unbesint und schnell,
Sonder bedenck mitel und endt
Und alle nachvolgent umbstendt,
35 Ob es sey ehrlich oder nicht,
Bedenck ir ehr, trew und ehpflicht!
Zum dritten bey Hemelchildis
Ein unterthon gedenck gewiß,
An sein herrschaft im regiment

Nit leg sein aufrhürische hendt,
Weder durch schenck, neid oder haß,
Weil nit ungestraft bleibet das,
Wo man brichet trew, eid und ehr.
5 Bein räthen merckt die vierdten lehr,
Wer zu hofdienst verbunden sey,
Das er auch treib kein heuchlerey,
Sonder red auch und rath on schew
Seiner herrschaft warhaft und trew.
38] Zum fünften bey dem Longino
Dem stathalter, wer noch also
All ding anricht auff eignen nutz
Anrichtet zu vergissen bluts,
Das dem oft fehlen sein anschleg.
15 Unglück setzt sein sach in die schreg,
Von im nit mehr wird hin gerissen,
Den endtlich ein böses gewissen,
Das in heimlich sein lebtag negt.
Derhalb ein ieder wer bewegt
20 Durch frembden schaden zu werdn witzig
Und hange an der tugent hitzig,
Darvon nutz, ehr und lob im wachs
In diesem leben, wünscht Hans Sachs.

Die person in die tragedi:

25 1. Ehrnholdt.
2. Albuinus, könig in Lompardia.
3. Rosimunda, die königin, sein gemahel.
4. Hemelchildis, der ritter.
5. Longinus, der keyserisch stathalter.
30 6. Adoalphus,
7. Gunipertus, die 2 räth deß köngs.
8. Clephes,
9. Maron, die 2 trabanten.
10. Amata, die hofjungkfraw.

35 Anno salutis 1555, am 10 tag Augusti.

erk.

Tragedia mit 7 personen, von Clinia und den zweien Griechen, hat 3 actus.

Amaso, der heuchler, (oder ein ehrnholdt) tritt ein und sp

Heil sey euch allen in gemein!
Beruffen kummen wir herein,
Ein tragedi bey euch zu treiben,
Die Lucianus thut beschreiben,
5 Der weit berümbt griechisch poet,
Das zu Samo geschehen thet
Von zweien freunden in Griechen-landt.
Der ein war Clinia genandt,
Agatocles der ander hieß.
10 Verbunden sich zusam gewieß
In lieb und leid zu bleiben bstendig.
15 Doch ward Clinia bald abwendig,
Durch die heuchler verführet ward
In die laster allerley art,
Das er kam umb gwalt, ehr und gut
In schand, schad und höchste armut.
20 Doch Agatocles bstendig blieb
An seinem freundt in trew und lieb,
Theilt mit im all sein gut und hab.
Als sich noch mehr unfals begab,
Sein freundt lag gfangen umb das leben,
25 Thet er all sein gut für in geben
Und zog mit im in das ellendt
Und blieb bey im biß an sein endt
Und ernehrt in mit eigner hendt.

Clinia und Agatocles, die zwen freundt, gehen ein. Cli
30   spricht:

,239] Mein Agatocles, ich klag dir:
 Mein vatter ist gestorben mir
 An einer kranckheit groß und schwer.
 Ich wer nun ellendt, wo nit wer
5 Dein lieb und trew mir versprochen,
 Einander habn unzubrochen
 Zu halten trewlich ob einander
 Biß an unser endt beidesander.
 Das ist mein trost, o freunde mein!
10 Derhalb ich nun zu dir allein
 Mein zuversicht und hofnung han.

   Agatocles spricht:

 Da hab ich keinen zweiffel an.
 Dein freundtschaft will ich nit auff-geben.
15 Dieweil ich hab mein leib und leben,
 Setz ich für dich leib, ehr und gut,
 Was ich vermag biß auff das blut.
 Aber ich wolt dich freundtlich bitten:
 Nimb an deins frummen vatters sitten!
20 Halt dich erbar, züchtig und frumb!
 Du hast uberschwencklich reichthumb;
 Die brauch zu ehr, nutz und zu frewden!
 Thu dein gut nit unnütz vergewden!
 Gib doch gar miltigklich den armen!
25 So thut sich Gott dein auch erbarmen.
 Meid böse gselschaft! wann sie verführt
 Zu bösen stücken, das nit gebürt.
 Ließ gern bücher und thu dich halten
 Zu den verstendig weissen alten!
30 So wird auß dir ein ehrlich man.

   Clinia spricht:

 Mein höchster freundt, das will ich than.
 Ich bitt: komb! iß mit mir das mal!.
 Da wöllen wir auff meinem sal
35 Weiter reden von diesen sachen
,116] Und unser freundtschaft vester machen
 Durch täglicher beywonung gsprech.

   Agatocles spricht:

Nun, mein freundt, was du wilt, das gschech!

Sie gehen beide ab. Amaso, der heuchler, gehet ein, sicht
umb und spricht:

 Ich suche ein da hin und her,
5 Den find ich nit; das ist mir schwer
 Und darff auch niemandt nach im fregen.
 Ich muß mich sein gleich gar verwegen.

Traso, der ander heuchler, kombt und spricht:

 Was gehst du also umb spacirn,
10 Am marck hin und wider refirn?
 Lang ich dir zu-gesehen hab.
 Laufst hin und her, denn auff und ab,
 Als ob du seist doll oder thumb.

Amaso spricht:

15 Ich such nach einen vogel umb,
 Den selben wolt ich geren fangen.

Traso spricht:

 Amaso, ich bin auch außgangen,
 Hie ein feisten vogel zu fahen.
20 Sich in doch nit ferr oder nahen.

Amaso spricht:

 Mein Traso, wen suchst auff dem plan?

Traso spricht:

 Ich will dir nichts bergen daran.
25 Ich such gleich Clinam, den reichen
 Burgers-son. Kündt ich den erschleichen!
[K 3, 2, 240] Er ist der reichst in dieser stat,
 Der sein vatter verloren hat.
 Der ist einfeltig und ungsaltzen.
30 Der selbig müst mein kraut mir schmaltzen.
 Durch falsches spiel und kuplerey
 So wolt ich in abrichten frey,
 Das er mir füllen müst mein maul,

*

15 K einem.   25 K Cliniam.

Wann ich bin gefressig und faul,
Wie denn ist aller heuchler brauch.

Amaso spricht:

Den Cliniam den such ich auch,
5 Wolt in auch helffen raisig machen.
Hab schon angfangen zu den sachen
Und hab mit im nechten zu nacht
Gessen und newe kundtschaft gmacht.
Mich dunckt, er wer gut an zu bringen,
10 Das er lehrt das Fortuna singen.
Er hat zum theil schon angebissen.

Traso spricht:

Ich hilff und will auch sein geflissen,
Das wir den vogel bringen ins garn,
15 Kein list noch heuchlerey nit sparn,
Uns beiden auff geleichen theil
Zu unser wolfart glück und heil.
Ich bitt, wölst mich nit schlahen auß.

Amaso spricht:

20 Ja komb! so wöll wir in sein hauß,
Uns im unterdienstlich beweisen
Und wöllen in das süßholtz beissen
Und aller sache im recht geben,
Im heuchlen und schmaichlen, darneben
25 All sein ding rhümen, preissen und loben,
Biß wir den gauch bringen auff den kloben
Und machen gehraisig gantz,
Umbs maul im streichen den fuchßschwantz
Und darbey warten unser schantz.

30   **Sie gehen beide auß.**

Actus 2.

1 gehet ein mit einem buch, setzt sich, thut das buch auff
unnd spricht:

*

K Vnd jhn *m.*

Mein gutter freundt Agatocles
Der lich mir das buch, das ich leß,
Welches Seneca hat geschrieben,
Darinn vil guter lehr getrieben.

5 Anzeigt den edlen schatz der tugent,
Darmit ich ziren solt mein jugent,
Wie ich reich sey an hab und gut,
Das ich auch adelt sinn und mut,
Dardurch in mir anrichtet eben
10 Ein erbar tugentsames leben.

Die zwen heuchler kummen. Amaso spricht:

Schaw, du mein lieber Clinia!
Findt ich dich ob den büchern da?
Leg hin das buch! was wilt studirn,
15 Umb sonst schwechen dein hertz und hirn?
Das ghört nur zu münchen und pfaffen.

Clinia spricht:

Ey, Agatocles thet mirs schaffen,
Mein höchster freundt auff dieser erdt.

20 **Traso spricht:**

Ach, Agatocles ist nichts wert,
Und wo du dich an in wirst kehren,
So kombst du nimmer zu ehren.
[K 3, 2, 241] Er ist ein rechter dockmewser,
25 Macht gern auß dir einen Cartewser.
Laß dich nit also sperren ein!

Amaso spricht:

Ja, sonder so halt dich allein
Zu guten waidlichen gesellen
30 Und thu dich als ein weltmensch stellen
Mit bulen, spilen und burschiren,
Mit rennen, stechen und thurniren,
Mit jagen, baissen und bawen!
In kleidung laß dich köstlich schawen
35 Mit schlittenfahren und mumerey!

*

23 K nimmermehr.

Und mit pancketen sey kostfrey!
Hast dus doch wol, bist mechtig, reich!
In Samo ist keiner dein gleich.
Drumb niet dich deinr blüenden jugent!
5 Ins alter spar sitten und tugent!
Tugent ghört allein dem alter zu.

Clinia spricht:

Mich düncket auch warlich, wie du
Mir hast den rechten weg gezeiget.
10 Ich bin fürwar on das geneiget
Zu dem, was du gesaget hast.
Ich bitt euch all baid heut zu gast.
Da will ich mir gnug mit euch beden
Von frewd, wollust und kurtzweil reden.

hen all drey ab. Agatocles geht ein, redt mit ihm selber und spricht:

Ich merck und brüff, das Clinia,
Mein guter freundt, hat sich alda
Unter die schnöden heuchler geben
20 Und führt mit in ein buben-leben,
Darvor ich in gewarnet han;
Wann wo er mich wird sichtig an,
Er mich gleich wie den teuffel fleucht.
Ich merck, das er mein freundtschaft scheucht.
25 Hat mich lang nie berüft zu hauß.
Sich zu! mein freundt geht dort herauß,
Hat mich gsehen, kehrt wider umb.
Warumb fleuchst, mein Clinia? kumb!
117] Wie hab ich dich so lang nit gseben?

kombt stöltzlich, in federn und gülden ketten, spricht samb verdrossen:

Mein freundt, das laß ich wol geschehen,
Wann ich muß auch warten das mein,
Ich kan nit stätigs bey dir sein.
35 Ich hab auch ander freunde gut,
Die mir machen freudreichen mut,
Wie recht guter freundtschaft gebürt.

Agatocles spricht:

O freundt, ich merck: du bist verführt,
Du hast umb dich ein losse rott.

Clina spricht:

5 Wen hab ich den (sag mirs, durch Gott!)
Für gesellschaft, die mich verführ?

Agatocles spricht:

Mein lieber freundt, ich merck und spür:
Umb dich hast den heuchler Amaso
10 Und darzu den hofschmeichler Traso.
Bey den bist du ohn alle straff
Und gehst umb wie ein irrent schaff
Bey den fressig, reissenden wolffen,
Die vor auch manchen haben gholffen,
15 Verthun sein vätterlich erbgut,
In bracht in schandt und armut.
[K 3, 2, 242] So bist an leib und gut verdorben,
Eben gleich lebendig gestorben,
Weil du den heuchlern bist ergeben.

20 **Clinia spricht:**

O, ich heb erst an recht zu leben,
In frewd und allerley wollust,
Von den ich vor nichts hab gewust
Von anfang meines lebens zeit.

25 **Agatocles spricht:**

O freundt, du fehlest laider weit.
Du meinst, du habst den wollust bsessen,
So wird vom wollust dir gefressen
Seel, leib, gelück, ehr und gut.

30 **Clinia spricht:**

Dein straff mich nichts anfechten thut.
Ich bin der ruthen schon entwachßen.
Du bist zu scharpff und ungelachßen.
Kundt bey dir nit mehr frölich sein.
35 Darumb gehin und wart deß dein!

Clinia gehet trutzig ab. Agatocles spricht:

O lieber freundt, bey meinen trewen,
Du thust mich in dem hertzen rewen,
Das du bist also gar verblendt.
5 Es wird gwiß nemen ein böß endt.

**s gehet auch ab. Die zwen heuchler gehen ein, Amaso
spricht:**

Traso, wie gfelt dir unser junckherr?
Mich duncket warlich, er hab das plerr
Oder sey gar doll und ohn sin.
10 Es geht eins nach dem andern hin,
Ligende güter, farende hab.
Sein bulschaft zeucht im gar vil ab.
So hab wir in auch wol berupft.
Sein schwunckfedern sind im außzupft.
15 Ich denck, es werd in kurtzen tagen
Bey unserm junckherr den garauß schlagen.
Wo wöll wir ein andern guckguck nemen?

Traso spricht:

Wir sind solch gselln und uns nit schemen,
20 Wie die schlepseck sind auch von Flandern,
Geben ein streuß-gut umb den andern.
Weil einer hat und giebet auß,
So hat er an uns gest im hauß;
Wir nemen kleider, speiß und wein.
25 Verdirbet er drob, so spot wir sein.
Unserm junckherr widerfert gleich das.
Er geht ietz auff dem letzten graß.
Die schuler wöllen nimmer bey im singen,
Die fronboten umb sein hauß sich dringen.
30 Mich dunckt, es sey die kirchweich auß.
Drumb komb ich nit mehr in sein hauß,
Weil der kessel ist abgehawen.

Amaso spricht:

Komb! laß uns an dem marck umbschawen

*

fl. b. 10, 206.   21 St. verschwender.

Nach einem andern reichen lappen,
Dem wir anstraiffen die narren-kappen,
Darinn wir im auch trucken schern,
Im belffen kisten und beutel lern.
5 O, solche kautzen hab wir gern.

Sie gehen beide ab.

Actus 3.

**Clina gehet trawrig und armutselich ein, redt wider sich selt
unnd spricht:**

[K 3, 2, 243] Ach Gott, wie ubel hab ich than,
Und das ich nit gevolget han
Agatocli, mein freunde trew!
Deß hab ich ewige nachrew.
Dort kombt er; ich will in anreden,
15 Ob er deß bundes unser beden
Wer ingedenck und geb mir rath,
Wie wol eß nun als ist zu spat,
Weil ich erst will den stal thon zu,
So nun herausser ist die kuh.
20 Drumb will ich nit anreden den,
Sonder stilschweigent für in gehn.

Agatocles kombt, sicht seinen freundt und spricht:

Wann her, mein freundt, so schwefferlich?

Clinia spricht:

25 O lieber freundt, es reittet mich
Die armut, und als ungelück
Ist mir als kummen auff den rück.
Mein kleinet untern Juden stehnt,
Hauß und hof ist mir als verpfendt,
30 Mein ligende güter sind verkauft,
Ein schuld sich mit der andern hauft.
Deß muß ich in schuldthurn gohn
Oder mit blosser handt darvon
In der aller-höchsten armut.

Agatocles spricht:

Wie hast du das großmechtig gut
Ohngworn so in kurtzen tagen?

Clinia spricht:

5 O freundt, du hast mir thun weißsagen,
Da du mich thest so trewlich warnen
Vor meiner heuchler falschen garnen.
Noch volgt ich nit der lehre dein,
Sonder so tieff gefallen drein,
10 Die mich mit iren schmeichel-worten
Verführt haben an allen orten
Von eim verschwenten in das ander.
Iedoch het mir das allesander
Zu solcher armut nit thun langen,
15 Wo ich mit lieb mich nit gehangen
Het an ein höflich edels weib,
Die aller-schönst von zartem leib,
Die ich mit grosser schenck und gab
Zu eim bulen erworben hab,
20 Der ich täglich kauft köstlich schauben,
Gülden ketten, ring und hauben.
Als ich nimmer het zu gebn auß,
3, 118] Verbot sie mir darnach ir hauß,
Thet mir doch groß trew versprechen!

25 **Agatocles spricht:**

Du hast vor wol künnen außrechen,
Weil das weib war so ehrenrüchtig,
An irem gmahel war trew-brüchtig,
Das sie kein trew würd halten dir.
30 Schaw! wenn du hest gevolget mir,
So hest ietzundt noch ehr und gut.
Doch in deiner höchsten armut
Hab ich doch noch vor dir kein schew,
Will halten angelobte trew.
35 Seh! da hast goldes drey thalendt
Und löß mit, was du hast verpfendt!
Halt dich mein! laß dein heuchler farn!
Und weil du nun bist bey den jarn,

So geh müssig der hurerey!
Es ist kein glück noch heil darbey!
Sonder nimb ein weib zu der eh,
Die hab recht lieb und keine meh!
5 Die leist dir rechte lieb und trew,
Frewd und wollust on all nachrew!
Die selbig lieb die ist mit ehrn.

[K 3, 2, 244] Clinia felt ihm umb den halß und spricht:

Mein freundt, Gott thu dein reichthumb mern!
10 Ich het gar nichts von dir begert,
Wann ich bin deinr freundtschaft nicht wert,
Weil ich dein rath verachtet hab,
Spilt mich von deiner freundtschaft ab.
Nun will ich wider zu dir keren,
15 Fürbas leben in zucht und ehren.
Deß hab dir auch mein trew zu pfandt!

Agatocles spricht:

Nun, ich hab dausen auff dem landt
Zwey dörffer und zwey gute schloß:
20 Die will ich mit dir theilen bloß.
Mein gut soll halbes dein sein.

Clinia spricht:

Hertz-aller-liebster freunde mein,
Wie kan ich dir dein milt reichthumb
25 Mit trew bezalen widerumb,
Weil ich so gar verarmet bin?

Agatocles spricht:

Schweig, mein freundt, und geh mit mir hin,
Das ich dir mein halb gut verschreib!
30 Nur frumb, trew und aufrichtig bleib!

Sie gehen beide ab. Die zwen heuchler kummen. A
spricht:

Unser junckherr hat wider gelt,
Dem wir vor haben gestrelt,
35 Das er fast gar war außgeflogen.
Wo hat er nur gelt auffgelogen?

Er hat wider gelöst sein hauß,
Streicht sich wider mit kleidern rauß,
Mit ketten und ringen, ist wider flück.

Traso spricht:

5 Wie rätst du? wenn wir unser glück
Versuchtn und thetn in zu hauß laden,
Doch den tisch setzten in sein gaden,
Im seltzam zotten und bossen sagen?
Ich hoff, er werd uns nit außjagen.
10 Er lest uns mit schlemen wie vor.

Amaso spricht:

Müst er ie sein ein grosser thor,
Das er uns annemb widerumb,
Weil er vor kam umb sein reichthumb
15 Durch uns; er solt ie werden witzig.

Traso spricht:

O er brinnet in lieb noch hitzig
Gegn seiner schönen edlen frawen.
Komb dann! wir wöllen zu im schawen,
20 Ein gruß im von seim bulen sagen.
Er wird uns an das maul nit schlagen.
Schaff wir was, so hilft es uns beid;
Wo nit, so hab im das hertzleid!
So hab ich oft ein narrnganck thon.

25 ### Amaso spricht:

Nun, so will ich gleich mit dir gohn.
Wer weiß, wo etwan gelück geit?
Wolauff! es ist gleich essens zeit.

)uchler gehen ab. Fronsteiner, der edelman, geht ein mit
30   Sophia, seim weib, und er spricht:

Mein Sophia, das Gott erbarm!
Wir sind gut edel und blut-arm.
,245] Wir habn zu wenig rent und zinst.
So hab ich auch keins fürsten dienst,
35 Darvon wir reichlich möchten zern.
Soll ich mich in dem stegraiff nehrn,

Wie ander edel reuters-lewt,
So fürcht ich aber meiner hewt,
Dieweil oft mancher wird erdappet,
Das der rabenstein nach im schnappet.
5 Nun hielt ich gern edelmans-standt
Und thut mir auch im hertzen andt,
Das ich nit auch noch wie vor jarn
Soll höflich und adelich sparn.
Mein Sophia, gib trewen rath!

10   **Sophia spricht:**

Mein Fronsteiner, solichs mich hat
Auch angefochten lange zeit,
Weil uns die armut also reit.
Nun will ich nichts verhalten dir.
15 Es hat lang zeit gebult mit mir
Clinia, der jung wolgestalt,
Hat auch das gloch oft thewer zalt,
Unser küchen lang wol gespeist,
Wie du wol hast gemerckt und weist,
20 Dardurch er ist in armut kummen.
Nun hat sich aber sein angenummen
Agatocles in seiner armut
Und hat mit im getheilt sein gut.
Deß ist Clinia wider reich.
25 Nun rätst du, so will ich heimleich
Nach im schicken beint abendts spat,
Entbieten, du seist auß der stat
Zu einem edelman geritten.
So wird er nach dem alten sitten
30 Zu mir kummen; da solt du dich
Im hauß verstellen heimelich,
In den samb zornig und mit schnauffen
Mit bloser wehre uberlauffen,
Mit rumor und mordt-geschrey
35 Ein hundert ducaten oder zwey
Dem jungen lappen schrecken ab.
Solch list ich außgesunnen hab.
Darvon het wir ein weil zu zeren.

*

Der edelman spricht:

Ja, das wird gut, bey meinen ehren!
Weil er steht wider in reichthumb,
So schaff, das Clinia beint kumb!
5 So will ich reiten auß der stat,
Heimlich' herwider kummen spat
Und mich verstellen in ein ecken,
Etlich ducatn im abzuschrecken.
Nun geh und komb nach deim rathschlag,
10 Der uns zu wolfart kummen mag!

hen beide ab. Clinia kombt, redt mit ihm selber unnd spricht:

, 119] Nun heut ist mir geben das loß,
Das ich in wun und frewden groß
15 Soll bey meiner Sophia sein.
So bald aufgeht deß mohnes schein,
So will ich schleichen in ir hauß;
Ihr edelman ist geriten auß.

gehet ab. Sophia, die edelfraw, kombt unnd spricht:

20 Hie will ich warten in dem sal
Auff den, der uns das gloch bezal,
Dieweil er wider reich ist worn,
Dem ich vor trucken hab geschorn.
Der will dennoch nit witzig wern.
25 Ich will im noch genewer schern,
l, 246] Wenn er wider rein naschen gebt.
Auff den lauscht schon mein edelman stät.
Ietz kombt er gleich daher, ich denck,
Wie ein ochß lauff zu der fleischbenck.

Clinia geht ein, bewt ihr die handt und spricht:

Mein außerwelte Sophia,
Warts du wider auff mich alda?
Ist dein Fronsteiner nit zu hauß?

Sophia spricht:

35 Nein, er ist heut geriten auß.
Sey mir zu tausent mal willkomb!

Der edelman kombt mit gezogner weer und spricht:

Clinia, du ehrendieb, warumb
Gehst in der gstalt zu meinem weib?
Nun wehr dich! es kost sonst dein leib.
5 Oder gib dich nur bald gefangen,
Weil du an meinem weib bist hangen!

Clinia spricht:

Gib mich nit gfangen auff den tag.
Ich wehr mich dein, so lang ich mag.

Sie schlagen an einander, biß der edelman felt. Sophia schre

Mordt, zetter, mordt uber Cliniam!
Du hast erschlagen mir an scham
Mein Fronsteiner, den edelman.
Ich will das dem ghricht zeigen an.

15   **Clinia spricht:**

O du trewloses weib entwicht,
Du hast das spil selb zu-gericht.
Derhalb must auch an den enden
Auch sterben ietz von meinen henden.

Clinia ersticht das weib, sie felt und er spricht:

Nun ligst du auch, du falsches weib!
Mich hest du bracht umb gut und leib.
Möcht ich in Jovis tempel entrinnen,
Eh die todtschleg das ghricht werd innen!
25 O, ich sich von der schergen hauff
An der gassen ein groß zulauff.

Agatocles kombt allein, redt wider sich selber und spricht

Ach Herr Gott, ich hör böse mär
Von meinem lieben freundt, wie der
30 Sein heuchler wider an hab gnummen,
Durch die er gar int schnur sey kummen,
Henck wider an der edlen frawen
Und thu ir gar zu weit vertrawen.
Sie wird durch ire untrew tück
35 Noch bringen in alles unglück.

Ach, ist er denn beraubt der sin,
Das er an der ehbrecherin
Hengt, die in vor gewitzigt hat!
Ich will gehn lauffen also spat,
5 In trewlich warnen noch ein mal
Vor seim zu-künfting unfal.
Dort lauft Troso, sein heuchler, her.
Er bringet gewiß böse mär.

, 247] **Traso, der heuchler, kombt unnd spricht:**

10 O Agatocle, eil und geh
Zu dem richter! deim freundt beysteh,
Eh er in urtheilt zu dem todt!
Er steht in grosser angst und noth.

Agatocles spricht:

15 Was hat mein freundt denn ubel than?

Traso spricht:

In hat ergriffen der edelman
Bey seinem weib und wolt in fahen.
Da hat dein freundt in thun erschlahen,
20 Und als er merckt, das das entwicht
Weib den handel het zu-gericht
Mit ihrm man, das er schetzen solt
Dein freundt umb etlich gelt und golt,
Da hat er das weib auch erschlagen.
25 Als in ir freundtschaft thet verklagen,
So hat in der richter gefangen   .
Und will in an den galgen hangen;
Darzu er iren freunden allen
Zu straff ist all sein gut verfallen.
30 Der richter will gleich urtheil geben.
Eil, ob du retten möchst sein leben,
So du in thetst vom galgen kauffen!

ratocles **hebt beide hendt auff gen himel und spricht:**

Das ungelück kombt als mit hauffen,
35 Das ich vor langst besorget hab.
Dennoch will ich nit lassen ab,
Sonder meins freundes mich annemen

Und sein mich gar mit nichten schemen.

Sie gehen beide ab. Amaso, der heuchler, kombt, redt mit selber und spricht:

Das ist fürwar ein trewer freundt,
5 Wie das auß dieser that erscheint,
Der im vor gab hertz-trewen rath,
Dem er doch nit gevolget hat.
Nach dem in höchster aremut
Theilet er mit im all sein gut.
10 Doch volget noch nit seiner lehr,
Verachtet beide trew und ehr,
Hieng sich an diesen schlepsack wider,
Vor der in warnet sein freundt bider,
Die im anrichtet mit betrug,
15 Das er irn man sambt sie erschlug.
Darumb er leiden soll den todt.
Nun in der schandt und grossen not
Schemet sich sein freundt sein doch nicht,
Sonder vor dem strengen halßghricht
20 Will er all sein gut für in geben,
Darmit er nur errett sein leben.

Amaso gehet ab. Clinia und Agatocles kummen. Clinia sein hendt auff, spricht:

O freundt, erst ich on alle schew
25 Erkenn dein grosse lieb und trew,
Das du für mein lebn all dein gut
Hast geben, und nun in armut
Forthin dein leben must verzeren.
Gott danck dir deinr lieb, trew und ehren!
30 Ich muß in Ciclades inseln,
In das ellendt, mit jamer und wiußeln,
Wie mir dann der richter gebot,
Da ich in armut, angst und noth
Etwan unter eim zaun muß sterben,
[A 3, 2, 120] Als ein ellends viech verderben,
Wann ich bin kraftloß, schwach und mat.
Der schlepsack mir das gethon hat,
Zu fressen gebn durch zauberey.
Nun, es kombt gleich mein stundt herbey,

Das ich von dir abscheiden muß
In mein straff und ewige buß.
Gott danck dir aller trew und ehr!
Nun gesichst du mich nimmermehr.

248] **Er beut im die handt, Agatocles spricht:**

Ach freundt, verzeuch! ich will auch mit.
Ohn dich kan ich hie bleiben nit.
Dein schad mein schad, dein schandt mein schandt!
Will auch verlassen mein vatterlandt
10 Und mit dir ziehen ins ellendt,
Bey dir bleiben biß an mein endt,
Mit dir leiden armut und schmach.
Und weil du bist kranck, mat und schwach,
Will ich arbeiten mit meiner hendt,
15 Ernehren dich in dem ellendt,
Auff das mein trew, dir vor versprochen,
Bleib ewig gantz und unzerbrochen.
Drumb komb, mein freundt! wann es ist zeit.
Die schiffart die ist schon bereit
20 In Ciclades, die insel weit.

hen beide ab. Traso, der heuchler, (oder ein ehrnholdt) beschleust:

Auß der tragedischen geschicht
Werden wir zwey stück unterricht.
25 Erstlich bey Clinia man lehrt:
Welch jung man sich an heuchler kert
Und lest im melcken seine ohren,
Der wird zu eim narren und thoren,
Dardurch in alle laster felt,
30 Wollust für das höchst gut erwelt
Und alle trewe straff veracht
Und von der thorheit erst erwacht,
Wenn er durch oberzelte stück
Kombt in armut und unglück.
35 Erst rewt in, das er trewen rath
Und straff so gar verachtet hat
Von dem, der ims meint trewlich gut.
Zum andern man hie mercken thut
Bey Agatocli, wo in freundtschaft

Ein man trewe bleibt standthaft
Gegn seinem freundt in lieb und leid
Ohn-wanckelbar ohn unterscheid
In aller trübsal, angst und noth,
5 In armut, schandt, schaden und spot,
Der selb freundt edler ist denn golt.
Derhalb ein man sich fleissen solt,
Zu uberkummen ein solchen freundt,
Der in lieb und trew bleib verzeündt,
10 Auß dem im glück und heil erwachs
Durch ware freundtschaft, wünscht Hans Sachs.

Die person in die tragedi:

1. Ehrnholdt.
2. Agatocles, der war freundt.
15 3. Clinia, der loß freundt.
4. Amaso,
5. Traso, die 2 heuchler.
6. Fronsteiner, der edelman.
7. Sophia, die edelfraw.

20 Anno salutis 1555, am 12 tag Septembris.

ıedi mit 19 personen, die schön Magelona, unnd
hat 7 actus.

Der ehrnholdt tritt ein, neigt sich unnd spricht:

  Glück unnd heyl sey den ehrenvesten,
5 Erbern und wolgeachten gesten,
  Versamlet hie in diesem sal!
?, 249] Gebetten komb wir 'her zu-mal,
  Ein comedi zu recedirn,
  Welch gschicht in teutsch thet transferirn
10 Magister Veit Warbock, hoch erfarn,
  Auß frantzhösischer sprach vor jarn,
  Wie das vor hundert jaren da
  Ein graff war in Provincia,
  War Johann Cerise genandt,
15 In adel hoch und weit erkandt.
  Der selbig graff het einen suhn,
  Hieß Peter, welcher lieb gewun
  Eins köngs tochter Magelona
  Zu Neapolis, weil er da
20 Mit ritterspiel das beste thet,
  Das sie in auch hertzlich lieb het.

*

Die fabel dieses dramas hat Hans Sachs am 28 Febr. 1554 als er-
g behandelt. Vgl. 2, 251. Über die litteratur des gegenstands vgl.
s Gesammtabenteuer 1, cxxxiii. 337. Eine italiänische bearbeitung der
onensage hat Alessandro d'Ancona in Bologna 1867 herausgegeben unter
itel La storia di Ottinello e Giulia, poemetto popolare in ottava rima ri-
to sulle antiche stampe, in 202 exemplaren gedruckt, wovon ich n. 58 be-
Vgl. auch R. Köhler in Pfeiffers Germania 17, 62 ff. 10 ? Warbeck.
?. II. v. d. Hagen a. a. o. 1, cxxxvii. K Marbock.

Da er führt hin die wolgestalt.
Und als sie ruthen in dem waldt,
Drey köstlich ring so het die trawt.
Als sie entschlieff, er sie beschawt,
5 Legt sie auff einen stein darnach.
Ein rab hoch auß dem lufte stach,
Nam die ring und sich hoch auff schwung.
Dem eilet nach der ritter jung,
Sein ring wider zu erlangen.
10 Ward im waldt von den Türckn gfangen,
Die in verschenckten dem soldan.
Dem must dienen der junge man.
Als abr im wald die jungkfraw zart
Widerumb aufferwachen wardt,
15 Fandt sich von dem ritter verlassen,
Trawrig, ellendt, doch kam der strassen
Ihr ohn gefer ein wellerin.
Mit der zog Magelona hin,
Wardt ein spitalmeisterin zu handt
20 Dort in Provincia, dem landt,
Unerkandt lange zeit ellendt,
Biß Gott doch die zwey an dem endt
Wunderlich zsamen bringen thet,
Da man ein fürstlich hochzeit het.
25 Schweigt, hört und secht, wies als zu geht!

Graff Johann Cerise geht ein mit der greffin und zweien knech-
ten unnd spricht:

Lob sey Gott in seiner mayestat,
Der uns so hoch begnadet hat
30 Mit der fürstlichen graffschaft da
Inn der herrschaft Provincia,
Da wir gantz gerhuig regirn,
In gutem fride gubernirn!
Darzu hat uns Gott geben nun
35 Zu einem erben einen suhn,
Nit allein tugenthaft und schön,
Sonder auch ritterlich und kön.
Ein thewrer heldt mit seiner handt
Für alle ritter in dem landt,
40 Der denn nach meines lebens endt

Eintritt in unser regiment!
Deß sollen wir Gott danckbar sein.

  Oliva, die greffin, spricht:

Ich hab auch all mein frewd allein
5 An unserm einig lieben suhn,
3, 2, 121] Der auch im nechsten thurnier nun
Den aller-besten danck gewan,
Darinn er oft roß unde man
In schrancken hat zu hauffen ghriten
10 Nach höflich ritterlichem sit
Und hat erholt die höchsten ehr.
Das frewt mich ie und immermehr.
Dort kombt meins hertzen trost und wun.
Heil sey mit dir, hertzlieber suhn!

Peter kombt, bewt ihn beiden die hendt und

Herr vatter und fraw mutter, ein wort
] Bitt ich euch zu hören an dem ort.

  Der graff spricht:
Mein lieber sohn, warumb das nit?

Ritter Peter spricht:

An dem, herr vatter, hab ich kein zadel.
Ich aber wolt in frembde landt,
Mich machn bey fürstn unnd herrn bekandt.
Das wer, herr vatter, euch ein ehr
Und nutzet mir auch dester mehr,
Das ich auch etwas thet erfarn.

Die greffin spricht:

Hertzlieber sohn, wir sind bey jarn.
Unser trost ist auff dich gesetzt.
Solst du von uns raissen zu letzt,
So betten wir darnach kein rhu
Und besorgeten immer zu,
Dir möcht ein ungelück zustehn.

Der graff spricht:

Wir möchten dieweil mit todt abgehn.
So du denn nit werst in dem landt,
Denn möcht mit gewaltiger handt
Ein ander sitzen ins regiment,
Wie denn geschicht an manchem endt.
Bleib bey uns! ist das best fürwar.

Ritter Peter spricht:

Ich bitt: erlaubt mir nur ein jar,
Das ich doch auch die welt besech!
Ich will beleiben in der nech,
Das ir mügt haben botschaft frey
Allzeit von mir, wo ich doch sey.
Ich hoff, ir werdts abschlagen nit.

graff und greffin schweigen, ritter Peter sprich

Zum dritten ich zum höchsten bit,
Wolt diese raiß vergünnen mir.

winckt ihm auff-zustehn, sicht die greffin an, sp

Mein lieber sohn, dieweil nun dir
Zu raissen ie steht dein gemüt,
Wöll wir auß vätterlicher güt

Dir solche raiß auch nit abschlagen.
Doch komb wider in jar und tagen!

Ritter Peter beut ihn die hendt und spricht:

Ich dancke euch, o herr und vatter,
5 Als mein aller-höchster wolthater,
Und auch, fraw mutter, ewr vergunst.
Zu dieser raiß hab ich inbrunst.

 il]   **Der graff steht auff, spricht:**

Mein sohn, nimb hin allen vorath,
10 Roß, harnisch, knecht, gelt und kleinat
Und als, was zu der raiß ist not!
Mein sohn, nun hab vor augen Gott!
Halt dich ehrlich und tugenthaft
Und hüt dich vor böser gselschaft,
15 Die manchen bringt in ungelück!

Ritter Peter spricht:

Mein herr vatter, all diese stück
Die will ich haltn mit höchstem fleiß.

Die greffin spricht:

20 Hertz-lieber sohn, auff diese reiß
Will ich drey köstlich ring dir schencken.
Bey den solt du allmal gedencken
Unser im besten aller beide.
Dein abschied bringt uns hertzen-leide.

Ritter Peter empfecht die ring und spricht:

Fraw mutter, ich danck euch als gutes.
Nembt euch meinr raiß keines unmutes!
Soll, ob Gott will, geraten wol.
Gott allzeit mein glaidtsman sein sol.

30   **Der graff spricht:**

Geh, heiß aufplasen dem hofgsind,
Das es sich rüst schnel und geschwind,
Das wir unserm sohn das gleid geben
Und von im abschied nemen eben!

Sie gehen alle ab. Der wirt zu Neapolis gehet ein, red
im selber, spricht:

Ich muß zu-richten auff das best.
Heint werden kummen vil edler gest
5 Auff den thurnier, von den will ich
Mit meiner wirtschaft nehren mich.
Hoff, ich wöll des thurnier-hofs gniessen,
Vil wassers unter den wein giessen.
Mich dunckt, mir kum schon dort ein gast,
10 Will bey mir haben sein nacht-rast.

Ritter Peter geht ein mit Lorentzen, seinem knecht, spri

Mein wirt, wöllest uns herberg geben!

Der wirt spricht:

Ja, gern; doch, junckherr, mercket eben!
15 Ihr müst auff heint nemen vergut,
Weil sehr vil adels kummen thut
Heint gen Neapolis in die stat.

Ritter Peter spricht:

Sag, was der adel zu handeln hat!
20 Man wird leicht einen landtstag halten.

Der wirt spricht:

Nein, man wird ander kurtzweil walten.
Magelon köngklich mayestat
Ein thurnier außgeschrieben hat
25 Dem adel in dem gantzen reich.
Da werden heut kummen geleich
Her Heinrich von Trapona schon
Und auch herr Friderich von der Kron
Und ohn zal adels, der sich mit zier
30 All haben ghrüst in den thurnier
[A 3, 2, 122] Zum kampff und ander kurtzweil mehr,
Doch als allein zu frewd und ehr
Deß mechtig konigs tochter da,
Die schönen Magelona,

34 K Der.

Der aller-schönstn jungkfraw auff erdt.

[3, 2, 252]   **Ritter Peter spricht:**

Mag ieder thurniern, wers begert,
Und kempffen mit on allen tadel!

5   **Der wirt spricht:**

Ja, doch allein ritter und adel
Mügen in den thurnier ein-reiten,
Auch kempffen wie vor alten zeiten.

Der wirt geht ab. Ritter Peter spricht:

10 So will ich mich auch rüstn darzu.
Geh, Lorentz! lauff hin eilendt du,
Das man mir an mein renndeck mahl
Silbrene schlüssel uberal,
Auch auff mein helm und an mein schilt
15 Mach silbren schlüssel wol gebilt!
Doch sag keim menschen, wer ich sey
Von stammen noch adel darbey!
So will ich unerkandt auff trawen
Mich auch im thurnier lassen schawen
20 Zu ehr der köngklichen jungkfrawen.

Sie gehn all beid ab.

Actus 2.

**könig Magelon gehet ein mit der königin unnd der tochter
Magelona und dem ehrnholdt, spricht:**

25 O tochter, sag, welch ritter dir
Heut im ritterlichen thurnier
Am aller-bestn hab gefallen!

Magelona spricht:

Unter diesen rittern allen
30 Der ritter mir gefallen thet,
Welcher die silbren schlüssel het
An seiner deck, helm und schilt,
Der adelich zu rosse hilt

Und machet gar vil sätel fär.
Ich möcht wol wissen, wer er wer.
Dem gieb ich vor allen den preiß.

Der könig spricht:

5 Sie werden ietz geleicher weiß
Mit einander kempffen zu fuß,
Zu ehren dir, alda man muß
Auch schawen auff hof-gsind und gest,
Und welcher unter in das best
10 Thut, must verehrn mit einem krantz,
Muß auch heint den ersten vortantz
Mit dir haben. Schaw, wie da her
Die kempffer tretn mit heldes ger
In irm glantzenden harnisch klar!
15 Da werden kempffen par und par.

Heinrich von Trapona unnd Friderich von der Kron
der kempffer kummen, kempffen par und par. Darnacl
der ehrnholdt:

Die königkliche mayestat
20 Allem adel ansagen lat,
Welcher seinr mayestat tochter da,
Dem schönen frewlein Magelona,
Zu ehrn allein hie kempffen wöll,
Hie auff den kampffplatz treten söll.

Ritter Peter mit den silberen schlüsseln trit herfür,

Nun, welcher kempffen will mit mir
[K 3, 2, 253] In irem dienst, der tret her schir!

Nach dem trit ein kempffer nach dem andern und l
mit ihm und weichen doch alle. Er spricht:

30 Ist keinr mehr da, der kempffen wöll?
Von mir er bestanden werdn söll.

Die kempffer gehn all ab, ritter Peter bleibt allein. D
spricht:

Magelona, wer meinst du doch,
35 Der im kampff sey der beste noch?

Magelona spricht:

Mich dünckt: dem riter der krantz gbürt,
Der die silbern schlüssel führt.

Der könig spricht:

5 Ja, Magelona, du urtheilst recht.
Gieb im deß kampfes kreutzlein schlecht!

ι tritt zum ritter Peter, setzt im den krantz auff und
spricht:

Strenger ritter, hie nembt den krantz,
o Den ir mit ehrn verdienet gantz,
Zu ehrn mir heut in dem thurnier
Auch ietz mit ritterlicher zier.
In dem kampff habt das best getban.
Das nembt zu hohem danck hie an
15 Für köngklich mayestat sambt mir!
Auch so solt fürbas alzeit ihr
Mein diener sein in ehrn und trewen.

· Peter neigt sich, beut ihr die handt und spricht:

Nichts kündt auf erd mich höher frewen,
20 Denn solche ehr, die ich nie bgert;
Bin auch nit wirdig oder wert
Solicher ehr und reicher gab,
Der ich auch nie verdienet hab.

önig tritt hinzu, beut ihm die handt und spricht:

25 Du junger ritterlicher man,
Du hast auff heut das best gethan
Im kampff ietz, vor auch im thurnier.
Zeuch ab dein ritter-wappen-zier
Und komb auff den königklichen sal
30 Und iß da mit uns das nachtmal,
Kundtschaft zu machen aller ding!

Ritter Peter spricht:

Großmechtiger köng, ich bin zu ring,
Zu essen mit ewer mayestat.

Der könig spricht:

Zu tisch man schon geblasen hat.
Komb! du hast es verdienet wol.

Ritter Peter spricht:

5 Ewer mayestat will geschehen sol.

Sie gehen alle ab. Lorentz, sein knecht, geht ein, redt mit
selber und spricht:

Mein junckherr der ist wol zu hoff.
Das hofgesindt alles zu loff.
10 Die edlen frawen und jungkfrawen
Wolten all meinen junckherrn schawen,
Der an deß königs tisch thut essen,
Ist neben deß köngs tochter gsessen.
Solch grosse uberschwencklich ehr
15 Ist im vor nit bewisen mehr.

Ritter Petter kombt, spricht:

[K 3, 2, 254] Geh in die herberg! schaw zum pferden!
[A 3, 2, 123] Komb darnach wider! denn wir werden
Zu hof haben ein abendtantz.

20 **Lorentz spricht:**

Wenn ich die pferdt hab gfütert gantz,
So will ich wider kummen den,
Das wir int herberg schlaffen gehn.

Der knecht geht ab. Ritter Petter redt mit ihm selber und
25 spricht:

Ach Gott, wie uber-schön und zart
Gelidmasirt englischer art
Ist Magelona, die jungckfraw her,
Artlich und höflicher geber!
30 Auß ir scheint aller tugent güt
Beide an leib und an gemüt.
Sie hat mit irn freundtlichen blicken
Mein hertz in liebe zu verstricken,

•   •

17 K sun.

Das ich mit tieffen seuftzen sencken
Nichts kan, denn ir allein gedencken.
Merck wol: sie tregt mir heimlich gunst.
Doch ist mein hoffnung gar umb sunst.
5 Wer aber ich eins königs sohn,
Möcht ich mich nach ir senen thon.
So aber ist all hoffnung auß.
Ich will gehn auff den sal hinauß.
Mich düncket, ich hör die trometen,
10 Zinckn, pfeuffen, trometen und flöten.
Den abendtantz wird man fangen an.
Weil mir sunst nichts mehr wird darvan,
Ob ich möcht sehen und anblicken
Die schön, und mein hertz möcht erquicken.
15 Sie brint recht als der morgenstern,
O, das ich möcht ir diener wern!
So wolt ich darnach sterben gern.

Ritter Peter geht ab.

Actus 3.

schön Magelona geht ein mit ihrer seugammen unnd spricht:

Ach Herr Gott, wie höflich und adelich,
Wie außerwelt und gar undadelich
Der ritter mit den silbren schlüsseln ist!
25 O lieb amb, wie, wenn ich wist,
Was gschlecht oder stammen er wer!

Die amb spricht:

Warlich, der ritter kombt nit her
Von schlechten eltern oder namen,
30 Sonder von hoch fürstlichen stamen;
Zeigt an sein adelich gemüt.

Magelona spricht:

O liebe amb, es tobt und wüt
Mein hertz in dieses ritters lieb,
35 Fewerglastig mit starckem trieb.

Hab heint kein schlaf thun die gantz nacht.

Die amb spricht:

Köngkliches frewlein, euch baß betracht!
Last euch die lieb nit uberwinden,
5 Also gächling fahen und binden!
Schlacht solche lieb auß dem hertzen!

Magelona spricht:

Ich merck: du hast der liebe schmertzen
Entpfunden nie zu keiner stundt,
10 Mein amb, in deines hertzen grundt;
Du redest sunst anderst darvan.

Die amb spricht:

Solch blinte lieb steht nit wol an
[K 3, 2, 255] Euch gegen eim ritter unerkandt,
15 Der euch möcht setzen in scham und schand.
Drumb solch lieb man außschlagen muß.

Magelona spricht:

Ich bit: geh! sag im meinen gruß!
Bitt in, zu sagen seinen namen,
20 Sein vatterlandt, adel und stamen,
Bitt in von meiner liebe wegen!

Die amb spricht:

Nun geht ab! so will ich in fregen.

Magelona gehet ab. Die amb redt mit ir selber unnd spricht:

25 Ach Gott, ich merck: ir hertz ist wund
Gegn dem ritter. Wo das wird kund
Dem köng, das ich hie hilff der-massen,
Er solt mich wol ertrencken lassen.
Doch will ich ir nit helffen mehr,
30 Denn was gehöret zucht und ehr.
Denn ich soll suchen auff diß mal,
Der geht gleich da her auff den sal.

Ritter Peter gehet ein, die amb spricht zu ihm:

Strenger ritter, ein guten tag

Ich euch von Magelona sag.
Und die lest euch auch fleissig bitten
In aller zucht adel und sitten,
Wolt offenbaren ewren namen,
5 Vatterlandt, thitel, gschlecht und stamen.
Das soll euch als on schaden sein.

Ritter Peter spricht:

Ich danck von grundt deß hertzen mein
Dem köngklichen frewlein irs gruß,
0 Der mein hertz ewig frewen muß.
Doch sagt dem frewlein außerkorn,
Ich sey von hohen stammen gborn,
Doch hab ich mich noch nie genandt,
Seit ich schied von meim vatterlandt.
15 Bitt, das sie auff das mal auch an
Der antwort ein genügen han,
Weil ich mich iren diener nenn.
Doch das sie auch mein lieb erkenn,
So bring der zarten diesen ring
20 Und bitt, das sie das schlechte ding
Zum zeichen meiner lieb an nemb!

Die amb spricht:

Edler strenger ritter, mit dem
Ring wird ir senent hertz erquicket,
25 Das hart in liebe ist verstricket
Gegn euch, in heiser liebe fewr.

Ritter Peter spricht:

Sagt auch der außerwelten thewr
Auch ein freundtlichen gruß von mir!
30 Sagt ir, wie ich geren mit ir
In züchten und ehren wolt reden!

Die amb spricht:

Das kan wol gschehen zwischn euch beden.
Ich wils dem frewlein sagen an.

35 Der ritter gibt ihr geldt unnd spricht:

Habt euch die zwen ducatn zu lohn!

Die amb geht ab. Ritter Peter spricht:

Ich hoff, mein lieb werd sich gelücken.
Es schickt sich wol mit diesen stücken.

Peter geht ab. [K 3, 2, 256] Magelona kombt, 1

5 Wo ich hin geh, hab ich kein rhu
Vor senender lieb immer zu.
Dort gehet mein amb wider her. •
Sie lacht; hoff, sie bring gute mär.

24]   **Die amb kombt, spricht:**

10 Gnedigs frewlein, seit guter ding!
Euch schicket diesen gülden ring
Der ritter in rechter lieb und trew.

Magelona nimbt den ring, küst ihn und spricht

An der schenck ich mich bas erfrew,
15 Denn an meins vatters königreich.
An diesem ring spür ich geleich,
Das von fürstlichen eltern frey
Dieser ritter geboren sey.
Der soll auch werden mein gemahel.

20   **Die amb spricht:**

Ach, ir solt halten vest wie stabel,
Lieb euch so gar nit lassen fangen.
Ihr mügt köngklich heirat erlangen;
Wolt ir nemen ein ritter bloß?

25   **Magelona spricht:**

Mein lieb zu im ist also groß:
Wird er mir nit, so muß ich sterben.

          Die amb spricht:

Und eh ich euch denn ließ verderben,
30 Will ich eh darzu helffen mehr.
Der ritter sagt, in zucht und ehr
Wolt er sehr gern mit euch reden
Wo es stat het zwischen euch beden.

Magelona spricht:

So geh, mein amb, und sag im zu,
Das er zu mir her kummen thu!
Ich weiß wol: er begert nit mehr,
5 Denn was ghört zu scham, zucht und ehr.

amb geht ab. Magelona redt mit im selber unnd spricl

 Nun ligt ie ietz ʒ
 Auff erd an diesé
  wo sich solcl   ſ,
10 er mein lieb   ʒg,
 Ich glaub, ich stʒ   id.

 Die amb'

 O edles frewlein,|
 Ich euch von ewʒ
 Widerumb ein kʒ
 Zu einer schenck, !in hertz
 Brint auch in gle ertz.
 Ietzundt wird er ‿ ⸗ʒʒʒʒ⸗ʒ kumen.

Magelona nimbt den ring unnd spricht:

20 Nie grösser frewd hab ich vernummen.

⸗ ritter kombt, die amb geht ab, er fragt sie und spric

 O durchleuchtig schönste fürstin,
 Auff ewr beger ich kummen bin.
 Hab deß auch selb hertzlich begert.

Magelona beut im die handt unnd spricht:

Ritter Peter spricht:

Ich bedanck mich ewrs freundtlich willen.
Großmechtige fürstin, bevilch mich mit
In ewer gunst. Durch ewer bit
5 So wist!: ich bin ein einiger suhn
Graff Hansen Cerise, der nun
Hat inn Provincia, das landt.
Ich aber bin Peter genandt.
Mein herr vatter ist ein vetter gleich
10 König Ludwigs von Franckereich.
Solchs hab ich, edle fürstin zart,
Biß her keim menschen offenbart,
Seit das ich von heimat außrit.

Magelona spricht:

15 O ritter, ich hab noch ein bit.
Was hat ein verursacht geleich,
In Neapolis, das köngkreich,
Zu raisen so ein weite reiß?

Ritter Peter spricht:

20 Warheit zu sagen, ich verheiß,
Durchleuchtige fürstin Magelona!
Da hab ich in Provincia
Der ewren schön und zarten jugent
Hohen adel, sitten und tugent
25 Hören geben so hohes lob,
Wie sie schweb allen köngin ob,
So ietz unter der sunnen leben.
Derhalben hab ich mich ergeben,
Zu wagen diese weite reiß,
30 Zu sehen und dienen mit fleiß
Euch schönr fürstin, wie ich biß-her
In ewrem dienst zu-brach vil sper
Und noch thu; weil ich hab mein leben,
Will ich euch sein zu dienst ergeben
5 Mit hertzen, mund und auch mit handt. .

Magelona spricht:
✱

16 K euch.

Strenger ritter, weil ich erkandt
Mir warhaftig hie ewer hertz,
Will ich euch auch on allen schertz
Mein hertz öffnen und thu bekennen,
5 Das ich inbrünstigklich thu brennen
Gegen euch in ehlicher lieb.
Derhalb ich mich gentzlich ergieb
Und will auch ewig ewer sein.

Sie henckt ihm ihr ketten an hals und spricht weiter

10 Darauff habt euch die ketten mein,
Doch in ehren und anderst nicht,
Zu rechter gmalschaft und ehpflicht.

Der ritter umbfecht sie unnd spricht:

Wol mir, das ich deß bin gewert,
15 Deß ich im hertzen hab begert?
Gnedige fürstin, nembt den ring
Auch zu bestetigung der ding!
Nun mag ich nit mehr trawrig werden,
Dieweil ich leb auff dieser erden.
20 Hört, hört! man thut zu tisch blassen.
Ich muß gehn eilendt hin mein strassen.
Bey dem wöll wirs ietz bleiben lassen.

Sie gehen beide auß.

Actus 4.

Ritter Peter geht ein, redt mit ihm selber und spric
:, 2, 258] Ich will da in dem rossengarten

[A 3, 2, 125] Wie so trawrig, mein strenger ritter?

Ritter Peter spricht:

Ach, mein süß ist verkert in bitter,
Mein hertzliebe Magelona!
5 Ich muß heim in Provincia.
Mein herr vatter schreibt mir den brieff,
Der warhaft inhelt den begrieff,
Ich soll in zweien tagn auff sein,
Heim raisen. O der schweren pein!
10 Ich muß euch lassen hinter mir.

Magelona spricht:

O, ich bleib gar nit hinter dir.
Ich möcht kein tag on dich geleben.
Derhalb, wilt mich dem todt nit geben,
15 Nimb mich mit! on dich bleib ich nit.

Ritter Peter spricht:

Es taug nit, euch zu nemen mit.
Was wird ewr herr vatter darzu jeben?

Magelona spricht:

20 O, das muß gar heimlich geschehen.
Tracht uns nur umb drey gut pferdt!
Mein schatz und meine kleinat wert
Leg ich auff ein pferdt allesander.
So reitst du eins und ich das ander.
25 Und solichs thu noch heint die nacht!

Ritter Peter spricht:

Ach, schöne fürstin hoch geacht,
Bedenckt euch wol! die sach ist groß.

Magelona spricht:

30 Ich hab mich drein ergeben bloß.
Drumb will ich beint in diesem garten
Dein umb den ersten schlaff warten.

Sie gehen beide ab. Die amb kombt, spricht:

Mein frewlein hengt dem ritter nach.

Ich fürcht, sie wer noch schandt und schmach
Von im bekummen an den enden.
Nun kan ich ie solichs nit wenden.
Solt ichs dem könig zeigen an,
5 Er thet vom hof den jungen man
Oder brecht in in schandt und spot.
Es thet das frewlein im den todt.
Sie ist in lieb so gar erblint,
. Doll samb thöricht und unbesint.
10 Da kombts; was will sie ietzundt than!

Magelona kombt, spricht:

Mein amb, geh! ich will nach hin gahn,
Will da vor in den rosen-stöcken
Meim ritter brechn ein schöne schmecken.

gehet ab. Magelona redt mit ir selber unnd spricht:

Ach, wie ist mir mein weil so lang!
Mir ist gleich in dem hertzen bang.
Dort kombt der, deß mein hertz begert.

9]   #### Ritter Peter kombt, spricht:

20 Gnedige fraw, es stehnt die pferdt
Dauß vor dem gartn gsatelt und zaumbt.
Kombt! sitzt auff! euch nit lenger saumbt!

Magelona spricht:

Nun, so gehn wir und das walt Gott!
25 Der behüt uns vor angst und noth!

n beide ab. Die königin unnd die amb gehen ein, die königin spricht:

Geh, amb! bald in die kamer lauff!
Weck unser Magelona auff,
30 Das sie auch mit fahr auff das jaid,
Wie man uns nechten gab beschaid!

könig geht ein mit zweien knechten und spricht:

Fraw köngin, wöllen wir auff sein?
Die sunn geht auff mit hellem schein.   •
35 O, es wird hewt ein heiser tag,

Das man hirschen und binden jag.

Die amb kombt, schlecht ihr hendt ob dem kopff zusan unnd schreit:

Ach Gott, unser Magelona ist hin!
5 In ir kamer ich gewesen bin,
Ihr beth steht da, ist noch gebett.
Ihr ich auch sunst nit finden thet.
Herr Gott, Herr Gott, wo mag sie sein?

Die königin schlecht ir hendt zusammen und spricht

10 O weh der liebsten tochter mein!
Sie solt wol haben der ritter hin.

Vincents, der ghraisig knecht:

In seiner herbrig ich gwesen bin
Heut frü, er war aber nit mehr da.
15 Ist leicht heim in Provincia.

Der könig spricht:

Geht eilendt! satelt alle pferdt,
Das der ritter ereilet werdt!
Auff alle strassen eilet nach!
20 Ergreuff wir in, er muß zu schmach
Dauß an dem liechten galgen sterben.
Kein mensch soll im genad erwerben.

Sie gehen alle eilendt auß. Ritter Peter kombt geloffen spricht:

25 Ach, du wanckel, unstätes glück,
Wie wendst du uns so bald den rück!
Du gunst mir guts! die heintig nacht
Hab ich die liebest darvon bracht,
Und als sie müd im walde was,
30 Hub ichs vom gaul rab in das graß,
Zu ruhen, da sie senft entschlieff.
Zwischen ihrn brüsten ich ergrieff
Ein zendel roth, darinn ich schawt
Drey ring, darmit ichs het vertrawt.
35 Diese drey ring die knüpffet ich
Wider in zendel fleissigklich,

Legt sie neben mich auff ein stein.
Mein wun und frewd die war nit klein
Ob der schlaffenden schön jungkfrawen.
Der schön thet ich mit wunder schawen.
5 Da kam im luft geflogn ein rab,
Sach den zendel und schoß herab,
Zuckt den zendel, meint, es wer ein aß.
', 260] Bald ich aber er-sahe das,
Loff ich im nach, thet mich nit saumen,
10 Von eim baum zu dem andern bawmen
Mit steinen trieb, der endtlich zug
In dem meer auff ein felsen flug,
Zu dem ich warff; zu unglück allen
Ließ er den zendel ins meer fallen,
15 Darinn ich nun verloren hab
Die ring, die mir mein mutter gab.
Sind wol drey tausent crona wert.
Als ich im wald nun wider kert,
Bin irr worn ich ellender man
20 Und im wald nit mehr finden kan
Mein Magelona und die pferdt,
Das ist mein hertz mit angst beschwert.
Komb nur tieffer in wald hinein.
Das merck ich bey der sunnen schein.
25 Wie wird meiner Magelona so bang,
, 126] Das ich von ir bin also laug!
Dort kummen zwen, die wern mich baß
Im wald weisen die rechten straß.

Türcken kummen, fallen ihn an. Der erst Türck spricht:

30 Stirb, oder gib dich gefangen da!
Du must in Alexandria
Zu dem großmechtigen soldan,
Dein lebtag sein ein gfangen man.
Da must du in dem pflug ziehen.

Peter hebt sein hendt auff, sicht gen himel und spricht:

O Gott, hie mag ich nit entpfliehen.
O Magelona, gsegn dich Gott!
Erst laß ich dich in angst und nott.
Das ellendt und die trübsal dein

Tawret mich herter, wann die mein.
Wolt Gott, das ich gestorben wer,
Eh das ich dich führet daher
Auß deim köngkreich, in diesem wald!
5 O Herr Gott, sie in schutz erhalt
Vor den grausamen wilden thieren,
Die umblauffen in den refieren!
Hilff ir wider heim in wird und ehr!
O lieb, ich gsich dich nimmermehr.

Sie führen ihn dahin. Der soldan geht ein, spricht:

Es ist in Alexandria
Ein groß raubschiff ankummen da,
Auff dem hab man herbringen than
Ein adelichen Christen-man,
15 Samb sey er eines königs sohn.
Den wolt wir geren sehen thon.

Die zwen Türcken gehen auß und bringen ritter Peter. D
ander Türck spricht:

Großmechtiger keyser Soldan,
20 Hie bring wir diesen Christen-man,
Den wir in einem walde fiengen,
Als wir nach süssem wasser giengen,
Den wir deinr großmechtigkeit schencken,
Unser in gnaden zu gedencken.

Ritter Peter felt dem soldan zu füssen und spricht:

Großmechtiger keyser, mit wort und that
Bevilch mich ewer mayestat,
Unterthenig mich zu dienst erbewt.

Der soldan spricht:

30 Kanst du auch wie ander hoflewt
Zum waidwerck und hofzucht darbey
Und was zu hof von nöten sey?

[K 3, 2, 261]   Ritter Petter spricht:

Von jugent auff hab ich gesucht
35 Und bin erzogen auff hofzucht,
Zu ritterspiel, kempffen und thurnieren.

Der soldan spricht:

Nun, dein hofdienst solt nit verlieren.
Dienst du uns getrewlich und wol,
Reichlich man dir auch lohnen sol.
5 Glob an, das du durch all dein leben
Vor unserm hof nit wöllest streben,
Biß wir dir willig urlaub geben!

9 gehen alle ab, nach dem ihn ritter Peter angelobt.

Actus 5.

Magelona gehet ein und spricht kleglich:

Ach Herr Gott, erst bin ich veracht.
Im wald ist es schier finster nacht
Und ist bey mir mein Peter nimmer.
Wie mag nur solichs zu-gehn immer?
15 Er geht etwan im waldt spaciern
Ich hab im hin und her geschriern
In dem walde auff unde nider,
Er aber geit kein antwort wider.
Villeicht ist er ghriten sein strassen,
20 Hat mich also ellendt verlassen.
Ach nein, das traw ich im nit zu,
Das er solch untrew an mir thu.
Mit trewer lieb ist er umbfangen.
Wie aber solichs zu ist gangen,
25 Wo er hin ist, kan ich nit wissen.
O, ich fürcht, in haben zurissen
Ein grimmiger löw oder ber.
Ach Gott, die nacht die felt da her;
Wo soll ich hin? was soll ich thon?
30 O hertzlieb, hest du mich gelohn
Zu hof in meines vatters reich!
So stündt ich nit ellendigkleich.
O süsse lieb zu diesem ritter,
Wie bist du mir worden so bitter!
35 Wie hast mich gsetzt in angst und noth!
Muß alhie sterben hungers todt,

Wann ich hab ie gar nichts zu essen,.
Oder wird von den thieren gfressen.
O hertzlieb, lebst noch auff erdtrich,
So weiß ich, du trawrest umb mich.
5 Gott bewar dich, seist wo du seist!
Gott behüt dir seel, leib und geist
Und halt mich auch in deiner hut!
Ein weißbild dort her nehen thut.
Gott sey lob! die wird mich fürbaß
10 Zu leuten bringen auff die straß.

Die fischerin kombt, spricht:

Was machst du hie in dieser wild, ·
Du adeliches frawenbild?

Magelona spricht:

15 Ich hab mich auff dem jaid verriten.
Wo wilt du hin? ich wolt dich biten:
Laß mich hie dein geferte sein!
Leich mir die schlechten kleidung dein
Und leg du an mein gut gewandt!
20 Sag du mir auch, in welches landt,
Du wilt so eilendt raisen da!

Die fischerin gibt ihr ihren mantel und hut, spricht:

Da will ich in Provincia.
In der grafschaft bin ich daheim.

[K 3, 2, 262]   #### Magelona spricht:

Mein liebes weib, sag mir in gheim!
Was ist in Provincia das gschrey?

Die fischerin spricht:

Der graff und greffin alle zwey
30 Sind hart betrübt umb iren suhn,
Der ist von in geriten nun,
Fürsten und könighöf zu sehen,
Und hat im aigentlich verjehen,
Wider zu kummen in eim jar.
35 Seit doch hin sind zwey jar fürwar,
Das niemandt weiß seit her der frist,

Wo der jung herr hin kummen ist.
Deß trawret umb`in iederman.

Magelona spricht:

Wie heist der jung herr? zeig mir an!

5 **Die fischerin spricht:**

Gnad fraw, er war Petter genandt.

Magelona spricht:

Ist in Provincia, dem landt,
Kein frawen-closter uberal?

7] **Die fischerin spricht:**

Ja, es ist ein kleiner spital
Am endt, das heist der heiden pfort,
Und gleich an dem selbigen ort
Bin ich ein arme fischerin.

15 **Magelona spricht:**

O fraw, so will ich mit dir hin,
Mein leben im spital beschliessen,
Darinn Gott dienen ohn verdriessen
In einem abgeschieden leben.

20 **Die fischerin spricht:**

Es ist ietzundt im spital eben
Kein spitalmeistrin; wölt ir drein,
So mügt ir spitalmeistrin sein.

Magelona spricht:

25 Ja, gern wolt ich mich da erbarmen
Durch milte handreichung der armen.

n beide ab. **Der graff unnd die greffin gehen ein mit
einem knecht und die greffin spricht:**

Ach Gott, wo ist doch unser suhn,
30 Vom dem wir gar nichts hören thun?

Der graff spricht:

Ach, wenn er noch bey leben wer,

Er het uns lengst entboten her,
Wo er wer an eins fürsten hoff.
Heut frü unser fischer herloff,
Der bracht uns einen grossen visch   ' fisc!
5 Fast klafter-lanck, lebent und frisch.
Nun ist darmit gwest mein anschlag,
Wir wolten auff den heuting tag
Hinab in unsern spital wallen
Mit unserm hofgesinde allen,
10 Den visch zu mittag darinn essen,
Auff das wir unsers laidts vergessen.

Die greffin spricht:

Ja wol, wir wöllen zu der frummen
Geistling jungkfraw, die drein ist kumen,
15 Ihr leben darinn will verzeren.
Die wöllen wir reichlich verehren.
[K 3, 2, 263] Weil sie ist spitalmeisterin,
So wöll wir raisen oft dahin.

Der graff spricht:

20 Ja, sie ist adelich und frey,
Sambs eines fürsten tochter sey.
Drumb wöll wir sie in ehren han.
Geh! spann den kamerwagen an!
So wöllen wir fahren dahin.

25   Vincents, der reuter, spricht:

Gnediger herr, nach ewrem sin
So ist der wagen zu-gericht.
Sitzt auff! der wagen saumbt euch nicht.

Sie gehen alle auß. Magelona geht ein mit der fischerin, die
30   spricht:

Edle jungkfraw, der graff uns hat
Herab entboten nechten spat,
Er wöll heint in den spital wallen
Mit seinem hofgesinde allen,
35 Auch das mitagmal mit uns essen,
Auff das sie ires sohns vergessen.
Derhalb will ich gehn richten zu.

Magelona spricht:

Mein fischerin, dasselbig thu!

,e fischerin geht ab. **Magelona** redt wider sich selber
spricht:

5 Ach Gott, ich thu dir lob verjehen.
Soll ich heint schwehr und schweger sehen?
Noch vil lieber wolt ich sehen thon.
Mein Peter, iren eining sohn.
Nun, ich möcht leicht etwan in nehen,
10 Wenn es Gott wolt,   en.

ɘr graff und die greffin ge   ɼelona entpfecht
beide un

Seit gottwill-komb,
Und gnedige fraw!   r
15 Von euch all trawɼ   id thon
Und ewren lieben e
Widerumb bringen |

Der graff spricht:

Sein wir uns schier verwegen handt,
20 Die weil wir ie in zweien jaren
Kein wort von im haben erfaren.

Die fischerin bringt den zendel mit den ringen, spricht

Gnad herr, als ich den grossen visch
Bereit hab auff ewr gnaden tisch,
25 Diß büschelein ich finden thet,
Der visch in seinem gedirm het;
Was darinn ist, das weiß ich nicht.

ɞ greffin nimbt den roten zendel, schneidt in auff und
drey ring darinn und spricht:

30 O Herr Gott, erst bin ich bericht,
Das ich mein sohn sich nimmermehr.
Er ist ertruncken in dem meer,
Da in der meervisch hat verschlunden,

*

6 K schwiger.   26 Vgl. mein buch über Uhland als dramatiker s. 149

In dem man hat die ring gefunden,
Welche ich im zu letze gab.
Nun ich gentzlich kein hoffnung hab,
In fürbas lebendig zu sehen.

**Der graff legt sein hendt zusammen, sicht auff gegn]
spricht:**

[K3, 2, 264] Ach Gott, wie soll uns nun geschehen,
Weil wir habn unsern sohn verlorn,
Der im landt nach mir herr wer worn?
10 Nun weiß ich kein frewd mehr auff erdt.
Bin nun mit angst und noth beschwerdt,
Weil unser sohn hat gnumen schaden.

Magelona schawt die ring unnd spricht:

Ach, bey Gott sind noch vil genaden.
15 Ewr sohn noch leben mag vor allen.
Die ring mügen im sein emtpfallen
Im mehr etwan auß einem schiff.

Die greffin spricht:

In mein hertz ist gewurtzelt tieff
20 Groß leid, das ich nit essen mag
Noch trinken heut auff diesen tag.
Last uns heimfahren an der steth,
Das ich mich trawrig leg zu beth!

**Der graff geht trawrig ab mit den seinen, Magelo1
25 ihr selber und spricht:**

Diese drey ring ich gar wol kent.
Doch hat mein hoffnung noch kein endt,
Weil mein hertz gutes anden thet.
Ich will gehn sprechen mein gebet
30 Zu Gott biß auff den abendt spät.

Magelona geht auch ab.

Actus 6.

128] **Der soldan geht ein mit zweien Türcken. Ritter
Peter felt im zu fuß unnd spricht:**

Großmechtiger keyser Soldan,
Ein hertzlich bit ich zu euch han;
5 Wölt mich der gnedigklich gewern!

Der soldan spricht:

Ja, das thun wir willig und gern.
Umb dein höflich und trewe dinst
Du uns dir gar genedig findst.
10 Was ist dein begeren? zeig an!

Ritter Peter spricht:

Großmechtiger keyser Soldan,
Mein beger ist, das ir mir solt
Urlaub geben. Geren ich wolt
15 Heimraisen in mein vatterlandt,
Vatter, mutter und mein verwandt
Freundt heimzusuchen und beschawen.
Weil ich ewr mayestat dient auff trawen,
Hab nie erfaren groß noch klein,
20 Obs todt oder lebendig sein.
Bitt derhalb: mich heimraisen last!

Der soldan spricht:

Groß ehr und gwalt zu hof du hast
Für ander all, samb werst mein suhn.
25 Du wirst es nit verbessern thun.

Ritter Peter spricht:

Ins vatterlandt sent sich mein hertz.
Bitt ein gnedig urlaub heimwertz.

Der soldan spricht:

30 Nun, das soll dir vergünnet sein.
Geh! nimb von unserm schatz allein
Kleinat und geldt, so vil du wilt!

Ritter Peter spricht:

Großmechtiger herr, ewer milt

Sag ich danck, weil ich hab mein leben.

[K 3, 2, 265] **Der soldan spricht:**

Komb! wir wöllen dir gschrieben geben
Ein sicher glaid in der cantzley,
5 Das durch unser landt sicher sey
Zu raisen dir auff wasser und landt,
Unterschrieben mit eigner handt.

Sie gehen alle auß. Ritter Peter bringt ein brieff spricht:

10 Ich hab abschied und glaid alda.
Nun will ich in Provincia
Heimfahren in mein vatterlandt.
Ich hab mein schatz vor hin gesandt.
Wird man aufladen ein heiden-port,
15 Wird darnach werden geantwort
Da selben in das reich spital,
Biß ich auch nachhin komb ein mal.
Will mich niemandt zu kennen geben
Und mein angsicht verdecken eben.

Ritter Peter geht ab. Magelona kombt, tregt ein geldtsack spricht:

Ich hab heint ghabt ein süssen traumb,
Den ich vor frewd kan zelen kaumb,
Wie ich hab ghabt in meinen armen
25 Mein Peter. Gott, thu dich erbarmen
Sein! ist er aber nit im leben,
Wölst seiner seel ewig rhu geben.

Magelona gehet ab. Ritter Peter kombt, spricht:

Unser schiff hat sie zu-gelendt,
30 Süß wasser z'suchen an dem endt
In dieser öden insel Sagona.
O du mein schöne Magelona,
Wo bist du etwan in dem ellendt?
Oder hast gnumen drinn ein endt
35 Im walde bey den wilden thiern?
Ich will ein weil da umb refiern,
Biß das schiff wider von landt fahr,

Will gehn ein mal sein nemen war,
Auff das ich nit das schiff versaumb.
Ich sich nit mehr den segelbaumb.
O weh, das schiff fert dort dahin!
5 Erst ich auff gantzer erden bin
Der aller-ellendts aller armen.
Gott, laß meins unglücks dich erbarmen!
Nun muß ich in der insel verderben
Von thieren oder hungers sterben.

Die zwen fischer kummen, der erst spricht

Wer schreit hie und klagt sich so sehr?

Ritter Peter spricht:

Ich bin abgstanden von dem meer,
Bin in der insel spaciret weit.
15 So ist das schiff in mitler zeit
Abgfahren, hat mich da gelassen.

Der ander fischer spricht:

Wo wolst hin sein? zeig uns dein strassen!

Ritter Peter spricht:

20 Ich wolt hin in Provincia,
Wolt am heidnischen port alda
Außsteigen und wolt da vor allen
In den selbigen spital wallen.

, 266] **Der erst fischer spricht:**

25 Sey guter ding! komb und steig ein
In unser klein fischer-züllein!
Wir wöln dich führn zu einr galeen,
Die sich der heiden port thut nehen.
In dreyen tagen fehrst dahin.

30 **Ritter Peter spricht:**

Ach, deß ich hoch erfrewet bin.
Ich wer ie ein verlaßner mon.
Nembt die vier ducaten zu lohn!
Last mich mit euch ins schiflein gohn!

Actus 7.

Magelona kombt, tregt einen geldtsack und spricht:

In spital ist kummen groß gut.
5 Gott alle ding im besten thut,
Das ich die bilgrim und die krancken
Dest baß halt. Gott soll wir deß dancken.

Ritter Peter kombt wie ein waller und spricht:

Ich bitt umb herberg einem armen,
10 Ihr wölt euch meins ellendts erbarmen.

Magelona spricht:

Ja, setz dich nider! zeuch dich ab!
Ich gib dirs so gut, als ichs hab.
Darmit du durst und hunger büß!
15 Denn wird man dir waschen dein füß.
Denn weist man dich zu bett hinauß,
Das du die nacht magst ruhen auß.

Magelona geht ab, lost ihm zu. Ritter Peter redt mit ihm sel
unnd spricht:

[A 3, 2, 129] Gott sey lob, nun wer ich daheim!
Iedoch fehlt es mir noch an eim,
Kan auch nit mehr recht frölich sein,
Weil ich den lieben gmahel mein,
Magelona, verloren hon.
25 Die spitalmeistrin von person
Hat gleich die leng, auch also redt,
Wie auch mein Magelona geht.

Magelona redt mit ihr selber unnd spricht:

Der bilgram thut mein namen nennen.
30 Muß fragen, ob er mich thu kennen.
Wann her deß landt? wie kenst du mich?

*

27 ? Auch wie.

Ritter Peter spricht:

Nein, fraw! ich hab geredt heimlich
Von einr gmahel, hab ich verlorn.
Seit her bin ich nie frölich worn.

ona schawt sein ketten, sicht ihn an und spricht:

Hertzlieb, wirff all dein trawren hin!
Wiß! ich dein Magelona bin,
Die dort ist im walde blieben.
Hab seit alhie mein zeit vertrieben
10 In deines vatterlandts spital.

Ritter Peter umbfecht sie unnd spricht:

Gott sey lob in dem höchsten sal!
Du außerwelter gmahel mein,
Nun kan ich nit mehr trawrig sein,
15 Weil ich dich wider funden hab.

'] ˉ   Magelona spricht:

Zeuch bald dein bilgrams-kleider ab!
Geh, fischerin, lauff! vor allen dingen
Thu graffen und der greffin bringen
o Das aller-frölichst botenbrodt,
Ihr sohn der leb und sey nit todt!

Die fischerin geht ab. Magelona spricht:

Mein hertzlieb, sag! wo kambst du hin
Im wald, da ich verlassen bin?

15   Ritter Peter spricht:

Edle fürstin, weil ir thet schlummen,
Ist ein rab auß den lüften kummen,
Nam die drey ring, führt sie dahin.
Dem ich lang nach gelauffen bin.
30 Vermeint, im die ring ab-zujagen,
Die hat er auff einen felsen tragen
Und ließ sie fallen in das meer.
Nun het ich mich verirret sehr
Und gar weit in dem wald vergangen.
35 Da haben mich zwen Türcken gfangen

31 *

Und habon mich gschenckt dem soldan,
Dem ich biß her gedienet han.
Ietz mir ein gnedig urlaub gab,
Mit grossem gut mich fertigt ab,
5 Das ich herschaft in das spital.

Magelona spricht:

Ich hab empfangen alzu-mal
Vierzehen lagl und hab darauß
Weiter bawt dieses schön gotshauß.
10 Merck! die ring, so du hast verlorn,
Sind in eim visch gefunden worn
Vor zweien tagen kurtzer zeit.

Ritter Peter spricht:

Ja, noch ein grosse gfehrligkeit
15 Erstund ich in der insel Sagona,
Mein aller-liebste Magelona!
Als wir an landt stundn, ich refiert,
In der öden insel spaciert.
Dieweil da fuhr das schiff dahin.
20 Von zweien fischern ich erst bin
Gefunden worn, sunst wer ich gstorben,
Hungers in der insel verdorben.

Die fischerin bringt graffen und greffin, der graf
sein sohn und spricht:

25 Biß mir willkomb, herzlieber sohn!
Mein hertz nie grösser frewd gewon,
Denn heut deß tages diese stund,
Das ich dich find frisch und gesund.
Wo bist so lang geraiset umb?

30 Die greffin umbfecht ihn unnd spricht:

Biß mir zu tausent mal wilkumb,
Hertzlieber sohn! wo bist so lang?
Wie hast du uns gemacht so bang,
Mir und dem lieben herr vatter dein!

35 ### Ritter Peter spricht:

Herr vatter und fraw mutter mein,

Diß frewlein gegenwertig (wist!)
Deß kŏngs tochter von Neapolis ist,
Mein lieber gmahel, wie sich gebŭrt,
Die ich mit mir hab hin gefŭhrt.
5 Hat an mein lang außbleiben schuld,
Welche sich auch hie hat geduld
In mitler zeit in dem spital.
Welchs ich nach leng ein ander mal
8] Erzel, was wir haben erliten,
10 Ellendts auft beiden theil erstriten.
Ietz abr entpfacht die tugenthaft
In Provincia ewr grafschaft!

Der graff entpfecht Magelona und spricht:

Seit uns gott-will-komb, tochter zart,
15 Geborn von kŏnigklicher art!
Hab lengst wol dacht, wie ir seit worn
Von edlem hohen stamb geborn.

Die greffin umbfecht Magelonam und spricht:

Glŭck zu, mein tochter, hertzliebe schnur!
20 Ewr schŏn gleicht englischer figur
Die unser sohn im hat erwelt.

Der graff spricht:

Wolauff, und das bald wert bestelt
Bostboten und herumb gesandt
25 In Provincia, unserm landt,
Das sie dem volck verkŭnden frey,
Wie das unser sohn kummen sey,
Hab eins kŏngs tochter mit im bracht,
Auff das von stund an werd gemacht
Ein fŭrstlich hochzeit vierzehn tag,
Darmit man hinleg alle klag,
Gott seiner gŭt und gnad dancksag!

11e in ordnung ab. Der ehrnholdt kombt, beschleust
unnd spricht:

So habt ir von anfang zu ort
Beide die werck und auch die wort
Der comedi ghŏrt und gesehen.

Thut uns wo kurtzer lehr verjehen.
Die erste lehr ist für die alten,
Das sie sollen ir kinder halten
In gut hut und auff sie schawen,
5 Vorauß auff töchter und jungkfrawen,
Mit guter zucht halten im zaumb
Und in nit lassen luft noch raumb,
Hin und herwider umb zu schweiffen,
Zu tantzen und gespilschaft laiffen,
10 Dieweil die stat oft macht den dieb,
Das sunst oft lang vermiten blieb.
Auch ist die untrew mancherley
[A 3, 2, 130] Durch schmeichlen, schenck und kuplerey,
Dardurch wund wird ein keusches hertz.
15 Auß den volgt den trübsal und schmertz.
Zu dem andern hie lehren thün
Beide töchter und die sühn, .
Alle ursach fliehen der lieb,
Die anfencklich hat iren trieb
20 Durch beywonung und augenblicken,
Freundtlich geberd und gruß heimschicken,
Darmit sich denn der liebe fewr
Entzündt im hertzen ungehewr,
Das als-denn in dem jungen blut
25 Also wüten und toben thut,
Darob man auch zu letzt erblindt,
Handelt und wandelt unbesint,
Wird auch entlich verwegen gantz
Und schlecht seel, leib, ehr, gut int schantz,
30 Dardurch man darnach wird beladen
Mit sünden, schanden, spot und schaden
. Und darmit ire eltern beide
Setzen in schandt und hertzenleide.
Drumb sollens den eltern ghorsam sein
35 Und volgen irer lehr allein
Und sich fein einmütig einziehen,
[K 3, 2, 269] All obgemelte ursach fliehen,
Wie man denn spricht: Die beste hut
Ist, die ein mensch im selber thut,
40 Und sparn ir lieb biß in die eh,
Denn haben ein lieb und keine meh,

Auß den in rumb und ehr erwachs
Im ehlichen standt, wünscht Hans Sachs.

Die person in die comedi:

1. Ehrnholdt.
2. Johann Cerise, graff in Provincia.
3. Oliva, die greffin.
4. Ritter Peter, ihr sohn.
5. Magelon, könig in Neapolis.
6. Salva, die königin.
7. Magelona, ihr tochter.
8. Herr Heinrich von Trapona,
9 Herr Friderich von der Kron, 2 kempfer.
10. Soldan, der türckisch keyser.
11. Der erst,
12. Der ander, zwen Türcken.
13. Lorentz,
14. Vincentz, zwen reuter.
15. Der erst,
16. Der andert, zwen vischer.
17. Der wirt.
18. Seugamb der Magelona.
19. Die fischerin.

Anno salutis 1555, am 19 tag Novembris.

dia mit 21 personen, hertzog Wilhelm
ch mit seiner Agaley, deß königs tochter auß Gri
landt, und hat 7 actus.

Der ehrnholdt tritt ein, neigt sich unnd spricht:

5 Heyl und glück wünschen wir euch allen.
　Auß sonder gunst, euch zu gefallen,
　Sein wir gebetten zu euch kummen,
　Ein kleglich ´geschicht fürgenummen
　Tragedi-weiß euch für-zutragen,
10 Als uns die alten bücher sagen,
　Wie das vor zeiten in Osterreich
　Ein hertzog saß hoch löbeleich,
　Der war hertzog Leupoldt genandt.
　Der het ein sohn, war weit bekandt,
15 Der Wilhelmus genennet war,
　Dem in eim traumb erschin so klar
　Das aller-schönest weibesbildt,
　So adelich, holdtselig, mildt,
　Das gsicht sein hertz in lieb verwundt,
20 Das er kein rhu nit haben kundt
　Vor dieser schönen jungkfraw klar.
　West doch nit, wer noch wo sie war.
　Zu letz er auff die Thonaw saß,
　So lang zu fahren, biß doch das
25 Er fundt diese jungkfrawen fein.

*

Die fabel wurde von Johann von Würzburg um 1314 in einem
lichte behandelt, später in prosaische form umgegossen. Vgl. K.
) dichtung im mittelalter s. 865. grundriss s. 74. 116. 352.
ift 1, 214.

Doch heimlich hinder dem vatter sein
Fuhr er hin und in Griechen-landt
Er die schönen jungkfrawen fandt,
Die könig Agrants tochter was,
3, 2, 270] Der dieser jüngling gleicher maß
Erschinen war die selbig nacht,
Die auch in gleicher liebe wacht.
Bald sie den jungen fürsten sach
Und er sie, bekentens hernach
10 Eins dem andern die brünstig lieb,
Die het bey in so starcken trieb,
Das sie einander vei   eh.
Doch fügt in unglüc   d weh,
Wann köng Balwan   t
15 Würd Agleyen verm
Der schickt hertzog   is ellendt.
Was sie beide biß
Erlitten haben für t
Und laidts, das wird   zu stück
20 Erzelet hie mit wor
Schweigt, hört und   .... oieser stat,
Wie sich das als verloffen hat!

r ehrnholdt geht ab. Hertzog Wilhelm ghet ein, redt
im selber und spricht:

25 O Venus, du göttin der lieb,
Wie hast du mit so starckem trieb
Entzündt und verwundet mein hertz
Mit wunsamblicher liebe schmertz!
Hast mir durch dein gnad, gunst und milt
30 Heint gezeigt das holdtseligst bildt,
Das mir ist in dem schlaff erschinnen.
In der liebe thu ich entbrinnen.
All kurtzweil, die mich freudt im leben,
Der thu ich aller urlaub geben.
35 Mich freudt kein stechen noch thurnieren,
Kein singen, springen noch hofieren,

*

6 Denselben zug finden wir im roman des sept sages, in meiner au
ngen 1836, s. ccxxviii; ferner in einem niederländischen drama bei
Hoffmann, horæ belgicæ 6, 220.

      Kein jagen, baissen, trincken noch essen.

131] Allein bin ich mit lieb besessen
     Gegn der, die mir im schlaff erschin.
     Wo die ist, ich unwissent bin.
5 Doch wird ich nit frölich auff erden,
     Biß das sie mir zu theil thu werden.

g Wilhelm setzt sich trawrig nider. Hertzog L[
    der alt fürst, geht ein und spricht:

     Ach, sohn, wie sitzt du so betrübet?
10 Sag uns, was dich doch darzu ubet!
     Verhalt uns nichts! das bitt wir dich.

     Hertzog Wilhelm spricht:

     O herr vatter, warhaftigklich
     Will ich euch das verhalten nicht.
15 Ich hab heint gehabt ein gesicht,
     Den aller-wunsamblichsten traumb,
     Den ich euch kan erzelen kaumb,
     Da mir das schönest frawenbild
     Erschin so uber-zart und mild,
20 Holdtselich, adelicher geberdt,
     Der-gleich ich vor nie sach auff erdt.
     Die hat mein hertz in lieb gefast,
     Das ich hab weder rhu noch rast,
     Biß ich die zarten uberkumb.

25   Hertzog Leupoldt spricht:

     Mein sohn, es sind trieglich irrthumb.
     Die traumb sind lauter fantasey.
     Mein sohn, meid solch melancoley
     Und schlag auß solch unnütz gedancken,
30 Der lieb halb inwendiges zancken
     Und stell dein hertz zu fried und rhu!
     Wilt aber ein gemahel du,
     So habe dir die wahl geleich!
     Kein fürst ist im römischen reich,
35 Wenn du begerst der tochter sein,
     Der dirs abschlüg von wegen mein.
     Da erwehl dir on allen tadel
271] Ein jungkfraw von stamen und adel,

Die zu eim gmahel dir gebürt!

Hertzog Wilhelm spricht:

Mein hertz mir nit gestillet würdt,
Wenn ich het alle weib auff erdt
5 Ohn die, welcher mein hertz begerdt,
Der gstalt ich hab im traumb gesehen.
Drumb ich in wahrheit thu verjehen,
Das an der ligt allein meinheil.
Wo mir die selb nit wird zu theil,
10 Herr vatter, so wird ich mein leben
In senen und schmertzen auff geben.

Hertzog Leupoldt spricht:

O sohn, komb herein in den sal!
Da hab wir frawenbild on zal,
15 Künstlich geschnitzet und gemalt,
Ob du darunter die gestalt
Erkenst, die du im traumb hast gsehen.
Sie wer in ferr oder in neben,
Ein fürstn tochter, drumb wöll wir werben
20 Und helffen, eh du thust verderben.

›n beid ab. **Herr Friderich vom Stein, der hofmeister,
geht ein, redt mit im selber unnd spricht:**

Der hertzog ist mit seinem sohn
Im sal, hat mich abschaffen thon.
25 Sie haben ein heftiges reden
Im sal allein zwischen in beden.
Der alt fürst zeigt im schöns gemehl.
Der jung fürst sagt, es sey als fehl
Und sey der keins geleich und eben,
30 Umb welicher im steh sein leben.
Da geht der jung fürst wider her,
Erschluchtzt und trawriger geber.

Hertzog Wilhelm kombt unnd spricht:

Hofmeister, geh an die Thonaw
35 Und uns nach einem schiff umbschaw,
Das fertig ab-zufahren sey!
Doch sag niemandt kein wort darbey!

Rüst dich! wann du must auch mit mir.
Das will ich wol belohnen dir.

Friderich vom Stein, hofmeister, geht ab. Hertzog Wi
spricht:

5 Ich will mich geben in das ellendt
Und fahren biß zu der welt endt,
Biß ich erfahr die schön köngin,
Die mir in meinem schlaff erschin
Und mich anblickt so wunnigleich.
10 Nun gsegen dich Gott, Osterreich,
Mein hoch geliebtes vatterlandt,
Vatter und mutter beidesandt!
Ich bevilch mich in Gottes hut,
Der alle welt erhalten thut.

Hertzog Wilhelm geht ab. Der alt fürst gehet ein mit
ehrnholdt und spricht:

Ehrnholdt, wo ist der jung fürst?

Der ehrnholdt spricht:

Man sagt, er sey nechten gedürst
20 An der Thonaw abgfahrn allein
Und mit im herr Friderich vom Stein,
Sein hofmeister, zwen knecht auch mit.
Wo sie hin sind, das weiß ich nit.

[K 3, 2, 272] **Hertzog Leupoldt, der alt fürst, gesengt sich**
25 **spricht:**

Ach herr Gott der thörichten fart!
Er will suchen die köngin zart,
Die im im schlaff erschinnen ist.
Wir haben braucht all kunst und list,
30 Im solche ding zu reden auß.
Bald lauff du an die lendt hinauß!
Heiß etlich rennschiff richten zu,
Das man im bald nacheilen thu
Und sie wider zu rücke bring!

Der ehrnholdt geht eilendt ab. Hertzog Leupoldt spri

O herr Gott, wie ein wütig ding

Ist es umb die brinnenden lieb,
Die von gwalt, gut und ehren trieb
Unsern sohn ins bitter ellendt,
Darinn er villeicht nimbt sein endt!
5 Nun müß wir erst verlassen sein
In dem schweren alter allein,
Wenn uns geht unser sohn zu grundt,
Auff dem all unser hoffnung stundt.

lt fürst geht trawrig ab. Hertzog Wilhelm geht ein unnd
10   spricht:

Ietzunder ich erst ellendt bin.
Ich weiß nit, wo auß noch wo hin.
Mir ist dort in dem meere tieff
Hingefahren mein gutes schieff,
15 Und auch mein hofmeister sein strassen,
Haben mich auff dem baumb verlassen.
Nun will ich suchen, refieren umb,
Biß ich wider zu leuten kumb.
Ich will mich nit mehr Wilhelm nennen,
20 Auff das mich niemandt thu erkennen,
Auch verlaugnen mein vatterlandt,
Sagen, ich sey Rial genandt
Und geborn in Italia.
Was steh ich? ich will raisen da,
25 Biß ich die aller-liebst thu finnen,
Die mir ist in dem schlaff erschinnen.

l, 132] Hertzog Wilhelm, der jung fürst, gehet ab. König
lt in Grichen geht ein mit der königin auß Griechen unnd
                   spricht:

30 Die götter habn uns als guts thon,
Allein uns geben keinen sohn,
Der nach uns möcht regieren gleich
Unser, das griechisch königreich.
Deß haben wir an frewd ein mangel.

35   **Die königin spricht:**

Herr könig, deß unglückes angel
Durch seine vilfeltige kreft
Auff erden all menschen verheft.

Deß nembt für gut von dem gelück
Solch hohe gab mancherley stück!
Sagt den göttern lob, danck und ehr
Und bekümmert euch nicht so sehr,
5 Ob wir gleich haben keinen sohn,
Dem unser reich wir lassen thon!

Herr marschalck Wegrich kombt mit Rial, dem jungen fürs
unnd spricht:

Durchleuchtiger köng, nach jägers sitten
10 Hab ich mich an dem jaid verritten.
[K 3, 2, 273] Alda hab ich bey trew und ehr
Den jüngling gsehen in dem meer
Sitzn auff eim baumb von aromaten
Herfahren an deß meers gestaten,
15 Und bald er abstieg an eim rangen,
Da ist der baumb gar untergangen.

Der könig spricht:

Marschalck, du sagst mir grosse wunder.
Du jüngling, sag mir an besunder,
20 Wie du kambst auf den baum im meer!

Hertzog Wilhelm, der nun Rial genendt wird, der neigt
unnd spricht:

O großmechtiger könig her,
Als wir fuhren in einem schiff,
25 Da fand wir in dem meere tieff
Ein schöne grüne insel klein.
Da stund ich ab und gieng hinein
Und stieg auff obgemelten baumb.
Als ich war darauff gstigen kaumb,
30 Da gieng diese insel gar under
Biß an diesen baumen besunder,
Auff welchem ich gleich fuhr zu landt.
Also beschützt mich Gottes handt.
Mein schiff aber fuhr hin gericht.
35 Wo das hin kam, das weiß ich nicht.

Rial felt dem könig zu fuß unnd spricht:

Derhalb, großmechtiger köng, ich

Bevilch mich dir demütigklich.
Zu gantz unterthenigem dienst
Du mich bereit und willig findst.

Der könig spricht:

5 Sag an, von was stamen und landt   ·
Du seist und wie du bist genandt!

Rial spricht:

Ich bin auß welschem landt geborn
Von eim hertzogen außerkorn.
10 Mein eltern mir gestorben sein.
Rial so ist der namen mein.

König Agrant hebt in auff unnd spricht:

Wir mercken: die götter sind mit dir.
Drumb wöllen dich auff nemen wir
15 Zu einem zu-gewünschten suhn.
Wo du dich recht wirst halten thun,
Solt du uber gantz Griechen-landt
Nach uns ein könig sein genandt.

Rial, der jung fürst, spricht:

20 Ach, solcher ehr wer ich nit wert,
Hab auch soliches nie begert
Von königklicher mayestat,
Die mich so hoch begnadet hat.

König Agrant spricht:

25 Solchs hat geben der glücks fal.
· Komb herein auff den köngkling sal!
Last halten uns das morgen-mal!

Sie gehen alle auß.

Actus 2.

ler jung fürst, gehet ein, redt wider sich selber frölich unnd spricht:

Wol mir, das ich gefunden hab   ·

Die hertzenliebst, die mir fürgab
Venus im schlaff, hie in Griechen-landt,
Die tochter deß mechting köngs Agrant,
[K 3, 2, 274] Die mich lieb hat! das merck ich wol.
5 Darumb mich ewig frewen sol
Mein gfehrlich raiß, die ich hab than,
Weil ich die liebst gefunden han.

Rial, der jung fürst, geht ab. Agley, deß königs tochter, ein unnd spricht:

10 Den göttern sey lob, preiß und ehr,
Die mir so weit her uber meer
Haben geschickt Rial, den heldt,
Den mein hertz im hat außerwelt,
Der mir vor ist im schlaff erschinen,
15 Dieweil er war vil meil von hinen,
Den mein herr vatter zu einem sohn
Zum reich hat außerwehlen thon!
Kein rhu hab ich, mag ich wol jehen,
Wo ich in soll ein tag nit sehen.
20 Dort kombt er, der mein hertz erfrewt
Auff gantzer erdt für all hoflewt.

Rial, der jung fürst, kombt, neigt sich unnd sprich

Mein Agley, ein guten tag!
Kein ding auff erd mich frewen mag,
25 Denn du. Gott wölle mich und dich
Ungschieden lassen ewigklich!

Agley spricht:

Ja, mein Rial, ich mich ergieb
Dir zu rechter eblicher lieb,
30 Und keins manns mehr auff gantzer erdt
Ohn dich mein hertz nit mehr begert.

Rial, der jung fürst, gibt ihr ein gülden ring und spri

Nun, zu bestetigung der ding,
Mein Agley, nimb von mir den ring,
35 Das ich kein gmahel will denn dich.
Iedoch halt das verborgenlich!
Wann bald es würd der könig inn,

Stieß er mich von dem hof außhin,
Denn würd auff erd ich frölich nimmer.

ӡley entpfecht den ring, umbfecht ihn und spricht:

Nun will ich in das frawenzimmer.
5 Das die lieb müg verborgen bleiben,
Wöll wir fort nur an einander schreiben.
Auch wöll wir unser hertz erquicken
133] Heimlich mit freundtling augenblicken,
Biß uns ein mal ein glücklich zeit
10 Uns beywonung mit frewden geit
Ohn sorg und hut, wie wir ietz sin.
O fleuch! es kombt die königin.

Rial geht eilendt ab. Die königin kombt, spricht:

Agley, was hast allein zu reden
15 Zwischen dem Rial und euch beden?
Es steht jungkfrawen ubel an,
Zu reden allein mit eim man.
Der frembd her kam vor kurtzer frist,
Da gar niemandt weiß, wer er ist,
20 Der dein hertz möcht zu liebe neigen.
Ich will es dem könig anzeigen.
Wir müssen dir baß darauff sehen.

Agley, deß köngs tochter, spricht:

Es ist on alles arg geschehen.
25 Solchs ich wol fürbaß meiden will.
Der könig kombt; nun schweig still, still!

275] König Agrant kumbt, spricht:

Hör, Agley! der könig Balwan
Auß Phrigia hat botschaft than
30 Und hat lassen werben umb dich.
Dem hab dich zu-gesaget ich
Zu einer gemahel zu geben
Und er wird auch herkummen eben,
Hochzeit mit dir halten alhie.

35 Agley, deß königs tochter, spricht:

Herr vatter, nun hab ich doch nie

Von euch eins gmahels noch begert;
Warumb habt ir denn in gewert
Gar on mein willen und mein wissen?

Der könig spricht:

5 Wir haben uns alzeit beflissen,
Zu fürdern dir frewd, ehr und nutz,
Und geneigt, dir zu thun als guts,
Derhalb dir hie auch zu erkent
Den mechtig köng in orient
10 Zu gmahel; das laß dir gefallen!
Nun wöllen wir hin gehn vor allen,
Die köngklich botschaft fertign ab
Mit gar herrlicher schenck und gab.

König und königin gehen ab. Agley setzt sich trawrig
15   unnd spricht:

Ach weh meins hertzenliches leides,
Deß trawrigen bösen bescheides!
O Rial, muß ich dich auff geben,
So wird dir sein der todt mein leben.

20   **Rial kombt und spricht:**

Hertzlieb, wie so trawriger geber!

Agley spricht:

O, west du, was geschehen wer,
Du wirst so wol trawren als ich.

25   **Rial spricht:**

Mein Agley, so bescheide mich!
Was ist dir ubels zu gestanden?

Agley spricht:

Ach, es hat auß phrigischen landen
30 König Balwan geworben umb mich.
Dem hat mein vatter warhaftigklich
Mich zu eim gmahel zu gesagt
Ohn mein wissen, mich ungefragt.
Rath, wie ich mich doch halten sol!

Rial spricht:

Es hat mein hertz geantet wol,
Da ich die botschaft sach, so bald
Ist mir mein hertz darob erkaldt.
5 Nun ist all mein hoffnung verlorn.
Wolt Gott, das ich wer nie geborn,
Seit ich mich soll verwegen dein!

Agley, deß königs tochter, spricht:

Du bist und bleibst mein einigs ein
10 Für alle man, so auff erd leben.
Dir will ich sein allein ergeben.
Wird gleich mein leibe dir genummen,
Wird doch mein gmüt nit von dir kumen.
Drumb, mein Rial, sey wolgemut!
15 Es mag noch alles werden gut.
Solch hochzeit unterkummen werden.
Glück und unglück regiert auff erden,
Das ich vom breutgam würd erlöst.

6] **Rial, der jung fürst, spricht:**

20 O, wie süßlich hast mich getröst,
Mein Agley, mir mein trawrig hertz
In seinem sendiglichem schmertz!
Nun, ich will mein hertz lassen stillen
Dein gut geneigten freundtling willen,
25 Den du, hertzlieb, tregst gegen mir.
Doch wenn ich denck, das ich von dir
Fort ewig soll geschiden sein,
So weinet mir das hertze mein.
Nun geh hin in dein frawenzimmer!
30 Gott behüt dich vor leide immer!
Gott gsegn dich, komb ich zu dir nimmer

Sie gehen beide ab trawrig.

Actus 3.

Agrant kombt mit seim marschalck und spricht:

Marschalck, sag! ist all ding bereit
Zu der königklichen hochzeit?
Heint wird bey uns ankummen da
König Balwan auß Phrigia,
5 Unser eiden. Heiß bald aufblasen,
Das im entgegen auff der strasen
Der adel und das hofgsind reit
Und in ehrlich herein beleit!

Deß köngs marschalck spricht:

10 Durchleuchtiger köng, es ist bereit
All ding zu der köngkling hochzeit,
Reinfal, willbret, vögel und visch,
Im vorrath auff zwey hundert tisch.
Auch hat sich zum thornier beritten
15 Der adl nach ritterlichem sitten.
Auch ist der sal geschmuckt zum tantz
Nach königklicher ordinantz,
Wann der breutgam, köng Balwan,
Ist am meerbort schon kummen an,
20 Wird von der stat nun sein nit weit.
Sitzt auff und im entgegen reit!

Sie gehn alle ab. Rial, der jung fürst, geht ein unnd s

Der breutgam ist kummen die nacht
Mit grosser herrligkeit und pracht,
25 Sitzt ietz in dem köngklichen sal
Zu tisch und isset das nachtmal,
Sitzt neben meiner liebn Agley
In grossen frewden mancherley.
Mein Agley aber ist betrübet
30 Und sich in laid und ängsten ubet.
Mir möcht mein hertz ob diesen dingen
Vor laid in tausent stück zu-springen.
Bin in unmut gangen darvon,
Mocht den jammer nit sehen on.

Die zwen könig gehen ein. [A 3, 2, 134] Der breutigam spl

Herr schweher, wer war der jung mon,
Ein sehr adeliche person,
Der uns zu tisch gedienet hat?

König Agrant spricht:

Er ist kummen durch wunderthat
Auß Italia und ist ein Christ,
Der auch nit feindt gewesen ist
5 Unser lieben tochter Agley.

277]   König Balwan, der breutigam:

Sie soll im nit lang wonen bey,
Wann bald wir hochzeit haben da,
Raiß wir wider in Phrigia
10 Und nemen mit uns die vertrawt
Agley, unser hertzliebe brawt.

ostbot kombt, bringt köng Balwan ein brieff und spricht:

Herr könig, machet euch bald auff!
Der feindt ein unzelicher hauff
15 Verwüsten Phrigia, das landt,
Mit raub, gfencknuß, mord und brandt,
Köng Melchior auß Persia,
Wie ir findt in dem brieff alda.

g Balwan bricht den brieff auff, list den und spricht:

20 Nun müssen wir dem feindt hin senden
Ein absag-brieff auß unsern henden.
Darzu ich Rial erwelt hab.
So komb wir sein mit ehren ab.

Rial geht ein, der könig spricht:

25 Da kombt geleich der rechte man.
Seh da! nimb den absag-brieff an!
Den bring dem köng in Persier-landt
Den antwort selber in sein handt!
Und eh nicht wider heimber kehr!
30 Das zu thun, einen eid uns schwer!

Rial, der jung fürst, gelobt an unnd spricht:

Weil ich soll wagen meinen leib,
Bitt ich, wolt mich nit als ein weib
Also ungewappent reitten lassen
35· So ferr und weit unsicher strassen.

Ja, komb! das solt du sein gewert.
Nimb da schildt, belm, harnisch und schwerd
Und wappen dich nach heldes ger!
5 Wirst langsam wider kummen her.

**Rial nimbt den brieff inn der kluppen, gehet ab. Balwan,
könig, spricht:**

Herr schweher, wir müssen heim zu landt
Und dem feindt thun ein widerstandt,
10 Derhalb die hochzeit schieben auff,
Biß das der feinde grosser hauff
Von uns erlegt werd in dem krieg.
Die götter uns verleyhen sieg!
Als-denn wöll wir erst hochzeit halten
15 Und als-denn aller frewden walten.

König Agrant spricht:

Herr eiden, so wöll·wir mit reissen
Sambt der brawt, so euch ist verheissen,
Mit grossem volck euch thun beystandt,
20 Euch ewer königreich und landt
Helffen retten, uns rüsten zu
Und mit euch auff sein morgen fru.

**Sie gehen alle ab. Agley, deß köngs tochter, geht ein u
spricht:**

25 O weh, wo ist das waltzendt glück
Wider mich gar in allem stück?
Ich muß raisen in frembde landt
Uber meer mir gar unbekandt
Mit köng Balwan, meinem breutgam,
30 Dem ich doch bin von hertzen gram,
Der mir mein Rial thut verschicken.
[K 3, 1, 278] Solt ich den noch ein mal anblicken,
So würd mein hertz erquicket sehr.
Ich fürcht, ich sech in nimmermehr.
35 Deß wird ich forthin frölich nimmer.
Ich will gehn in das frawenzimmer.

**weinend ab. Rial kombt gewappent, tregt den absag-
brieff in einer kluppen unnd spricht:**

Nun walt sein Gott vor allen dingen!
So will ich den absag-brieff bringen
5 Dem mechting köng in Persia,
Wie ich hab angelobet da.
Mein Agley, nun gesegn dich Gott!
Der bewar dich vor aller not,
Biß ich mit frewden wider kumb!
10 Was mans geht dort im walde umb?
Wer bist du und wo wilt du hin?

Der abendthewr-haubtman:

Der abendthewr-haubtman ich bin
Und warn die leut vor angst und not.
15 Du, ritter, reitst auch in den todt,
Darein dich schickt könig Balwan,
Dir helff denn wunderbar darvan
Dein Gott und hab dich selb in hut,
Der die frummen beschützen thut.
20 Derhalben thust du mich erbarmen.

Rial, der jung fürst, spricht:

O, so gib trewen rath mir armen,
Wie ich mich darinn halten sol!

Der abenthewr-haubtman:

25 Ja, Rial, das selb kan ich wol.
Geh mit mir in den holen berck!
Da ich dir zeig groß wunderwerck.
Darinn dir wird bewisen ehr.
Will dir auch geben weiß und lehr,
30 Wie du dem unglück magst entbrechen
Und wie du magst die untrew rechen
An dem heidnischen köng Balwan,
Dem du doch nie kein laid hast than.
Komb rein, du unschuldiger man!

Sie gehn beid ab.

Actus 4.

Zwen schergen gehn ein, führn ein jungkfrawen gebr
Der erst scherg spricht:

Wie wöll wir tödten die jungkfrawen?

5   **Der ander scherg spricht:**

Wir wöllen ir den hals abhawen
Und darnach wider heimwertz lencken.

Der erst scherg spricht:

Ach nein, sonder wir wöllens hencken
10 Nach deß persischen köngs gebot.

Sie thun ir den strick an den hals, die jungkfraw schi

O weh der grossen angst und not!
Muß ich denn sterben umb unschuld?
Ich bitt euch: habt mit mir geduld!
15 Verziecht biß ich den göttern klag
[A 3, 2, 135] Mein todt, den ich leid auff den tag,
Das sie mir behüten mein seel,
Wenn die außfert hinab gen heel.

Der ander scherg spricht:

20 Machs kurtz! nit lenger uns versaumb,
Das wir dich hencken an den baumb!

[K 3, 2, 279]   **Die jungkfraw spricht:**

Gesegen dich Gott, mein edler fürst
Auß Media, kün und gedürst!
25 In meim dienst hast manch sper zerbrochen.
West dus, du ließ nit ungerochen
Den unschulding todt mein, der armen.
Im hertzen würd ich dich erbarmen.

Rial, der jung fürst, kombt, redt mit im selber und spricl

30 Ich sich dort zwen, die wöllen tödten
Ein weißbild, der ich in den nöten
Zu hilff will kummen, retten ir leben

Oder mein leben darumb geben
Zu ehren meiner lieben Agleyen.
Ich will die zwen mörder anschreien.
Ihr mörder, last die jungkfraw frey,
5 Als lieb euch leib und leben sey!

Der erst scherg spricht:

Du junger ritter, sey zu friden!
Was wir hie thun, hat uns beschieden
Der mechtig köng auß Persia.

0   Rial, der jung fürst, spricht:

Weicht auß! last mir die jungkfraw da!

ht auff sie, treiben einander umb, biß sie beid ent-
fen. Rial löst die jungkfraw auff unnd spricht:

Zart jungkfraw, was habt ir gethan,
15 Das man euch wolt gehencket han?   •

Die jungkfraw spricht:

Ach strenger ritter hoch geborn,
Ich arme bin veruntrewt worn
Von dem könig auß Media,
20 Der mich hat geschickt in Persia
Zum köng Melchior grosse macht.
Dem hab ich ein absag-brieff bracht,
Welcher könig die gwonheit hat,
Das er kein boten leben lat,   •
25 Der im ein absag-brieff thut bringen.

Rial, der jung fürst, spricht:

Jungkfraw, ich bin gleich mit den dingen
Verhaft, und auch auß untrew worn
Zu diesem könig hochgeborn
30 Mit diesem absag-brieff gesandt,
Im den zu antwortn in sein handt.
Nun will ich nach kummen mein eid,
Es geschech mir drob lieb oder leid.

neim.

Die jungkfraw spricht:

Ach, Gott bewar euch, strenger ritter,
Vor allem ubel herb und bitter
Und euch in allem unmut tröst,
5 Weil ir mich habt vom todt erlöst,
Darzu ich schon verurtelt was!
Behüt euch Gott! ich geh mein straß.

**Sie beut im die handt und geht ab. Rial, der jung
spricht:**

10 Da steht ein sessel in der wild,
Köstlich gezieret und gebild,
Als solt ein könig darauff sitzen,
Auff dem wir ich gleich kummen ietzen.

Rial setzt sich, sicht das jägerhorn hangen und spricht:

15 Da hecht ein horn; ich kans nit lasen:
Ich muß nach jägers sitten blasen.

**Rial blest das horen. [K 3, 2, 280] Der könig auß Persia kombt
mit seinem sohn Wildelms unnd spricht:**

O werder wunderbarer ritter,
20 Alle götter die sind ietz mitter,
Wann kein untadelicher man
In diesem sessel sitzen kan.
Wer bist du und wann kombst du her?
Was ist in•Persia dein beger?

Rial, der jung fürst, steht auff unnd spricht:

Ich bin geschickt von köng Balwan,
Dem ich ein eid geschworen han,
Zu antworten deiner mayestat
Den absag-brieff deß abendts spat.

30 **König Melchior auß Persia spricht:**

Verflucht sey, der dich on all not
Hieher geschickt hat in den todt!
O küner ritter, du must sterben,
An einem strang ellendt verderben.

jung fürst, spricht, als in die trabanten anfallen und
binden:

Weil ich muß sterben und anderst nit,
Ist an ewr mayestat mein bit,
5 Wenn ich den todt erlieden hab,
Wölt schreiben lassen auff mein grab:
Ach, Agley, ach und immer weh,
Nun gesich ich dich nimmer meh!
Wölt ir thon, was ich hab begert?

10　König Melchior spricht:

Ja, der bit solt du sein gewert.

Sie führen ihn, der könig spricht:

Nun rewt mich ie dein werder leib.

Wildems, deß köngs sohn:

15 Mein herr vatter, zu frieden bleib!
Diesen ritter mir ubergieb
Auß vätterlicher trew und lieb!
Laß ab das strenge urtheil dein!

König Melchior auß Persia spricht:

20 Nun, er soll dir ergeben sein.
Last ledig diesen ritter gehn!
Nun fürbaß wöll wir brauchen den
In unserm heer zu eim haubtman
Wider den untrewen köng Balwan,
25 Der in geschickt hat in den todt.
Wildems, schick an die streiffent roth,
Phrigia bald zu uberfallen!
Denn wöll wir mit dem volcke allen
Hinach raisen mit gantzer macht
30 Und mit zu thun ein feldtschlacht.
Weil er uns hat das böß stück than,
So wöll wir in erst greiffen an.

Rial, der jung fürst, spricht:

Weil mir ewr mayestat schenckt mein leben,
35 Will ich mich in ewrn dienst ergeben,

Mein leben lang zu hof euch reiten,
Euch helfen stürmen und auch streiten
Und auch gutwillig sein bereit
Zu schimpf und ernst zu aller zeit
5 Zu danck ewr gnad barmhertzigkeit.

Sie gehen alle ab.

[K 2. 281] Actus 5.

[A 2. 138] **König Agrant und könig Balwan** gehn ein,
Balwan spricht:

10 Hör, schweher! es ligt wider zu feldt
König Melchior, die kundtschaft meldt,
Mit einem unzeligen heer.
Mir müsn uns schickn int gegenwehr
Mit unser beide rolcke allen.

15 **König Agrant auß Griechenland:**

Ich rath, das wir sie uberfallen,
Eh sie gar aufschlagen ir zelt,
Vergraben und lägern zu feldt,
Ob wirs im anfang schlügn der masen.

20 **König Balwan auß Phrigia:**

Geh, ehrnholdt! heiß bald aufblasen,
Das sich versamel iederman!
Wir wöllen einen außfal than.

Sie gehen alle ab. Agley, deß königs tochter, gehet ei
25 **mit ihr selber unnd spricht:**

Ich sich der feinde ohne zal.
O, wo ist ietzundt mein Rial?
Er ist lengst todt, ich hab kein trost,
Das ich forthin mehr werd erlost
30 Von dem heidnischen köng Balwan.
Gott doch all ding wol wenden kan.

König Melchior, Wildems, sein sohn, und Rial gehen ein
dems spricht:

Die feindt die fallen auß der stat.
Last machen uns ein ordnung spat,
Eh sie uns bringen in gefer!

g Balwan, könig Agrant und marschalck kumen, schreien:

5 Lerman, lerman! her, her, her, her!

chlagen an-einander, par und par, biß könig Balwan felt.
Die andern fliehen. Rial, der jung fürst, spricht:

Nun hab ich dein unrechten gwalt
Und grosse untrew wider zalt,
10 Untrew irn eigen herrn troffen.
Nun bin ich in meim hertzen hoffen,
Mir werd mein Agley noch zu theil,
An der steht mein leben und heil.

tregt den todten ab und gehen alle mit ab. Agley, deß
15 köngs tochter, geht ein unnd spricht:

Ihr götter, euch thu ich dancksagen,
Das könig Balwan ist erschlagen,
Mit dem ich in dem leben mein
Ehlichen müst verbunden sein,
20 Der auß untrew in das ellendt
Rial, mein liebsten, hat versendt.
O, das der selb noch lebt auff erden,
Hoft ich, er solt mein gmahel werden.
O, aber er ist lengist todt.
25 Im gnad Gott, aller götter Gott!

ehrnholdt bringt ein rosenbüschlein, neigt sich, gibt ihrs
unnd spricht:

Köngkliche jungkfraw, ein ritter jung
2, 282] Unter der vorburg mich ansprung,
30 Thut euch das rosenbüschlein schencken,
Im besten sein darbey zu dencken.

ntpfecht die rosen, er geht ab, sie findt den brieff in den
rosen, list den und spricht frölich:

O, mein Rial ist noch im leben.
35 Die götter wöllen uns glück geben!
O Venus, hilff und uns beysteh,

Das' wir zsamb kummen in die eh!
Er hat erschlagn den köng Balwan,
Ist im feld der öberst haubtman.
Ich will im an einr zinnen nach spehen,
5 Ob ich in möcht im feld ersehen.
Er hat mir in dem brieff fürbild,
Was er führt auff seim helm und schild.
Ein kindtlein sitzt in einem fewr,
Hat im geschenckt die abendthewr.

Sie geht frölich ab. König Melchior auß Persia geht ei
seinem sohn Wildems unnd spricht:

Weil könig Balwan ist erschlagen,
Rath ich, das wir den krieg vertragen
Mit dem alten könig Agrant.
15 Der hat ein tochter, Agley genandt,
Die schönst und ehrenvest wie stahel.
Wenn man dir die geb zu einr gmahel,
So wolt wir fried und freundschaft machen.

Wildems, deß köngs sohn:

20 Herr vatter, ich rath zu den sachen,
Wenn ein mal stürb könig Agrant,
So würd mir das gantz Griechenlandt.
Schick ein botschaft! laß das ansagen!
Die heirat wird er nit abschlagen,
25 Weil in unser handt steht der sieg,
Wann er mat worden ist im krieg,
Fast landt und leut darzu verlorn.
Laß werben umb die außerkorn!

König Melchior, der vatter:

30 So kummen wir nach dem rathschlag
Und wöllens enden noch den tag.

Die zwen gehn auß. Agley gehet frölich ein unnd sp[

Ich hab gesehen wolgemut
Mein Rial, es wird noch als gut.
35 Er ist doch seines leibs ein heldt,
Den im·mein hertz hat außerwelt
Für götter und menschen auff erd.

Der ist meins leibs wirdig und werd.

Agrant, der könig, geht ein unnd sprict

Agley, ich bring dir liebe mär.
Weil worden ist erschlagen der
5 König Balwan, dein breutigan,
So hab ich dir ein andern man
Geben, ein jungen für den alten,
Darmit frid werd im land erhalten.

Agley, deß köngs tochter, spricht:

o Wer soll denn nun mein breutgam sein?

König Agrant spricht:

Zum zeichen meiner trawrigkeit
Und unglücks, deß mich täglich reit,
Und will da kempffen und thurniern.
Solt ich mein jungen leib verliern,
5 Keins menschen verschonen darin,
Weil ich ie unglückhaftig bin,
Daß ich komb meines unfals ab,
Denn ich so lang getragen hab
Von anfang meiner jugent her,
10 Das es gar nit ein wunder wer,
Wer langst vergangen in gefer.

Rial, der jung fürst, geht ab.

Actus 6.

Die zwen könig gehen ein mit Agley und den kempffern. I
15   **ehrnholdt schreit:**

Ob irgent hie ein ritter wer,
Welcher zu kempffen het beger
Von wegen Agley, der zart schönen
Brawt, den will sie hernach bekrönen
20 Und ein ketten an hals im hencken,
Im besten sein darbey gedencken.

Der brewtigam tritt auff den plan unnd spricht:

Welch ritter mit mir kempffen wöll,
Der selb zu mir her treten söll.
25 Durch kampff soll er mein kreft erfarn,
Dargegen soll er mich nit sparn,
Zu ehren meiner edlen brawt,
Die mir hie ehlich ist vertrawt.

König Agrant tritt gerüst zu im und spricht:

30 Mein eiden, ich will kempffen mit dir.
Iedoch in freundtschaft kempffen wir.

Sie kempffen mit einander; nach dem trit der marschalck I
         im, spricht:

Mit dir in freundtschaft hoch vertrawt

Kempff ich zu ehrn der schönen brawt.

,ch dem tritt Rial, der jung fürst, zu im und spricht:

Brewtgam, so will ich mjt dir kempffen.
Welicher den andern thut dempffen,
, 284] Der soll den preiß gewunnen han.
In ihrem dienst so greiff ich an.
Haw her nach ritterlicher ehr!
Ich mich dein als ein ritter wehr.

.mpffen grimmig, so lang biß der brewtigam felt. Sie
.m den helm auff, könig Melchior schlecht sein hendt ob
dem kopf zsam, spricht:

O weh der angst und grossen noth!
Mein lieber sohn und der ist todt.
Facht bald den ritter an der stat,
15 Der den brewtgam erschlagen hat!

.en Rial, thun ihm den helm ab, so spricht köng Melchior:

O du bößwicht, ist das der lohn?
Deins lebens hab ich verschonen thon
Durch fürbit unsers lieben suhns,
20 Da du den absag-brieff brachst uns;
Ietz erschlechst du uns unsern sohn.

Rial, der jung fürst, spricht:

Ich hab mich müssen weren thon.
Weil er mit so gwaltigen schlegen
25 Mich da vermeinet zu erlegen,
Hab ich im thun entgegen streichen,
Ihm gar nit flüchtig wöllen weichen,
Wie das gebüret eim ritter.
Wolt Gott, das baß gerathen wer!
30 Derhalben beger ich genad.

König Melchior spricht:

Du solst ghricht werden mit eim rad.
Als ein mörder führt in nur hin!
Das urtheil sey gfelt uber in.

Mercurius, der gott, tritt ein unnd spricht:

Herr könig, merck! ich bin ein bott
Von Jovi, dem höchsten gott.
Du solt den ritter ledig lassen.
Ich will iu hinführen die strassen
5 Zu der königin in Armenia,
Wann er muß ir bestreiten da
Ein riesen, dén man nennet schlecht
Mörlein, deß teuffels sohn und knecht,
Die auff ein schloß hart lieget gfangen
10 Von dem Mörlein und hat verlangen
Nach dem ritter, da er groß not
Muß leiden; weger wer im der tödt.

König Melchior auß Persia spricht:

Weil Jupiter, der gott, gebewt,
15 So sey er ledig gsprochen hewt!
Für den ritter nur mit dir hin!
Deß ich nun wol zu friden ein.

Mercurius, der gott, führt Rial ab. König Melchior s̄

Ach, traget unsern sohn hinab,
20 Das man in köngklich begrab
Mit grosser ehr und reverentz
Hie in phrigischer landes-grentz!
Uns wird auß der hochzeit frewdreich
Ein bitter klag und todtenleich.
25 Nun nemen wir unsern abscheid
In jammer, angst und hertzenleid
Wider heim in Persier landt.
In unser königreich werd erkandt.

Sie tragen den toden ab, die könig volgen trawri;
[K 3, 2, 285] Agley, deß köngs tochter, geht ein unnd

Ach, wenn hat unser unglück ein endt?
Glück hat sich wol zu uns gewendt,
Das ich abermal ward erledigt
Und kam auch darvon unbeschedigt
35 Mein hertzen-lieber lieb Rial.
Nun reit uns aber der unfal.
Wird aber hin geführet weit,
Zu thun gar ein gefehrling streit.

Die götter wöllen schützen dich
Vor allem ubel auff erdtrich!

:eht trawrig ab. [A 3, 2, 138] **Mercurius, der gott, kombt
mit Rial, dem jungen fürsten, unnd spricht:**

5 Mein Rial, nun sey du vermant!
Erst brauch dein ritterliche handt,
Wilt anderst erretten dein leben!
Wann ietzunder so komb wir eben
Zu dem berg, darinn Mörlein leit.
10 Welch ritter fürgeht oder reit,
Muß mit im kempfn, da er vil ritter
Auch bracht hat zu dem tode bitter,
Wie du denn da sichst in gemein
Liegen die köpff und todtenbein.
15 Sein haut ist horn von solicher kraft,
Und das kein eissen darauff haft.
Auch ist Mörlein sehr starck und groß,
Helt gefencklich auff genem. schloß
Von Armenia die köngin zart,
20 Welche auff dein erlösung wart.
Erlangst den kampff, dir wird darvon
Der köngin reicher danck zu lohn.
Schaw! dort tritt der Mörlein daher
Und brummet wie ein wilder ber.
25 Gegn dem dich kün und tapfer wehr
Und rett dein ritterliche ehr!

**ius, der gott, geht ab. Das Mörlein kombt, brumbt
unnd spricht:**

Was suchst in Armenier landt?
30 Du must kurtzlich von meiner handt
Vor dieser burg gar ellendt sterben,
Wie ander ritter hie verderben,
Oder gieb dich lebendig gefangen!
Anderst magst du kein flucht erlangen.

35   **Rial, der jung fürst, spricht:**

Ich will nit fliehen noch sein gefangen,
Sonder nach kampf thut mich verlangen
Von wegen aller reinen frawen,

Der trewen dienst ich stets thu bawen.
Derhalb gib ich dir keinen zagen.
Darauff thu ich dir wider- sagen.

Sie schlagen einander. Rial felt, das Mörlein schlecht zu
5 **spricht:**

Ritter, thut dich nach kampf verlangen?
Hest du dich geben mir gefangen,
So hest errettet du dein leben.
Ietz thust mit dem tode streben.
10 Nun will ich in mein hölen gohn
Und mein scharpffes schwerd bringen thon
Und dir zu schandt, spot, schmach unnd leiden
Dein hoffertiges haubt abschneiden.

Das Mörlein geht ab, Rial richt sich wider auff und spri

15 O, wie hat mich der grausam mon
[K 3, 2, 286] So hart auff mein haubt schlagen thon,
Als ob mich nider schlüg der dunder!
Bin glegen in ohnmacht ietzunder.
Kein ritter mich so ubel hat gschlagen.
20 Iedoch so will ich nit verzagen.
Dort kombt wider der grausam man.
Mit Gots hilff will ich in bestan.

Das Mörlein kombt mit schwerd, rundel, schlecht sich wid
mit im, biß das Mörlein felt. Rial, der jung fürst, spricht:

25 Gott sey danck, der mir gab die kraft,
Das ich alhie ward sieghaft
An dem Mörlein, deß teuffels knecht,
Der also hat on fug und recht
Vil ritter deß lebens beraubt!
30 Er hat mich troffen auff mein haubt,
Das mir gleich all mein kraft entgieng,
Biß ich wider ein kraft entpfieng.
Will gleich da ruhen auff den kampff,
Das von mir geh der dunst und dampff.

Er setzt sich. Mercurius, der götter bott, kombt und spricht

Glück haben dir die götter geben,
Das du errettet hast dein leben.

Die köngin von Armenia
Kombt und wird dich entpfangen da.
Steh auff! geh ir entgegen hin!
Sie ist die mechtigst königin
5 Doch in dem gantzen orient.
Neig dich vor ir! beut ir dein hendt!

Die königin auß Armenia kombt und spricht:

O Rial, edler strenger ritter,
Vor frewden ich bidem und zitter,
10 Seit euch Gott hie den sieg hat geben,
Das ir errett habt ewer leben
Und mich auß gfencknuß habt erlöst.
Seit wolgemut, frölich, getröst!
Ich will euch geben reichen lohn.
15 Nembt von mir zepter und die kron
Ubers köngreich Armenia,
Zu sein gwaltiger könig da.
Will auch mich selb, mein leib und leben
Zu eim gemahel euch ergeben.
20 Sagt, ob ir lohns begehret mehr!

Rial, der jung fürst, neigt sich und spricht:

Durchleuchtige köngin, lob und ehr
Sag ich ewrem ehrlichen erbitten
Auß gnaden und miltreichem sitten,
25 Deß ich nie ward wirdig und werdt.
Wist, königin, ich bin auff erdt
Einr edlen jungkfrawen verlübet
Zum ehling standt, doch mich betrübet
Das waltzet, wanckel, unstät Glück,
30 So wunder oft mir kert den rück,
Thut mich mit sendigklichem leiden,
Mit schmertzen so oft von ir scheiden.
Derhalb kan ich forthin auff erden
Ohn sie gar nit mehr frölich werden,
35 Sonder verzer mein zeit in klag.

Die königin spricht:

Wer ist die jungkfraw? uns ansag!

Rial, der jung fürst, spricht:

Die jungkfraw ist Agley genandt,
Deß köngs tochter auß Griechenlandt.

Die königin spricht:

5 Rial, sey getröst in den dingen!
Ich will dirs wol zu wegen bringen,
[K 3, 2, 287] Will sie begeren meinen sohn.
Das wird mir nit abschlagen thon
König Agrant. Er weiß, das ich
10 Ein reich hab· groß und gwaltigklich.
Derhalb dich nichts bekümmern laß!

Rial, der jung fürst, spricht:

Durchleuchtige köngin, wo ir das
Mir diese heirat kündt erwerben,
15 Ich wolt in ewrem dienst ersterben.

Die königin:

Mercuri, fleug in Griechenlandt!
Wirb und bered könig Agrant,
Das er Agley, die tochter sein,
20 Verheyrate dem sohne mein,
Dem öbersten der heidenschaft!

Mercurius spricht:

[A 3, 2, 139] Das kan ich thun durch göttlich kraft
Zu wegen bringen ohn all unrhu.
25 Derhalb richt nur die hochzeit zu!
Die brawt ich mit mir bringen thu.

Sie gehen alle ab.

Actus 7.

Mercurius, der gott, geht ein mit Agley, deß königs to〈
30   unnd spricht:

*

7 K meinem.

Agley, in diesem sal hie wart,
Biß das der köngklich breutgam zart
Her kummet und thut dich entpfangen,
Den lang zeit nach dir thet verlangen!

Cercurius, der got, geht ab. Agley spricht trawrig:

. Erst hat ein endt mein glück und heil.
Soll ich eim andern man zu theil
Hie zu einer gemahel wern
Und soll meines Rials entbern,
10 Der so vil ellendts hat erliten,
Gfehrligkeit und unglücks erstriten
Umb mein willen so unverzagt,
Das sey allen göttern klagt!

il, der jung fürst, geht ein, umbfecht sie und spricht:

15 Sey mir zu tausent mal wilkumb
In das armenisch königthumb,
Du mein Agley, meines hertzen trost!
Gott hat auß unglück uns erlost,
Darmit wir lang waren beladen,
20 Uns zsamen bracht auß seinen gnaden
Gar wunderbar an diesem ort.
Ich hoff zu Gott, wir wöllen fort
Ewigklich ungeschieden sein.

Agley, köngs Agrants tochter:

25 Rial, hertzlieber gmahel mein,
Mein hertz nie grösser frewd gewan,
Denn das ich dich soll sehen an
Frisch und gesund, ledig und frey.

Rial, der jung fürst, spricht:

30 Nun, du mein hertzliebe Agley,
Will ich Mercurium schicken gleich
Meinem herr vatter in Osterreich,
Hertzog Leupoldt, das auch der frumb
Zu uns her auff die hochzeit kumb
35 Und mein fraw mutter der gleich.

Agley, deß köngs tochter, spricht:

Bist du ein fürst von Osterreich?
[K 3, 2, 288] Wie bist du denn Rial genent?

Hertzog Wilhelm, der jung fürst:

Mein nam hab ich selb umbgewendt.
5 Wilhelm ist mein rechter nam.

Agley, deß köngs tochter, spricht:

Erst bin ich frölich und wunsam,
Seit du bist eines fürsten suhn.

Hertzog Wilhelm spricht:

10 Mein Agley, zu dir hab ich nun
Ein bitt, du wölst ein Christi wern.

Agley, deß köngs tochter, spricht:

Ja, mein gmahel, von hertzen gern.
Als, was du wilt, das will auch ich,
15 Dieweil ich leb auff erdterich.

Die königin auß Armenia geht ein, beut in die hendt un spricht:

Glück wünsch ich euch zum ehling standt.
Nun wöll wir schicken in Griechenlandt
20 Nach köng Agrant Mercurium,
Den gott, das er auch eilendt kumb
Auff ewr königkliche hochzeit,
Die von mir euch ist zu bereit.

Zwen trabanten gehen ein, der erst spricht:

25 Die hochzeit hat gewert vierzehn tag.
Hab schier stät ghabt sanct Urbans plag.
Hab schier vertruncken witz und sin.
Bin fro, das die hochzeit ist hin.
Heut müssen wir auff das waidwerck
30 In finstern forst an alten berck.

Der ander trabant spricht:

Dem herren hast heut angesagt
Ein aingehürn, darumb er jagt.
Gott geb, das es nur wol gerath,

Wann es sehr grosse krefte hat!

n beide ab. **Hertzog Wilhelm** und **Agley** gehen ein,
der fürst spricht:

Agley, mir ist anzeigt worn,
5 Im wald so hab man ein ainhorn
Außspürt; dasselbig will ich fangen.
Darzu hab ich hertzlich verlangen.

Agley spricht:

Ach nein, mein Wilhelm! bleib bey mir!
10 Ein' ainhorn ist ein grausam thir.
Es möcht dir thun etwan ein schaden.

Hertzog Wilhelm spricht:

Ach nein, das thier muß man begnaden,
Ein jungkfraw setzen in den wald.
15 Zu der lauft das ainhorn bald
Und legt sie in ir schoß und schleft.
Darmit das starck thier wird greft,
Das es wird gfangen und gebunden.

Die jungkfraw Helffant spricht:

20 Edler fürst, ich will geren unden
Sitzen, nach ewr genad beschaid,
In dem walde an dem gejaid,
Das man das wild ainhoren groß
Jag in mein jungkfrewliche schoß.

25 **Hertzog Wilhelm spricht:**

Nun, so will ich auff sein geschwind
Mit allem meinem hofgesind
!89] Und wöllen hinauß aufs gejaid.
Setz dich nach der jäger beschaid!

ən alle ab. **König Graneas** geht ein, türckisch gekleidt,
redt mit im selber, spricht:

Ey, soll alhie ein Christen man
Agley zu eim gemahel han?
Das laß ich ungerochen nicht,
35 Weil uns heiden vil unrats geschicht

Von den Christen in unsern landen.
Drumb will ich in mit meinen handen
Heimlich verwarten auff dem jaid
Und in erwürgen zu hertzlaid
5 Allen Christen zu spot und schandt
In unserm heidenischen landt.

Er verstelt sich heimlich, jungkfraw Helffant kombt, setzt sich nider unnd spricht:

Ich hör von weit die hund her geln
10 Und auch die jäger-hörner scheln.
Sie treiben her im walde fern
Zu mir das wilde aingehörn.

Hertzog Wilhelm spricht:

[A 3, 2, 140] Da will ich halten heimeleichen,
15 Das ainhoren für lassen streichen.

König Graneas springt herfür unnd spricht:

Was machst du in der heiden landt,
Du teutscher hund? Von meiner handt
Must du sterben auff diesem plan.

20 **Hertzog Wilhelm spricht:**

Ich wehr mich dein, dieweil ich kan.

Sie schlagen einander, biß sie beide nider fallen. Die zwen jäger kummen gelauffen, der erst jäger spricht:

Wer hat die zwen mord gethan?

25 **Jungkfraw Helffant spricht:**

Köng Graneas, der untrew man,
Hat unsern fürsten tückisch verwart
Und angriffen mördischer art.

Der ander jäger spricht:

30 Nun gnad dir Gott, du edler held!
Wie hat dir alzeit nach gestelt
So grosser unfal und geferdt,
Weil du gelebet hast auff erdt!

iger tragen den hertzogen ab und kummen wider zu dem
toden könig Graneas, und der erst jäger spricht:

Nun lad auff den heidnischen hundt,
Der durch sein untrew gieng zu grundt!
5 Eil, eh sein hofgsind komb hernach
Und erwürg uns zu einer rach!

agen ihn auch ab. **Agley, die fürstin, kombt, setzt sich
trawrig nider und spricht:**

Es ist mein hertz mir also schwer,
10 Wenn nur meim fürsten nichtßen wer!
Mein hertz ist mir vol unmuts.
Mich antet warhaft nichtßen guts.

, 290] **Jungkfraw Helffant kombt geloffen, schlecht ir
hendt ob dem kopf zusammen und spricht:**

15 O jammer groß ob aller not!
Unser fürst ist geschlagen todt
Vom köng Granea am gejaid.

Agley schlecht ihr hendt zusammen und spricht:

O laid ob allem hertzenlaid!
20 Ist er todt, so mag ich nit leben,
Muß mein trawrigen geist aufgeben.
Nun fahr hin, mein trawrige seel,
Mit dem du groß angst, laid und queel,
Trübsal, jammer und vil beschwerden
25 Erstanden hast auff dieser erden
In gantzer stäter trewer lieb!
Fahr hin! dir ich ietz urlab gieb.
Thu deim gmahel das glaid hin geben
Von diesem dort in jenes leben!

wen jäger kummen mit der königin auß **Armenia, die
jungkfraw spricht:**

Ach, unser fürstin ist verschieden
Und hat den bittern todt erlieden.

önigin auß **Armenia schawt ihr unter die augen unnd
35 spricht:**

Ach, edle fürstin, gnad dir Gott!
Bist du mit deinem herren todt
Durch rechte ware lieb und trew?
Nun wöllen wir sie on alle schew
5 In ein sarg legen sie zusamb.
Gott, der herr, wöll sie beidesamb,
Die so vil jammers habn erlieden .
In lieb begnaden und befrieden
In frewd dort ewig ungeschieden!

Man tregt die fürstin ab, und gehen alle in ordnung ab.
ehrnholdt kombt, beschleust unnd spricht:

So endet sich diese tragedi,
Die und der gleich solche comedi
Von der lieb soliche geschicht
15 Haben der alten vil gedicht, .
Nicht das man darauß bulen lehr,
Sonder und das man sich vil mehr
Mit höchstem fleiß verwar und hüt
Vor der lieb, weil sie also wüt,
20 Vorauß wo solche liebe buer
Kombt von gleicher complex-natur,
Da zwey sind einerley geblüts,
Einerley sinne und gemüts.
Solche lieb ist starck wie der todt,
25 Ein brünstig flamment fewer roth,
Das auch ein gantzer wasser-stramb
Nit auß kündt leschen diesem flamb.
Wo sie den menschen uberwindt,
Macht sie in also doll und blindt,
30 Das er sein selb vergiesset gantz,
Schlecht seel, leib, ehr und gut int schantz,
Den bringet täglich ein unglück
Das ander unglück auff dem rück,
Wie diese tragedi außweist.
35 Derhalb so soll man allermeist
Den anfang der lieb fliehen lehrn,
Hertz, augen, mund darvon abkehrn
Und all ursach abschneiden kurtz,
Eh das soliche lieb einwurtz,
40 Die bringt kurtz frewd und langes leiden.

Derhalben ist die lieb zu meiden,
271 statt 291] Biß das man kumme in die eh,
Denn hab ein lieb, sonst keine meh,
Auß der denn frewd mit ehren wachß
5 Nach Gottes bevelch, wünscht Hans Sachß.

Die person in die tragedi:

1. Ehrnholdt.
2. Hertzog Leupoldt von Osterreich.
3. Hertzog Wilhelm, sein sohn.
10 4. Agrant, könig in Griechenlandt.
5. Die königin, sein gemahel.
6. Agley, ihr beider tochter.
7. König Balwan auß Phrigia.
8. König Melchior auß Persia.
15 9. Wildems, deß königs sohn.
10. König Graneas, der heiden könig.
11. Die königin auß Armenia.
12. Herr Friderich von Stein.
13. Marschalck Wegerich.
20 14. Mercurius, der götter bott.
15. Mörlein, deß teuffels knecht.
16. Der abendthewr-haubtman.
17. Die gefangen jungkfraw.
18. Die jungkfraw mit dem ainhorn.
25 19. Der erst trabant und jäger.
20. Der ander trabant und jäger.
21. Der bostbot.

Anno salutis 1556, am 3 tag Decembris.

[A3, 2, 141] Tragedia mit 25 personen zu agiern, die Melusina, und hat 7 actus.

Der ehrnholdt tritt ein, neigt sich unnd spricht:

Heil und glück sey den ehrenvesten
5 Außerwelten ehrlichen gesten
Und all, so hie versamelt sein!
Gebetten kummen wir herein,
Ein tragedi zu recedirn,
In teutscher sprach zu eloquirn,

*

2 Ein französisches gedicht des 14 jahrhunderts von Coudrette hat Francisque Michel 1855 herausgegeben. Ein altfranzösisches volksbuch über Melusina beschreibt Franz Pfeiffer in Robert Naumanns Serapeum 1848, s. 260. Das deutsche volksbuch ist aus dem französischen von Thüring von Ringoltingen übersetzt 1456. Alte drucke davon beschreibt Panzer in den zusätzen zu den annalen s. 23. 41. Nach Hans Sachs hat Ayrer die Melusina dramatisch behandelt. Ayrers dramen 3, 1615. Bekannt ist Göthes mährchen die neue Melusina. Werke hg. Gödeke, Stuttgart 1875. 5, 237. Eine neue gestaltung der sage hat Hans Hopfen in der novelle »zwischen dorf und stadt« gegeben, gedruckt in Paul Lindaus Nord und Süd 1, 149 ff. Die herrliche darstellung der Melusinensage in bildern Moriz von Schwind soll hier nicht unerwähnt bleiben. Erwähnt wird die Melusina von Ulricus Molitor in seinem buch von hexen und unholden s. Pfeiffers Germania 15, 102; in der zimmerischen chronik hg. Barack 1, 26. 4, 79; von H. Folz, der neu gulden traum, in den fastnachtspielen des 15 jahrhunderts s. 1295; Von H. W. Kirchhof, Wendunmuth hg. Österley 3, 515; von Ch. v. Grimmelshausen im Springinsfeld s. Simplicissimus 3, 153. 156; von Göthe im briefe an frau von Stein 17 Nov. 1782, hg. Schöll 2, 264. Über den alten gehalt der sage s. J. Grimm, deutsche mythologie, Göttingen 1844; 1, 405. Außerdem ist zu vergleichen Schreibers taschenbuch für geschichte in Süddeutschland 1844, 307. Mélusine, par Jérémie Babinet, Poitiers

Gar ein wunderbarlich histori,
Wol zu behalten in memori,
Welch gschlecht in frantzösischer sprach
Beschrieben ward und lang hernach
5 In teusche sprach ward tranßverirt.
Darinn kürtzlich anzeiget wird
Von der meerfein Melusina,
War könig Helmus tochter da,
Weliche denn verfluchet wardt
10 Von Persina, ir mutter hart,
Das sie verwandelt ward zu plag
Unter der gürtel all sambstag
In ein schlangen und grewling wurm.
Iedoch behilt sie menschen furm
15 Oberhalb der gürtel am leib.
Nun dieses wunderbarlich weib
Nam graff Raymund, doch mit bescheid
Must er ir thun ein herten eid,
Das ers all sambstag frey wolt lassen
20 In ihrm gmach unersucht der massen,
Zu verbergen solch heimligkeit.
Doch begab sich nach langer zeit,
Das ihn sein bruder uberreth,
, 292] Zu sehen was sein gmahel thet.
25 Als ers sach durch ein loch zu schad,
Sein gmahel in eim wannenbad
Unter der gürtel ein langen wurm,
Erschrack er ob dem grewling furm.
Doch schwieg er. Als aber hernach
30 Ein ubel durch sein sohn geschach,
Der das closter Maliers verbrent,
In zoren er sein gmahel schent,
Hieß sie ein giffting wurm und schlangen.
Darvon als unglück ist angangen,
35 Wann er sein liebe gmahel verluhr,
Die von im in die wiltnuß fuhr
Unter der gürtl ein grewlich wurm,
Und muß bleiben in diesem furm
In der ainöd in weh und klag

*

Grimms deutsche mythologie a. a. o.

Ellendt biß an den jüngsten tag.
Raymund, ihr gmahel, gieng ins ellendt,
Vor laid gab auff seiu regiment,
Auch was ihr söhn haben erstriten,
5 Vil landt und lewt nach adels siten.
Vil köng kamen auß ihrm geschlecht.
Diß werd ihr ordenlich und recht
Nach lenge hie hören und sehen.
Hört, schweigt! bald die person sich neben,
10 Wie oberzelt ding sind geschehen.

Der ehrnholdt geht ab. Graff Emerich von Poitiers geht
mit Raymund, seinem vettern, wie zwen jäger. Raym
spricht:

Hör, vetter! wie wöllen wir than?
15 Dieweil wir ietz verloren han
Unser volck, kummen von in allen
Und ist die nacht mit gwalt eingfallen,
Schon aufgangen deß mohnes schein,
Das wir zwen uns haben allein
20 So irsam in dem walt verritten.
Furcht, wir müsten uns unglück niten,
Eh mir beint kummen auß dem wald.

Graff Emerich:

Ich hab gesaget manig-fald,
25 Doch ist mir solichs ubersehen
Vor mals ie nit mer geschehen,
Das wir sint kommen so geschwind
Von allem unsern hoffgesind,
Von hunden und von aller jacht:
30 Ich fürcht, wir müssen uber nacht
Heint bleiben in dem wüsten wald.

Raymund, der jüngling:

Herr vetter, da ist ein holtzweg alt,
Der wirt gwiß gen Potiers gon.
35 Wir wöln geleich versuchen thon,
Weil uns hell scheint des mones schein,

*

24 K gejaget.

Ob wir dardurch kummen hinein
Widerumb zu den leuten schier.

Graff Emerich:

Vetter, ich wil gleich volgen dir.
5 Schaw, das wir den weg nit verlirn!
Wie schön und hell leucht das gestirn!
Herr Got, all dein werck sind wunderlich
In all dein geschöpffn gar sunderlich.
Schaw, mein Raimund! auß dem gestirn
10 Kan ich gewißlich practicirn,
Das in den nechst künfftigen stunden
Ainer wirt thöten und verwunden
Sein eigen herrn und wirt geleich
Durch solch ubel mechtig und reych,
15 Erhaben uber all sein gschlecht.
Solches dancket mich unrecht.

:, 293]   **Raymund spricht:**

Es steht alles in Gottes hend.
Herr vetter, ich hör an dem end
20 Etwas prasseln auff uns herein.
Ich fürcht, es sey das eberschwein,
Das wir den tag haben gehetzet.
Auff das wir bleiben ungeletzet,
Wel wir da steigen auff den baum,
25 Dem wilden schwein lassen sein raum,
Das gleich dort durch die busch her pricht.

Graff Emerich:

Vetter Raymund, ey, ich fleuch nicht,
Sünder wil mich hinter den baum stellen,
30 Das wilde schwein stechen und felln.

çend beide ab mit den spissen. **Raymund kumbt** bald
wider mit auffgehaben henden und spricht:

Weh mir der grossen angst und noth!
Ich hab leider gestochen thot
35 Den lieben herrn und vettern mein.

*

Als ich wolt stechen das wild schwein,
Da felt ich das schwein und stach ihn.
Nun ich der unglückhafftigst bin,
Hab den erstochen mir zu unrat,
5 Der mich doch aufferzogen hat
Und mich hat pracht zu gut und ehr.
Ich fürcht, das ich das nimmer mehr
Bey Gott kün abbitten und büssen.
Ich wirt im argwon bleiben müssen,
10 Samb hab ich das mit willen thon.
Nun wirt mich hassen iederman.
Solch sein mort wil ich an mir rechen,
Verzweiffel mich selber erstechen,
Das ich bleib bey meim vettern thot.
15 Ach nein, ach nein, behüt mich Gott!
Wolst noch mehr unfals auff dich laden,
Auß eim schaden machen noch ein schaden,
[A 3, 2, 142] Das du drumb ewig würst verlorn?
Wolt Gott, das ich nie wer geborn,
20 Weil ich verbracht das ubel hab,
Oder leg in dem todten grab!

Melusina sted da am weg und spricht:

Ich kab kein edlen (mag ich jeben)
So peurisch und unhöfflich gsehen,
25 Der für jungfraw gieng oder ried,
Doch in kein reverentz thet, nit
Ansprech noch adelicher geper.

Raymund:

Ach, edle junckfraw, ich beger
30 An ewr schön und zarte tugent,
Welt mir verzeihen mein untugend.
Ich bin in solchem hertzenleid
Gewest und noch bey meinem ayd
Also erglestert und entsetzt,
35 Von mir selb kum, das ich ietzt
Euch warhafftig nit hab gesehen.

*

13 K verzweyffelt.   27 K nach.

Melusina, die junckfraw:

Ja, Raymund, das laß ich geschehen.
Dein unglück ist mir leid in trewen.
Iedoch so kan ich dich erfrewen.
5 Ich weiß wol, das du diese nacht
Dein lieben vettern hast umb-bracht,
Der solches hat geweisaget dir.
Darumb rad wir, du folgest mir.
So solt du auch auff dieser erden
10 In deim geschlecht der mechtigst werden.
Derhalben solt du nit verzagen.

294] **Raymund thut das creutz für sich und spricht:**

Ach, edle junckfraw, thut mir sagen,
Wie das ir mich mit namen nent
15 Und auch meinen unfal erkend,
Und hab mit wissen (mag ich jehen)
Ewr doch vormals gar nit gesehen.
Ir werd villeicht Diana sein,
Die göttin, oder ein gespenst allein,
20 Weil ir solch mein heimligkeit wist.

Melusina, die junckfraw:

Ich bin als wol, als du, ein Christ
Und glaub all christliche artikel.
Derhalb mit forcht dich nit verwickel
25 Und vertraw keines argen mir!
Auß nöten kan ich helffen dir.

Raymund:

Was sol ich thun? ich bin bereid.

Melusina:

30 Da schwer du mir zu Gott ein eyd,
Mich zu ainer gmahel zu nemen!
Meins adels darffst dich auch nit schemen.
Wölst mich auch lassen all sambstag
In ein gmach allein, an nach-frag,
35 Auch niemant gstaten mir nach zu schauen.
Dagegen schwer ich dir auff trawen,

34 *

Den sambstag allein zu verbringen
Mit gued, erlich, löblichen dingen,
Was sich gezimbt zu zucht und ehrn.

Raymund hebt zwen finger auff:

5 Edle jünckfraw, ich wil euch schweren,
Wie ir begert, und wil das halten.

Melusina spricht:

Helst dus, als glück wirt mir dir walten.
Wirst du aber brüchig an mir,
10 So wirt als glück weichen von dir
Und wirst darzu verlieren mich,
Auch nicht mehr sehen ewigklich.

Raymund:

Ach, ich wil mein trew halten thon.
15 Da habet keinen zweiffel on!

Melusina:

Nun gehin gen Potiers frey!
Wer fragt, wo dein herr vetter sey,
Sag, du habst in verlorn im wald.
20 Nach dem wirt er gefunden bald
Und wird geglaubt, die wunden sein
Hab in gehawen das wild schwein.
Als denn er herlich wirt begraben.
Nach dem so soltu achtung haben:
25 Sein son Bertram wirt lehen leihen
Den ritern, edlen und den freyen;
So beger, das er begab dich
Allein so mit vil erdtrich
Bey dem Durst-prunnen auff den tag,
30 Als ein hirschhauet einemem mag.
Das wirt er dir zusagen auffs minst
Für dein getrew und gut hoff-dienst.
Denn schneid die haut zu rimen schmal!
Darmit fach du ein berg und dal
35 Umb den Durst-brunnen, wie ich dir zeig!

*

22 K jhm.   28 K mit so vil.   30 K hirschhaut.

Geh hin und zu den sachen schweig!
Biß ubermorgen kumb wider her!
Der ding ich dir vil mehr erkler.

Raymund:

Hertz-liebe spons, ich wil es than,
Was ir mir habt gezeyget an.

Die beyde ab. [K 3, 2, 295] Bertram, des graffen su
    ein mit dem Raymund und spricht:

Emrich, mein vater.
Mein lieber herr und woltaten?

                  jeyd.
Raymund weis   schaid,
                n.

15 Nach dem das   ben trieben
Die hund im   ssen,
Hab wir uns z   assen
Im wald, einr   hin.
So ich auch v   in,
20 Hab mich auch   verritten,
Ey weit hinein nach jegers sitten.
Bin heut vor tags erst kummen raus.
Dort kummen zwen jeger zu haus,
Die mügt ir nach dem herrn fragen.

Die zwen jeger kummen. Bertram, der jung graff, sp

Ir baid jeger, künd ir nit sagen,
Wo unser herr vater blieb am jaid?

Der erst jeger:

O jamer, angst und herzenleid!
30 Wir haben im forst in dot gefunden
Mit einer langen dieffen wunden,
Die im gehawen hat das schwein.
Doch haben wir tragen herein
Sein toden leib heut, bald es taget.

Ey, diß sey Gott im hymel klaget!
Ist mein hertz-lieber vatter thot?
Seiner seel wöl genaden Gott!
Nun wol wir in begraben thon
5 Mit eiar erlichen procession
Der priester mit der glocken thon.

~Sie gent alle ab.

Actus 2.

[A 3, 2, 143] Raymund kombt mit zweien knechten, tragen
zerschniten hirschenhaut. Raymund spricht:

Bertram, der jung graff, hat aufs minst
Mich begabt für mein trew hofdienst
Umb den Durstbrunnen mit so vil erden,
Als vil wir mügen einziehen werden
15 Mit den riemen der hirschenhaut.
Da kombt mein hertzenliebe braut.

Melusina kombt und spricht:

Mein Raymund, da bindt die hirschenhaut an
Und nach dem laß sie ziehen than
20 Umb jenen felß und umb die wiesen,
Da das fischreich bächlein thut fliesen!
Das selb landt gar einfangen laß!
Nach dem will ich dir sagen, was
Du forthin wider handlen solt.

25   Raymund spricht:

Mein hertzentrawt, als, was ir wolt,
Will ich nach ewrem rath verbringen.

Melusina spricht:

Das thu! so kan dir nit mißlingen.

Sie gehen alle ab. [K 3, 2, 296] Der jung graff kombt, spric
Wann gehst du, mein vetter Raymund?

Ráymund spricht:

Mein herr vetter, ich hab ietzund
Einzogen die ort, darmit ir habt
Gester auß gnaden mich begabt
Umb den gemelten Durstbrunnen.
5 Hab ein jungkfraw darbey gefunnen,
Gantz engelisch gelidmasiret,
Höflich geschmucket und geziret.
Die hab ich zu einr gmahel gnummen.
Bitt ewr gnad, wöll auft hochzeit kummen
10 Auft den nechst künftigen montag.

Graff Bertram spricht:

Ja gern, ich bitt dich aber: sag!
Von was geschlecht, adel und stamb
Ist dein braut und wie heist ir namb?

15 ### Raymund spricht:

Mein herr vetter, das weiß ich nicht.
Allein schetz ichs von angesicht
Von gar edlem geschlecht geborn.

Graff Bertram spricht:

20 Vetter, du hast gleich thon eim thorn.
Nimbst du ein weib, das du nit kenst?
Wart, das ein trügnuß aber gspenst,
Dich hab betrogn bey dem Durstbrunnen!
Der gleich hat sich vor oft ersunnen,
25 Das man das weibßbild hat gesehen.
Wenn man im denn hat wöllen neben,
Sind sie im augenblick verschwunden.

Raymund spricht:

Da hat es sich vil anderst funden,
30 Das mein braut ist voller weißheit,
Hat mir gsagt all mein heimligkeit.
Darzu ist sie edel und mechtig,
Hat mir zeigt schätz, köstlich und brechtig,
Auch vil diener und dienerin.
35 An ir ich ungezweiffelt bin.

Graff Bertram beut ihm die handt und spricht:

Mein vetter, so wünsch ich dir glück
Zu deinr gmahel in allem stück.
Wir wöln dir zu hof reiten gschwind
Mit all unserem hofgesind
5 Und wöllen dir dein hochzeit ziern
Mit rennen, stechen und thurniern
Und wöllen morgen frü auff sein.

Raymund spricht:

All ding ist schon verordnet fein,
10 In freiem feld hochzeit zu halten
Und alda aller frewden walten.

Sie gehen alle ab. Der ehrnholdt geht ein, spricht:

Ich bin gewesen ferr und weit
Auff mancher fürstlichen hochzeit.
15 Doch mag ich auff mein warheit jeben:
Hab solche köstligkeit nie gesehen
Von dapetzrey, köstlich credentz,
Comedi und adelich tentz,
Köstlich kleidung, getranck und speiß,
20 All ding mit solchem hohen fleiß
Versehen und geordiniert,
Also geschmucket und geziert.
Die brawt het ein volck unbekandt,
Als in seiden, samut gewandt.
25 Da stundts vol aufgeschlagner zelt
[K 3, 2, 297] Umb den Durstbrunn ob gemelt.
Darinn hört man musica vil.
Darvor sicht man die ritterspil
Als gar frewdreich in aller weiß,
30 Als seiß das irrdisch paradeiß.
Nun, heut ist gleich die hochzeit auß.
So raiß wir wider heim zu hauß.

**Der ehrnholdt geht ab. Graff Bertram gehet ein, mit Raymund
und Melosina, der braut, und spricht:**

35 Gott der wöll euch nun allwegen
Geben seinen göttlichen segen,
Das du fort fruchtbarlich thust mehrn
Mit deiner gemahel mit ehrn

Graff Bertram nimbt urlaub von der brawt und spri[cht]

Ach edle brawt, seit wolgemut!
Last euch mein vetter bevohlen sein!

Melusina, die brawt, spricht:

Hertzenlieber herr schwager mein,
10 Ich bedanck mich ewr reichen schenck,
Der ich im bestem euch bedenck.
Ewr vetter, mein gmahel Raymund,
Soll mir ietz und zu aller stund
Und ewigklich bevolhen sein.

15 **Raymund spricht:**

Nun wöll wir euch, herr vetter mein,
Das glaid biß durch den wald nauß geben,
Euch noch mehr sach anzeigen eben.
Gott wöll uns all gsund lassen leben!

20 **Sie gehen alle ab.**

Actus 3.

Melusina geht ein mit Raymund unnd spricht:

Mein Raymund, das laß uns beschawen
Ein flecken, darauff man thu bawen
25 Uns ein zierlich und vestes schloß!

Raymund spricht:

3, 2, 144] Wie dunckt dich, der felß hoch und groß
Wer zu eim schloß starck, vest und gut?

Mit einem zwinger und umblauff
Und mit eim weiten tieffen graben,
Mit rinckmawer und thürn erhaben,
Mit ercker, tachwerck und mit zinnen,
5 Mit keinem gewalt zu gewinnen,
Mit gwelben, brunnen auff das best,
Mit bastey, bolwerck, starck und vest.
Das schloß will ich Lusinnien nennen.
Bey dem wird man unser gschlecht kennen,
10 Weil wir schon haben ehrlich sühn,
Die auch ritterspil treiben thun.
Und eh drey monat thun vergehn,
Soll gemelt schloß schon aufrecht stehn
Mit aller zu-gherund, thor und wacht,
15 Aller ding fertig und gemacht.

**Sie gehen alle ab. [K 3, 2, 298] Uriens und Giot, beid söhn
lusina, gehn gewappnet ein. Uriens spricht:**

Giot, mein bruder, hast vernummen
Den brieff, welcher uns zu ist kummen
20 Von dem könig in Zippern da,
Wie sein haubtstat Famagusta
Belegert sey von dem soldan?
Der bitt, im hilflich bey zu stahn,
Zu erretten das christen-blut,
25 Das der soldan vergiessen thut.
Mein bruder, wilt du doch auch mit?

Giot, ein sohn Melusina, spricht:

Mein bruder Uriens, warumb nit?
Wie ich dir nun verbeissen hab,
30 Auff morgen frü so fahr wir ab,
Wie du denn all ding hast bestelt,
Fünffhundert pferd darzu erwelt.
Komb! laß uns, wie denn wol thut zemen,
Von vatter und mutter urlaub nemen!

**Sie gehn beid ab. Der könig von Zippern geht ein mit s
marschalck, spricht:**

*

14 K zughörung.

Ihr liebn gtrewen, gebt rath darzu,
Wie man die sach angreiffen thu!
Der soldan uns belegert hat
Und ist groß hunger in der stat.
5 Hab umb hilff in Franckreich geschrieben.
Noch ist mir hilff biß her außblieben.
Die stat müg wir nit lang aufhalten.

Der marschalck spricht:

Mir wöllens Gott noch lassen walten,
10 Weil noch haben zu essen wir.
Gott wird uns hilff zu-schicken schir.
Auff dem steht ie mein hoffnung noch.
Er wird uns retten von dem joch.

Der ehrnholdt kombt, spricht:

15 Herr köng, es kummen auß Franckreich
Zwölff naue euch zu hilff geleich,
Die thun gleich an der port anstahn,
Werden den feindt auch greuffen an.

Der könig spricht:

20 Heiß bald sich rüsten iederman!
So wöll wir einen außfahl than,
Das der soldan in dem rumorn
Sich wehren muß binden und vorn,
Ob wir mit ritterlichen schlegen
25 Möchten sein blegerung erlegen.
Dran, dran! unser feindt mit in schlagen,
Werden gleich in die bendt uns jagen.

ürcken kummen, schlagen auff sie. Uriens und Giot
en hinden auff sie. Der soldan felt und auch der könig.
ürcken fliehen. Man hebt den könig von Zippern auff,
der spricht:

Ach meines lebens bin ich verdrossen.
Ich bin mit einem strahl geschossen.
Holt mir die artzt (mir will geschwinden),
35 Auff das sie mich eylendt verbinden!

etzt den könig in sessel, der artzt zeucht im den pfeil
auß unnd spricht:

Herr könig, der pfeil ist vergift,
[K 3, 2, 299] Derhalb leib und leben betrift,
Es helff euch denn Gott in den tron
Und mein kunst wunderbar darvon.

Hermina, deß köngs tochter, kombt unnd spricht:

Hertzlieber vatter, bist du auch wundt?
Hoff zu Gott, du werst bald gesundt.
Ist dein wunden in der brust vorn?

Der könig von Zipppern spricht:

10 Tochter, all hoffnung ist verlorn.
Das gift mir eilet zu dem hertzen.
Ich leid unmenschlich bitter schmertzen.
Geh, ehrnboldt! bring die jungen herrn,
Die mir auß Franckreich her zu fern
15 Zu hilff sind kummen in den krieg,
Haben helffen erlangen sieg!
Deß ich in danck vor meinem endt
Der ihren ritterlichen bendt.

Der ehrnholdt geht ab. Hermina, die tochter, spri

20 Ach, herr vatter, gehabt euch wol!
Ich hab gut hoffnung, Gott der sol
Gut mittel durch artzney geben,
Euch zu erhalten bey dem leben.

Uriens und Giot kummen. Der könig beut in die
25   **spricht:**

Ihr jungen herren auß Franckreich,
Ich danck euch beiden fleissigkliech,
Das ir mir habt in diesem krieg
Erlangt so ritterlichen sieg
30 Zu hilff der gantzen christenheit.
Derhalb ir zu ewiger zeit
Solt haben rhumb, lob, preiß und ehr.
Doch hab ich ein bit zu euch mehr:
Saget mir ewer werde namen,
35 Auch ewr edel geschlecht und stamen,

*

17 ? Dass.   27 K fleissigkleich.

Von wann ir seit geborn worn!

Uriens, der sohn Melusine, spricht:

Von Lusinien sind wir geborn.
Giot mein bruder ist genandt,
5 Uriens heiß ich weit erkandt.
Mein namen ich nit bergen wil.

Der könig von Zippern spricht:

Ach, ich hab oft gehöret vil
Von diesem adelichem gschlecht.
10 Und wo du mir wilt volgen recht,
Ich dein stamb, adel, gut und ehr
Willig erheb und weiter mehr.

Uriens spricht:

In welcher maß? das zeiget an!

15   **Der könig von Zippern spricht:**

Wiß! die einig tochter ich han,
Hermina; die will ich dir geben
Zur gmahel. Wenn ich endt mein leben,
, 145] So felt an sie Cippern, das reich.
20 Darzu darff sie warhafftigleich
Ein künen ritter, welcher helt schutz
Dem künigreich vor des soldans trutz.
Wiewol er in der schlacht ist gfelt,
Wird doch ein ander außerwelt.
25 Mein Uriens, wolst du das than?

Uriens, Melusina son:

Herr künig, ich wil nemen an
Die grossen ehr und reichen gab,
Der ich doch nit verdienet hab.
', 300] Weil ewer mayestat mein begert,
Seit ir hertzlich von mir gewert.

Der künig spricht:

Nun, mein Hermina, trit herzn!
Volg mir und nimb den ritter du
35 Zu einem ehlichen gemahel,

Der dir dein reich gar vest wie stahel
Beschützen und behüten wirt
Vor dem soldan, weil er regiert!

5 Hertz-aller-liebster vater mein,
Ich wil ghorsam und willig sein
In alle dem, was du zeigst an,
Wie ich hab all mein lebtag than
Dein willen gehorsam und gern.
10 Solt ich dich den ietz nit geweren?

inig nimbt ir beider hendt, gibt sie zu-sam und s

Nun, so gib ich euch baid zu-samb
Zu rechter eh in Gottes namb.

Gibt in baiden die hand:

15 Gott geb euch baiden glück darzu!
Nun so wil ich sterben mit ruh,
Weil ich ein solchen ayden han,
Der mein künigreich beschützen kan.
Nun füret mich ab von der stedt
20 Und leget mich in das todbeht!
Last bringen mir das sacrament,
Wann mir nahet mein letztes end!
Mein geist befilh ich in dein hend.

zwen brüder füren den künig ab und gehn alle

25   # Actus 4.

Melusina geht ein mit Raymund und spricht:

Mein Raymund, wie gethst unsern sün,
Die uns so gar kein botschafft thün
Auß Zippern, Uriens und Giot?

30   Raymund:

Mein Meluisina, ich hoff, Gott

Werd sie baide gar nit verlassen.
Wir haben sie ye aller massen
Auff tugent und gotsforcht zogen,
Von allen lastern sie abbogen.
5 Schaw! dort kumbt gleich ein postbot her.

Der postpot kumbt, neigt sich und spricht:

Gnediger herr, fröliche mär
Von ewrn baiden sün ich pring.
Urias, der dapffer jüngling,
10 In Cippern groß ehr hat eingelegt,
Darmit den alten künig bewegt,
Das er im hat sein tochter geben.
Und als der künig auff gab sein leben,
Ist Urias künig in Cippern worn.
15 Auch so ist Giot ausserkorn
Künig in Armenia erwelt,
Des künigs tochter zu-geselt,
Florya, der jungkfrawen zart,
Die aller-schönst, höflicher art,
20 Wie ir vernembt in diesem brieff.

Der ander bostbot kumpt und spricht:

Von Prag auß Behmen ich her lieff.
Wist! Anthonius und Reychhart,
Ewr beyde sön, nach beldes art
5 Die haben gar vor kurtzen tagen
1] Zwey mal mit den feynden geschlagen,
Auch den küng von Elsaß gefangen.
Dardurch Antoni thet erlangen
Die zart fürstin Christina frumb
Sambt Lützelburg, dem fürstenthumb.
10 Nach dem habens nach kryeges syten
Den Türcken auch vor Prag bestriten,
Da auch ewer sohn Reynhart mehr
Erlanget hat groß rumb und ehr,
Den Türcken hat bracht umb sein leben,
15 Dem man auch hat zu gmahel geben
Des königs tochter Eßglanthina.
Ist ietzt könig in Behem da,

Wie ir wert ihr erentreychen wesen
Nach leng in diesen brieffen lesen.

Raymund bricht die brieff auff, list. Melusina het
auff, spricht:

5 Des sey Gott lob in seinem thron,
Der gnedig mit uns handeln kon
Und unser söhn zu ehren bringt,
Das ihr keynem nit mißelingt!

Die zwen botten gehen ab. Freymund, der sohn]
10 **kumbt, kniet nider und spricht:**

Herr vatter und fraw mutter, ich bit:
Etwas werd ir abschlagen nit.
Es ist mein hertzliches begern
Und das ich wolt ein münich wern
15 Zu Malirs in dem kloster new,
Das ir habt gstifft auß gantzer trew.

Raymund, der gmahel Melusina, spricht:

Mein son, bist mit andacht behafft?
Hast kein lust zu der ritterschafft,
20 Wie die andern brüder dein!

Freymund, der son:

Ich bit, herr vatter, laß mich nein
(Der abt ist mir sehr wol verwand,
Bin auch dem convent wol bekand),
25 Das ich Gott darinn für euch bit!

Melusina, die mutter:

Wir wöllen dirs abschlagen nit.
Mein lieber son, was dein hertz gert,
Solt du gewißlich sein gewert.
30 Kumb in das closter, wenn du wilt,
Auff das dein hertz nur wirt gestilt!

Sie gehnd alle ab. Raymund geht wider ein und spr

Nun, Gott wil ich lob, ehr verjehen.

*

1 K ehrentreich.

Nun hab ich fünff söhn wol versehen.

Der graff vom Forst kumbt, Raymunds bruder, und

Gott der grüs dich, o bruder mein!
Ich kumb ein mal zu dir herein
5 Vom forst ins schloß Lusinien,
Zu sehen, wie es dir ist gehn.

Raymund beut in die hand, spricht:

Ey, glücklich wol, Gott sey lob, ehr!

[A 3, 2, 146]   **Der graff vom Forst:**

10 Das hör ich gern und frew mich sehr.
Wo ist mein liebe geschwey, dein fraw?

Raymund:

Heut ist sambstag, mein bruder, schaw!
[K 3, 2, 302] Daran den almal freyheit hat
15 Mein fraw und sich nit sehen lat
Und ist allein in eim gemach
Und ich darff ir nit forschen nach.
Solichs hab ich der ausserkorn
In dem anfang ein eid geschworn.
20 Hab irs biß her gehalten trewlich.

Graff vom Forst, sein bruder:

Mein bruder, das ist gar abschewlich,
Das du ir nit nach schawen thust,
Ir iren willen lassen must.
25 Ich sag dir, das zwischen uns beden
Not ist, das wir uns unter-reden.
Etlich sagen, sie treib gar frey
Alle sambstag ir bulerey
Ander sprechen, die du wol kenst,
30 Wie das ein teufflisch gespenst
Mit deinem weib gemeinschafft hab.
Darumb wolt ich nit lassen ab,
Sonder beschawen an der stedt,
Was sie in irem gmach doch thet,
35 Haimlich in thür boren ein loch.

Raymund:

Frawe, in ... man ... lieb,
... vi man ...
Der ... seins ... traw ...
Bleib ... vi ... vider ...

Page margin number illegible.

Raymund ... sein weib ... sehen. **Sein** bruder redt
in sich:

Ich hab ... man ... ...
Das in ... ...
Sonder ... ...
Ir ... ... wort,
Damit sie ... ... betracht.
Wie ... ist der weiber art.
Nu es vri ... verleren hart.
Er wirt sehen, das in ... gleit.
Dort kumpt er ... ... gar entstelt.

Raymund kumbt. **Sein** bruder spricht:

Bruder, ... dir hab in allen
Deine ... sich nit wolgefallen.
Du bist durch ir untrew betrogen.

Raymund spricht zornig:

Das ist in deinen hals erlogen.
Mein weib ist trew und ehren frumb.
Sag solche wort nit widerumb,
Du schentlicher man! geh hienauß
Und kumb nimmer mer in mein hauß!
Verfluchet sey der tag und stund,
Da ich folgt deinem falschen mund!

Der bruder geht ab. **Raymund** spricht kleglich:

O jamer groß ob hertzenleid!
Ich hab brochen trew, ehr und aid
An meiner hertz-lieben gemahel,
Die trew ob mir vest helt wie stahel.
Die itzt dort sitzt, doch mir an schad,
In einer wannen im wilbad,
Ober der gürtel zart und mild

Ein-helt solches weibes bild;
Aber unterhalb hats ein furm
Gleich eim ungheuren, gifftigen wurm,
Gemengter farb, blob, gelb und grün,
5 Mit silber-farb gesprenget schön.
[K 3, 2, 303] Solchs hab ich durch ein loch gesehen.
Wil aber nichtsen zu ir jehen,
Wil sie des leger halten nicht.
Wer weyß, warumb solch wandlung gschicht?
10 Wann heimlich sind Gottes gericht.

Raymund geht trawrig ab.

Actus 5.

Raymund geht ein, setzt sich nider und spricht

Ach Gott, ich bin betrübt von sinnen.
15 Solt mein gemahel werden innen,
Das ich ir nach geforschet hab,
Sie solt wol von mir schaiden ab.

Melusina kumbt und spricht:

Reymund, lieber gemahel mein,
20 Wie magst du also trawrig sein
Ietzunder ein tag oder zwen?
Sag! was unfals ist dir zu-stehn?
Hoff ich, ye unser sach steh wol.

Raymund:

25 Ja, Gott sey lob! allein ich dol
Etwas ein klein schwermütigkeit,
Wird auch hinsincken mit der zeit.
Da kumbt aber ein postpot her,
Bringt uns, ob Gott wil, gute mär.

30 **Der postpot kumpt, spricht:**

Gnediger herr, ich bin gesand
Her von Garanda auß dem land

Von Goffroy, ewrem sune, her,
Der hat eingelegt grosse ehr,
Darinn er hat in kurtzen tagen
Den risen Gedeon erschlagen,
5 Welcher bezwange land und leut.
Des ist die gantz landschafft erfrewt,
Helt in in grosser wirrd und ehr,
Wie ir im brieff vernembt noch mehr.

Er gibt im den brieff, Reymundt list den, hebt sein hend
10   spricht:

Gott sey lob, der in allem stück
Gibt unsern sünen heil und glück!
Kumb heut gen hoff und thu hie bleiben!
Morgen wöl wir im wider schreiben.

Sie gehn alle ab. Goffroy mit dem san geht ein, gews.
    und redt mit im selb, spricht:

Nun hab ich den risen Gedeon
Erschlagn, den ungehewren mann.
Nun ist mir botschafft zu-gesand,
15 Gar weit her auß Norhemeland,
Da auch ein grosser rise sey,
Grimolt, der auch durch tyranney
Die gantz landschafft zwing und beschedig.
Das sol ich von im machen ledig.
20 Nun wil ich den ungheuren man
Auch mit der Gottes hilff bestahn.

    Der postpot kombt und spricht:

Ach küner ritter, ewr vetter Raymund
Erbeut euch, er sey frisch und gsund
25 Mit all den sein, und Freymund sey,
Ewer bruder, newlich in der abtey
Zu Maliers ein münch worden
. Und angenummen den heiling orden.
Für euch alle Gott bittet heut.
30 Des sich vatter und mutter freudt.

[K 3, 2, 304]   Goffroy mit dem san:

Ist mein bruder ein münch worden,

Hat veracht ritterlichen orden,
So ist er uns brüdern allsant
Worden ein grosse spot und schand.
47] Die lausingen münch an den orten
5 Die haben in mit schmeichel-worten
Mit irem dant und zaubcrey
Ins kloster bracht dieser abtey.
Derhalb so sollen sie all sterben,
Sambt dem kloster im fewr verderben.
10 Das wil ich in selb zünden an,
Das ir gar keiner kumb darvon.
Das schwer ich in zu Gott ein aid,
Dem lausing münch zu hertzenleid.

geht ab mit dem botten. Der Raymund geht ein, setzt
15   sich und spricht:

Mein hertz ist mir gleich vol unmuts.
Mich andet warlich nichtsen guts.
Da kumbt geleich postirt ein pot.

Der postbot kumbt und spricht:

20 Gnediger herr, jamer und not
Sol ich verkünden ewrn gnaden.
Freymund, ewr son, hat gnummen schaden.

Raymund spricht:

Das wöl Gott nit! sag! wie und wenn
25 Und durch wen nam er schaden denn?

Der postpot:

Ewr son Goffroy mit dem zan
Der hat das kloster zündet an,
Maliers, verrigelt an dem end,
30 Kloster und all münch verbrend,
Das gar keiner darvon ist kummen.
Haben ein kleglich end genummen,
Mit grossem gschrey sam unbesunnen,
Und sind all zu pulver verbrunnen.

postpot get ab. Raymund red mit im selb kleglich:

Herr Gott, erst findet sich die rach,
Das ich mein herr vettern erstach,

Doch on mein willn; mir zu unfrummen
Hab ich hernach ein weyb genummen,
Ein lauter gespenst und zauberey,
Wie ichs denn in dem bad gar frey
5 Gesehen hab in menschlich furm,
Unterhalb ein grawsamen wurm.
Die hat mir zehen sön geborn;
All dadelhafft an leib' sind worn,
Teuflischer art, wie man ietzt kend.
10 Goffroy das kloster hat verbrend,
Mein aller-liebsten son darinn,
Des ich hertzlich betrübet bin.

Melusina kumbt mit dem hoffgesind und spricht:

Mein Raymund, wie bist so betrübt?
15 Sag an, was dich zu trawren ubt!
Ist dir ein unfal zu-gestanden
Etwan an leuten oder landen?
Oder ist ein kranckheit an dir?

Raymund spricht zorniglich:

20 Geh eylend, bald und schnell von mir,
Du ungehewer teuffels-künder,
Du erschröcklich grawsam meerwunder,
[K 3, 2, 305] Du gifftiger wurm, trach und schlang!
Du gspenst hast mich geblendet lang.
25 All dein geschlecht thut doch kein gut.
Dein Goffroy hat in jamers gluet
Das kloster Maliers gar verbrend
Sambt hundert münchen, die da send
Gewesen sambt Freymund, meim son.
30 Solch böß frücht von dir kummen thun.

Melusina sincket nider zu der erden, spricht kleglich:

Ach Gott, Raymund! weh ewigklich,
Das ich ye sah mit augen dich!
Weh, das ich dich ye lieb gewan!
35 Weh, das ich dich namb zu einem mann,
Dieweil du mir dein eyd hast brochen
Und drew, die du mir hast versprochen,
Und mir verwisen da auß neid

Mein verborgen heimligkeit,
Vor iederman gemacht zu schand,
Das sunst erfaren het niemand!
Welches dir doch ist gewest on schaden.
5 Nun so muß ich on all genaden
Von dir, hertz-lieber gmahel, scheiden,
Fort hin in sonderlichem leiden
Leben biß an den jüngsten tag
In der wüsten in jammer, klag.
10 Sunst het ich bey dir erworben,
Das ich fein wer natürlich gstorben,
Wenn du mir hest dein trew gehalten.
Nun so wirst du in unglück alten.
Hail und glück wirt sich von dir keren
15 Sambt gewalt, reichtumb, gut und eren
Und wirst veracht von iederman,
Weil du den mainayd hast gethan
An mir armut-seligen frawen.

nund hebt sein handt auff, felt ir zu fuß, spricht:

20 Ach Gott, mich hat hertzlich gerawen
Mein jeher zorn auß unvernunfft.
Ich wil dirs forthin in zu-kunfft
Der ding gedencken nimmer mehr.
Ich bit durch aller frawen ehr,
25 Wölst mir solch mein schmach vergeben
Und bey mir bleiben dein gantz leben,
Du ausserwelter gmahel mein!

Melusina spricht:

O Raymund, das mag nit mehr sein.
30 Weil du mir solichs hast verweist
Und es gehört hat der böß geyst,
Kan ich nit lenger bleiben bey dir.
Doch wenn ich hinfar, so folg mir!
Heribel, deinen jungen son,
35 Den solt du töden und ab-thon,
Wann er wurd der bösest mensch werden,
Dem land zu-richten vil beschwerden.
Goffroy aber wirt auff trawen
Das verbrend kloster wider bawen,

Buß thon und es reichlich begaben
Und wirt endtlich das schloß in haben.
Nun lenger ich nit bleiben kan.
Mit trawren so muß ich darvon.
5 Dort wirt man mich bey dem Durst-brunnen ·
Offt sehen vor auff-gang der sunnen.

Melusina geht ab, rüst sich inn die flügel und den sch
Raymund sprich mit auffgehaben henden:

Nun sey es Gott von himel klagt,
10 Das ich ir ein wort hab gesagt!
Der tag und die stund sey verflucht,
Das ich sie heimlich hab ersucht!
[K 3, 2, 306] Nun ist all freud in leid verkert,
Mein klag mit trawren hoch gemert,
15 Seit ich mich sol verwegen dein.

Melusina kumbt geflügelt unnd dem schlangen - schwantz
spricht:

Nun kan es ye nit anderst sein.
Gesegnn dich Gott, mein hertzen-lieb,
20 Der mir all mein trawren vertrieb!
Gesegn dich Gott, mein süesser trost,
Der mich auß hartsel hat erlöst!
Gesegn dich, mein sües wolgefallen
Ob andern creaturen allen!
25 Gesegn dich Gött, mein breiß und rumb,
Mein schatz für alle fürstenthumb!
Gesegn dich Gott, mein freund und gsel!
Gott bewar dich für ungefel
[A 3, 2, 148] Und darzu all unser kind!
30 Gott gesegn alles hoffgesind!
Gott gesegn Lusinien, das schloß!
Ich far dahin in unmüht groß.

Sie fert ab mit irem schwantz. Raymund schlecht sein hend
zam:

35 Far hin, mein gmahel, beleidt dich Got!
Der bewar dich vor aller noht,
Mein sunnen-glast und morgen-stern!
Weil ich sol und muß dein embern,

Wirt mein leben sein wie der todt
In trübsal, unmut, angst und noht.
Weil mir fert all mein trost dahin,
Der hartseligst man ich nun bin.
5 Mein trawren und hertzliche klag
Ich nit gnugsam außsprechen mag.
In hertzenleid ich schier verzag.

Sie gent alle trawrig ab.

Actus 6.

Zwen knecht genht ein, der erst spricht:

Ach Gott, wen solt doch trawren nicht
Unser gneding frawen abschiecht
Also von frewd, gwalt, gut und ehr!

Der ander knecht:

5 Ach, mich erbarmet nichsts so sehr,
Als da sie in dem lufft hin schoß.
Da für sie drey mal umb das schloß
Mit gar eimb kleglichen geschrey,
Gesegnet ir junge kinder zwey
20 Mit also gar kleglichen worten.

Der erst knecht:

Auch sagt man zu hoff an den orten,
Wie die seugamen in der neben
Zu nacht Melusina offt sehen,
25 Wie sie kumb wider, thu sich eigen
Und ire junge sün selb seugen,
Heb sie auff, werm sie bey dem fewer.
Als unser herr hört die abenthewer,
Warr er hertz-fro und thet verhüten
30 Die fraw vor der kamer im güten.
Da furs durch das fenster darvon,
Das der graff groß hertzleid gewon.
Derhalb sie seid her kam nit wider.

Der ander knecht:

Unser gnediger herr ist sieder
Nit frölich worden, mag ich jehen.

Der erst knecht:

Ja. dieser unrat ist geschehen
5 Durch in; er hat allein die schuld,
[K 3, 2, 307] Das reit in klag und ungedult.
Man sagt, er wöl das ubel büssen
Und wallen mit barfussen füssen
Gen Rom und zum heiligen grab,
10 Wel von land und leuten sthon ab
Und sich gottseliglich ergeben
In ein klaus und ainsidels-leben.

Der ander knecht:

Kumb! laß uns lauffen beidsander!
15 Im stall die geul schlagen einander.

Goffroy kumbt mit dem kundtman gewapnet und spricht:

Zu eim kundtman bist mir zu-geben,
Das du mich sollest füren eben,
Da ich find den risen Grimold.

20 Der kundtman spricht:

Den riesen ir bald sehen solt.
Secht ir nit jenen grossen berg?
Drinn wont vil gspenst und wunderwerck.
In dem holen berg wonet er.
25 Secht! bey dem felß dort sitzet der
Groß rieß und ungehewer man.
Gesegn euch Gott! ich scheid davon.

Goffroy, Melusina son, spricht:

Ach, steh da still und hab dein ruh
30 Und schaw unserm kempffen zu,
Das du es da heim wist zu sagen!

Der kundman:

Er hat mehr den tausent erschlagen

Ritter und helden in dem land.
Im kan angesigen niemandt.
Er ist ein teuffel und kein man.

Goffroy spricht:

5 Nun, ich wil in mit kampff bestan.
Gott wöl mir glück geben darzu,
Das ich das land erlösen thu
Von dieses risen tiranney,
Mach wider quit, ledig und frey!

10 **Der kundman spricht:**

Gott geb euch darzu heil und glück!
Hie bleib ich nit, ich fürcht sein dück.

ıntman geht ab. Grimold, der rieß, kumbt mit seiner
eysen stangen und spricht:

ıs Wer bist du? und wann kumbst du,
Das du mir also eylest zu
So frevenlichen mit gewalt?
Was suchst du hie? das sag mir bald!

Goffroy, Melusina son:

20 Du grosser rieß, des teuffels knecht,
Ich wil mit dir nit deiding schlecht,
Sünder mit Gottes hilff bestehn.
Darob du must zu drümmern gehn.
Dein haubt wil ich beim har auff hangen.

25 **Grimolt, der rieß:**

Ach lieber herr, nembt mich gefangen
Auff das errettet werd mein leben!
Ich wil tribut und schatzung geben.
O, das ich künd mit flucht entrinnen!

30 **Goffroy mit dem zan:**

Ich hoff, dir sol in busen rinnen
Dein fatzwerck, hon und grosser spodt.
Nun wehr dich mein! ich hoff zu Got.

Sie schlahen einander, der rieß felt, steht wider ı
und spricht:

Wer bist du, ritter? thu dich nennen
Auff das ich dich auch müg erkennen!
5 Du hast mir geben in mein weich
Ein solchen ungefügen streich.
Wer bistu? nenn dein gschlecht und stam!

Goffroy mit dem san:

Goffroy ist mein rechter nam,
10 Geboren in Franckreich, in dem land,
Vom schloß, Lusinien genandt.

Grimolt, der rieß:

Von dir hab ich vil hören sagen.
Du bist der, welcher hat erschlagen
15 Mir meinen oham Gedeon.
Kumbst, das ich dir hie geb den lon?

e schlagen zusam, Goffroy springt auß dem streich, der
zerschlecht sein stangen, gibt die flucht. Goffroy sprich

Nun wil ich in den berg zu diesem
.3, 2, 149] Starcken und ungefügen risen
Und auch nit ablassen bey Gott,
Biß ich in bring vom lebn zum todt,
Und wil mich an der glenen mein
Lassen in holen berg bienein.

offroy geht ab in berg. Der rieß kumbt und spricht su
selb :

Wie hat mir der klein man zu-letzt
So hart und grimmig zu-gesetzt,
Mich hart verwund oben und unden!
30 Mit mirs hab ich verstopfft mein wunden,
Wann vil blutes ist mir entgangen.
Kum einr herfür auß mein gefangen!

rot, ein gefangner, kumbt mit einer ketten mit s
Grimolt, der rieß, spricht:

Sag an! hast ietz in der nehen
Kein gast hie in dem berg gesehen?

Arot, der gefangen, spricht:

Ich hab ein ritter hören springen,
5 Im berg mit seinem harnisch klingen.
Wo der ietzt ist, das weiß ich nicht.

Grimolt, der rieß, spricht:

O, wo ist den der bössewicht?

t geht ab. Goffroy kumbt wider, spricht zum gfangen:

10 Sag mir! seit ir gefangen leut?
Sag! hast du nit gesehen heut
Den grossen risen Grimolt,
Den ich follend hin richten wolt?

Barot, der ander gefangen:

15 O strenger ritter, nembt die flucht!
Der rieß euch in dem berge sucht.
Find er euch, so müst ir gwiß sterben
Und eines grimmen todts verderben
Oder ewig gefangen sein
20 Mit uns armen gfangen allein.

309] Goffroy, Melusina son, mit dem san spricht:

Ich fürcht in nit. Wolt Gott, er köm
Und noch mehr kappen von mir nemb!

3 kumbt, sie schlagen zam, biß der riß felt. Goffroy
25   rüft den gefangen und spricht:

Ir gfangen, kumbt herfür zu mir!
Iezund sehet mit augen ir,
Das mir Got hat groß hilffe than,
Das ich erleget hab den man.

der gefangen, kumbt mit Barot, seinem gesellen, legen
die hendt zam, sprechen:

Lob, ehr sey euch, o strenger ritter,
Das ir uns auß der gfencknus bitter
Erledigt habt! das uns verwundert,

Vom meer samt mer dann zweyhundert,
Die man liegen ungenennet.
Das es wöll nach Gott, der gut,
Der alle ding vergelten mag!

Goffroy mit dem san:

Nun seit ir frölig auff den tag,
Nun bindt den risen auff ein karren
Und führt in land herumb den narren,
Das männenam das unnür sech,
Ietz herumb und mit ehr verjech!

Man führt ihn risen auff dem karn. Ein landherr kombt
spricht:

Strenger ritter, dinck, hab und ehr
Sag wir euch heind und immer mehr,
Das ir uns habt erleget diesen
Grossen, starcken, grawsamen risen.
Nun gib wir euch in ewer hend
Das königliche regiment,
Wann unser könig der ist todt.

Er gibt im scepter und kron. Goffroy mit dem san spriel

Die ehr und gunst bezal euch Gott!
Ich wil heim in mein vatterland,
Das ich mein eltern baide-sand.
Ob Gott wil noch sind in dem leben.

Der landherr spricht:

Gott wöll glück und heil darzu gebn,
Euch gute winde auff dem meer,
Das ir ins vatterland mit ehr
Mit freuden nembt ewer ein-kehr!

Sie gehnt alle ab.

Actus 7.

Raymund, der graff, geht ein, spricht:
Ich hab durch ein gwiß post vernummen,

Goffroy, mein son, werd heind kummen
Wird auß Nohema, dem land,
Da er den risen uberwand,
Grymelt, welcher das land beschedigt,
5 Das ist worden durch in erledigt.
Da kumbt mein lieber son herein.

Goffroy kumbt, felt dem vatter zu fuß und spri

Ich bit genad, herr vatter mein,
[K 3, 2, 310] Das ich das kloster hab verbrand,
10 Welches ich doch mit aigner hand
Wil wider bawen an die stadt.

Raymund, sein vatter, hebt in auff und spric

Wiewol du mich durch diese that
Von gantzem hertzen hast betrübet,
15 Weil du aber nun hast geübet
So ritterliche that allein,
So sol es dir verzihen sein.
Hertzlich ich sunst betrübet bin.

Goffroy, der son Melusina:

20 Ja, mein fraw mutter die ist hin,
Wie ich auff dem weg bin bericht.
Herr vatter, hör wunderlich geschicht!
Ich hab erfarn groß wunderwerck
In Abelon, dem grossen berg,
25 Darinn den risen ich erschlug.
Ich kam in ein groß gwelb mit fug,
Darinn ich gefunden hab
Auff-gricht ein köstlich todengrab,
Darinn lag künig Helmus da,
30 Der künig zu Albania.
Darbey hab ich ein schrifft gelesen,
Das der mein anherr ist gewesen,
Welcher dein tochter hat vor jarn,

Mein liebe mutter, die ander schwester
Meliora verflucht noch vester.
[A 3, 2, 149 statt 150] Der selb muß einem sperber wachen
Mit gspenst und abenteurung sachen
5 Auff eim schloß in Armenia
Auch biß an jüngsten tag alda.
Palentina, der dritte schon,
Muß auff eim birg in Arragon
Dort hüten ihres vatters schatz.
10 In einer höl vor diesem platz
Ist es als vol grausamer thyer,
Helffen den schatz verwaren ir,
Auff das niemand darzu müg kummen.
Schaw, vatter, so hab ich vernummen
15 In dem berg Abilon mit namen,
Das mein mutter von küngklich stamen
Von künig Helmas ist geborn
Mit Persina, der außerkorn,
Weil der graff vom Forst ursach ist
20 Irs elenden hin-scheiden (wist!).
Solt ich am graffen von Forst, den frechen,
Meinr fraw mutter elend nit rechen,
Das er macht durch sein böses maul,
So wer ich unnütz, treg und faul.

Goffroy geht ab. Raymund schreit im nach:

Ach lieber son, es ist mein rat:
Verbring nit weiter ubelthat!
Vielleicht hat es so müssen sein.
Kumb mit mir in den sal hinein!

Sie gent alle ab. Der graff vom Forst geht ein, spricht:

Man sagt, Goffroy sey im land
Und troet mir sehr, mit seiner hand
Zu rechen, das ich also sprach:
Mein bruder, du solt schawen nach
35 Deiner frawen an dem sambstag!
Von dem hab sich gehebt die blag,
Das seiner mutter heimligkeit
Mein bruder offenwaret seit,
[K 3, 2, 311] Das sie ins elend must darvon.

Habs doch in keinem argen thon.
Wer laufft rauß so ungestümelich?

umbt mit blossem schwert geloffen und spricht zornig-
klich:

5 Schaw zu, du bößwicht! find ich dich?
Du must sterben von meiner hend.
Wehr dich! fleuch nit! das dich Got schent!

von Forst fleucht davon. Goffroy laufft nach, kombt
wider und spricht:

0 Der verzagt man ist in eim lauff
Entloffen auff den thuren nauff,
Ist auß gefallen zu eim laden
Auff herten felß, hoch sieben gaden
Und hat zu tot gefallen sich.
5 Nun so hab ich gerochen mich.

geht ab. Raymund geht ein in eim bilgram-kleyd:

Vielleicht Goffroy, mein lieber son,
Mein bruder hat ein schaden thon.
So kan ich darbey wol ermessen,
20 Das mein alles glück hat vergessen.
Seit ich mein gmahel nicht mer hab,
So ist all mein frewd todt und ab.
Ein unglück bringt das ander her
Und ein gfar bringt die ander gfär.
25 Des mert sich erst mein angst und noth.
Mein leben ist ein bitter todt.
Des vertreust mich das leben mein.
Darumb so wil ich mich allein
In dem wald sperren in ein klausen.
30 Darinn wil ich mein lebtag hausen.

Goffroy kumbt und spricht:

Her vatter, sag die ursach bald!
Wie stehstu hie in bilgrams-gstalt?

Raymund:

35 Hör zu, Goffroy, mein lieber sun!
Ich hab ein fart verheissen thun

Gen Rom und zum heiligen grab,
Mein sünd darmit zu legen ab.
Drumb befilch ich dir in dein hend
Im land das gantze regiment.
5 Dietlieb, den jungsten bruder dein,
Den laß dir auch befolhen sein!

Goffroy, der sun Melusina, mit dem zan, spricht

Herr vater, dein geschefft und bit
Wil ich außrichten und wil mit
10 Deim hoffgesind dir das glaid naus geben,
Auch mer sach mit dir reden eben
Mit Ditrichen, dem bruder mein.
Nun kumbt! so wöllen wir auff sein,
Dich nauß beleiten groß und klein.

**Sie gehn all in ordnung ab. Der ehrnholt kumpt u
schleust:**

Auß der wunderbaren histori
Lehr wir zu bhalten die memori
Bey Raymund und Melusina,
20 Das man wol lehr erkennen da
Das unstät und wanckel gelück,
Das es sey rund, waltzend und flück,
Und wer von dem glück wirt erhabn
Mit seinen scheinbarlichen gabn
25 Als mit gwalt, reichthumb, rum und ehr,
[K 3, 2, 312] Gunst, schön und ander gaben mehr,
Das es im als gelücklich geht.
Und wenn er an dem höchsten steht
Mit all seinem gantzen geschlecht
30 An mangel, herrlich und auff-recht,
So wend sich denn des Glückes rad,
Das der mensch felt in sein ungnad,

*

31 Über das glücksrad vgl. W. Wackernagels abhandlung in Ha
schrift für deutsches alterthum 6, 134 ff. H. Hoffmann, horæ belgi
Müllers zeitschrift für deutsche kulturgeschichte 1873, 450 f. Carmina
1. Bartschs Colmarer handschrift s. 513. Fastnachtspiele aus dem
hundert s. 175 ff. 188. 780. 1489. A. Jubinal, jongleurs et trouvèr
H. Wittenweilers Ring bl. 17, 6. s. 68. Philipps von Vigneulles g
ig. Michelant s. 9.

Das von im weichet alles glück
Und nembt im wider alle stück
Und gibt im armut für reichthumb,
Auch schand und schmach für ehr und rum.
5 Für gwalt gibt sie im das elend,
Für freundschafft feindtschafft an dem end,
Für freud gibt sie im hertzenleid,
Für gsundheit schmertzen und kranckheit.
In summa es pringt ein unglück
10 Das ander unglück auff dem rück
An seim geschlecht, an weib und kinden,
Thut in entlich gar uberwinden.
Darumb wer auff das glück vertraut,
Der selbig mann auff ein eyß paudt.
15 Cleobolus spricht, der weyß mann,
Wer in dem höchsten glück sey sthan,
Der gedenck, das glück alle frist
Unbestendig und wanckel ist,
Nit ewig bleiben werd auff erd,
20 Auff das er nit hochwirdig werd,
Wen aber reit das ungelück,
In untertruck in allem stück,
Das der darunter nit verzag,
Denck: glück wol wider kumen mag.
25 So bleibt er im gelück demütig
Und wird in unfal nit kleinmütig,
Kan das gelück an hochmut tragen,
Thut auch in unfal nit verzagen
Und als, was im Gott zu ist fügen,
30 Das nimbt er an, lest im benügen.
In glück dancksagt er Gott darbey,
Nimbt zu seiner seel artzney,
Wenn im ein ungelück erwachß
Für ein geistlichs glück, wunscht Hans Sachs.

6. Goffroy,

7. Freymund, 4 sün Melusina.

8. Graff Emerich zu Potiers.

9. Bertram, der graff, sein son.

5   10. Künig von Cippern.

11. Sermina, sein tochter.

12. Grimolt, der groß rieß.

13. Abrot,

14. Parot, 2 gefangen.

10   15. Landherr des landes Norheme.

16. Der kundtman.

17. Der erst,

18. Der ander, 2 knecht.

19. Der erst,

15   20. Der ander, 2 postboten.

21. Marschalck von Zippern.

22. Graff vom Forst, Raymunds bruder.

23. Seldan,

24. Der erst,

20   25. Der ander, 3 stum person.

Anno 1556 jar, am 15 tag Februarii.

Anmerkungen.

Für meine arbeit an diesem bande hatte ich mich manchfach der
mitwirkung und unterstützung des herrn doctors Edmund Götze, pro-
fessors beim k. kadettenkorps in Dresden, zu erfreuen und darf für die
zukunft noch ausgiebigere betheiligung von dieser seite in aussicht
stellen. Die vergleichung der in Dresden, Leipzig und Zwickau be-
findlichen handschriften des dichters, deren abweichungen im nach-
stehenden mit S (spruchbuch) bezeichnet sind, rührt von ihm her.
Sonstige anmerkungen, die ich seiner mittheilung verdanke, bezeichne
ich mit G.

Über das 6 spruchbuch vgl. Bechstein, deutsches Museum für ge-
schichte, litteratur u. s. w. neue folge b. 1, s. 151 ff. Dieses manu-
script gehört jetzt der k. bibliothek in Dresden und trägt die be-
zeichnung M 10ˣ. G.

Über das 9 spruchbuch vgl. den handschriftenkatalog der Leip-
ziger stadtbibliothek s. 35, n. CXV; über das 10te ebendaselbst n. CXVI. G.

Zum 1 bande.

53 Vgl. 9, 354. Götze, das 13 spruchbuch des H. Sachs in Schnorrs
von Carolsfeld Archiv für litteraturgeschichte 7, 9.

243 Die 10, 509 gegebene anmerkung ist im anfang nicht richtig,
denn Weller sagt gerade s. 94, dass er die stücke aufzählen wolle, von
denen einzeldrucke sich nicht finden, trotzdem dass sie in der 1 aus-
gabe des 1 bandes kein * haben. Wellers aufzählung freilich auf den
folgenden seiten ist nicht genau und widerspricht oft seinem buche
selbst; nur ein beispiel von den 9, die ich mir notiert habe! S. 97 führt
er am ende 3 fasnachtspiele auf, die er unter n. 180 verzeichnet hat. G.

Zum 3 bande.

208, 2? glübt. Vgl. 12, 269, 34. G.

209, 14? verknüpf. Vgl. 12, 271, 2. G.

530, 17 inn dem] Das 9 spruchbuch liest dafür: fron im. Vgl.
Edmund Götze in F. Schnorrs von Carolsfeld Archiv für litteraturge-
schichte 7, 7 ff. 25 S Verderbung.

531, 6 zu straffen] S vom hoff abzw. G. 28 auch] Hs. nach. G.

532, 16 Hs. gemainem nuez [nucz?] doch gar unschedlich. G. vor] Hs. von. G. 35 yetz] Hs. ging. G.

534, 30 Hs. 1554. G.

608 Der spruch »der teufel sucht im ein ruhstatt auf erden« in der zeittafel vom 1 Nov. 1544 auf den 1 Nov. 1554 s. 609 zurücken. G.

Zum 4 bande.

386 Vgl. C. Wendeler in Schnorrs Archiv 7, 340.

441 Über jungbrunnen s. Camillus Wendeler in Schnorrs von rolsfeld Archiv für litteraturgeschichte 7, 329.

451 Unter d. w. Arisippus und unter Aristippus lies 111. G.

454 U. d. w. Traurigkeit lies 128! G. U. d. w. Waldbruder 300. G.

Zum 5 bande.

31, 1 Vgl. 9, 109, 18.

279 Vgl. Camillus Wendeler in Schnorrs Archiv 7, 349.

Zum 6 bande.

26, 15 Hans Sachs benutzte dieses gedicht wider als eingang seinem 13 spruchbuche und setzte dann als datum den 17 A 1558 darunter. Götze in Schnorrs Archiv 7, 11.

29, 1 Vgl. Gödekes grundriss s. 349.

137 Vgl. 7, 154. 10, 509 ist 547 zu tilgen.

203, 22 Die hs. datiert 22 Dezember. Vgl. Schnorrs Archiv 7,

223, 24 Im spruchbuch bl. 27' ist als datum 5 September 1 angegeben. Götze in Schnorrs Archiv 7, 11.

307, 21 Die handschrift giebt das datum 7 September. Götze Schnorrs Archiv 7, 9 f.

391, 30 Das datum ist nach der hs. 16 August. Schnorrs Ar 7, 11.

392, 2 lies wittembergisch. G.

393, 2 30] lies 20. G.

Zum 7 bande.

211, 1 Das gedicht ist in einem sonderabdruck vorhanden. In spruchbuche trägt es das datum 5 Nov. 1557. Weller, Hans-Sachs-liographie s. 54, n. 92. Götze in Schnorrs Archiv 7, 302.

301, 25 Das 13 spruchbuch bl. 298' giebt als datum den 29 Juli ˜n. Schnorrs Archiv 7, 12. Götze erklärt die abweichung so:

datum des 6 Oktobers 1546 trägt der meistergesang »die kurz zeit menschlichs lebens« in des dichters Rosenton, nach welchem er den spruch gearbeitet. Derselbe steht im Zwickauer 8 meistergesangbuch bl. 198', ferner in der Weimarer foliohandschrift 418 bl. 429 und endlich in der Dresdner hs. M 11, 289'.«

305, 23 Das datum ist nach dem 13 spruchbuch 8 August. Schnorrs Archiv 7, 11.

334, 26 Nach Götze (Schnorrs Archiv 7, 11) steht im 13 spruchbuch bl. 232 ff. das datum 18 Mai.

343, 1 Das stück steht im 13 spruchbuch unter dem 10 Februar 1558. Götze in Schnorrs Archiv 7, 303.

371, 25 »Offenbares versehen ist es, wenn er [H. Sachs] die 3 artlich sprüch Chilonis vom 19 statt 29 April datiert, da doch das vorher geschriebene gedicht »4 stück hintern ain thuegentlich leben« b. 7, s. 427 am 27 April entstanden ist.« Götze in Schnorrs Archiv 7, 11.

374, 25 Vgl. zu s. 371, 25.

423, 24 Das spruchbuch giebt als datum den 30 Juli 1559. Schnorrs Archiv 7, 12. Götze bemerkt daselbst: »Das bild der wahren freundschaft stimmt mit dem meistergesange im Rosenton, der im 9 meistergesangbuche bl. 309 stand, überein. Wir finden ihn in der Weimarer foliohandschrift 418, bl. 240, in den Dresdner hss. M 11, 296 und M 12, 172'; in allen dreien trägt er das datum 15 Nov. 1547. Auch hier wird der dichter bei der drucklegung, wobei ein kleiner fehler unterlief, das datum des benutzten meistergesanges geschrieben haben.«

426, 24 Das spruchbuch giebt als datum den 30 Juli 1559 an. Schnorrs Archiv 7, 12. Über diese differenz bemerkt Götze: »Das gleiche [wie bei dem bild der wahren freundschaft, s. zu 423, 24] ist wahrscheinlich der fall bei dem letzten der angeführten 3 gedichte. Nur fehlt mir da der beleg und er ist aus der reihe der meistergesangbücher nicht mehr zu erholen, denn das datum 26 April 1550 gehört in das 9te jetzt verlorne gesangbuch.«

463, 40 Die hs. datiert 8 Mai. Schnorrs Archiv 7, 10.

470, 7 Die hs. datiert 20 Jun. Schnorrs Archiv 7, 10.

Zum 8 bande.

695, 1 Die Semiramis steht im 12 spruchbuch, 273 ff. Götze in Schnorrs Archiv 7, 303.

Zum 9 bande.

23, 1 Vgl. J. Grimms deutsche mythologie b 437. Altd. hss. 2, 12. Niklas von Wile 18, 17. Hans Sachs 9, 316.

205, 21 Götze in Schnorrs Archiv 7, 11 giebt nach der hs. als datum 1 Mai an, vermuthet aber verschreibung. Übrigens ist dort unrichtig 6, 200 citiert statt 9, 200 und Hasen gedruckt statt hafen.

Die hs. datiert 9 Merz. Vgl. Götze in Schnorrs A
ist übrigens der titel des stückes unrichtig angege
pauer.
Nach Götze bei Schnorr 7, 11 ist das datum 18 Apri
stück ist auch abgedruckt und mit worterklärungen
ters Bragur, Leipzig 1791. 1, 341 ff.
stück steht auch in Gräters Bragur 1, 349 ff.
)er schwank vom hecker steht im 12 spruchbuche, bl
9 December 1557. Götze bei Schnorr 7, 13.
Die hs. datiert 19 April. Schnorrs Archiv 7, 10.
Die hs. datiert 20 April. Schnorrs Archiv 7, 10.
Nach Schnorrs Archiv 7, 11 wäre das datum 3 Augu
Nach Schnorrs Archiv 7, 11 ist das datum 2 August
Nach Schnorrs Archiv 7, 11 ist das datum 2 August
Die hs. datiert 14 August. Schnorrs Archiv 7, 10.
anmerkung zu b. 6, 31, 1 gehört zu 5, 31, 1. G.
4 und 3 sind umzustellen.

Zum 10 bande.

Handschrift des dichters in seinem 10 spruchbuche, bl
4 Glück] Hs. (H)ail. G. 12 Amoritter] Hs. Amon
7. G.
nur] Hs. vor. G.
a] Hs. aus. G.
Jordan] Hs. Arnon. G. 35 Arnon] Hs. Jordan. G.
und] Hs. wie. G. Auf z. 33 folgt in der hs.: Wie
em herren klar. G.
Is. wos aber nit. G. 31 buß der frucht] Hs. frucht

iöchsten] Hs. höchste. G.
Handschrift des dichters in seinem 9 spruchbuche, bl
Daraus theilt mir G. die in folgendem verzeichneten
13 zu] von. 18 sie] er.
hut] Hs. ist. 28 wolt] Hs. wart. 29 wurdst] Hs. wu
Hs. werden.
ists] Hs. pist.
mit] Hs. in.
Nach dieser zeile folgt in der hs.: esset vnd trinckt so

fromen] Hs. frembden. 16 spricht] Hs. schreit laut
Hs. kumbt rat wen man hin schicken sol.
soll] Hs. solt.
Hs. Vns wider mit vnsern pruedern schlagen.
ch z. 6 folgt in der hs.: noch junckfrawen die lasset b
1] Hs. 5.

510 zu 9, 354 vgl. 11, 386.

512 lies 1558, September 13.

513 birg] auch 103, 16. 123, 31. 124, 21. 223, 14. 224,

Zum 11 bande.

213, 1 steht im 10 spruchbuche bl. 178′ bis 193 mit
varianten. G. 17 und ubermut] Hs. kam in armuet.

214, 11 Hs. guetes muetz vnd frölich zv sein. 31 S ne
Hs. nie.

215, 23 Hs. wolt für mich noch. 30 Hs. im zaume] He
17 K Schmorotzer.

216, 13 Hs. vnd habn————ht mein wer gnum
nigklich] Hs. zorniclich.

217, 21 meinn] Hs. me

218, 14 mir] Hs. dir.

219, 16 deß dein] S d   4 Hs. purgerisch.

220, 2 Hs. strausguetlé

221, 16 heist] Hs. hais   rbtest. 34 wirdt| I

224, 7 Hs. derselben.   rzen widerumb. 2
Hs. newlich.

225, 12 Hs. lawsch.

226, 10 die] Hs. das.   r, wie s. 231, 14.

227, 1 Hs. nin warzeic——— aer. 29 Hs. einkauffen. 30 I

229, 15 zu] Hs. dw zv.

230, 1 zwey monat] Hs. ein halb jar. 10 Hs. in lange
231, 19 in] Hs. int d. h. in die.

232, 3 Epela] Hs. epalen. 7 Hs. fal vndüebel. 20 Hs. (

233, 1 auff] Hs. auft = auf die. 12 Hs. petacht. 14
20 weyn] Hs weyz vnd.

234, 29 in kelt] Hs im feld. 30 Hs. stinckenden.

235, 1 Gib] Hs geit. 11 ich] Hs. in. 15 dem] Hs. den,
17. 26 Hs. jungster. 29 wirdt] Hs. werd. 31 thu] Hs. th
236, 4 Hs. trawrig er schluechzt. 37 Hs. nein auff den
237, 23 hin] Hs. her.

238, 12 Hs. heltst. 25 meine] Hs. etlich. 32 Hs. wir re
34 Hs. alter.

239, 8 neyden] Hs. meiden. 15 Hs. der vater got va
nun. 29 dem] Hs. den.

240, 36 Hs. puesenden. 38 Hs. auffnimpt.

343 Die tragödie Pura ist nicht im 13 spruchbuch ent
nach dem datum zu erwarten wäre. Schnorrs Archiv 7, 1
373, 2 Nach Gödeke durch druckfehler 26 Nov. 1559.

374, 1 ff. steht in der hs. des dichters im 9 spruchbuc
bis 159′. Hiernach die folgenden varianten. G. 12 Hs. i
Petre.

375, 6 Hs. wurt. 10 Hs. flohen. 22 Hs. dir. 33 Hs. das das.

376, 7 Hs. meiner mue pezaler. 25 Hs. einem. 26 Hs. hinckt.

377, 4 Hs. vnd eisgrab. 9 Hs. vor im. 10 Hs. thw. 27 Hs. vrloh.

378, 4 Zu dieser zeile gehören die anmerkungen, nicht zu 3. Nach z. 4 kommt in der hs. noch folgende stelle:

> so hab ich auch guet fisch vnd fögl
> vnd gueten most der vns macht gögel
> hab auch kostlich guet virnen wein
>> hans der ander freunt
> ja morgen must auch mein gast sein
> so wil ich auch die freuntschaft laden
> ich wil geben speckkuchen vnd fladen
> sulzen, pfeffer vnd eingepicktes
> pachens, gepratenes vnd gespicktes
> da wöl wir auch schlemen mit macht
> hinein pis auf die miternacht
> pis vbermorgen ledt vns mein pruder
> vnd drunck wir im gleich aus ein fueder
> so geb ers doch als gern ins gloch
> das er dich nur sol sehen noch
>> petrus s.
> nun so get an, so ge ich mit
> mich duerst ich gieb kain posen nit
> wan diese tage alle drey
> pin ich vnferpunden vnd frey
>> Sie gent alle drey ab, der herr kumpt s.
> petrus der lebt auf erd im saus
> nun sint ie sein drey tage aus
> noch sich ich meinen petrum nit
> er get nach seinem alten sit
> wen wo man prast da ist er gern
> denckt leicht es möcht im nimer wern
>> der herr get ab.

379, 10 Hs. gens vnd schweine praten. 22 wurt. 24 nimb war] Hs. vurwar. 28 Hs. nach.

380, 8 Hs. spet. 36 uns] Hs. heur.

381, 11 Lies: ich, pald got. G. 15 schon] Hs. schir.

382, 4 Hs. heuer hab wir mort. 6 heindt] Hs. heur. 16 das] Hs. dir. 26 Hs. veterlichen.

383, 1 Hs. petacht. 28 lebt] Hs. pleibt. 29 lebn] Hs. zeit.

385, 3 weldt] Hs. woldat. 26 Hs. am 28 tag augusti.

400 bis 450 steht im 12 spruchbuch des Hans Sachs (im Zwickauer rathsarchiv) bl. 239 bis 268.

401, 4 Wie] S die. 13 auch albie] S entgegen. 18 in] S da. 20 S mans. 31 S seit züchtig weil man helt das spil. 40 gab] S hie.

402, 6 ort] S ent. 16 darbey] S herpey. 18 S entpörn. 24 S
Jda] als den.

403, 2 dem] S der. 21 S Am feigenbaum so n. 34 S freitten.

404, 8 uberall] S schnell vnd pall. 12 sein] S sten. 18 wenn]
٤ wan. 21 das] S den. 28 abfaren] die abfüern.

405, 2 Von] S solch. 3 So] S Solch. 8 S auch nempt teglich zv
ie posheit. 16 Der] S Auch. 17 S constellacion. 26 rechter] S
٤w vnd.

406, 13 S Vnd lieget hie in. 18 S In kurzer zeit in aber got.

407, 13 S Platoni. 28 S Wie, wo die weil ich kan vnd mag.

408, 24 er] S sie.

409, 5 muntern] S minuten.

410, 30 S Sündig.

411, 32 suchtest du] S fürchtestw.

412, 35 rechten] S reichen.

414, 26 von] S vor.

416, 35 S reichstet.

417, 33 oberkeit] S erberkeit.

418, 18 S zwancksal.

420, 6 hande] S seitten. 33 kürtzlich] S genzlich.

421, 4 ein] S ir. 12 Setz] S Sezt. 34 in] S aus.

422, 29 sie] S zv.

423, 12 ist wohl das komma zu tilgen. G. S deinen] seinen.

424, 30 zuher] S zv dir.

425, 15 S Lucifer. Ebenso 449, 37. G. 20 S Als ich. 23 der]
vnd.

426, 16 S grosen. 23 rhu] S rew. 33 reich] S geiz.

427, 1 den] S dein. 11 S aller. 14 S wer. 19 trähern] S trenen.

428, 20 dir] S des.

432, 14 S Yn suma. 25 mehr] S ser.

434, 31 dückisch] S haimlich.

435, 8 S machten.

438, 24 findt] S fund.

439, 2 S Da. 6 S weren, wie vermuthet. 17 S achtn. 23 S gleiss-
erischer. 38 S In.

440, 35 S thw.

443, 40 S veracht.

444, 1 S verlacht. 36 auch] S euch. wir = wirt, wie oftmals bei
ans Sachs. G.

445 Nach z. 3 folgt S:

> mich speist nimant aus ewer schar
> ich war durstig ir trenckt mich nit
> war ein elender gast darmit
> ir herwergt mich nit als ich gar.

446, 16 thut] S wirt. 31 wurden.

eut] S euch.

seinen. Nach z. 9 folgt S amen. 37 S Lucifer.

61 steht in des dichters eigenhändig geschrieben
bl. 227 bis 233. G. 26 fürwar] S vil jar. 27 S Von
ieden gar.

emen] S haben. 30 todte] S dod in.

Es felt mir aber in mein muet. 19 S poz kraft wir w
33 S Poz marter, wens gleich aufs ergst ist gon.

rommen] S armen. 25 S Schweig sdewffels nam will
28 S Vnd vns im wald zw frieden las.

3 Der vns dreyen kumbt wol zv hail. 18 S ergrew
28 grewff. Überall hat H. Sachs die form grewffen
23 S grueselt. 27 S erwünschet. 38 S woll.

dürff. 3 S Setze. 32 Nach dieser zeile folgt S noch
Solch alte pertling künen vil
Segen vnd der gleich affenspil.

S schreit.

S grewff. Vgl. 457, 18.

Nach dieser zeile folgt S noch: er ligt gestreckt sam
llte nach z. 8 Girsten u. s. w. stehen.

Zum 12 bande.

) steht im 9 spruchbuche bl. 75 bis 86'. 14 S Gisi
hweigt vnd höret fleissig zw.

vertrawt.

kumens. 25 S Herr.

lab] fehlt S.

ns] S seins. 19 Nach dieser zeile folgt S:
vor lieb wil mir mein herz versincken
ich mag nit mer essen noch drincken.

pey ir kain gnad nicht finen. 27 S anderst.

herzens.

peschuelding nit das. 13 ist] S hat.

zulege, will Ich u. s. w. Oder ist will doppelt gestellt
? Will zu ihr an. hin] S wil.

ach noch im kropff] S noch in dem schopff.

dw pist doch mein.

schreit ir nach. 15 S namstw. 18 S getrawt. 25 S d
n. 27 am] S aim.

uch dem ding] S auf den tag. 37 Hab] S Se.

ciloß] S erlos.

Ist meins freuntz freuntschaft gar erloschen. 21 trib

31, 23 S Hortensius, wie s. 32, 29 Hortensio. 26 S arm

32, 4 S Das sein pluet wert an im gerochen. 29 S Vgl. 31, 23. 32 S füre.

33, 12 S im. 17 vernichter] S veruechter. 36 Die si[bogens ist falsch. Es sollte XII statt XI heißen.

35, 15 S Titus get ein wolgeklait mit gisippo.

36, 1 nur] S nimr. 14 Hab] S Gieb. 18 S Das selb wal sol sten.

37, 11 S dein.

38, 6 S Beroaldus. 34 S milte danckparkeit.

39, 20 S Marius. 24 S hat die unterschrift: anno 15 vnd gespilt.

40 bis 63 steht im 6 spruchbuche bl. 73' bis 86. 1 S vc schuldigen frawen. 12 S Barnaba. 14 sie] S sich. 17 ein ju

43, 21 K mir es.

44, 3 S monat lang. 7 mag] S wirt. 13 S:
    auf druecken vnser paidr petschier
    die hautgschrift darnach phaltet ir.
14 K behaltet. 18 SK meim. 19 S gwinen. K gwinnen. naba lamelius weib. 30 S die zart für ueber lassen gen.

47, 32 SK antet.

48, 12 wol] S vil.

49, 14 SK meim. 25 von] S im.

51, 19 S darmit ins nechste dorff zv gen.

52, 3 S liegen.

53, 8 ihr] S ewr. 33 SK wie.

54, 1 S daflet.

55, 23 betrübt] S pedawbt. 32 in] S gen.

57, 6 S verzueg. 15 muß] S wirt.

58, 18 SK meinen. 34 S wider diese zwen man vngrec

60, 25 S engstlichem. 32 S vmb meint willen.

61, 24 Nach dieser zeile folgt S:
    genura naigt sich s[pricht]:
    lob er sey ewer mayestat
    die so ernstlich geholffen hat
    das die lang erloschen warheit
    ans licht ist kumen zv der zeit.
    erlost pin ich vnschuldigs pluet
    hab wider paide er vnd guet
    vnd darzw mein herzlieben mon
    got sey ewer ewiger lon
    von dem wir alle wolfart hon.

62, 34 S vnschulding. 38 S gmainem.

64, 1 Eine handschrift der komödie Circes erwähnt Bech: sches Museum 2, 1, 159. Es ist die eigenhändige hs. des d

uche bl. 253' ff.

t s. in T. 4 S müest. 13 lies auff. 17 herzliche
mich je S. 29 vnsrem S.

. 8 Da sie vns d. S. 10 f. fehlt S. 14 zeichstw
S. 19 felt] wurft S. 22 l. gueten S. 23 schil
len wol wir S. 30 gent S. 31 schwind S. 34
amt und] fehlt S.

t aim pocal vnd steblein vnd S. 4 göttin pin der
gt g. S. 14 düncket S. dort] fehlt S. 15 herlauffe
2 gent S. 23 Schawt schawt was thut im wald
knopfen porten u. z. S. 32 himelischer S. 34 si
ttinne S.

, S. 4 Elpenor S. 13 Das S. 19 dein t. S. 2
31 Vur alle S. 35 machtlos S.

den S. 4 Von d. S. pestritten S. 5 auch hant
S. 7 Des S. Deß K. 8 des vn. vns ein tail erge
n da schlecht sie S. 10 eim] fehlt S. 17 h. vor la
30 O] fehlt S. nur nit darinnen S. 31 Etwan zuge
ant S.

er S. 8 angsten S. 20 himelischer S. 21 Bald si
h. öffnet sie. 26 blieb stehn vor der thür h. S.

•

nzahlen auf dieser seite sind irrig um eine zeil
rochzen S. 14 dewrer S. 15 dir] fehlt S. 16 dewn
S. 21 Hs. Ich ge. 30 pirgen S. 31 Die anmerl
l tragen. Meine vermuthung wird durch S bestä
v. S.

t S. 4 solt wol selb S. 14 ihm das krawt mo
k. S. 16 erbawt S. 19 Und mit b. S. 28 selt
ius — und] fehlt S. 2 S das k. 4 S Weil das
id aus. 18 vil narren on S. 19 Gefürt S. 20 Ich
streus vnd stauden Ein zw meim haus eillen
wie andern allen g. S. 30 darfstw S. Die form o
chwäbisch. 31 Er druckt S. schwert sezt irs

n leben ellend enden. 4 thust] S wölst. 5 K gest
9 S bist wie ist dein nam genant. 17 S vor dise
S deine holtschaft. 28 S holtschaft. 33 S Peg
ern. 34 S Auch zw.

ver mir b. 15 S ab dem z. 17 g.] S dieser. 2
ht dich. K all. 37 K schwebet. S milt vnd.

zu] fehlt S. 3 S erst wir dein. 4 wir] fehlt S. S
. 32 und 33 S stellt diese beiden zeilen um. 33

in S umgestellt. 1 S Die seuch euch. 3 S Sie g

alle auß. 6 S zw vnrecht. 15 S Permedes. 22 S essen trin
angstschweiß. 31 S abr.

78, 6 S grochzen, grein. 7 S tags wol mag jehen. 11 :
wilt nit. 14 S gschech darumb. 23 S wüert. 24 K gesellen
26 S wagt wie hüner u. 29 SK heltreichen. 35 S kumen
warn.

79, 1 S zwei. 14 S k. vnd las in da. 16 S auch all
19 S ich darob e. 21 S ich hinach g. 22 S den ersten z.
ir hent u. 30 S zeit mit dir zv t. 32 S und auch alle die
Da solt on.

80 4 S E. zeit d. 12 S Permedes. 15 gut] S gutes.
17 S hochgeliebtes. 19 S M. weren nev sein f. 20 S seinen
k. 21 S wie so lang. 24   nit er auch würd ε
S An sein gelobtes v. 28   k. der her frisch
strenger h. 33 S gnedicli

81, 16 Ha. gutem. 2   en. 26 K beschere
Hs. mirs.

82, 7 so heftig] Hs. te   3 abferting.
83, 7 drein] S fein.]   28 S du noch irrst.
30 S Des hab dir hie mein   33 und einmal zu
84, 4 S versprochen.   ngen aber pose mer
vil dan gleich wie vor Vn   Elpenor. 23 urteil]
25 SK wöllen. 26 S wir.

85, 4 S wir. 14 S auff dem weg noch werd. 30 S
verstarret vnd erplinden.

86, 28 S maniches. K manniches.

87, 2 S Elpenor.

88, 6 K höchstem.

92, 26 K gegenwart.

93, 23 K geleich.

95, 13 K kinde.

96, 22 K seine.

100, 18 K HErr oder.

115, 1 Ähnlich die mhd. erzählung vom slegel, hg.
d. Hagen, Gesammtabenteuer 2, 401 ff. Vorrede s. lviij.
, 435.

129, 31 K mir.

131, 29 K auß.

134, 18 K haußgesind.

135, 32 K jhm.

136, 12 K zwar mehr l.

137, 4 K vnd auch vbertreflich. 18 geh = gehn. Vgl.
erkung in Frommanns deutschen mundarten 7, 411. 41
gl. unten s. 169, 17: ich will den frumen helt gehn warn
04, 33.

149, 18 K Den.

150, 31 K kann.

153, 21 K zu kreftte.

170, 4 K hoch flammendem.

174, 25 K nit mehr g.

185, 23 K dein l.

192, 35 K Dann.

208, 29 K hast du.

213, 5 K zun. 16 K Granatapfel. 26 K zun.

215, 13 K Jungfrawen.

216, 33 K ichs unt.

217, 2 K gehöret. 25 K alte hex.

227 bis 240 Hs. im 9 spruchbuche bl. 7' bis 14. 20 S dem. seinen.

229, 18 S kainer. 37 S die pawern ir ecker sicher pawen.

230, 10 S Licinius.

231, 14 S lüsing. 21 S parrlawffen.

232, 16 S Darumb get mit mir fues für fus
        vnd habt ob dem feint gar kain scheuch
        ich wil gar sicher füeren euch.

233, 5 ist der] S pistw.

235, 1 ist] S ich.

237, 19 S thunt.

238, 28 S der stat.

239, 38 S Traso.

241, 1 Hs. im neunten spruchbuch bl. 46' bis 55'. G. S Pe

242, 16 S corrigiert in ergangen. 29 S Persanes. S miniclic S worten. Nach geberden komma! 33 S spet: det. Dann wi nach wer komma zu setzen.

243, 5 S ferlich vnd s. 6 S manig. 7 S küncklichen. 11 leib vnd l. 12 S d. trewst. 17 S neides. 32 S vater.

244, 23 S ist so hart. 27 S wilfart. 37 S in ein c.

245, 2 S wer dem k. 13 S maint. 22 S angrewft mit sc worten.

246, 15 S versamelt. 17 S Persanes. 24 S vor so freüntlic

247, 1 S würt. 9 und 16 S Persanes. 19 Nach herzen punkt, schmerzen komma! G. 30 S entpot.

249, 2 S n. trachten s. 10 S ins nez Verclagt in peim kün lez Ob er. 13 S durch solche list kön in s. 25 S Vnd. 27 S das garen. 28 S n. den r. 30 S an sorgen frey.

250, 13 S Aristotele. 21 S hertzenliche. 22 S fewers. 33 SK

251, 1 S Aristoteles stöst sie s. 11 S erlosen. 15 S A. s 16 geh] S palt. 18 Darauf S: Sie get ab, er spricht. 20 man] S 21 S Das sie mich durch ir w. 31 S sey lauter. 33 er] fehlt S. ist nach klug das komma zu tilgen.

252, 3 S das sie in. 4 S grimigem. 13 S weg. 14 S wolffsgruben thw f. 23 S besten maint sten dermassen. fehlt S.

253, 18 S Sos. 19? Küm! zum fruemal man u. s. w. 29 S denn gar nichs.

254, 15 S er gleich; schl. 19 S Aristotele sag was ï selb] S vnd. 26 S Dir offne selb. 29 S durchleuchtige.

255, 10 S Hin ist lieb luest freud vnd. 11 in] S sint. solch hoher lieb gar. 17 S d. nit selber hönen.

256, 6 S Vns b. 10 S mit listigen s. 26 S mich dei dem. 31 S Das unser lieb plaib ewig immer. 32 S muß hi 36 S königklichen. 37 S lieh

257, 8 S denoch so n 10 S seinthalb pis Mich angemüet.

258, 3 S solich dorhe öll. 10 S zu erfül so lang gebawt. 19 S s 21 S V. vnter em. rechten g.

259, 17 S dem. 36 S

260, 3 S ich im resoli 4 S fuchß ins garei gnug. 22 S Das. 28 S it 34 S herzliebes. 3

261, 20 S königin lau S Grosmechtiger

262, 17 S So lieblich. lein weib diß spiel

263, 1 S Sie sind vnpi ᴗ ein neidig und. 34 ƒ 39 S drey stück man lereu.

264, 7 S Wie das noch teglichen. 12 S Wie weis vn sie imer sein Doch das in ainem gueten schein. 15 S Vn S Das.

265, 1 Hs. 9 spruchbuch, bl. 164' bis 171'. Vgl. das kam zwischen fraw Armut und fraw Glück 3, 205 ff. G. 6] S 5 fraw Armut mit fraw Glück. 28 reichen] S alten.

266, 2 S Die man t. 8 Lies mich. 11 S mich in den. 1 doch wer. 36 S gantzen. 37 S du hingehst.

267, 4 S Holawget. 18 S hat dw w. 22 S spil raub u 268, 1 S gwönlich e. 8 S nider. 18 K frefel. 22 S 27 3, 207, 22 marren. G.

269, 5 S streitaxt. G. 18 S vol hofart stolz u. 34 3, hiernach die lesart zu berichtigen. G. Vgl s. 565.

270, 4 S k. wirt b. 9 S kniet ir auft pruest. 22 S Als.

271, 1 S Vor. S freye. 2 S pewars dester pas. 3 S i ◀ S sein. 8 S er. 13 S ein prieff u. 19 S augster. 25 S

272, 19 S nur dem r. 20 S Wie. 25 S löst die pueleri il. G.

273, 1 S Sunder mich furchte. 11 S Solch gab kan ich ˀ S dem. 13 S hab die. 22 S gueten. 25 S unde.

274, 8 S trnnckenheit. 22 S pesint. 25 S Genöt. 28 S plieb vndurchecht.

275, 2 S daher vnd sprich cleglich. 8 S vor schanden spot u. 20 S alles ich geren schwig. 29 S abgelöst. 34 S vil pues.

276, 11 S schlemer get an aim stecken ein vnd s. krencklich. 12 S in d. 34 S nirgent nuez mer.

277, 12 S nun. 18 S Eckart herein Der wirt nun euer mitgsel sein. 20 S ist streng, scharpff vnd h. 25 S sey ein. 29 S nichs darauf. 34 S es hat selb geladen. 35 S Vnd abgelöset v.

278, 18 S sunder danket got. 27 S sey. 35 S Der lanzknecht.

279, 1 Das stück steht im 9 spruchbuch bl. 103 ff. G. S personen, der helt achilles mit polixena des künigs tochter von troia, vnd hat 5 actus. 13 S dewrer. 17 S Als.

280, 4 Vgl. Schillers Kassandra. G. 14 S vnd auf dem m. 16 S paidem. 25 S krigsordnung. 26 S erhalten. 39 S Oder.

281, 7 S künig stet auf. 9 S aufwerff ein plinten. 12 S Das.

282, 5 S mich. 13 S kainer sieges er. 35 S erplicket da. 36 S Polixena. 39 S ertrich wer zun.

283, 3 S solch. 27 S vnde weil.

284, 9 S wart. 10 S würt. 17 S wen es nur.

285, 7 S küne. 12 S allm. S peger. 23 S frides. 29 S hin uber.

286, 7 S Dein z. 10 S zum. 17 S wöl. 30 S mit mort vnd.

287, 3 S Grewffen. 9 S Geörtert. 14 S lengest. 22 S zw lang.

288, 22 S ueber.

289, 8 S menlich herz. 13 S faren. 19 S wilküer vnd hant. 24 S möchten. 37? erhalten. Kurzer weil Als. G.

290, 3 S trawren. K trewren. 16 S angrewffen. 17 S Agamemnon. 20 S vngestümiclich. 22 als] SK Als ob. S kumen. 24 S wöllen wir im. 29 S dem mitlen s. 35 S Es is.

291, 5 S dapffern. 7 S Sunst der vnsern. 16 S hoff ich wöll mit. 19 Ich] S ich in. 20 S ider. 21 S prueder drit ab v. 27 S wir fast sint. 33 ich] fehlt S. 36 S zeucht in ab.

292, 9 S, wie überall, Ayax. S grewffen. 22 gfell] S sel. 29 wagen] S tragen. 34 SK rechen.

293, 7 S zun. 9 S dem. 15 S Troyaner gefangen hat. 24 S abgeschidne.

294, 2 S und Deyphebus. 8 S pringe. 11 S Scithia. 14 S Und ir. 17 S die.

295, 4 S Gelück. S gwest. 9 S veretrey. 10 S meutrey. 11 S vnfreuntlich. 12 S dich selb w. 18 S gehn halt ir. 23 S werd. 28 S heres-kraft.

296, 3 S sterk uns ist e. 22 S ret wider sich u. 23 S mon. 25 S sech. 28 S eillen. 29 S rein.

297, 2 an] fehlt S. 9 S Phidippum. 10 S Polixenum. 11 S Archilochum. 12 S gefangen brüder ich z. 13 S beide heut ab lassen ıhneiden. 21 S mueg. 23 S Solichs wirt er erlangen. 28 S Da. 29 trawren. 33 S liebhast. 35 S vertricken.

298, 13 S zu aim. 14 S versambt. 22 S Gewelzet. 26 S das v. 9 S Seit.

299, 4 S geren. 10 S dich. 13 S mir das herz gleich brechen. 7 S Andromacha. 24 S doten par.

300, 4 S noch. 18 S ganze grose krichisch. 25 S Agamemnon. 7 S zv sein ingedenk.

301, 11 S schlacht. 16 S liste velt. 26 S heres. 36 S gmeinet. 3C2, 17 S grewffen. 20 S an d. 24 S Im naus. S Ideum.

303, 17 S uns nur r. 18 S durch l. 33 S unsrem.

304, 14 S mir. 16 S hant ist gschrieben. 17 S Darin. 19 S timrischen. 20 S ein. 24 S von T. 32 S krichischen. 34 S deim.

305, 1 S durchlewchtiger. 16 alle] S allen. 18 S in den.

306, 3 S gesunt.

307, 17 ist] S sey.

309, 17 SK weineten. 26 S hör Ayax. 30 ir] S ain.

311, 5 nun] S nur. 36 S krieges vnrw.

312, 25 Neopthelemus statt Neoptolemus ist überall lesefehler. G. 5 S abgschniten.

314, 5 K Gfänglich.

315, 2 sie] sich. 18 gemüt] S vernunft.

317 Spruchbuch 9, 28' bis 41. Vgl. historia von dreyen heidnischen ıörderischen frawen 2, 294. G. 30 Hans Sachs schreibt überall Hoıstes. G.

320, 20 geschrieben] S götlichen.

324, 25 Argos.

327, 13 S thw mir anzaigen.

328, 6 wöln] S wolz d. h. wolts. S kemerling. K kämmrling.

329, 19 an] S in. 22 S grosem.

331, 14 K st. jhr keln.

333, 12 im] S in. 32 K Es. 35 S gsprech mües wir.

335, 18 S gewapneten. K gwapneter. 20 wider] S wir. 25 ich] wir.

337, 18 unchristlicher] S vnmenschlicher.

339, 4 allsandt] S ermant. 27 wir] S mir.

340, 19 S aines puelers.

342 Spruchbuch 9, 202 bis 224'.

345, 24 Slecht] S schlecht.

346, 19 S menschlicher. 28 S solten.

347 nach 13 S:

> wol vnser hundert ist zv mal
> vnd vier vnd zwainzig an der zal.

ı der] S die.

349, 20 hin] S pin. 21 vor] S von.

351, 5 gotes] S götter. 8 S da machten.

352, 20 befüglich] S peheglich.

354, 21 SK Numb. 37 muß] S mag.

356, 14 den] S dem.

357, 25 heimisch] S hemisch.

358, 15 dich solcher] S solicher.

359, 26 hin] S sich.

360, 8 meer] S mere.

361, 15 S als er haimkam zw seinem weib. 37 hast] S hat.

363, 12 S vorhanden.

364, 21 S unpild K vnbilg. 35 meerstücks] S mortstüecks.

365, 12 wird] S wüert.

367 S nach 24:

    vnd als der helle morgenstern

    hoff sie wert vnser ain gewern.

26 S anthinoe.

368, 27 SK hast vernommen.

370, 1 frey] S drey.

372, 1 S nach dich eingeschoben kent. 15 S sag mir was. K sag an was.

373, 16 S ziech. 36 SK den.

377, 9 S spitalmeus. 24 S welchem.

378, 14 nur] S ainr. 23? hof thu wehren.

384, 9 lande] S küngreich. 14 S Alcinoo. 22 darvon] S daran.

386, 7 S pleiben.

387 = 9 spruchbuch, 247' bis 256.

388, 7 dem] S deim. 27 bezalt] S hat zalt.

389, 22 S kam er mit sieg lebentig wider.

390, 1 S jugent.

392, 22 haimlich] S zv hoff. 34 sie] S sich!

393, 18 baldt] S paid.

394, 15 S kambst. 27 sie] S sich.

395, 17 S jugent.

396, 12 den] S dem.

398, 16 denn] S drew. 23 einer armen] S der ellendsten. 36 S wie möcht mein trewes herz das leiden.

400, 26 selber] S lieber.

401, 28 stick] S strick.

402, 17 ob] S an.

404 = 9 spruchbuch, 233 bis 247'.

405, 2 S wont. 11 S entpfant. 39 Die anmerkung gehört nicht zu 34, sondern zu 39. S meim.

408, 23 deß] S der. 29 verächtlich] S vnrechtlich.

409, 15 drumb] S hat thon. solch rachsal] S solichs.

411, 11 S die euer küniclich. 13 haben beratschlagt] S so piten.

412, 20 S den ir der. K der König.

414, 12 S vrkunt.

415, 14 dinn] S drin.

416, 19 in] S syn. 27 S Wist.

417, 4 verspriche] S verdaidig. 16 S drumb sey getröst dw küener helt vnd hab guet acht nun auf die zeit.

418, 6 ? geh! aber ich will. G.

421, 1 S vorm. 35 S vnpekant. 36 S ghrichtes.

422, 2 S erwegen. 3 K würd. 6 S bracht. 7 S elent.

426, 17 geleich] S genzleich.

427, 14 würd] S wider.

428, 11 S grünem.

429, 7 S merck wol, hast.

430, 22 S pedenck. 23 S groben.

431, 13 S anrichtet zv vergißung pluets.

432 handschriftlich im 9 spruchbuche, bl. 256 bis 264.

433, 5 S trew, wie wir versprochen Einander u. s. w. 13 S mein freunt da hab kain zweyffel on.

434, 15 S sich. 25 S cliniam wie 440, 8.

435, 18 schlahen] S schiesen d. i. verschrieben für schließen.

436, 8 S Sol ich auch adeln. 23 S nimer mer.

437, 25 nie] S nit.

438, 14 S manchem. 17 gut] S gmuet.

440, 12 S meim. 23 S schweyfferlich.

441, 9 so] S pin. 27 S erenruechig. 28 S trewpruechig.

442, 7 selbig] S elich.

444, 8 sparn] S geparn. 34 S mit eim k. K mit groß rumorn.

445, 27 S auf der lausch schon mein edlman stet. 29 S lawft.

446, 18 S mustw. K must du. 35 S in noch pringen in als vnglück.

447, 7 S traso. K Traso.

448, 10 S der doch noch nit folgt seiner ler. 15 S das er sie sambt irm man erschlueg. 30 SK Ciclades die Inseln. 35 SK elendes.

450, 1 S ein man pleipt trew vnd gar stanthaft. 6 der selb] S ein solch.

451 Spruchbuch 10, bl. 53 bis 70'. G. 10 S Warpeck.

459, 20 die] S der.

460, 17 S zun. 33 zu] S thun.

461, 10 trometen und] S vnd die. 25 wenn] S gern. 30 S füerstlichem.

462, 27 hie] S ir. 30 S den was gehört zv zucht vnd er.

463, 19 S pringt. Vgl. 11 sagt. 36 S zwölff.

464, 29 S las. 31 Lies und.

465, 6 S ir.

466, 16 ein] S euch. geleich] S haimleich. 35 S hent.

467, 1 S ir pekent. 6 S erlicher.

470, 19 eilet] S raset.

471, 22 S des.

472, 4 S diesen.

473, 6 vor] S von.

474, 33 im] S in.

477, 25? büchselein.

478, 17 im mehr] S ins mer.

480, 29 sie] S hie.

481, 6 ellendts] S ermest. 28 thut] S wirt.

482, 3 S ein sack mit gelt. 31 S des landes.

484, 5 das] S den. 7 S habs.

485, 5 S meim. 16 wie] S das.

486, 1 S zwo. 4 S gueter. K guter. 9 K leiffen. 17 K vad ursach] S liebe.

487, 1 den] S der.

488 = 10 spruchbuch, bl. 71 bis 88'. 25 fundt] S find.

489, 13 in unglück] S ir lieb in.

490, 10 S sag vns doch was dich darzw uebet.

491, 8 S mein hail. 10 ich] S mir. 19 S eins. 30 umb] S

492, 20 an] S auf. 24 gesegnt sich? G. 33 im] S in.

493, 1 S prinende. 16 S gelasen.

494, 16 gar] S gleich. 27 stund] S stig.

495, 20 wer] S ward. nit] S nie.

496, 17 S auserwelet nun.

497, 8 A mir. K mit. 11 wie] S drin.

499, 4 darob] S ob in. 16 solch] S die. 18 würd] S wert.

512, 2 deß] SK das. 16 irgent] S nidert.

513, 27 ihm gar] S mit gschant. 32? dw solt gericht
aim rad als ain mörder. Füert in nur hin! G.

514, 4 S füeren ain andre. 6 muß] S sol. 9 ein] S ein
S pin. 28 werd] S weit.

515, 13 in gemein] S gros vnd klain.

516, 1 S der dinst in drew thw ich stet pawen. 9 S n
S sigehaft. 32 kraft] S herz.

517, 5 doch] S dort. 26 S wist küngin das ich auf er(
pegert zepter noch kron allain mein herz vnd gmüet ich ho)
ainer junckfrawen verlüebet. 29 S walzent.

518, 7 S meinem. 8 S es wirt mirs nit. 26 mit mir]
520, 11 S ein pit, wd   cristin wern. Nac
sie gent alle aus. ' 32 hast
521, 16 sie] SK sich. |)eft.
522, 21 S main dw m(m dran.
523, 9 also] S hewt so   dort] S dem ellent.
524, 14 S solicher ges(r] S die.
525, 9 S Wilhalm, wi   lem stücke. 11 S k
bina. 17 S künigin crispi)   fant die junckfraw.
gefangen junckfraw. 28 (jahrszahl ist auch
chronologische reihenfolge)   Schnorrs Archiv für
geschichte 7, 302.

526, 1 = 10 spruchbuch, bl. 149 bis 169. Eine indis
sinensage erwähnt Felix Liebrecht in Pfeiffer-Bartschs Ge
184 f. 3 S spricht ad speculatores.

527, 3 S gschicht.

528, 14 hör] S herr. Vgl. z. 33. 21 S müesen. 22 S
seint. 28 S alle vnsrem.

529, 16 S soliches. 29 S steln.

530, 13 S verzweyffelt. 23 S hab. 25 S junckfrawen.
531, 8 rad wir] S vnd wo. 34 S aim.

532, 3 S eren. 8 S mit dir. 22 S im. 28 S mit so u
33 zu] S in.

534, 24 S weider.

535, 25 S das man da. 26 S in.

536, 25 stundts] S stez   34 S Melusina.

537, 7 S mein vetern pefolhen. 11 S der ich im peste)
denck. 23 S da las vns.

538, 10 S etlich. 14 S zwgherung.

539, 1 S getrewen. 9 S wir. 13 S wert. 26 S vnser
im schlagen.

540, 3 S in dem tron. 9 S zippern. 17 S das. 27 S
34 S ewren werden namen. 35 S ewrn adel.

541, 9 S adelichen. 19 S mein reich. 21 S halt. 23

pofilch. 27 S getz. 31 S Melusina.

S Vriens. 23 S reinhart.

erentreich. 22 S last. 31 S wert. Nach z. 31 h₁

freymund der sun s.

un so wil ich gleich got zv ern

ıein leben im kloster verzern

n abt nur heint ein priefflein schreib

ıu pey diesem abschied es pleib.

m G. 26 S Die lewt dir darumb übel reden. 2

ö5 S int.

lengst. 17 S Reymund. 18 S dünck. 28 S Das. 3

Ein holtselig weibliches pild. 2 S hat sie. 4 S p

8 S dest 10 S sind die.

.wunge. 7 S wird. 13 S K. gen hoff und thu heint

ze lant z. 23 S vater. 24 S Entpewt.

verschmecht. 4 S lawsing. 13 S Den. 14 Der] fehl

grawsams. 26 jamers] S fewers. 35 S eim.

verporgene. 7 S sendiclichem. 10 S von. 11 S

macht und. 26 S in deim leben. 34 S Horibel.

k. in t. 25 S Gott. 29 S alle. 38 S entpern.

t. kumer a. 10 S gent. 11 S dawren nit. 12 S

ichs. 25 S ewgen. 29 S Wart. 30 S f. in vor. S

Die fuer.

Des. 10 S Wol. S lewt sten gar ab. 12 S klaus

der. 27 S darfon. 30 S vnserem.

eisren.

schlngen. 10 S F. dem. 11 S Im. 15 S ohem.

Sagt. 11 S Sagt habt ir. 15 S gebt.

heut.

hewt. 2 S Wider a. Norhema. 4 S Grymolt. 2

Ielmas. 33 S W. drey. 34 S versperen. 38 S g. di

mtter? Die. G. 3 S Die. 4 S abentewer. 7 S die.

pewarn. 32 S tro.

·auff. 8 S darfon. 18 ? Meim. G. 24 S gfer. S gfe

wüesen. 4 S Die weil im land das r. 5 S Dietrich.

· in m.

hochmüetig. 35 S die.

Hermina. 8 S Arot. 18 S Soldan.

Zeittafel.

Register.

Lightning Source UK Ltd.
Milton Keynes UK
UKHW021328100219
336936UK00006B/519/P